DIREITO FINANCEIRO

O GEN | Grupo Editorial Nacional – maior plataforma editorial brasileira no segmento científico, técnico e profissional – publica conteúdos nas áreas de concursos, ciências jurídicas, humanas, exatas, da saúde e sociais aplicadas, além de prover serviços direcionados à educação continuada.

As editoras que integram o GEN, das mais respeitadas no mercado editorial, construíram catálogos inigualáveis, com obras decisivas para a formação acadêmica e o aperfeiçoamento de várias gerações de profissionais e estudantes, tendo se tornado sinônimo de qualidade e seriedade.

A missão do GEN e dos núcleos de conteúdo que o compõem é prover a melhor informação científica e distribuí-la de maneira flexível e conveniente, a preços justos, gerando benefícios e servindo a autores, docentes, livreiros, funcionários, colaboradores e acionistas.

Nosso comportamento ético incondicional e nossa responsabilidade social e ambiental são reforçados pela natureza educacional de nossa atividade e dão sustentabilidade ao crescimento contínuo e à rentabilidade do grupo.

TATHIANE PISCITELLI

DIREITO FINANCEIRO

8ª EDIÇÃO REVISTA, ATUALIZADA E AMPLIADA

- O autor deste livro e a editora empenharam seus melhores esforços para assegurar que as informações e os procedimentos apresentados no texto estejam em acordo com os padrões aceitos à época da publicação, e todos os dados foram atualizados pelo autor até a data de fechamento do livro. Entretanto, tendo em conta a evolução das ciências, as atualizações legislativas, as mudanças regulamentares governamentais e o constante fluxo de novas informações sobre os temas que constam do livro, recomendamos enfaticamente que os leitores consultem sempre outras fontes fidedignas, de modo a se certificarem de que as informações contidas no texto estão corretas e de que não houve alterações nas recomendações ou na legislação regulamentadora.

- Fechamento desta edição: *17.03.2022*

- O Autor e a editora se empenharam para citar adequadamente e dar o devido crédito a todos os detentores de direitos autorais de qualquer material utilizado neste livro, dispondo-se a possíveis acertos posteriores caso, inadvertida e involuntariamente, a identificação de algum deles tenha sido omitida.

- **Atendimento ao cliente:** (11) 5080-0751 | faleconosco@grupogen.com.br

- Direitos exclusivos para a língua portuguesa
  Copyright © 2022 by
  Editora Atlas Ltda.
  Uma editora integrante do GEN | Grupo Editorial Nacional
  Al. Arapoema, 659, sala 05, Tamboré
  Barueri – SP – 06460-080
  www.grupogen.com.br

- Reservados todos os direitos. É proibida a duplicação ou reprodução deste volume, no todo ou em parte, em quaisquer formas ou por quaisquer meios (eletrônico, mecânico, gravação, fotocópia, distribuição pela Internet ou outros), sem permissão, por escrito, da Editora Atlas Ltda.

- Capa: Marco Aurélio

- **CIP – BRASIL. CATALOGAÇÃO NA FONTE.**
  SINDICATO NACIONAL DOS EDITORES DE LIVROS, RJ.

Piscitelli, Tathiane

Direito financeiro / Tathiane Piscitelli. – 8. ed. – Barueri [SP]: Atlas, 2022.

Inclui bibliografia
ISBN 978-65-5977-297-1

1. Direito financeiro – Brasil. 2. Finanças públicas. I. Título.

22-76455 CDU: 347.73(81)

Meri Gleice Rodrigues de Souza – Bibliotecária – CRB-7/6439

*Aos meus alunos e alunas de Direito Financeiro,
principais motivadores deste trabalho.*

NOTA DA AUTORA

Este livro resulta diretamente de minha experiência como professora da disciplina de Direito Financeiro.

Formada como tributarista, orientei meu interesse ao Direito Financeiro, inicialmente por demandas profissionais, mas, ao lado do Direito Tributário, logo percebi sua importância à compreensão da atuação fiscal estatal em sua totalidade. De um lado, o Direito Tributário se ocupa das formas de arrecadação de recursos pelo Estado, e, de outro, o Direito Financeiro trata das formas e condições de dispêndio desses recursos. Um bom entendimento do fenômeno da tributação, de uma perspectiva ampla, somente é possível pela consideração dessas duas faces de uma mesma moeda.

Visto como parte do esquema de viabilização das atividades estatais em sentido amplo, na medida em que distribui valores que permitem a manutenção ou a ampliação de todo e qualquer serviço público, dos federais aos municipais, o Direito Financeiro, disciplina à qual nem sempre se dedica o devido estudo, mostra-se indissociavelmente ligado a todas as áreas do Direito Público e fundamental para a compreensão do papel do Estado como um todo.

Esta obra fornece um olhar compreensivo sobre a disciplina e pretende esclarecer os conceitos principais desse ramo do Direito. Além disso, posiciona o leitor sobre a orientação doutrinária e jurisprudencial dominante acerca de seus mais relevantes debates, sem olvidar da constante conexão com a realidade financeira do País.

Nesta edição do *Direito Financeiro*, o leitor encontrará maior detalhamento da jurisprudência, em alguns pontos, o debate em torno da tentativa de tornar o orçamento brasileiro impositivo e a conexão de temas com a situação política atual do Brasil. As razões indicadas como fundamento do *impeachment* de Dilma Rousseff e a difícil situação financeira de alguns Estados e Municípios serão igualmente abordadas, ao lado das alterações legislativas mais recentes. As alterações normativas diretamente resultantes da pandemia de Covid-19 igualmente estão contempladas, juntamente dos temas mais contemporâneos, como a necessidade de implementação concreta de um orçamento sensível a gênero no Brasil e as alterações promovidas ao regime de precatórios pelas ECs 113 e 114/2021. Ao final de cada capítulo, serão indicados temas relevantes para debates, juntamente com materiais de apoio para as discussões.

São Paulo, fevereiro de 2022.

ABREVIATURAS

ADCT	–	Ato das Disposições Constitucionais Transitórias
ADI	–	Ação Direta de Inconstitucionalidade
AgR	–	Agravo Regimental
ARE	–	Recurso Extraordinário com Agravo
ARO	–	Antecipação de Receita Orçamentária
Art.	–	Artigo
BACEN	–	Banco Central do Brasil
CN	–	Congresso Nacional
CNJ	–	Conselho Nacional de Justiça
COFINS	–	Contribuição para o Financiamento da Seguridade Social
CR	–	Constituição da República Federativa do Brasil
CTN	–	Código Tributário Nacional
D	–	Despesas
DF	–	Distrito Federal
DJ	–	*Diário da Justiça*
DJe	–	*Diário da Justiça Eletrônico*
DRU	–	Desvinculação das Receitas da União
E	–	Estados
EC	–	Emenda Constitucional
FAT	–	Fundo de Amparo ao Trabalhador
ICMS	–	Imposto sobre Circulação de Mercadorias e Prestação de Serviços
IF	–	Intervenção Federal
II	–	Imposto de Importação
IOF	–	Imposto sobre Operações de Crédito, Câmbio e Seguros
IPI	–	Imposto sobre Produtos Industrializados
LC	–	Lei Complementar
LDO	–	Lei de Diretrizes Orçamentárias

LO	–	Lei Orçamentária
LOA	–	Lei Orçamentária Anual
LRF	–	Lei de Responsabilidade Fiscal
M	–	Municípios
MC	–	Medida Cautelar
Min.	–	Ministro
PL	–	Projeto de Lei
PLDO	–	Projeto de Lei de Diretrizes Orçamentárias
PLOA	–	Projeto de Lei Orçamentária Anual
PPA	–	Plano Plurianual
PR	–	Presidente da República
R	–	Receitas
RCL	–	Receita Corrente Líquida
RE	–	Recurso Extraordinário
Rel.	–	Relator
SM	–	Salário Mínimo
STA	–	Suspensão de Tutela Antecipada
STF	–	Supremo Tribunal Federal
TCU	–	Tribunal de Contas da União
TJ	–	Tribunal de Justiça

SUMÁRIO

INTRODUÇÃO 1

CAPÍTULO 1 – A ATIVIDADE FINANCEIRA DO ESTADO COMO NÚCLEO DO DIREITO FINANCEIRO: O BALANÇO ENTRE RECEITAS E DESPESAS.. 3

1.1 Introdução 3
1.2 Breve contextualização histórica: das finanças públicas ao isolamento conceitual do direito tributário 4
1.3 Atividade financeira, poder de tributar e manutenção do Estado...... 13
1.4 Os princípios de direito financeiro 19
    1.4.1 Legalidade 19
    1.4.2 Economicidade... 29
    1.4.3 Transparência 30
        1.4.3.1 Orçamento secreto e as emendas do relator 32
        1.4.3.2 Despesas públicas focais e o orçamento sensível a gênero 34
    1.4.4 Responsabilidade fiscal 37
1.5 A disciplina normativa do direito financeiro 38
    1.5.1 Esquema – Evolução da sistematização do direito financeiro 39
    1.5.2 Estrutura básica do direito financeiro...................... 40

CAPÍTULO 2 – PRIMEIRO PASSO NO DETALHAMENTO DA ATIVIDADE FINANCEIRA: O ESTUDO DO ORÇAMENTO PÚBLICO 43

2.1 Princípios orçamentários 43
    2.1.1 O princípio da exclusividade................................... 44
    2.1.2 O princípio da universalidade................................. 45
    2.1.3 O princípio da unidade 46
    2.1.4 O princípio da anualidade 49
    2.1.5 O princípio da programação 50
    2.1.6 O princípio do equilíbrio orçamentário 51

		2.1.6.1	Esquema – Princípios orçamentários	52
2.2	As leis orçamentárias			53
	2.2.1	Aspectos gerais: características e tramitação no Poder Legislativo		53
		2.2.1.1	Esquema – Leis orçamentárias	58
	2.2.2	As leis orçamentárias podem ser objeto de controle concentrado de constitucionalidade?		60
		2.2.2.1	Esquema – Cronologia do entendimento do STF. Controle abstrato das leis orçamentárias	63
	2.2.3	A natureza do orçamento: impositiva ou facultativa?		63
	2.2.4	Plano Plurianual – PPA		70
	2.2.5	Lei de Diretrizes Orçamentárias – LDO		71
	2.2.6	Lei Orçamentária Anual – LOA		76
	2.2.7	Esquemas sobre as leis orçamentárias		79
		2.2.7.1	Esquema – Leis orçamentárias	79
		2.2.7.2	Esquema – Lei de Diretrizes Orçamentárias em detalhe	80
		2.2.7.3	Esquema – Lei Orçamentária Anual em detalhe	82
	2.2.8	As vedações orçamentárias		82
		2.2.8.1	Esquemas – Vedações orçamentárias. Art. 167, CR	87
	2.2.9	O embate entre recursos orçamentários e prestação de políticas públicas		89
	2.2.10	Execução orçamentária		91
		2.2.10.1	Esquema – Execução orçamentária	95

CAPÍTULO 3 – SEGUNDO PASSO NO DETALHAMENTO DA ATIVIDADE FINANCEIRA: A COMPREENSÃO DA DISCIPLINA DAS RECEITAS E DESPESAS PÚBLICAS ... 99

3.1	Receitas públicas: definição e classificação		99
	3.1.1	Classificação das receitas de acordo com a origem: originárias, derivadas e transferidas	101
	3.1.2	Classificação das receitas de acordo com o motivo de entrada: receitas correntes e receitas de capital	107
3.2	As receitas públicas na disciplina da Lei de Responsabilidade Fiscal		109
	3.2.1	Previsão e arrecadação das receitas públicas: artigos 11 a 13 da LRF	109
	3.2.2	Renúncia de receita: artigo 14 da LRF	113
		3.2.2.1 Esquema – Renúncia de receitas	126

3.3	Despesas públicas: definição e classificação	127	
	3.3.1	A abertura de crédito adicional como requisito ao cumprimento da legalidade na realização de despesas públicas	127
	3.3.2	Classificação das despesas de acordo com o motivo do dispêndio: despesas correntes e despesas de capital...................	130
3.4	As despesas vinculadas e obrigatórias na Constituição da República....	132	
3.5	O novo regime fiscal criado pela EC 95/2016, o teto para as despesas públicas primárias e a EC 109/2021	136	
3.6	As despesas públicas na disciplina da Lei de Responsabilidade Fiscal: artigos 15 a 24	141	
3.7	As regras gerais dos artigos 15, 16 e 17 da LRF..	141	
	3.7.1	Esquema – Despesas na Lei de Responsabilidade Fiscal. Regras gerais	146
3.8	As despesas com pessoal: artigos 18 a 23	147	
	3.8.1	O que é "despesa com pessoal"?...	147
	3.8.2	Os limites de gasto com pessoal...	148
	3.8.3	Estabelecidos os limites, como controlar?	151
	3.8.4	Esquemas – Despesas com pessoal...	155
		3.8.4.1 Esquema – Despesas com pessoal	155
		3.8.4.2 Esquema – Condições para a criação e/ou aumento da despesa com pessoal................................	156
		3.8.4.3 Esquema – O controle na prática: periodicidade, providências e sanções...	156
3.9	Despesas com a Seguridade Social..	158	
3.10	Esquema – Despesas com a Seguridade Social	159	
3.11	Esquema – Receitas e despesas	160	

CAPÍTULO 4 – ENTRE RECEITAS E DESPESAS: A QUESTÃO DO ENDIVIDAMENTO PÚBLICO... 163

4.1	Dívida pública: definições..	164	
	4.1.1	Esquema – Dívida pública. Definições	167
4.2	Dívida pública nacional: composição e quadro atual..............................	167	
4.3	Limites de endividamento, controle e providências em caso de excesso	169	
	4.3.1	Limites de endividamento: disciplina normativa	169
	4.3.2	Controle e sanções: superação dos limites por Estados, Distrito Federal e Municípios...	173
	4.3.3	Esquemas – Dívida pública. Limites de endividamento, controle e providências em caso de excesso	177

4.4	Condições para a contratação das operações de crédito.................	179
	4.4.1 Esquema – Operações com instituições financeiras. Destaques importantes...	182
4.5	Outras restrições às operações de crédito: as vedações dos artigos 34 a 37 da LRF..	182
4.6	Pedaladas fiscais no processo de *impeachment* de Dilma Rousseff: artigos 35 e 36 da LRF...	186
4.7	As modalidades de operações de crédito: emissão de títulos da dívida pública e antecipação de receita orçamentária..................................	187
	4.7.1 Emissão de títulos da dívida pública...	188
	4.7.2 Antecipação de receita orçamentária..	191
4.8	As garantias nas operações de crédito..	192
4.9	Crise econômica de 2014: Calamidade financeira nos Estados, o Programa de Recuperação Fiscal dos Estados da LC 159/2017 e o Plano de Promoção do Equilíbrio Fiscal da LC 178/2021..................	196
4.10	Pandemia de covid-19, calamidade pública e medidas fiscais correlatas...	200

CAPÍTULO 5 – PRECATÓRIOS 209

5.1	Definições e regime geral	209
5.2	Atualização monetária e incidência de juros no pagamento de precatórios: debates e evolução..	215
5.3	Disciplina atual dos precatórios: Emendas Constitucionais 114/2021, 113/2021, 99/2017, 94/2016 e 62/2009	221
	5.3.1 Arguições de inconstitucionalidade da EC 62/2009	222
	5.3.2 Regime vigente de pagamento dos precatórios	225
	5.3.3 Esquema – Art. 100, CR. Regra geral dos precatórios	230
5.4	O regime especial criado pelos artigos 101 e seguintes do ADCT: a EC 94/2016 e as modificações da EC 99/2017 e da EC 109/2021	230
	5.4.1 Esquema – Arts. 101 a 105, ADCT. Regime especial de pagamento para Estados, Distrito Federal e Municípios (EC 94/2016 e EC 99/2017)	235
5.5	O regime especial criado pelo artigo 97 do ADCT: EC 62/2009	235
	5.5.1 Pagamento via leilão..	239
	5.5.2 Pagamento em ordem crescente de valor	239
	5.5.3 Pagamento via acordo direto...	240
	5.5.4 A não liberação de recursos depositados: sequestro, compensação e sanções..	240
	5.5.5 Esquema – Art. 97, ADCT. Regime especial de pagamento para Estados, Municípios e Distrito Federal	241

5.6	Regimes especiais de pagamento anteriores à EC 62/2009		242
	5.6.1	Artigo 33 do ADCT: parcelamento em oito anos	242
		5.6.1.1 Esquema – Art. 33, ADCT	244
	5.6.2	Artigo 78 do ADCT: parcelamento em dez anos	244
		5.6.2.1 Esquema – Art. 78, ADCT (EC 30/2000)	246
	5.6.3	Artigos 86 e 87 do ADCT: exceção ao parcelamento em dez anos	247
		5.6.3.1 Esquema – Arts. 86 e 87, ADCT (EC 37/2002)	247
5.7	Os precatórios no direito tributário: compensação e garantia em execução fiscal		248
	5.7.1	Compensação de tributos com precatórios	248
	5.7.2	Precatórios como garantia em processo de execução fiscal	250
5.8	Requisições de pequeno valor		251
	5.8.1	Esquema – Lei 12.431/2011. Compensação de precatórios com tributos federais	253

CAPÍTULO 6 – CONTROLE DA ATIVIDADE FINANCEIRA 257

6.1	Controle das contas públicas na Constituição: artigos 70 a 75		257
	6.1.1	Esquema – Controle das contas públicas	262
6.2	Controle interno		263
6.3	Controle externo: o Poder Legislativo		264
6.4	O controle externo pelas mãos do Tribunal de Contas: características gerais		266
6.5	Ainda o controle externo: as atribuições constitucionais do Tribunal de Contas da União		268
	6.5.1	Esquema – Competência do TCU. Art. 71 e incisos, CR	274
6.6	Os Tribunais de Contas na LRF		275
6.7	Controle social		276

BIBLIOGRAFIA 279

INTRODUÇÃO

A independência e sistematização do direito tributário, ocorridas especialmente após a publicação do Código Tributário Nacional, em 1966, resultaram não apenas na separação didática entre direito tributário e direito financeiro, como também em um progressivo aumento da importância acadêmica do direito tributário, concomitante à diminuição do interesse no tratamento de questões financeiras, cuja análise, em grande medida, ficou limitada a estudos relativos às finanças públicas.

O interesse pelo direito financeiro e a necessidade de estudos mais claros e acessíveis a esse respeito decorrem não apenas de uma exigência meramente acadêmica, mas, especialmente, do reconhecimento de que temas financeiros estão cada vez mais presentes em julgamentos de Tribunais Superiores e também no debate político que passou a ocupar o País a partir de meados de 2014. A crise econômica e política vivenciada pelo Brasil desde então, que culminou com o *impeachment* da Presidente Dilma Rousseff, colocou holofotes sobre questões relacionadas ao manejo do orçamento público e à Lei de Responsabilidade Fiscal. Além disso, tem sido usual a postura da Fazenda Pública em requerer a modulação de efeitos de julgados do Supremo Tribunal Federal com fundamento no impacto orçamentário que uma decisão pela inconstitucionalidade pode gerar. A correta compreensão dos institutos de direito financeiro auxiliam na sofisticação desses e outros debates relevantes.

O objetivo deste livro é se aprofundar na atividade financeira do Estado, apresentando de forma clara a realização de despesas e obtenção de receitas pelo Estado, com as implicações que tal atividade sugere. Nesse sentido, temas relativos ao endividamento público, realização exacerbada de despesas pelos Estados[1] e os recentes "Decretos de Calamidade Financeira"[2], que se fizeram presentes nos estados do Rio de Janeiro, Minas Gerais e Rio Grande do Sul[3], também serão abordados.

---

[1] Segundo dados do Tesouro Nacional, até o fim de 2016, oito estados haviam estourado o limite de gastos com pessoal (60% da receita corrente líquida): Minas Gerais, Mato Grosso do Sul, Rio Grande do Sul, Paraíba, Distrito Federal, Goiás, Rio de Janeiro e Paraná. Disponível em: <https://www.nexojornal.com.br/expresso/2016/12/06/Agora-%C3%A9-Minas-que-decreta-calamidade--financeira.-Situa%C3%A7%C3%A3o-vai-se-espalhar>; <http://www.valor.com.br/brasil/4926820/firjan-13-estados-tem-gastos-de-pessoal-acima-do-limite-em-2016>, <http://www.firjan.com.br/publicacoes/publicacoes-de-economia/a-situacao-fiscal-dos-estados.htm#pubAlign> e <http://www.tesouro.fazenda.gov.br/pt_PT/indicadores-fiscais-e-de-endividamento>.

[2] Conforme será visto mais adiante, o desempenho fiscal e de execução orçamentária dos entes federados, deve ser monitorado por mecanismos de transparência fiscal, como são os casos dos relatórios seguintes: (i) Relatório resumido de execução orçamentária (REEO) e; (ii) Relatório de gestão fiscal (RGF), previstos na LRF (artigos 52 e 54). Esses mecanismos permitem identificar o panorama financeiros dos entes, e avaliar por exemplo, essas recentes decretações de estado de calamidade pública.

[3] Tais decretos costumam autorizar medidas excepcionais por parte das autoridades e vêm acompanhados de outros atos normativos. Nos casos observados, buscam afastar os riscos de colapso

Diante disso, a estrutura do livro será a seguinte: o capítulo 1 terá por foco a atividade financeira do Estado, que pode ser considerada o núcleo de todo o estudo do direito financeiro. O que se pretende é, além de situar a **atividade financeira no centro das regras de direito financeiro**, estabelecer que o estudo dessa disciplina depende de um outro pilar central, que é o **orçamento público**, e dois outros decorrentes deste, que são a **receita** e a **despesa públicas**.

A partir disso, os capítulos subsequentes, 2 e 3, irão detalhar esses pilares; o capítulo 2 terá por objeto o orçamento público, com o detalhamento dos princípios, das leis e execução orçamentárias, enquanto o capítulo 3 terá por objetivo detalhar a disciplina da receita e despesa públicas. No capítulo seguinte, de número 4, serão tratadas questões relacionadas com o endividamento público, enquanto o capítulo 5 tratará de outro tema relacionado à despesa pública, que são os precatórios. Por fim, como forma de encerramento da análise da atividade financeira, em um último capítulo serão abordados aspectos relacionados com a fiscalização das contas públicas e, consequentemente, do orçamento.

Ao final de cada capítulo, há sugestão de tema(s) para debate, com a indicação respectiva de materiais de apoio. Com isso, pretende-se estimular a reflexão prática dos temas tratados ao longo da obra.

---

sistêmico, dos sistemas educacionais, de saúde pública, segurança pública etc. Para isso, fazem uso de mecanismos como parcelamento da dívida pública, contingenciamento de gastos obrigatórios, antecipação de receitas, diminuição e transferências de responsabilidades.

Capítulo 1

A ATIVIDADE FINANCEIRA DO ESTADO COMO NÚCLEO DO DIREITO FINANCEIRO: O BALANÇO ENTRE RECEITAS E DESPESAS

 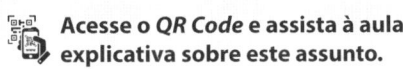

Acesse o *QR Code* e assista à aula explicativa sobre este assunto.

> https://uqr.to/892e

1.1 INTRODUÇÃO

A Lei nº 4.320/1964 é o marco legislativo do direito financeiro no Brasil: seus dispositivos estabelecem as normas gerais relativas à atividade financeira do Estado e, assim, detalham a obtenção de receitas e realização de despesas. Desde 1964, contudo, houve evidente evolução institucional: as normas constitucionais sobre finanças públicas e a publicação da Lei Complementar nº 101/2000, a Lei de Responsabilidade Fiscal, formam o conjunto normativo que atualmente disciplina a matéria.

A despeito de a estruturação normativa da disciplina ter ocorrido apenas em 1964, muito antes disso a academia e o poder público se ocuparam do debate sobre as finanças públicas.

O objetivo deste capítulo é, em primeiro lugar, apresentar esse debate, como forma de situar o leitor tanto acerca da evolução histórica dos institutos aqui implicados quanto em relação ao objeto central da disciplina: a atividade financeira do Estado. Após, passaremos à análise da atividade financeira em si, com a delimitação das necessidades públicas que tal atividade visa atender, ao lado do detalhamento das funções gerais do Estado e de princípios aplicáveis na consecução dessa tarefa. Por fim, algumas linhas serão dedicadas à apresentação da disciplina normativa do direito financeiro, desde a Constituição da República de 1988 até previsões mais específicas da Lei de Responsabilidade Fiscal.

Para fins da execução desse percurso, um conceito inicial de *atividade financeira* pode ser útil: trata-se do conjunto de atividades realizado pelo Estado, com vistas ao atendimento das necessidades públicas. Em seu núcleo, estão a obtenção de receitas e a realização de gastos – ambos instrumentos fundamentais para a concretização do desiderato estatal, tal qual desenhado no texto constitucional.

Ainda à guisa de introdução, desde logo, note-se que o direito tributário exerce um papel central na viabilização da atividade financeira: sendo os tributos a principal fonte de financiamento estatal, é evidente que a análise e a reconstrução dos debates sobre finanças públicas passarão pelo direito tributário e pelo movimento de especialização que lhe conferiu *status* de ciência didaticamente autônoma.

Nesse sentido, aliás, é a posição de Albert Hensel, para quem o direito tributário, para ser compreendido em sua inteireza conceitual, deve ser lido pelas lentes da atividade financeira do Estado:

> [...] o Direito tributário nada mais é que o âmbito especial do Direito administrativo regulado no Ordenamento Tributário assim como o Direito regulador daquela matéria sobre a que é aplicável ao Ordenamento Tributário. [...] Por outro lado, o Direito tributário pode ser concebido como uma parte do Direito financeiro. [...] O Direito financeiro abarca todas as manifestações financeiras da vida pública, na medida em que estas sejam suscetíveis de consideração jurídica. [...] o Direito tributário pertence à parte dos ingressos[1].

Portanto, tendo-se esses elementos em mente, o próximo item se ocupará de realizar a reconstrução histórica dos debates sobre a estruturação da atividade financeira nacional, mas sem perder de vista questões específicas relacionadas com a formação do sistema tributário e questões orçamentárias.

1.2 BREVE CONTEXTUALIZAÇÃO HISTÓRICA: DAS FINANÇAS PÚBLICAS AO ISOLAMENTO CONCEITUAL DO DIREITO TRIBUTÁRIO

Conforme mencionado linhas acima, a disciplina do direito financeiro no Brasil ganhou ares de sistematização apenas em 1964, por ocasião da publicação da Lei 4.320, ainda que, muito antes disso, debates sobre atividade financeira do Estado já estivessem presentes tanto nas discussões legislativas quanto acadêmicas. Desde a Constituição de 1824, questões atinentes à discriminação de rendas e à divisão da arrecadação tributária entre o Governo Geral e as províncias eram suscitadas e se alongaram pelas constituições seguintes.

---

[1] "[...] el Derecho tributario es, más que nada, el ámbito especial del Derecho administrativo, regulado en la Ordenanza Tributaria, así como el Derecho regulador de aquella materia sobre la que es aplicable a la Ordenanza Tributaria. [...] Por otro lado, el Derecho tributario puede ser concebido como una parte del Derecho financiero [...] el Derecho financiero abarca todas las manifestaciones financieras de la vida pública, en la medida en que éstas sean susceptibles de consideración jurídica. [...] el Derecho tributario pertenece a la parte de los ingresos [...]" – tradução livre. HENSEL, Albert. *Derecho tributario*. Trad. Andrés Báez Moreno, María Luisa González-Cuéllar Serrano e Enrique Ortiz Calle. Madrid: Marcial Pons, 2005. p. 83. No mesmo sentido, é a postura de Ferreiro Lapatza: "[...] la actividad financiera resulta incomprensible si prescindimos de alguna de sus partes esenciales. La adecuación de los medios de que el Estado dispone a la satisfacción de sus necesidades debe ser contemplada unitariamente. [...] La evolución de los estudios tributarios ha favorecido la postura aislacionista, pero el tributo tiene su entronque evidente con el presupuesto en el que está inserto y con las demás instituciones financieras. [...] El tributo, como institución jurídica, es inescindible e incomprensible si lo desgajamos del ciclo total de la actividad financiera". FERREIRO LAPATZA, José Juan. *Curso de Derecho Financiero Español – Istituciones*. Madrid: Marcial Pons, 2006. p. 40-41.

A Constituição Imperial de 1824, seguindo a vocação do estado unitário, não permitia que as províncias deliberassem sobre a criação de impostos[2]. Como já tivemos oportunidade de salientar em outros textos[3], a separação entre orçamento geral e o das províncias se deu pela primeira vez apenas com a publicação da lei orçamentária de 1833-1834, que assegurou às províncias as receitas residuais do governo central. Tal providência, somada com o pouco detalhamento das possibilidades de incidência tributária local, inicia práticas maléficas de sobreposição de competências.

Como já destaquei em outra oportunidade[4], em 1835, na tentativa de atender às demandas provinciais por mais e delimitadas receitas, foi publicada a Lei nº 99[5], de 31 de outubro daquele ano. Para Carvalho Pinto, essa norma assinalaria um marco destacado na história da discriminação de rendas nacional, pois, "enumerando as imposições pertencentes à receita geral, confere essa lei todos os demais tributos às províncias"[6]. Veiga Filho[7] e Visconde do Uruguai[8] seguem a mesma linha, ao reconhecerem que tal lei inaugura uma nova fase das práticas tributárias. Note-se que sua importância decorre não apenas do fato de se ter indicado (mesmo que negativamente) as receitas provinciais, mas especialmente porque se arrolam as rendas públicas, coisa que jamais tinha ocorrido até então.

Contudo, a iniciativa não rendeu bons frutos, como Veiga Filho mesmo acaba por reconhecer[9]. Não tardou para que as receitas se mostrassem insuficientes; o resultado

---

[2] CAVALCANTI, Amaro. *Elementos de Finanças. Estudo Theorico-pratico*. Rio de Janeiro: Imprensa Nacional, 1896. p. 436.

[3] Por todos, confira-se: PISCITELLI, Tathiane dos Santos. *Argumentando pelas consequências no direito tributário*. São Paulo: Noeses, 2011. p. 139 e ss.

[4] As próximas linhas consistem em uma versão reduzida do argumento que apresentei em: PISCITELLI, Tathiane dos Santos. *Argumentando pelas consequências...*, cit., p. 139 e ss.

[5] Sobre os debates que antecederam a aprovação dessa lei, cf. SOUSA, Paulino José Soares de. Visconde do Uruguai. *Estudos práticos sobre a administração das províncias no Brasil*. Rio de Janeiro: Nacional, 1865, p. 237.

[6] CARVALHO PINTO, Carlos Alberto A. de. *Discriminação de Rendas* – Estudo apresentado à Conferência Nacional de Legislação Tributária, instalada no Rio de Janeiro, em 19 de maio de 1941, em defesa da tese proposta pela delegação do Estado de São Paulo. Prefeitura do Município de São Paulo, 1941. p. 129.

[7] VEIGA FILHO, João Pedro da. *Manual da Sciencia das Finanças*. São Paulo: Espindola & Comp., 1906. p. 209 e ss.

[8] SOUSA, Paulino José Soares de. Visconde do Uruguai. *Estudos práticos...*, cit., p. 241.

[9] "Tal era a confusão que havia, no regimen tributário, que o conselheiro *Francisco Belisario* em seu relatório de 1886 e 1887, considerando impraticavel a discriminação das rendas de 1835, opinava pela concessão franca dos impostos addcionaes ás províncias e aos municípios. 'Creado o imposto geral com addicionaes provinciaes, dizia aquelle estadista, feita pelos mesmos agentes a arrecadação, além da vantagem de menos dispendio gozariam os contribuintes de maior facilidade no pagamento, o que constitúe alivio na imposição'" (VEIGA FILHO, João Pedro da. *Manual...*, cit., p. 212, nota 3).

foi um incentivo, novamente, à invasão de competências tributárias e à duplicidade de incidências. Para João Barbalho Uchôa Cavalcanti[10]:

> Ao iniciar-se a nova vida das províncias com o Acto addicional á Constituição do Imperio, acharam-se ellas em grave difficuldades quanto ao orçamento das suas rendas. Muitas viram-se em situação mais embaraçosa que antes d'aquelle Acto, no qual se fundavam tantas esperanças e que tam cedo se mostrou fonte de decepções e de mallogro! A divisão, feita pela lei de 31 de outubro de 1835, de matéria tributável entre o governo geral e as províncias, cedo revelou-se inadequada á situação d'ellas, por fórma que 'si não houvesse sido concedido ás províncias o excesso dos 5% addicionaes de exportação, teriam ficado algumas completamente destituídas de recursos' (*Visconde de Uruguay*, Adm. das Províncias, v. I, pág. 239).

Apenas em 1891, com a promulgação da nova Carta Constitucional, o tema da discriminação das receitas tributárias foi tratado com maior cuidado. Referida Constituição, em verdade, inaugura o que se pode entender como a semente de um sistema constitucional tributário e traz, em suas disposições, a delimitação do campo de competência da União e dos estados[11], além de garantias aos contribuintes. Entretanto, no que se refere aos municípios, pouco se evoluiu em relação à Constituição do Império: nos termos do artigo 68, os estados seriam organizados de forma a garantir a autonomia dos municípios; contudo, a ausência de atribuição de fontes próprias de financiamento terminou por, na prática, inviabilizar qualquer independência desses entes.

Acerca da absoluta desconsideração dos municípios no quadro geral dos entes autônomos, Geraldo Ataliba destaca a involução da Carta de 1891[12]:

> Do sistema imperial que se polarizava na capital e nos municípios, com abstração das regiões, destituídas de maior importância que estavam as Províncias, involui-se, sob certa perspectiva, em 1891, para a total destituição do município de sua dignidade constitucional. Quanto à discriminação de rendas, em si mesma considerada, como instrumento de evitação de conflitos recíprocos e de asseguramento da autonomia dos estados – e também da União – sua pouca extensão não pôde contribuir para um ambiente totalmente livre de controvérsias. Por outro lado, as deficiências técnicas da redação do artigo 12 – que cuidava do campo comum de competência, além de ter a mais ampla latitude, ensejadora de constantes e imensos atritos e conflitos, pela necessidade de convivência comum, dentro da mesma faixa – permitia, principalmente em face do pouco desenvolvimento da ciência do direito financeiro, as mais disparatadas afirmações exegéticas.

---

[10] UCHÔA CAVALCANTI, João Barbalho. *Constituição Federal Brasileira (1891) comentada*. Edição fac-similar. Brasília: Senado Federal, Conselho Editorial, 2002. p. 37-38.

[11] "Grande inovação foi uma expressa divisão dos tributos entre a União e os Estados, determinando-se que estes escolheriam alguns de seus impostos para os Municípios (só pela CF de 1934, estes passaram a ter expressamente impostos exclusivos)" (BALEEIRO, Aliomar. *Constituições Brasileiras: 1891*. Brasília: Senado Federal e Ministério da Ciência e Tecnologia, Centro de Estudos Estratégicos, 2001. p. 39).

[12] ATALIBA, Geraldo. *Sistema tributário constitucional brasileiro*. São Paulo: Revista dos Tribunais, 1968. p. 56-7.

Ao lado da ausência de autonomia financeira aos municípios, outros fatores contribuíram para o insucesso do sistema tributário proposto na Constituição de 1891: o desfalque das rendas estaduais e, mais uma vez, as margens existentes para invasões de competências.

A descentralização, de um lado, gerou diminuição dos cofres estaduais, que não tinham receitas suficientes para suprir todos os serviços demandados pelas novas competências e, de outro, e talvez em maior medida, provocou queda dos recursos financeiros da União, que, por conta da limitação do campo de competência tributária, não tinha recursos suficientes para custear suas despesas[13]. Esse quadro foi propício para as incidências tributárias duplicadas, que resultavam do exercício da competência cumulativa, de forma irrestrita, entre União e estados.

Diante desse quadro, Carvalho Pinto[14] destaca que a Constituinte de 1934 teria dois problemas centrais a enfrentar: "a superposição dos tributos centrais e locais no campo concorrente", decorrência direta da bitributação indiscriminada, e "a extensão das imposições interlocais", resultante de interpretações que viabilizavam competências cumulativas. O que obtivemos foi uma Constituição que discriminou ainda mais a competência tributária e, apesar de permitir a competência concorrente (mas não cumulativa, como em 91) entre União e Estados (artigo 10, VII), delimitou um campo de competência privativa aos Municípios, conferindo, pela primeira vez, autonomia financeira a esses entes (artigo 13, § 2º).

A Constituição de 1937 dá continuidade à discriminação rígida de competências, bem como à autonomia municipal, mas mantém o campo de competência concorrente entre Estados e União, com prevalência ao imposto da União, no caso de bitributação – que permanece vedada, a exemplo da Carta anterior. De acordo com Carvalho Pinto, a discriminação de rendas de 37 "consubstancia um dos sistemas mais perfeitos de discriminação de rendas, representando um estágio avançado na longa e laboriosa evolução da matéria no direito constitucional brasileiro".[15]

Apesar da evidente evolução do sistema de divisão de competências tributárias desde 1891, na Constituinte de 1946, o problema da discriminação de rendas foi, novamente, retomado e ainda para destacar a insuficiência de receitas para fazer frente às despesas dos municípios.

A proposta inicial da subcomissão "Discriminação de Rendas" na Assembleia Constituinte de 1946 era muito mais abrangente e inovadora do que o texto constitucional aprovado. O objetivo era não apenas de uma tentativa de conferir autonomia efetiva aos municípios, mas, em igual medida, o de conferir um grau de maior detalhamento e sistematicidade do sistema tributário (que, à época, se confundia com o financeiro).

---

[13] Uma boa indicação de fontes doutrinárias favoráveis à ampliação da competência tributária da União está em NUNES, Castro. *A jornada revisionista...*, cit., p. 85 e ss. Sobre o tema, esse mesmo autor ressalta: "[...] a tarefa econômica da União é cada vez maior, mais intensa a sua actuação administrativa, cada vez mais dilatado o seu programa de trabalho, quér no regimen da constituição vigente, sob a pressão de realidades inilludiveis que vehementemente se estão impondo, quér sob a constituição revista, onde dará entrada, necessariamente, o princípio da federalização de certos serviços [...]" (NUNES, Castro. *A jornada revisionista...*, cit., p. 92.

[14] CARVALHO PINTO, Carlos Alberto A. de. *Discriminação de rendas...*, cit., p. 136-7.

[15] CARVALHO PINTO, Carlos Alberto A. de. *Discriminação de rendas...*, cit., p. 146.

Em que pese a "revolução" trazida pela Constituição de 1946 nas finanças municipais, referida carta esteve longe de sanar todos os problemas relacionados com a discriminação de rendas, especialmente pela manutenção da competência concorrente que, na existência de conflito entre Estados e União, beneficiava esta última, possibilitando não apenas a criação de tributos mascarados, para evitar a configuração da bitributação, mas também a concentração do poder tributário na esfera federal.

Na análise de Amílcar Falcão, a redação da Carta de 1946 é melhor em qualidade, se comparada às Constituições de 1934 e 1937, e tal decorre do vínculo inequívoco que se estabelece entre "bitributação" e "competência concorrente", "porque, ao final da mesma disposição, se diz claramente que a declaração da bitributação conduzirá à suspensão da 'cobrança do tributo estadual', o que elimina qualquer cogitação razoável, quer a propósito do problema da invasão da competência, quer quanto ao *bis in idem*"[16].

Dessa forma, mesmo que tenha havido alguma evolução na delimitação da competência tributária nos textos constitucionais, ainda dominavam, no debate tributário, questões relacionadas com a dupla incidência de impostos e o papel que cada espécie tributária deveria exercer. A solução frequentemente mencionada era a codificação do direito tributário, a fim de que se estabelecesse, de maneira clara, a definição de tributo, das espécies tributárias e os fatos que geravam a incidência respectiva. O discurso pela sistematização do direito tributário era, de alguma forma, subjacente em praticamente todas as épocas em que o debate sobre a discriminação de rendas florescia.

Como se percebe ao longo de todo esse percurso, o tema central das discussões tributárias sempre esteve relacionado com a necessidade de assegurar recursos aos entes públicos, mesmo antes da existência de uma Federação. Tratava-se de estabelecer a melhor distribuição das formas de obtenção de receitas por parte do Estado, como meio de viabilizar e assegurar a autonomia política e administrativa não só da União, mas, na mesma medida, dos estados (ou províncias) e municípios – o que se via, portanto, **era a ausência de uma separação conceitual clara entre direito tributário e direito financeiro.**

Muitos dos debates realizados nesse sentido eram conduzidos à luz da então chamada "Ciência das Finanças".

Em 1902, Alfredo Varella apresentou à Câmara dos Deputados sete projetos de leis, cujo objetivo era uniformizar, pelas vias da codificação, as normas de finanças públicas no Brasil, pelo estabelecimento das regras relativas à periodicidade, à forma e ao conteúdo dos orçamentos, além de questões relacionadas à dívida pública. A justificativa conjunta dos projetos tem o seguinte início[17]:

> A verdadeira legislação dos povos é a legislação do imposto, proclamou um dia, no alvorecer do seculo, a brilhante intelligencia de Mirabeau. E na verdade, sua primazia fica logo manifesta, desde que consideremos ser a outra supprivel pelos costumes. O imposto, não: ha de ter boa instituição e regulamento. De outra sorte, o Estado é profundamente oprimido,

---

[16] ALCÃO, Amílcar de Araújo. *Sistema Tributário Brasileiro*: Discriminação de Rendas. Rio de Janeiro: Edições Financeiras, 1965. p. 109.

[17] VARELA, Alfredo. *Direito Constitucional Brasileiro: reforma das instituições nacionais*. Ed. fac--similar. Brasília: Senado Federal, Conselho Editorial, 2002. p. 87-88.

jazem na miséria os particulares. [...] Se a preciosa liberdade é columna fundamental do Estado republicano, a outra columnae em que assenta é a da boa legislação do imposto, e mais nesta do que naquella. Já existiu a República sem liberdade completa, mas com o fiel emprego do que é de todos ao bem de todos: nunca existirá onde, poderosa a liberdade, o suor do povo fique á mercê dos governantes. Observação é esta de grande monta, que nos leva a formular o seguinte postulado político, da mais alta relevancia: não ha tyrannia possivel onde os dinheiros do Estado estejam a salvo do arbítrio.

Ainda que se tratasse de uma codificação financeira, a questão tributária estava justificadamente presente e representava uma das razões centrais motivadoras da reforma proposta, já que se tratava de garantir uma "boa legislação do imposto", que, à época, era elemento formador dos pilares da Ciência das Finanças. Portanto, mesmo que questões substanciais do direito tributário estivessem à margem da discussão, a necessidade de conferir racionalidade aos modos de concretização do gasto público advinha da premência de inserir essa mesma racionalidade às receitas que viabilizavam essas despesas. Tratava-se de um pequeno embrião do movimento de codificação tributária.

Veiga Filho, não muito tempo depois, em 1906, passa, igualmente, a defender a necessidade de codificação da legislação financeira, deixando ainda mais clara a conexão desta com outras questões que hoje são estritamente tributárias, como a "relação entre a administração financeira e os contribuintes", com a finalidade de explicitar os direitos e deveres de cada um dos sujeitos envolvidos na relação jurídica cujo objeto seja o pagamento de tributo[18]:

> O regimen financeiro do Brazil é o da multiplicidade de leis, sem um criterio uniforme. A codificação d'ellas, como presentemente se projecta, será um grande serviço publico. Os materiaes para a organização de um código financeiro encontram-se nas seguintes fontes: a) – leis que regulam as relações entre a administração financeira e os contribuintes porque, sem o conhecimento dellas, não se podem determinar os direitos e obrigações reciprocas entre as entidades relacionadas; b) – leis concernentes á organização financeira e ás relações hierarchicas entre os respectivos agentes; c) – actos regulamentares do poder executivo que, na ausência e silencio da lei, tem providenciado n'esta ordem de relações; d) – a jurisprudência financeira composta de decisões dos tribunaes de contas e mais repartições fiscaes, firmando a intelligencia que, na pratica, tem sido dada ás respectivas leis; e) – leis constitucionaes, base de todo o regimen financeiro; f) – as leis orçamentarias e as de contabilidade publica; g) – os convênios, concordatas e tratados financeiros.

Note-se que o autor coloca no mesmo patamar de discussão as leis que regulam a relação entre administração e contribuintes (objeto atual do direito tributário) e aquelas que tratam do orçamento e da contabilidade pública. À época, portanto, direito tributário e direito financeiro eram entendidos como dois lados de uma mesma moeda: a necessidade de manutenção do Estado era atendida pela tributação e o reconhecimento de conexão entre esses dois elementos não maculava a análise jurídica das questões.

---

[18] VEIGA FILHO, João Pedro da. *Manual da Sciencia das Finanças...*, cit., p. 26.

A despeito de o debate remontar ao início do século XX, foi apenas com a Constituição de 1946 que o primeiro passo concreto em direção à existência de normas gerais de finanças públicas e direito tributário foi dado. Nos termos do artigo 5º, inciso XV, conferiu-se competência para a União legislar sobre "normas gerais de direito financeiro".

O resultado, porém, demorou quase duas décadas: apenas em 1964 foi aprovada a Lei nº 4.320, que introduziu tais normas gerais. Pouco se falou, no entanto, acerca do exercício da tributação – o artigo 9º estabeleceu a definição de tributo e o artigo 11 classificou as receitas entre correntes e de capital. Como espécie de receita corrente, encontramos a receita tributária que, por sua vez, era composta por impostos, taxas e contribuições de melhorias. A redação original da Lei 4.320/1964 foi alterada posteriormente pelo Decreto-lei 1.939/1982, mas sem que tenha havido modificação substancial no conteúdo. O tratamento tributário das receitas se manteve idêntico. Considerando o alcance restrito da Lei 4.320/1964 do ponto de vista da disciplina da relação entre Fisco e contribuinte, não era possível cogitar-se, à época, de uma codificação do direito tributário.

Como é sabido, a codificação tributária só se concretizou muitos anos depois da demanda apresentada por Veiga Filho em 1906. Em 1953, formou-se uma Comissão Especial no Ministério da Fazenda, para elaborar um projeto de Código Tributário. Naquela ocasião, adotou-se como material para discussão o anteprojeto elaborado por Rubens Gomes de Sousa, integrante da comissão, juntamente com outros técnicos[19].

Antes mesmo da aprovação do Código, porém, que se deu em 1966 apenas, promulgou-se a Emenda Constitucional nº 18/1965. O objetivo central foi o de promover alterações substanciais no sistema tributário nacional, com vistas à solução dos velhos problemas relativos à sobreposição de competências, sem olvidar da criação de garantias mais sólidas para os contribuintes, aplicáveis por ocasião da criação de tributos pelos entes: previu-se o dever de observância da legalidade e anterioridade, além de algumas imunidades específicas.

Ato contínuo, deu-se a publicação da Lei 5.172/1966, o Código Tributário Nacional. A despeito de sua origem estar intrinsecamente relacionada com a atividade financeira do Estado e, assim, com a necessidade de prover recursos aos entes da Federação, a finalidade pública do tributo não se fez presente nas normas que integram o Código. O conceito de tributo constante do artigo 3º é absolutamente alienado do fato de que a receita tributária é parte integrante e fundamental da atividade financeira do Estado e, assim, tem por fim primordial, ainda que não exclusivo, a manutenção material da Administração Pública[20].

Em paralelo a essa ruptura normativa entre direito tributário e direito financeiro (ou finanças públicas, para nos apropriarmos da terminologia da Lei 4.320/1964), a doutrina inicia um movimento de especialização e isolamento das questões que motivaram o nascimento em si do direito tributário como disciplina autônoma. Um exemplar desse movimento foi Alfredo Augusto Becker que, antes mesmo da publicação do Código, já se mostrava sendo o percussor do movimento de purificação do direito tributário. Em 1963, publicou sua principal obra, "Teoria Geral do Direito Tributário", com objetivo de

---

[19] *Trabalhos da Comissão Especial do Código Tributário Nacional*. Rio de Janeiro: Ministério da Fazenda, 1954.

[20] AVI-YONAH, Reuven S., *The Three Goals of Taxation*, Tax L. Rev. 60, n. 1 (2006): 1-28.

denunciar o "manicômio tributário" no qual vivíamos, em razão do tratamento conjunto de questões tributárias e daquelas relativas à destinação dos recursos arrecadados. Para o autor, "o direito tributário termina no DARF"[21], e, portanto, questões atinentes à arrecadação e à destinação financeira dos recursos não estariam no campo de estudos a ele reservado. O ponto de atenção deveria estar, unicamente, na descrição e análise do "fato imponível" e, assim, na previsão normativa da conduta que, concretamente realizada, resultaria na incidência tributária.

Com a promulgação da Constituição de 1988, o Sistema Tributário Nacional se especializou: as competências tributárias foram rigidamente distribuídas, os princípios para a proteção dos contribuintes ampliados, assim como as hipóteses de imunidades. A doutrina tributária, de seu lado, seguiu na separação conceitual entre tributação e finanças públicas e desenvolveu-se quase com foco exclusivo na análise das incidências tributárias e das garantias constitucionais recém-criadas[22]. Não se cogitava mais da análise dos efeitos financeiros da repartição das rendas tal qual realizada pela Constituição de 1988 – esse era um tema afeto ao direito financeiro que, de forma incoerente, parecia não ter nenhuma relação com o exercício da tributação.

A despeito da ausência de preocupação da doutrina, cujo crescente interesse se concentrava no direito tributário, a Constituição de 1988 também detalhou minuciosamente a figura do orçamento público: abordou de forma mais ampla e detalhada a figura do orçamento, entendido agora como instrumento de planejamento dos entes, cuidando para que se obtenha maior controle do gasto público, pela longa designação de competência ao Tribunal de Contas (art. 71). Some-se a isso previsões específicas quanto aos limites de gasto com pessoal[23] e contornos delimitados de competência para o tratamento da matéria, conforme será visto mais adiante. Nesse contexto, a Lei 4.320/1964 foi recepcionada com *status* de lei complementar.

Posteriormente à promulgação da Constituição de 1988, houve diversas alterações legislativas que reverberaram na forma como o Estado se relaciona com a receita, a despesa e o orçamento. Como exemplo, cite-se a aprovação da Lei 8.429/1992, que permeia o combate à improbidade administrativa, ao tratar de sanções aplicáveis aos agentes econômicos nos casos de enriquecimento ilícito no exercício de mandato, cargo, emprego ou função da administração pública direta, indireta ou fundacional[24].

---

[21] BECKER, Alfredo Augusto. *Teoria Geral do Direito Tributário*. São Paulo: Lejus, 2002.

[22] MARTINS, Ives Gandra da Silva (coord.). *Curso de Direito Tributário*. Belém: Cejup; Centro de Estudos e Extensão Universitária. 1999; CARRAZZA, Roque Antonio. *Curso de Direito Constitucional Tributário*. 2. ed. São Paulo: Malheiros, 1991; COÊLHO, Sacha Calmon Navarro, 1940. *Comentários à Constituição de 1998*: Sistema Tributário. Rio de Janeiro: Forense, 1990.

[23] Ainda que o tema tenha disso objeto de modificação posterior, com vistas ao maior detalhamento do artigo 169 da Constituição.

[24] Recorde-se que esta lei foi recentemente alterada pela Lei nº 14.230/2021 para excluir a possibilidade de atos culposos de improbidade administrativa, além de prever legitimidade exclusiva do Ministério Público para propor ação de improbidade administrativa. Para uma síntese das principais alterações, confira-se: **LEI define novas regras para improbidade administrativa**. Agência Senado. 26/10/2021. Disponível em: https://www12.senado.leg.br/noticias/materias/2021/10/26/lei-define-novas-regras-para-improbidade-administrativa, acesso em 07 fev. 2022.

Naquele momento, a presidência do País era exercida por Fernando Henrique Cardoso, cujo governo se via legitimado pela atuação no controle da alta inflação. Foi exatamente esse cenário que permitiu a construção de um novo regime fiscal, que teve como ponto de partida a assinatura, em novembro de 1998, com o Fundo Monetário Internacional, do Programa de Estabilidade Fiscal[25]. Tratava-se de consagrar a adoção de regras fiscais adequadas à solvência da dívida pública e ao atingimento de uma estabilidade macroeconômica.

Uma das condições decorrentes do programa era a aprovação de normas que assegurassem o cumprimento do pacto então firmado. Nesse contexto, foi aprovada a Lei Complementar nº 101/2000, a Lei de Responsabilidade Fiscal (LRF), que enrijeceu a disciplina do orçamento público, ao estabelecer regras claras voltadas à responsabilidade na gestão do dinheiro público.

Apenas para ilustrar a extensão da LRF, cujos dispositivos serão analisados oportunamente, destacamos o fato de que tal norma estabelece comandos voltados à responsabilidade da gestão fiscal no âmbito de todos os entes federativos (União, Estados, Distrito Federal e Municípios), além de compreender os três Poderes, a administração direta, os fundos, as autarquias, as fundações, as empresas estatais, os tribunais de contas e o Ministério Público.

Sobre a extensão da LRF, vale mencionar a existência de amplo debate legislativo acerca da aplicação dos dispositivos dessa lei às Defensorias Públicas. Nesse sentido, o PL 225/2011, de iniciativa do Senado Federal, buscou adequar a LRF às Defensorias dos Estados autorizando gasto de 2% da receita corrente líquida com pessoal da Defensoria Pública, e assim, reduzindo receita comprometida com o Executivo. Esse PL foi integralmente vetado pela Presidente Dilma Rousseff em 19/12/2012, de forma que as disposições da LRF continuam a não incluir expressamente a Defensoria Pública do Estado em seu rol.

Não obstante isso, deve-se mencionar que a EC 45/2004 incluiu o § 2º ao artigo 134 da Constituição para prever a autonomia administrativa e orçamentária financeira desse órgão, e que o STF reconhece que tais dispositivos constitucionais são autoexecutáveis. Sendo assim, a despeito da ausência de previsão expressa, é possível afirmar que as Defensorias estariam contempladas nas regras da LRF.[26]

---

[25] Acordo de ajuda financeira que implicou um empréstimo de US$ 41,5 bilhões (recursos do FMI, Bird e BID), com contrapartida de atingimento de metas fiscais até o final de maio de 2001. As metas se relacionavam ao superávit primário e deviam ser cumpridas periodicamente. Sobre o tema, confira: <http://www1.folha.uol.com.br/folha/dinheiro/ult91u53074.shtml>; GIAMBIAGI, Fabio. *Finanças Públicas*. 3. ed. Rio de Janeiro: Elsevier, 2008. p. 160-167; CALIXTE, André Bojikan; BIANCARELLI, André Martins; CINTRA, Antonio Marcos Macedo (eds.). Presente e Futuro do desenvolvimento brasileiro. Brasília: IPEA, 2014, p. 229-233, disponível em: <http://www.ipea.gov.br/portal/images/stories/PDFs/livros/livros/150605_livro_presente_futuro.pdf>; GIAMBIAGI, Fabio; MOREIRA, Maurício Mesquita. A Economia brasileira nos anos 90. Rio de Janeiro: BNDES, 1999, disponível em: <https://web.bndes.gov.br/bib/jspui/bitstream/1408/2972/1/1999_A%20economia%20brasileira%20nos%20anos%2090_P.pdf>.

[26] STF, ADI 3569/PE, Rel. Min. Sepúlveda Pertence, j. 02/04/2007, *DJ* 11.05.2007, disponível em: <http://redir.stf.jus.br/paginadorpub/paginador.jsp?docTP=AC&docID=452004>. Quanto ao veto, confira: <http://www.conjur.com.br/2012-dez-31/andre-luis-veto-autonomia-financeira-

De um ponto de vista geral, portanto, a LRF resultou em nítida melhora na administração pública, instituindo limites concretos ao gasto público, mediante adoção de técnicas de planejamento, organização, controle e transparência[27].

A sofisticação normativa experimentada pelo direito financeiro colaborou ainda mais no distanciamento em relação ao direito tributário. A complexidade do sistema tributário atualmente vigente também reforça, e em certa medida justifica, as análises recortadas das incidências tributárias acentuando ainda mais o estranhamento das disciplinas.

O que se tem hoje, então, é uma evidente separação conceitual, que contribui para debates menos ricos em termos analíticos e interpretativos. No entanto, considerando o escopo do livro, não se pretende tratar, aqui, dos ganhos existentes nessa conexão[28]. As considerações servem de alerta e convite à reflexão. Feito isso, vamos ao direito financeiro em sentido estrito. O primeiro passo para tanto é estudar a atividade financeira do Estado. Esse será o objeto dos itens a seguir.

1.3 ATIVIDADE FINANCEIRA, PODER DE TRIBUTAR E MANUTENÇÃO DO ESTADO

A breve incursão histórica realizada acima é ilustrativa do fato de que as finanças públicas estão no centro do debate relativo à manutenção do Estado. Não por outra razão, desde o Império, verifica-se a existência de conflitos acerca da titularidade das receitas e, assim, debates relativos à efetiva existência de autonomia nos diversos níveis do governo. Nesse sentido, o objeto principal de disputa é o tributo: sendo a receita tributária aquela que mais contribui para o caixa da Administração, é evidente que a detenção da competência tributária para onerar este ou aquele fato econômico revela-se como medida de poder para o ente tributante.

Note-se, ademais, que o papel central da tributação e do uso das receitas públicas na vida e constituição do Estado não está limitado à realidade brasileira. Os limites do poder

---

-defensoria-publica-surpreende>; <http://www3.tesouro.gov.br/contabilidade_governamental/download/relatorios/Apresentacao_Defensorias_Publicas_Estaduais.pdf> <https://www.anadep.org.br/wtksite/cms/conteudo/20981/Paulo_Maycon_Costa_da_Silva.pdf>; <http://www.migalhas.com.br/Quentes/17,MI170442,21048-Dilma+veta+projeto+que+concedia+autonomia+financeira+as+Defensorias>.

[27] O quadro normativo da disciplina da atividade financeira do Estado, porém, ainda dependeria da consideração de algumas emendas constitucionais cujos conteúdos repercutiram nessa atividade. Contudo, considerando os temas diversos que tais emendas abordaram, seus conteúdos específicos serão abordados nos capítulos próprios.

[28] Apenas para ilustrar, cite-se o debate sobre a modulação de efeitos em matéria tributária. O conhecimento acerca do conteúdo da Lei de Diretrizes Orçamentárias, que prevê um anexo relativo às contingências fiscais do ente, seria de grande valia para confrontar as alegações da Fazenda quanto à existência de prejuízo irreparável na inconstitucionalidade de dado tributo. Sobre o tema, confira-se: PISCITELLI, Tathiane. Contingências e impacto orçamentário no caso da inclusão do ICMS na base de cálculo do PIS/COFINS: argumentos consequencialistas e modulação de efeitos em matéria tributária. *Revista dos Tribunais*, v. 980, p. 35-48, 2017.

de tributar têm sido o foco de contendas políticas relevantes ao longo da história. Richard Murphy apresenta esse argumento de forma exemplar[29], começando na promulgação da Carta Magna, em 1215, passando pela independência dos Estados Unidos da América e terminando com o movimento sufragista, para concluir, ao final[30]:

> [...] a história do tributo é pouco menos do que a história do Estado em si. Afinal, são os tributos que definem em grande parte o que um Estado pensa que pode fazer. E é o consentimento do povo a esse processo de tributação que, em contrapartida, limita ou empodera a capacidade do Estado agir.

O poder de tributar é fundamental para a existência do Estado tal qual conhecemos. A receita tributária, objeto de intensa disputa de poder ao longo da história, é o elemento financeiro central que viabiliza a existência do Estado, do ponto de vista material, mas, também, e na mesma medida, permite a concretização dos valores e objetivos eleitos como fundamentais por esse mesmo Estado.

As diversas teorias sobre a formação do Estado moderno partem de uma premissa comum: a autoridade estatal decorre de um conjunto de regras jurídicas cuja motivação é o desejo coordenado de uma coletividade de constituir uma autoridade que a governe e possua instituições para representá-la[31].

Somada a isso, há outra premissa básica para que o Estado se constitua como instituição: trata-se da existência (ou possibilidade de obtenção) de recursos que o sustentem. Sem receitas públicas que sejam capazes de manter e assegurar a autoridade das instituições jurídicas que moldam o Estado do ponto de vista formal, sua existência material e consequente garantia dos direitos por ele assegurados restam comprometidas.

Tomando-se como referência os Estados modernos e ocidentais, tais recursos são providos, em grande parte, pela tributação. Os tributos e o sistema de regras constitutivos da atividade tributária – ou, em um sentido mais amplo, da atividade financeira do Estado, são os fatos institucionais que possibilitam a existência material do Estado. Portanto, se, de um lado, a vontade de organização coletiva formalizada na concessão de autoridade jurídica a determinadas instituições constitui o arcabouço formal do Estado, o pleno exercício da competência tributária é responsável por sustentar materialmente essas mesmas instituições.

Com isso não se pretende entrar em debates sobre a precedência de um sobre o outro[32], mas sim afirmar que o direito tributário é parte integrante do Estado e, nesse

---

[29] MURPHY, Richard. *The Joy of Tax: how a fair tax system can create a better society.* London: Penguin Random House UK, 2015. Esp. Capítulo 01.
[30] MURPHY, Richard. *The Joy of Tax...*, cit., p. 29.
[31] A motivação coletiva, isoladamente considerada, note-se, não é suficiente para constituir, institucionalmente, um Estado. É a linguagem jurídica que confere propriedades deônticas (que não são físicas, portanto) a essa vontade coletiva, pela criação de um sistema de regras.
[32] Como faz Alfredo Augusto Becker, na tentativa de expurgar do direito tributário elementos "extrajurídicos" que contaminariam a interpretação dessa prática. Sobre o tema, confira-se: BECKER, Alfredo Augusto. *Teoria Geral...*, cit.

sentido, compõe o sistema de regras que constituem a realidade institucional que é o Estado. Não há, portanto, precedência, porém concomitância do direito ao Estado e deste em relação às regras tributárias.

Esse argumento foi amplamente debatido por Liam Murphy e Thomas Nagel, que defendem a inexistência de direito à propriedade antes da tributação. Para os autores, a renda, a propriedade ou qualquer direito *pre-tax* é um mito, pois é exatamente a possibilidade de o Estado exercer o poder de tributar e, assim, acumular receitas para o financiamento das necessidades públicas, viabilizando a existência de direitos: sem tributos que financiem o Estado, não há instituições capazes de protegê-los. Portanto, sua existência é dependente e posterior aos tributos e ao exercício da tributação em si. O trecho abaixo é ilustrativo dessa postura[33]:

> [...] não existem direitos de propriedade antecedentes à estrutura tributária. Direitos de propriedade são o produto de um conjunto de leis e convenções, do qual o sistema tributário forma uma parte. [...] Todas as questões normativas sobre quais tributos são justificados e quais tributos não o são devem ser interpretadas como questões sobre como o sistema deve definir esses direitos de propriedade que emergem através de várias transações – emprego, herança, contrato, investimento, compra e venda – que são sujeitas à tributação.

Considerando essa perspectiva, é bastante lógico afirmar que o modelo de Estado adotado limita e informa a estrutura necessária do sistema tributário que, por sua vez, provê os recursos materiais. Desse modo, mesmo que a função inicial e constitutiva do direito tributário seja o financiamento da estrutura administrativa e, de forma geral, a garantia da ordem interna e a segurança nacional, pela existência de meios financeiros para tanto, o desenho institucional do Estado confere à tributação um papel adicional e conectado ao primeiro: o de realizar os próprios objetivos do Estado, em sentido amplo.

Em outras palavras: sendo o sistema de regras que introduz a tributação um elemento formador, constitutivo do Estado, é evidente que o modelo de Estado influi nas formas e justificativas de atribuição de ônus aos particulares e, assim, na concepção do sistema tributário, que deve refletir os valores e o modelo daquele Estado que a receita tributária viabiliza do ponto de vista material. Portanto, a depender da forma de constituição do Estado e dos elementos institucionais que ele apresentar (liberal, intervencionista, social), haverá consequências diretas nos modos e porquês da tributação, e tais justificativas não são elementos externos, pré-jurídicos: fazem parte do Estado e do direito tributário tal como ele existe, normativamente, e, assim, não devem ser ignorados.

---

[33] "[...] there is no property rights antecedent to the tax structure. Property rights are the product of a set of laws and conventions, of which the tax system forms a part. [...] All the normative questions about what taxes are justified and what taxes are unjustified should be interpreted instead as questions about how the system should define those property rights that arise through the various transactions – employment, bequest, contract, investment, buying and selling – that are subject to taxation". MURPHY, Liam, NAGEL, Thomas. *The Myth of Ownership – Taxes and Justice*. New York: Oxford Univeristy Press, 2002. p. 74.

Voltando-se os olhos para o sistema brasileiro, o exercício pleno da competência tributária é fundamental para a existência do Estado tal qual conhecemos: os direitos e garantias positivados na Constituição de 1988 apenas são passíveis de proteção porque há uma estrutura financeira que assegura a existência de instituições que têm por função executar os comandos constitucionais no que se refere à realização do Estado Democrático e Social de Direito.

Tal estrutura pressupõe, em primeiro lugar, a obtenção de receitas, que se dá principalmente pela via da tributação[34]. De outro lado, faz-se necessária a consecução de despesas, para a realização dos fins do Estado, permitindo a manutenção das instituições constitucionalmente previstas e, por consequência, a viabilização de direitos e garantias.

Esse obter e gastar é a atividade financeira do Estado; trata-se do conjunto de ações que o Estado desempenha visando à obtenção de recursos para seu sustento e a respectiva realização de gastos para a execução de necessidades públicas.

Mas não é só. Tendo-se em vista que o exercício da atividade financeira se situa na base da própria manutenção do Estado, naturalmente que tanto a persecução da receita pública quanto a realização do gasto devem observar os princípios que norteiam o modelo de Estado inaugurado pela Constituição de 1988. Essa afirmação decorre da premissa acima exposta de que o Estado tal qual conhecemos é realidade institucional que nasce de forma concomitante à tributação. Os tributos são os meios materiais de manutenção do Estado e, não por outra razão, o sistema tributário atua como realizador dos fins desse mesmo Estado que ele ajuda a constituir.

Considerando que estamos diante de um Estado Democrático e Social de Direito, cujo fim é também a realização da justiça distributiva[35], as formas de obtenção de receita e de realização de dispêndio igualmente devem observar essa premissa. Também essa é a interpretação de Casalta Nabais[36]:

> [...] o imposto não pode mais ser configurado como um tipo (meramente) formal, que se baste em ser suportado por um qualquer acto de vontade do legislador, exigindo-se antes

---

[34] Sem olvidar, evidentemente, da possibilidade de atuação do Estado como agente de direito privado e da obtenção de receitas via endividamento.

[35] As redações do artigo 3º da Constituição e de diversos outros dispositivos constitucionais firmam essa premissa de maneira clara. Também sobre o tema, confira-se, por todos: SILVA, José Afonso da. *Curso de Direito Constitucional Positivo*. São Paulo: Malheiros, 2011. p. 213-14: "A justiça concreta ou material, seria, para Perelman, a especificação da justiça formal, indicando a característica constitutiva da categoria essencial, chegando-se às formas: a cada um segundo a sua necessidade; a cada um segundo seus méritos; a cada um a mesma coisa. Por que existem desigualdades é que se aspira a igualdade real ou material que busque realizar a igualização das condições desiguais, do que se extrai que a lei geral, abstrata e impessoal que incide em todos igualmente, levando em conta apenas a igualdade dos indivíduos e não a igualdade dos grupos, acaba por gerar mais desigualdades e propiciar a injustiça, daí por que o legislador, sob 'o impulso das forças criadoras do direito [como nota Georges Sarotte], teve progressivamente de publicar leis setoriais para poder levar em conta diferenças nas formações e nos grupos sociais (...)".

[36] NABAIS, José Casalta. *O dever fundamental de pagar impostos: contributo para a compreensão constitucional do estado fiscal contemporâneo*. Lisboa: Almedina, 2015. p. 317-318.

que seja concebido como um tipo material, que oferece soluções fundadas em termos de justiça, ou seja, penetradas pela ideia do estado de direito material.

Na ponta da receita e com foco exclusivo na receita tributária, há diversos índices na Constituição de 1988 que perseguem a realização da justiça tributária: a previsão de alíquotas progressivas para alguns impostos em função da capacidade econômica do contribuinte, a regressividade do imposto territorial rural, a possibilidade de tributação de heranças e de grandes fortunas são elementos que corroboram o dever distributivo do direito tributário. Nesse sentido, Ricardo Lobo Torres[37] destaca:

> A ideia de justiça, em suas projeções para o campo das finanças públicas, teve extraordinária importância na época da constituição do Estado de Direito (...). Com o advento do Estado Fiscal as finanças passaram a se basear no tributo, cobrado agora com fundamento na justiça distributiva e no seu princípio maior da capacidade contributiva, sobre os quais se desenvolveu importante literatura.

Do ponto de vista das despesas, ainda segundo Ricardo Lobo Torres, os dispêndios são realizados em função da manutenção das atividades prestadas à sociedade, de forma a operar a execução de um fim governamental que se volte a distribuição de bens e serviços públicos voltados para quem desses préstimos precise. As próprias previsões orçamentárias buscam dar concreção ao valor redistributivo do Estado Democrático de Direito, e assim, orientar a despesa ao alcance de uma justiça fiscal distributiva[38].

Trata-se de se ter mente, portanto, que a obtenção de recursos e realização de despesas não deve ser mera representação numérica e formal. A análise material quanto à escolha dos gastos e das formas de obtenção de receita importam para a sua configuração.

Ao lado disso, e considerando o arcabouço normativo atualmente vigente, é evidente que a execução da atividade financeira em si depende da observância de formalidades que visam a conferir maior segurança aos cidadãos quanto às escolhas da Administração, viabilizando, inclusive, o controle dessa atividade.

Tendo-se em vista que a obtenção de receitas e a realização de despesas está na base desse conceito, naturalmente que devemos perguntar como e mediante quais condições, do ponto de vista formal e material, as receitas são obtidas e podem ser gastas. Isso implica um estudo detalhado (i) do **orçamento público**, como peça responsável pela delimitação das receitas e despesas em um dado exercício, (ii) das formas, condições e limites de **obtenção de receita** para fazer frente às despesas fixadas; e (iii) das formas, condições e limites de **gasto do dinheiro público** e, assim, os métodos de aplicação e dispêndio das receitas. Tal detalhamento será realizado nos capítulos subsequentes.

Por ora, contudo, ainda no percurso de investigação da atividade financeira do Estado, cumpre analisar os elementos que a definem. Conforme mencionado linhas

---

[37] TORRES, Ricardo Lobo. *Curso de Direito Financeiro e Tributário*. 12. ed. atual. até a publicação da Emenda Constitucional n. 45 de 08.12.2004, e a LC n. 118, de 9.2.2005, que adaptou o Código Tributário Nacional à Lei de Falências. Rio de Janeiro: Renovar, 2005. p. 91-92.
[38] TORRES, Ricardo Lobo. *Curso de Direito Financeiro...*, cit., p. 99.

acima, trata-se do **"conjunto de ações que o Estado desempenha visando à obtenção de recursos para seu sustento e a respectiva realização de gastos para a execução de necessidades públicas"**.

O pressuposto para a realização plena de tais funções é, naturalmente, a existência de receitas, mas não apenas isso. O Estado deve possuir um plano orçamentário (e de ação) consistente, para atingir os objetivos impostos por cada uma das funções. O exercício racional da atividade financeira, que pressupõe a obtenção de receitas e realização de gastos é, então, o pano de fundo da perseguição de tais fins.

Por fim, considerando que se trata de atividade cujo objetivo é assegurar a realização de necessidades públicas, é possível dizer que o Estado é sujeito dessa atividade do ponto de vista amplo, o que significa afirmar que **todos os entes da Federação são titulares do dever de garantir e assegurar não só a manutenção da estrutura administrativa estatal, mas igualmente de satisfazer as necessidades públicas por meio do gasto do dinheiro público**, em observância aos princípios e às regras do direito financeiro.

Sobre isso, ressalte-se que os órgãos da administração indireta que figuram como atores do setor privado (como regra, as empresas públicas e sociedades de economia mista) não se incluem, em princípio, como sujeitos de referida atividade financeira, na medida em que suas tarefas são realizadas no âmbito e sob o regime jurídico de direito privado. Trata-se, então, de se ter claro que **a atividade financeira decorre, essencialmente, do exercício da soberania do Estado nos casos em que este realiza atividades próprias e indelegáveis**. Isso não obsta, porém, que seus atos sejam controlados pelos Tribunais de Contas, na medida em que são responsáveis pela administração de dinheiro público, somado ao fato de que seus orçamentos estão contemplados nas leis orçamentárias anuais respectivas.

Nesse sentido, Pedro Decomain[39], ao comentar o artigo 71, inciso II, da Constituição, destaca:

> [...] o alcance desse preceito é extremamente amplo. De acordo com ele, todo aquele que receba, gaste ou apenas guarde recursos públicos, deve prestar contas desses recursos. A natureza pública ou provada do destinatário desses recursos é irrelevante. Mesmo entidades privadas que recebam recursos provenientes do erário devem deles prestar contas perante os Tribunais ou Conselhos de Contas. [...] Por administradores ou responsáveis por dinheiros, bens e valores [...] devem entender-se então também todos os administradores de autarquias [...] instituídas ou mantidas pelo Poder Público, ainda quando revistam caráter de fundações de Direito Privado, o que ocorre com certa frequência. A gestão financeira dos dirigentes de tais organismos da Administração Pública indireta é apreciada pelos Tribunais de Contas, a quem cabe decidir a seu respeito, aprovando-as ou rejeitando-as.

É nesse sentido também a jurisprudência do Supremo Tribunal Federal[40], conforme será detalhado em capítulo próprio, relativo às atribuições dos tribunais de contas.

---

[39] DECOMAIN. Pedro Roberto. *Tribunais de Contas no Brasil.* São Paulo: Dialética. 2006. p. 82-83.
[40] Confira-se, nesse sentido, os MS 25.092 e MS 25.181.

À guisa de conclusão, é possível então afirmar que **o direito financeiro tem por objetivo disciplinar a atividade financeira do Estado e, assim, estabelecer regras relativas aos três pilares dessa atividade: o orçamento público, a receita pública e a despesa pública.** Disso decorre que a compreensão integral de tal ramo do direito apenas é possível pela análise minuciosa de cada um desses elementos[41], realizada nos capítulos a seguir.

Por fim, para que o presente capítulo fique completo e cumpra seu desiderato de apresentar as linhas gerais da atividade financeira do Estado, faz-se ainda necessário tecer considerações gerais acerca das normas aplicáveis à atividade financeira, e isso será feito em dois momentos distintos: em primeiro lugar, serão analisados alguns **princípios** que norteiam a atividade de obtenção de receitas e dispêndio de dinheiro por parte do Estado. Após, serão mencionadas as **leis** cuja finalidade é disciplinar, de forma concreta, referida atividade.

1.4 OS PRINCÍPIOS DE DIREITO FINANCEIRO

Diferente do que se verifica com o direito tributário, os princípios de direito financeiro não estão claramente, pelo menos em sua maioria, enunciados em um determinado dispositivo constitucional. Daí, portanto, a dificuldade na localização de um denominador comum (e limitador) de tais princípios.

Exatamente para que não se corra o risco de apresentar princípios tão genéricos que poderiam ser utilizados em qualquer área do direito, optou-se pela eleição e análise dos seguintes princípios: legalidade, economicidade, transparência, publicidade e responsabilidade fiscal. Como critério, utilizou-se a identificação de **princípios que dissessem respeito tão somente à atividade financeira do Estado, de um ponto de vista geral**. Por esse motivo, ficaram de fora princípios estritamente relacionados com a elaboração do orçamento, que serão estudados oportunamente no capítulo 2, cujo objeto será o detalhamento das leis orçamentárias e das normas a elas aplicáveis.

1.4.1 Legalidade

O princípio da legalidade é corolário do Estado Democrático de Direito, na medida em que enuncia o dever de o Estado apenas exigir ações dos particulares diante da aprovação, via processo democrático e representativo, de leis em sentido amplo. Trata-se de assegurar que as limitações a direitos e a imposição de deveres se verifiquem apenas diante do debate público, pelos representantes do povo, democraticamente eleitos. A previsão geral está no artigo 5º, inciso II, da Constituição.

Do ponto de vista específico do direito financeiro e, portanto, da atividade financeira do Estado, o princípio da legalidade pode ser visto por dois ângulos: (i) formal, que diz respeito ao tipo de lei necessária para a previsão e alteração do orçamento e (ii) material,

---

[41] Nessa linha, é a compreensão de BALEEIRO, Aliomar. *Uma Introdução à Ciência das Finanças*, 16. ed. rev., e atual. por Djalma de Campos – Rio de Janeiro: Forense, 2006; ATALIBA, Geraldo. *Apontamentos de Ciências das Finanças – Direito Financeiro e Tributário*. São Paulo: Revista dos Tribunais, 1969; e DEODATO. Alberto. *Manual de Ciência das Finanças*. São Paulo: Saraiva, 1976.

que se relaciona com o tipo de providência que, necessariamente, deverá vir prevista em lei. Ambos os tópicos serão detalhados nos subitens a seguir.

(i) Legalidade do ponto de vista formal: instrumento adequado para as previsões financeiras do Estado

O princípio da legalidade aplicado ao direito financeiro e, assim, à disposição de receitas e realização de despesas pelo Estado está previsto de modo esparso na Constituição de 1988 e apenas foi mais bem delimitado com a promulgação da Emenda Constitucional nº 32/2001.

De um ponto de vista geral, a execução da atividade financeira depende de lei como forma de assegurar a representatividade democrática na alocação de recursos públicos – essa escolha deve ser do povo, que, a um só tempo, é destinatário dos serviços prestados pelo Estado e provedor dos recursos materiais para a prestação desses mesmos serviços.

Como regra geral, essa lei é a lei ordinária. A lei complementar somente seria necessária para a fixação das normas gerais atinentes a essa disciplina. Diante disso, pergunta relevante que se coloca é: as medidas provisórias, por terem força de lei ordinária, seriam instrumentos adequados para a concretizar, via obtenção de receitas e realização de despesas, a atividade financeira do Estado? Sobre isso, algumas considerações adicionais são necessárias.

As medidas provisórias foram introduzidas no ordenamento jurídico brasileiro pela Constituição de 1988, no artigo 62[42]. A redação original do dispositivo atribuía ao Presidente da República competência para "adotar medidas provisórias, com força de lei", em casos de "relevância e urgência". Ademais, havia o dever de submissão imediata ao Congresso Nacional, "que, estando em recesso, ser[ia] convocado extraordinariamente para se reunir no prazo de cinco dias". Quanto ao prazo para a conversão da medida provisória em lei, dispunha o parágrafo único:

> Parágrafo único. As medidas provisórias perderão eficácia, desde a edição, se não forem convertidas em lei no prazo de trinta dias, a partir de sua publicação, devendo o Congresso Nacional disciplinar as relações jurídicas delas decorrentes.

Ou seja, o Poder Legislativo deveria votar a medida provisória no prazo de trinta dias, sob pena de perda de eficácia das disposições dela constantes. De acordo com a redação constitucional, portanto, seriam medidas excepcionais, apenas utilizadas nos casos de relevância e urgência e que seriam rapidamente apreciadas no Poder Legislativo.

A prática, porém, mostrou-se muito distante disso: nem o Congresso Nacional votava as medidas provisórias em trinta dias, nem os Presidentes da República observavam os

---

[42] A despeito de as "medidas provisórias" tal qual hoje conhecemos terem sido introduzidas no Brasil apenas na Constituição de 1988, as possibilidades de atuação legislativa do chefe do Poder Executivo é bastante anterior a isso. A prática foi inaugurada com a Constituição de 1937, que previu a possibilidade de o Presidente da República editar decretos-leis, independente, inclusive, do requisito da relevância e urgência. Tal prática se manteve até a Constituição da República de 1988, que, apesar de não ter dado continuidade aos decretos-leis, introduziu a figura da medida provisória.

requisitos de relevância e urgência. Pouco tempo após a vigência da Constituição de 1988, as medidas provisórias eram instrumentos legislativos à disposição do chefe do Poder Executivo – um evidente desvirtuamento da sua função, ao lado da invasão indevida na esfera de atuação do Poder Legislativo, com prejuízos manifestos à representatividade democrática e à segurança jurídica.

O quadro de instabilidade normativa que o uso indiscriminado de medidas provisórias impõe pode ser corroborado por alguns dados: no final de 1995 – menos de dez anos de vigência da Constituição, portanto –, já tinham sido editadas 1.199 medidas provisórias, entre proposições originais e edições de outras ainda não examinadas no Legislativo; no final de 2001, eram 2.230. Os números são desproporcionais à capacidade de um país de absorver tantas causas urgentes e relevantes – os requisitos constitucionais, como fica evidente, não eram cumpridos. Além disso, a questão das (re)edições das medidas provisórias é outro ponto digno de nota.

Como o Congresso Nacional não apreciava as medidas provisórias no prazo de trinta dias, a solução adotada pelo Executivo foi propor novas medidas provisórias, com o mesmo conteúdo, como novas edições da anterior, cujo teor não havia, ainda, sido votado pelo Legislativo. Essa situação permitia que a vigência da norma se prorrogasse indefinidamente no tempo: o que era para ser uma medida excepcional e de duração determinada assumia ares de definitividade.

Para exemplificar esse cenário, citem-se apenas duas situações: a MP nº 1674/1998, que dispunha sobre a base de cálculo da contribuição ao Programa de Integração Social (PIS), reeditada 57 vezes, e a MP nº 2192/2001, que estabelecia mecanismos para desincentivar a presença do setor público na atividade bancária, além de dispor sobre a privatização de instituições financeiras, reeditada 70 vezes.

A consequência óbvia para esse abuso na adoção de medidas provisórias, reitere-se, foi um amplo e quase ilimitado poder legislativo ao Presidente da República, em claro desvirtuamento da autonomia e independência dos poderes, além da ofensa ao princípio da legalidade e à representatividade democrática.

Diante desse contexto, e anos antes desse cenário em que o excesso do uso das medidas provisórias ficasse ainda mais evidente, o Senador Esperidião Amin apresentou a proposta de emenda constitucional (PEC) nº 1/1995, com o objetivo de limitar os poderes do Presidente da República em relação a tais instrumentos. A exposição de motivos da PEC é ilustrativa da apropriação da tarefa legislativa pelo Poder Executivo[43]:

> [...] a aplicação de medidas provisórias vem sendo rotineiramente desvirtuadas [sic] ao serem editadas sem nenhuma relevância ou urgência. Diante desse quadro, não seria exagero afirmar que o Executivo está usurpando a função legislativa do Poder competente representado pelo Congresso Nacional.
>
> Até a data de 9 de janeiro de 1995 foram editadas 824 MPs das quais 459, representando 55,7% do total, constituíram-se em reedições. Deve-se dar atenção ao fato de estar em aceleração a utilização de medidas provisórias pelo Executivo a cada ano. Basta ver que no ano

---

[43] Exposição de motivos completa em: <http://imagem.camara.gov.br/Imagem/d/pdf/DCD12A-GO1997.pdf#page=247>.

1994 foram editadas 406 medidas provisórias das quais 304 foram reedições, significando praticamente 75% do total desse ano, o que denota, com clareza, que está se tornando o recurso quase exclusivo de atuação do Executivo, desprezando, assim, a iniciativa através de projeto de lei. Essa situação sufoca o Parlamento, tendo em vista o grande número de projetos de conversão de lei, de matérias nem sempre relevantes, a serem apreciados em reduzido prazo de trinta dias.

Some-se a esse cenário o fato de inexistir qualquer limitação quanto às matérias passíveis de serem tratadas via medida provisória, o que corroborava a ampla margem de atuação do chefe do Poder Executivo. A aprovação da PEC proposta em 1995 apenas se deu muitos anos depois, com a promulgação da Emenda Constitucional (EC) nº 32/2001. Tal EC limitou o número de edições das medidas provisórias, previu o prazo máximo de 120 dias para a aprovação do texto em ambas as casas legislativas, sob pena de perda de eficácia, além de estabelecer o rol de matérias em relação às quais o uso do instrumento seria vetado.

O objetivo geral da EC foi estabelecer um prazo determinado e improrrogável para a validade das medidas provisórias, impondo ao Poder Legislativo o dever de votá-las.

Mais recentemente, em meados de junho de 2019, o Congresso Nacional aprovou outra mudança ao artigo 62 da Constituição, detalhando ainda mais o prazo para a conversão das medidas provisórias em lei. Trata-se da PEC 91/2019, já encaminhada para a promulgação[44], que alterou os §§ 3º, 4º, 6º e 9º do artigo 62. Em linhas gerais, o objetivo foi estabelecer prazos específicos para cada fase e aprovação da medida provisória, sempre limitado ao prazo geral de 120 dias. Confira-se a nova redação constitucional, com destaque para os §§ 3º e 9º:

> Art. 62 – [...]
> § 3º As medidas provisórias, ressalvado o disposto nos §§ 11 e 12 deste artigo, perderão eficácia, desde a edição, devendo o Congresso Nacional disciplinar, por decreto legislativo, as relações jurídicas delas decorrentes, se não forem:
> I – aprovadas pela Câmara dos Deputados no prazo de quarenta dias, contado do decurso do prazo previsto no § 9º ou do segundo dia útil seguinte ao recebimento do parecer da comissão mista;
> II – aprovadas pelo Senado Federal no prazo de trinta dias, contado do segundo dia útil seguinte à aprovação pela Câmara dos Deputados;
> III – apreciadas pela Câmara dos Deputados eventuais emendas do Senado Federal à medida provisória ou ao projeto de lei de conversão, no prazo de dez dias, contado do segundo dia útil seguinte à aprovação pelo Senado Federal.
> [...]
> § 9º As medidas provisórias serão apreciadas, em sessão separada, pelo plenário de cada uma das Casas do Congresso Nacional após a emissão de parecer indispensável por comissão mista de Deputados e Senadores, que deverá ser proferido no prazo de quarenta dias, contado do segundo dia útil seguinte à sua edição.

---

44 A despeito da aprovação da PEC pelo Senado Federal em junho de 2019, até o presente momento ela não foi promulgada. Nesse sentido, confira-se: <https://www25.senado.leg.br/web/atividade/materias/-/materia/137178>. Acesso em: 1º fev. 2021.

Com as mudanças constitucionais, pretendeu-se assegurar tempo suficiente de debate do conteúdo da medida provisória proposta em ambas as casas legislativas, evitando-se, assim, que todo o prazo de 120 dias fosse consumido por apenas uma delas (no geral, a Câmara dos Deputados), restando à outra apenas a função protocolar de aprovar a MP, sem o devido debate. Nesse sentido, o trecho abaixo do Parecer do Plenário do Senado Federal, que avaliou a constitucionalidade da PEC, é esclarecedor:

> A inovação principal da redação da PEC é o estabelecimento de prazos individuais para cada fase da apreciação das medidas provisórias. A redação atual dos parágrafos do art. 62 da Constituição, dada pela Emenda à Constituição nº 32, de 2001, limita-se a estabelecer que as medidas provisórias perderão eficácia se não forem convertidas em lei no prazo de sessenta dias, prorrogáveis por igual período. Com efeito, hoje o Congresso tem cento e vinte dias para analisar as medidas provisórias, porém observa-se na prática que este prazo não tem sido bem distribuído. Há inúmeros casos em que o Senado Federal não tem condições de efetivamente opinar no processo legislativo de conversão de medida provisória, pois a proposição chega a esta Casa com prazos curtos de poucos dias ou até mesmo poucas horas[45].

As matérias em relação às quais a medida provisória não poderá ser utilizada como instrumento legislativo válido permaneceram inalteradas. Temas afetos ao orçamento são um deles, como se vê da redação atual do artigo 62, § 1º, da Constituição:

> Art. 62. [...]
> § 1º É vedada a edição de medidas provisórias sobre matéria:
> I – relativa a:
> [...]
> d) planos plurianuais, diretrizes orçamentárias, orçamento e créditos adicionais e suplementares, ressalvado o previsto no art. 167, § 3º; [...]

Conforme será tratado mais adiante, de um ponto de vista geral, o "orçamento" do Estado engloba o plano plurianual (PPA), a lei de diretrizes orçamentárias (LDO) e a lei orçamentária anual (LOA). São todas leis ordinárias, de iniciativa do Poder Executivo, nos termos do *caput* do artigo 165 da Constituição. Na propositura dessas normas, não será admitido o uso de medidas provisórias. O objetivo é evitar que as disposições relativas a receitas, despesas e objetivos gerais e específicos do Estado fiquem sujeitas às instabilidades decorrentes do procedimento próprio das medidas provisórias e percorram o processo legislativo padrão, o que inclui debates alongados nas comissões de ambas as casas do Congresso Nacional.

A parte final do dispositivo, no entanto, estabelece uma exceção: o uso das medidas provisórias seria permitido nos casos da abertura de créditos extraordinários, nos termos do artigo 167, § 3º, da Constituição. Antes de detalhar essa hipótese, deve-se destacar uma impropriedade técnica realizada pelo legislador constituinte. Nos termos do artigo

---

[45] Parecer nº 117/2019, Relator Senador Antonio Anastasia, em substituição à Comissão de Constituição, Justiça e Cidadania do Senado Federal. Disponível em: <https://legis.senado.leg.br/diarios/BuscaDiario?codDiario=101101&paginaDireta=726#diario>, acesso em 10 jul. 2019.

62, § 1º, alínea "d", acima transcrito, seriam vedadas as medidas provisórias relativas a "créditos adicionais e suplementares".

Os créditos adicionais estão previstos no artigo 40 da Lei nº 4.320/1964 e são definidos como autorizações de despesas ao longo do exercício financeiro, visando ou ao reforço orçamentário de despesa anteriormente prevista, ou à autorização de despesa nova, não prevista na LOA, por razões diversas. Como espécies desses créditos adicionais, temos os créditos suplementares (artigo 41, inciso I, da Lei nº 4.320/1964), os créditos especiais (artigo 41, inciso II, da Lei nº 4.320/1964) e os créditos extraordinários (artigo 41, inciso III, da Lei nº 4.320/1964).

Portanto, a proibição constitucional quanto à existência de medida provisória que verse sobre "créditos adicionais e suplementares" ou é redundante, porque a menção a créditos adicionais (gênero) já incluiria as espécies (suplementares e especiais, com a ressalva posterior dos extraordinários) ou é inadequada, porque substitui a espécie faltante na enumeração constitucional (créditos especiais) pelo gênero – os créditos adicionais.

De nossa perspectiva, a redação constitucional seria mais clara se tivesse mencionado apenas o gênero "créditos adicionais" para, após, excepcionar os extraordinários. De todo modo, o que se entende do dispositivo é que os créditos especiais e suplementares não podem, em definitivo, ser objetos de medidas provisórias. A proibição, no entanto, não se aplica aos créditos extraordinários.

Segundo o artigo 41, inciso III, da Lei nº 4.320/1964, tais autorizações de despesa visam contemplar despesas imprevisíveis, presentes ao longo do exercício financeiro em caso de guerra, comoção interna ou calamidade pública. No mesmo sentido, dispõe o artigo 167, § 3º, da Constituição: "a abertura de crédito extraordinário somente será admitida para atender a despesas imprevisíveis e urgentes, como as decorrentes de guerra, comoção interna ou calamidade pública".

As condições necessárias para a abertura de tais créditos já justificam a possibilidade de uso de medida provisória: são, efetivamente, despesas urgentes, em face de situações fáticas claramente delimitadas pelo texto constitucional. Apenas nesses casos, portanto, é que seria possível se cogitar do uso de medidas provisórias para dispor sobre a atividade financeira do Estado. Em todos os outros casos, o instrumento adequado é a lei ordinária, em sentido estrito[46].

O cumprimento dessa determinação pelo Poder Executivo, no entanto, é tema que deve ser debatido e acompanhado. Considerações adicionais sobre o tema serão realizadas no próximo subitem, com o detalhamento do princípio da legalidade no sentido material. Reitere-se, por fim, que a lei complementar será utilizada para a definição de normas gerais de direito financeiro.

(ii) Legalidade do ponto de vista material: despesas públicas e renúncia de receita

Diante da conclusão anterior, de que é a lei ordinária em sentido estrito o instrumento adequado para estabelecer previsões e alterações nas finanças públicas, devemos

---

[46] Igualmente não são admitidas leis delegadas para tratar de matéria orçamentária, conforme dispõe o artigo 68, § 1º, inciso III, da Constituição. A menção é feita a título de nota, em face do desuso desse instrumento legislativo.

indagar como tais providências são tomadas do ponto de vista material. Nesse sentido, há dois grandes grupos de medidas, inseridas na atividade financeira, que o Estado pode perseguir: (i) a realização de despesas públicas e (ii) a concessão de renúncia de receita. Em ambos os casos, a exigência de lei é irrefutável.

Quanto à realização de dispêndios e, pois, gasto de dinheiro público, este somente será possível mediante prévia autorização legislativa. Referida autorização pode se dar pela própria lei orçamentária, pela abertura de créditos adicionais ou, por fim, pela realização de operações de crédito, que resultam em endividamento. Cada uma dessas figuras será tratada com mais detalhes nos capítulos seguintes. Porém, cumpre conceituá-las por ora, com vistas à melhor definição do alcance do princípio da legalidade.

O orçamento público e, assim, as normas relativas às metas e diretrizes da Administração, bem como à distribuição de receitas e despesas, será objeto de aprovação pelo Poder Legislativo e três são as figuras para tanto: os já mencionados plano plurianual (PPA), lei de diretrizes orçamentárias (LDO) e lei orçamentária anual (LOA). Tratando-se, em todos os casos, de lei em sentido formal, eventuais alterações somente serão permitidas também pelo mesmo instrumento, garantindo-se a plena observância ao princípio da legalidade.

A exigência de lei para a aprovação do orçamento decorre de uma pluralidade de dispositivos constitucionais, dos quais se devem destacar o artigo 48, inciso II, da Constituição, que prescreve a competência do Congresso Nacional, com a sanção do Presidente da República, para dispor sobre o plano plurianual, as diretrizes orçamentárias e o orçamento anual e o artigo 165, *caput*, que estabelece, na mesma linha, a iniciativa do Poder Executivo em propor tais normas. Como reforço ao fato de que há necessidade de lei ordinária em sentido estrito, mencione-se o já analisado artigo 62, § 1º, alínea "d", da Constituição.

Ademais, é possível que, ao longo do exercício financeiro e, assim, durante a execução concreta do orçamento, outras despesas, não previstas ou não suficientemente dotadas, sejam necessárias. Nesse caso, deve haver um ato específico de autorização de despesa, denominado crédito adicional, há pouco referido. A abertura de tal crédito, porque representa aumento de despesa pública, deve ser feita por lei. Conforme exposto linhas acima, tais créditos adicionais podem ser de três espécies: suplementares, quando visarem a um reforço orçamentário; especiais, na hipótese de despesa não computada no orçamento; ou extraordinários, em caso de despesa urgente e imprevisível.

Essa autorização de despesa via crédito adicional pode estar genericamente prevista na lei orçamentária anual do período. A LOA de 2020 (Lei 13.978/2020), por exemplo, prevê, em seu artigo 4º, autorização para a abertura de créditos suplementares, desde que "compatíveis com a obtenção da meta de resultado primário" fixada na LDO, dentre outras condições.

A propósito desse tema, cumpre destacar que o *impeachment* sofrido pela Presidente Dilma teve como um dos seus motivos oficiais a edição de três decretos de crédito suplementar sem autorização legal específica. A ausência de aprovação pelo Legislativo motivou a interpretação de que se trataria de crime de responsabilidade[47].

---

[47] Sobre o tema, confira-se: <http://www2.camara.leg.br/atividade-legislativa/comissoes/comissoes-temporarias/especiais/55a-legislatura/denuncia-contra-a-presidente-da-republica/documentos/outros-documentos/manifestacao-da-denunciada/ManifestaodaDenunciada.PDF>. Os decretos

Como se sabe, somente em casos muito extremos é que seria possível a realização de uma despesa sem a respectiva autorização proveniente do Poder Legislativo: essas hipóteses limitam-se à abertura de créditos adicionais extraordinários, via medida provisória, mas somente nos casos de guerra, comoção interna ou calamidade pública, nos termos do artigo 167, § 3º, da Constituição. Tal determinação, reforce-se, decorre da EC 32/2001.

Nesse sentido, também, é o entendimento do Supremo Tribunal Federal: os créditos adicionais somente poderão ser abertos por medida provisória caso reste demonstrada a existência de pressupostos materiais, como situações de guerra, comoção interna ou calamidade pública (sobre o tema, confira-se a ADI 4048, detalhada abaixo). Tal medida, como fica claro do curso do presente item, tem por objetivo evitar que o chefe do Poder Executivo altere as disposições orçamentárias sem o devido controle do Legislativo e, nesse sentido, representa um reforço ao princípio da legalidade em sentido estrito. Confira-se:

> "III. Limites constitucionais à atividade legislativa excepcional do Poder Executivo na edição de medidas provisórias para abertura de crédito extraordinário. Interpretação do artigo 167, § 3º, c/c o artigo 62, § 1º, inciso I, alínea 'd', da Constituição. Além dos requisitos de relevância e urgência (artigo 62), a Constituição exige que a abertura do crédito extraordinário seja feita apenas para atender a despesas **imprevisíveis e urgentes**. Ao contrário do que ocorre em relação aos requisitos de relevância e urgência (artigo 62), que se submetem a uma ampla margem de discricionariedade por parte do Presidente da República, os requisitos de imprevisibilidade e urgência (artigo 167, § 3º) recebem densificação normativa da Constituição. Os conteúdos semânticos das expressões 'guerra', 'comoção interna' e 'calamidade pública' constituem vetores para a interpretação/aplicação do artigo 167, § 3º, c/c o artigo 62, § 1º, inciso I, alínea 'd', da Constituição. 'Guerra', 'comoção interna' e 'calamidade pública' são conceitos que representam realidades ou situações fáticas de extrema gravidade e de consequências imprevisíveis para a ordem pública e a paz social, e que dessa forma requerem, com a devida urgência, a adoção de medidas singulares e extraordinárias. A leitura atenta e a análise interpretativa do texto e da exposição de motivos da MP 405/2007 demonstram que os créditos abertos são destinados a prover despesas correntes, que não estão qualificadas pela imprevisibilidade ou pela urgência. A edição da MP 405/2007 configurou um patente desvirtuamento dos parâmetros constitucionais que permitem a edição de medidas provisórias para a abertura de créditos extraordinários. IV. Medida cautelar deferida. Suspensão da vigência da Lei 11.658/2008, desde a sua publicação, ocorrida em 22 de abril de 2008".

Não obstante a determinação constitucional e o entendimento do Supremo Tribunal Federal quanto às hipóteses limitadas de abertura de crédito extraordinário, a prática

não numerados assinados por Dilma Rousseff totalizavam 2,3 bilhões de reais, e foram considerados criação de despesa extra ilegal em um contexto de crise fiscal, no qual a meta de superávit primário prevista no Orçamento não seria cumprida. O processo de *impeachment* conclui, portanto, que ocorreu violação da Lei de Diretrizes Orçamentárias de 2015, da Lei Orçamentária Anual (que veda a criação desse tipo de decreto quando houver desrespeito da meta fiscal), da Lei de Responsabilidade Fiscal (em vista do não cumprimento das metas orçamentárias), e da Lei do *Impeachment* nº 1.079/1950.

do Poder Executivo tem sido outra. O uso de créditos extraordinários é recorrente; tal expediente tem sido utilizado com frequência para suprir despesas correntes, em nítida afronta à Constituição e ao mandamento estrito do princípio da legalidade em matéria orçamentária[48].

O resultado dessa postura é bastante maléfico para fins orçamentários, na medida em que se tem a alteração da dinâmica de gasto originalmente prevista realizada de forma unilateral pelo chefe do Poder Executivo, em evidente ofensa à representatividade democrática. Trata-se de manejo indevido das contas públicas, que mitiga o princípio da legalidade que deve permear a realização de despesas públicas.

Ainda sobre a questão da legalidade, há a possibilidade de os entes obterem recursos pela realização de operações de crédito, que implicam endividamento. Nesses casos, também, há exigência de previsão legal específica, além do cumprimento de limites da dívida, conforme será tratado em momento posterior.

Por fim, ainda do ponto de vista da aprovação de despesas, o fundamento geral para a observância da legalidade nas situações relativas à abertura de créditos adicionais e à realização de operações de crédito, que resultam na dívida pública, encontra-se no artigo 167 da Constituição, do qual se devem destacar os seguintes incisos:

- inciso II: determina a proibição de realização de despesas ou assunção de obrigações que extrapolem os créditos orçamentários ou adicionais;
- inciso III: veda operações de crédito que sejam superiores às despesas de capital, **salvo expressa autorização do Poder Legislativo, por maioria absoluta**, mediante créditos suplementares ou especiais, com finalidade precisa[49];
- inciso V: estabelece a necessidade de prévia autorização legislativa e indicação da fonte de financiamento para a abertura de crédito suplementar;
- inciso VI: proíbe a transposição, o remanejamento ou a transferência de recursos de uma categoria de programação para outra, ou de um órgão para outro, sem prévia autorização legislativa;

---

[48] Como será visto mais adiante, os créditos extraordinários foram figura central no enfrentamento à pandemia de Covid-19. Em princípio, trata-se do instrumento adequado, à luz da situação de emergência sanitária em que o país se encontra desde 2020. Não obstante, tal constatação inicial não afasta críticas necessárias, como as realizadas por Élida Graziane Pinto, que aponta o não cabimento do uso de créditos extraordinários para a extensão do auxílio emergencial, na medida em que a despesa, a despeito de conectada com a pandemia, era plenamente previsível. Sobre o tema, confira-se: PINTO, Élida Graziane. É inconstitucional abrir crédito extraordinário para despesa previsível. *Conjur*, 2021. Disponível em: https://www.conjur.com.br/2021-fev-09/contas--vista-inconstitucional-abrir-credito-extraordinario-despesa-previsivel, acesso em 07 fev. 2022.

[49] A necessidade de autorização do Poder Legislativo não se aplica durante a vigência de calamidade pública de âmbito nacional, tal qual se verificou com a pandemia de Covid-19. Esse ponto será mais bem detalhado quando da análise do artigo 167 da Constituição e alterações subsequentes. Sobre o tema, confira-se, desde já, a redação do artigo 167-E, introduzido pela Emenda Constitucional nº 109/2021: "art. 167-E. Fica dispensada, durante a integralidade do exercício financeiro em que vigore a calamidade pública de âmbito nacional, a observância do inciso III do *caput* do art. 167 desta Constituição".

- inciso VIII: vincula a utilização de recursos do orçamento para suprir necessidades ou cobrir déficits de empresas, fundações e fundos à existência de autorização legislativa específica.

De outro lado, da perspectiva da **renúncia de receitas**, como será visto em capítulo próprio, trata-se de opção do Estado de não arrecadação de determinadas receitas tributárias, pela criação de isenções, anistias, remissões e outros institutos correlacionados. Nos termos do artigo 150, § 6º, da Constituição, a instituição de tais medidas depende de lei específica:

> Art. 150, § 6º Qualquer subsídio ou isenção, redução de base de cálculo, concessão de crédito presumido, anistia ou remissão, relativos a impostos, taxas ou contribuições, só poderá ser concedido mediante lei específica, federal, estadual ou municipal, que regule exclusivamente as matérias acima enumeradas ou o correspondente tributo ou contribuição, sem prejuízo do disposto no art. 155, § 2.º, XII, g.

Não fosse a previsão constitucional clara, há ainda outra razão para a aplicação do princípio da legalidade na presente hipótese. Conforme já destaquei em outra oportunidade[50], tais renúncias de receitas são convencionalmente denominadas "gastos tributários": trata-se de medidas que, a despeito de não se confundirem propriamente com uma despesa, porque não há dispêndio ou desembolso de recursos, carregam uma dimensão negativa evidente. Isso porque resultam na diminuição de valores arrecadados, com impacto direto no orçamento público. Isso implica dizer que a concessão de benefícios tributários representa o investimento, em sentido lato, ainda que indireto, do Poder Público em determinada área ou setor, porque se escolhe reduzir a arrecadação em certo ponto, em detrimento da aplicação direta de recursos em outra necessidade pública qualquer.

Exatamente por isso, inclusive, a Lei de Responsabilidade Fiscal, em seu artigo 14, estabelece medidas rígidas para a concessão de renúncia de receitas: além da previsão do impacto orçamentário-financeiro pelos três exercícios subsequentes, caso a perda de arrecadação não esteja contemplada na lei orçamentária anual, ou na hipótese de a redução afetar as metas de resultado anteriormente previstas, deverá haver a criação de medidas de compensação por meio do aumento de receita, proveniente da majoração ou criação de tributo. O objetivo é assegurar o equilíbrio orçamentário, a despeito da decisão política de não tributar determinados fatos econômicos.

Disso decorre que a desconsideração do princípio da legalidade na redução de tributos é postura que possibilita a alteração do orçamento público diretamente pelo Poder Executivo, em evidente afronta à Constituição. Não se trata, portanto, apenas, de fazer prevalecer a redação literal do artigo 150, § 6º, da Constituição. Trata-se, na verdade, de compreender que o direito tributário, nesse caso, tem influência direta nas contas públicas e não pode ser interpretado distante dessa realidade, sob pena de aplicação

---

[50] Disponível em: https://www.jota.info/opiniao-e-analise/colunas/pauta-fiscal/o-caso-do-pisco-fins-16032017.

somente parcial dos comandos constitucionais. De todo modo, essa questão remonta à análise mais detalhada das receitas públicas, cujo exame será realizado no capítulo 03.

1.4.2 Economicidade

O princípio da economicidade está enunciado no *caput* do artigo 70 da Constituição e informa os critérios de fiscalização das contas da União e órgãos da administração direta e indireta. Trata-se de **exigência relativa à eficiência, do ponto de vista econômico, do gasto público: com o mínimo de recursos possíveis, deve-se atingir o máximo de satisfação das necessidades públicas**.

Tendo-se em vista que a despesa pública está intrinsecamente relacionada com o orçamento, é possível dizer que tal diretriz se aplica tanto à elaboração do orçamento, de um ponto de vista *lato*, quanto à realização efetiva do gasto público, de forma mais estrita. Para tanto, ineficiências devem ser identificadas e sanadas em prol desse princípio da economicidade.

Nesse ponto, cumpre destacar que, apesar de o princípio da economicidade não se confundir com o princípio da eficiência[51], não nos parece possível dissociar um de outro. Medidas que visem à redução dos custos dos serviços públicos atendidos pelo Estado com perda de eficiência e, assim, à redução do acesso ao bem público que se pretende assegurar não terão cumprido a economicidade apenas porque o valor dispendido foi menor. Há de se garantir que a economia venha acompanhada ou de ganho na eficiência, no melhor cenário, ou, ao menos da manutenção do grau de eficiência anterior.

Apenas a título ilustrativo, tome-se o exemplo do antigo prefeito da cidade de São Paulo, João Dória: em 02/03/2017, determinou que as edições impressas do *Diário Oficial da Cidade* sairiam de circulação – restariam, apenas as edições eletrônicas. O fim das publicações teve por objetivo gerar uma economia estimada para a administração municipal em R$ 1,5 milhões. Na mesma direção, caminharam os municípios de São Bernardo do Campo[52], Rio Claro[53], o estado do Espírito Santo[54] e tantos outros.

A economicidade, nesse caso, somente restará atendida se a medida de extinguir as vias impressas não restringir o acesso às informações veiculadas. Caso isso ocorra,

---

[51] O princípio da eficiência está expressamente previsto no *caput* do artigo 37 da Constituição como um dos pilares de atuação da administração pública, ao lado da legalidade, impessoalidade, moralidade e publicidade. Apesar de ter sido incluído no texto constitucional apenas em 1998, com a promulgação da Emenda Constitucional nº 19, é razoável afirmar que esse preceito já se encontrava presente em leis esparsas. Nesse sentido, confira-se: DI PIETRO, Maria Sílvia Zanella de. *Direito Administrativo*. São Paulo: Atlas, 2005. p. 84.

[52] Disponível em: <http://www.saobernardo.sp.gov.br/noticias/-/asset_publisher/dQPwtqZD5A-Jz/content/sao-bernardo-institui-diario-oficial-eletronico-e-economiza-r-900-mil--anuais?inheritRedirect=true>.

[53] Disponível em: <http://j1diario.com.br/prefeito-baixa-decreto-que-institui-diario-oficial-eletronico-e-vai-economizar-quase-r-2-milhoes/>.

[54] Disponível em: <https://exame.abril.com.br/negocios/dino/por-economia-governos-de-outras--cidades-alem-de-sao-paulo-comecam-a-publicar-o-diario-oficial-apenas-na-versao-digital--shtml/>.

a ineficiência se sobreporá à mera economia de recursos, afastando a legitimidade da decisão tomada pelo agente público.

1.4.3 Transparência

A transparência relativa à execução do orçamento é, ao lado da legalidade, requerimento do Estado Democrático de Direito, na medida em que viabiliza o controle dos gastos públicos pelos cidadãos – os maiores responsáveis pela existência de recursos no orçamento, em vista do pagamento de tributos. Além disso, a existência de mecanismos que assegurem o efetivo controle das contas públicas fortalece o senso de cidadania fiscal e a conscientização da necessidade de participação do cidadão comum na vida financeira do Estado.

Nesse sentido, destaque-se a existência de consenso doutrinário quanto à conexão direta entre o dever moral de pagar tributos (*tax morale*) e a percepção de que o governo aplica bem os recursos arrecadados, sem desvios ou práticas de corrupção. O tema é especialmente relevante para o Brasil, cujo índice de *tax morale* é baixo[55]. A efetiva perseguição da transparência nas contas públicas, portanto, é instrumento relevante de certificação da destinação dos recursos arrecadados e tem papel fundamental na melhoria do ambiente institucional do ponto de vista da consciência fiscal dos cidadãos.

A Constituição de 1988, ao dispor sobre as formas de controle das contas públicas, previu, no artigo 74, § 2º, a legitimidade de qualquer cidadão, partido político, associação ou sindicato para realizar denúncias relativas a irregularidades ou ilegalidades perante o Tribunal de Contas da União. Trata-se de direito relevante, na medida em que possibilita uma atuação ativa do cidadão no controle da responsabilidade fiscal dos agentes públicos.

Contudo, a efetividade de uma previsão como essa depende da existência de instrumentos concretos que revelem a origem das receitas e a execução das despesas. Nesse ponto, a LRF foi bastante oportuna: previu mecanismos específicos de controle pela via da *transparência*, nos artigos 48 e 49.

Ao longo da vigência da LRF, o artigo 48 sofreu alterações relevantes, pelas Leis Complementares 131/2009 e 156/2016. Nesse contexto também, foi introduzido o artigo 48-A, que trouxe mais instrumentos de controle das contas públicas. Sendo assim, as considerações aqui realizadas fazem referência ao texto mais recente da LRF, com as alterações promovidas pelas leis já mencionadas.

O artigo 48 assegura a transparência de dois modos diversos. Em primeiro lugar, nos termos da previsão do *caput*, (i) pela disponibilização, ao público, em meios eletrônicos, das **versões completa e simplificada das leis orçamentárias**, (ii) bem como das

---

[55] Segundo Richard Bird, entre os fatos que contribuem para isso estão o alto nível de corrupção no poder público e a existência de uma larga economia informal. Sobre o tema, confira-se: BIRD, Richard M.; MARTINEZ-VAZQUEZ, Jorge; TORGLER, Benno. *Explaining tax reform*. In: ALM, James; MARTINEZ-VAZQUEZ, Jorge; RIDER, Mark. *The Challenges of Tax Reform in a Global Economy*. New York, NY: Springer, 2006. Confira-se, também: OECD. What drives tax morale? Tax and development. Disponível em: <http://www.oecd.org/tax/tax-global/what-drives-tax-morale.pdf>, acesso em: 12 jun. 2019.

prestações de contas e relatórios de execução orçamentária e gestão fiscal. Trata-se de dar acesso aos cidadãos aos documentos que embasam a realização de despesas públicas e, assim, possibilidade de controle dos gastos.

Como exemplo dessa disponibilização, pode-se citar o sistema "Siga Brasil", do Senado Federal, que traz informações simplificadas acerca do orçamento público e, ainda, o Portal da Transparência do Governo Federal, de iniciativa da Controladoria-Geral da União[56].

As alterações legislativas subsequentes tiveram por objetivo detalhar ainda mais o controle das contas públicas, pela criação de instrumentos de acesso aos números do orçamento – o que inclui receitas, despesas e dívida pública –, além de ter promovido a institucionalização do orçamento participativo.

Nos termos do artigo 48, § 1º, inciso I, assegura-se a transparência pelo "incentivo à participação popular e realização de audiências públicas, durante os processos de elaboração e discussão" do PPA, LDO e LOA. Trata-se de colocar o cidadão no centro do debate quanto ao destino das verbas públicas, conferindo maior senso de pertença ao Estado, que se alimenta de receitas cuja origem é majoritariamente privada.

Para reforçar o papel ativo que o cidadão pode (e deve) assumir, há ainda previsão quanto ao acompanhamento, pelos particulares, da execução orçamentária e financeira, em tempo real, por meios eletrônicos de acesso público, além da adoção de um sistema integrado de administração financeira e controle, que, nos termos do artigo 48-A, deverá viabilizar o acompanhamento da atividade financeira realizada pelo ente.

Mais recentemente, com a alteração promovida pela LC 156/2016, foram incluídos mais cinco parágrafos ao artigo 48, com o objetivo de assegurar a ampla divulgação de dados orçamentários e fiscais também por parte dos estados e municípios. A não observância de tais comandos resultará na imposição das penalidades previstas no § 2º do artigo 51 da LRF; ou seja, o ente ficará proibido de receber transferências voluntárias e contratar operações de crédito, exceto as destinadas ao refinanciamento do principal atualizado da dívida mobiliária. A imposição de uma penalidade revela a importância à qual o princípio da transparência foi elevado para fins de finanças públicas.

Ainda nessa linha, o artigo 48-A, introduzido pela LC 131/2009, estabelece o dever de os entes da Federação disponibilizarem, a qualquer pessoa física ou jurídica, o acesso a informações referentes a despesas, o que inclui todo o processo de execução, e também a receitas, inclusive recursos extraordinários.

Já o artigo 49 da LRF, inalterado desde a publicação da lei, ainda determina a disponibilização das contas do Chefe do Poder Executivo por todo o exercício financeiro. Essas contas ficarão à disposição dos cidadãos e instituições da sociedade, para consulta, no Poder Legislativo respectivo e no órgão técnico responsável pela sua elaboração.

Por fim, especificamente quanto à prestação de contas da União e à garantia de transparência e publicidade dos gastos, o parágrafo único desse mesmo dispositivo estabelece a necessidade de apresentação de demonstrativos do Tesouro Nacional e das agências

---

[56] Para melhor compreensão do princípio da transparência, recomenda-se ao leitor que acesse os portais "Siga Brasil" e "Portal da Transparência", disponíveis na internet respectivamente em: <http://www12.senado.gov.br/orcamento/sigabrasil>; <http://www.portaltransparencia.gov.br/>.

financeiras oficiais de fomento, como o BNDES – Banco Nacional de Desenvolvimento Econômico e Social, com a indicação dos empréstimos e financiamentos realizados, bem como avaliação do impacto fiscal das atividades no exercício.

Somem-se a tais disposições, ainda, mais duas normas. **A primeira é a Lei de Acesso à Informação,** Lei nº 12.527/2011, que criou mecanismos para que qualquer pessoa, física ou jurídica, requeira e receba informações públicas para todo e qualquer órgão e entidade. A lei, portanto, aplica-se aos três Poderes da União, Estados, Distrito Federal e Municípios, além dos tribunais de conta e ministérios públicos. Entidades privadas sem fins lucrativos são igualmente obrigadas a dar publicidade e informações sobre recursos públicos por elas recebidos[57].

A segunda é a recente LC 178/2021, que instituiu o Programa de Acompanhamento e Transparência Fiscal e o Plano de Promoção do Equilíbrio Fiscal, com o objetivo de "reforçar a transparência fiscal dos Estados, do Distrito Federal e dos Municípios e compatibilizar as respectivas políticas fiscais com a da União", como se vê da redação do artigo 1º. Em linhas gerais, trata-se de possibilitar que Estados e Municípios com baixa capacidade de pagamento tenham suas operações de crédito avalizadas pela União, em face da adoção de medidas mais rígidas de ajuste e transparência fiscal.

Por fim, especificamente em relação às despesas públicas relacionadas com a pandemia de Covid-19, a Lei nº 13.979/2020 previu o dever de o poder público disponibilizar, em sítio oficial e específico na internet, as aquisições e contratações respectivas, com a indicação do nome do contratado, número de inscrição na Secretaria da Receita Federal do Brasil, prazo contratual, valor, entre outras informações, nos termos do artigo 4º, § 2º, da Lei.

Portanto, diante do arcabouço normativo apresentado, é possível afirmar que o princípio da transparência do gasto público, aplicável na realização da atividade financeira do Estado, ganhou ares de **objetivação**, tendo-se em vista a positivação de normas que pretendem garantir, por meio de ações concretas, o acesso e controle dos cidadãos em relação às contas públicas.

Não obstante a estrutura normativa apresentada, duas observações finais são necessárias para se ter um quadro mais completo do presente princípio no Brasil. A primeira se refere ao tópico relacionado às emendas do relator ao orçamento e a segunda à possibilidade de implementação de um orçamento sensível a gênero no Brasil.

1.4.3.1 Orçamento secreto e as emendas do relator

Ao longo de 2021 esteve na pauta pública o debate relativo às "emendas do relator". Em rápidas palavras, tal instrumento foi criado no contexto da implementação do orçamento impositivo (EC 100/2019) e confere ao parlamentar relator do orçamento o direito de apresentar emendas para despesas que deveriam ser priorizadas pelo Poder Executivo. Tais emendas, denominadas RP 9, constaram da LDO/2020 (Lei nº 13.898/2019, com as alterações da Lei nº 13.957/2019) e da LDO/2021.

---

[57] Para detalhes, confira-se: <http://www.acessoainformacao.gov.br/assuntos/conheca-seu-direito/a--lei-de-acesso-a-informacao>, acesso em: 12 jun. 2019.

A impositividade dessas emendas constou da Portaria Interministerial ME/SEGOV-PR nº 6.145/2021 e suscitou debates acerca dos princípios da publicidade, transparência e impessoalidade com o manejo de verbas públicas. Isso porque

> [...] as emendas de relator (RP 9), orçadas em R$ 16,850 bilhões na LOA de 2021, parcialmente vetadas pelo presidente da República, não respeitam o limite da RCL [receita corrente líquida] ou qualquer outro indicador; não permitem identificar o parlamentar proponente; o valor incialmente proposto, além de facilitar casuísmos próprios de negociação "paroquial".[58]

O impacto na transparência e o risco de uso indevido de receitas públicas foi amplamente tratado em uma séria de reportagens exclusivas veiculadas pelo jornal *O Estado de São Paulo*, que denunciou o que ficou denominado com "orçamento secreto", envolvendo a compra de tratores superfaturados em troca de apoio político no Congresso Nacional.[59] Sobre o tema, importante mencionar que as emendas em si, a despeito de serem públicas, contavam com poucos mecanismos de controle, o que colocava em xeque a destinação republicana das verbas e os interesses em jogo na distribuição dos valores.

Ato contínuo, foram ajuizadas no Supremo Tribunal Federal as ADPFs nºs 850, 851 e 854 exatamente para questionar "os atos do Poder Público relativos à execução do indicador de Resultado Primário (RP) nº 9 [...] da Lei Orçamentária Anual (LOA) de 2021. Em 05/11/2021, a medida cautelar requerida foi parcialmente provida, nos seguintes termos:

> [...] 29. Ante o exposto, conheço em parte da arguição de descumprimento e, nessa extensão, defiro o pedido de medida cautelar requerido, "ad referendum" do Plenário desta Corte – e para tanto estou a solicitar, nesta mesma data, ao Presidente do STF, a inclusão desta ADPF em sessão virtual extraordinária -, para determinar ao Congresso Nacional (Senado Federal e Câmara dos Deputados), à Presidência da República, à Casa Civil da Presidência da República e ao Ministério da Economia as seguintes medidas: [...] 30. Por fim, considerando que a ADPF 850/DF e a ADPF 851/DF, também sob a minha relatoria, ajuizadas, respectivamente, pelas agremiações partidárias Cidadania e Partido Socialista Brasileiro – PSB, possuem idêntico objeto ao desta arguição de descumprimento, determino a tramitação conjunta dos feitos, com a reprodução desta decisão, que a todas pertine, nos autos respectivos. [...].

Em novembro de 2021, a medida cautelar foi referendada pelo Plenário do Tribunal e tal decisão resultou na divulgação, pelo Congresso Nacional[60], das despesas classificadas como RP 9 por emenda, órgão orçamentário, dotação atualizada, empenhada, liquidada

---

[58] SANTOS, Lenir, MORETTI, Bruno. Emendas parlamentares: para onde caminha o orçamento público? *Conjur*, 09/09/2021. Disponível em: <https://www.conjur.com.br/2021-set-09/opiniao-emendas-parlamentares-onde-orcamento-publico#_ftn1>. Acesso em: 11 fev. 2022.

[59] PIRES, Breno. Orçamento secreto bilionário de Bolsonaro banca trator superfaturado em troca de apoio no Congresso. *O Estado de São Paulo*. 08/05/2021. Disponível em: <https://politica.estadao.com.br/noticias/geral,bolsonaro-cria-orcamento-secreto-em-troca-de-apoio-do-congresso,70003708713>. Acesso em: 11 fev. 2022.

[60] Ato Conjunto das Mesas da Câmara dos Deputados e do Senado Federal 1/2021.

e paga nos anos de 2020 e 2021. Não houve, contudo, publicação dos nomes dos parlamentares que indicaram as emendas.

Com vistas a ampliar a transparência de tais gastos, em dezembro de 2021 foi promulgada a Resolução nº 2/2021 modificando as disposições da Resolução no 01/2006-CN nos seguintes termos[61]:

> Art. 69-A. O relator-geral poderá realizar indicações para execução das programações a que se refere o inciso IV do art. 53, oriundas de solicitações recebidas de parlamentares, de agentes públicos ou da sociedade civil.
>
> § 1º As indicações e as solicitações que as fundamentaram, referidas no caput, serão publicadas individualmente e disponibilizadas em relatório em sítio eletrônico pela CMO e encaminhadas ao Poder Executivo.
>
> § 2º As indicações somente poderão ser feitas quando compatíveis com o plano plurianual e com a lei de diretrizes orçamentárias, e estiverem de acordo com a legislação aplicável à política pública a ser atendida.

As determinações, contudo, apenas são aplicáveis para as emendas realizadas após a data da publicação da resolução, qual seja, 01/12/2021. Dessa forma, permanece em xeque a plena aplicação do princípio da transparência para as despesas realizadas anteriormente a essa data, com grave ameaça à integridade republicana do orçamento público.

Por fim, em 06/12/2021, a ministra Rosa Weber, relatora das ADPFs mencionadas, decidiu pela possibilidade de retomada da execução das emendas do relator, desde que observadas as normas do Ato Conjunto das Mesas da Câmara dos Deputados e do Senado Federal nº 1/2021 e da Resolução nº 2/2021-CN. Tal decisão foi referendada pelo Plenário em 17/12/2021[62].

1.4.3.2 Despesas públicas focais e o orçamento sensível a gênero

A adoção de orçamentos sensíveis a gênero, que permitam a identificação e controle de políticas focais voltadas à redução da desigualdade de gênero está na agenda do Conselho Europeu há quase duas décadas: em 2002, um estudo do *UK Women's Budget Group* para o Conselho Europeu apontou que Áustria, Bélgica, França, Irlanda, entre outros países europeus, adotavam práticas iniciais de orçamentos sensíveis a gênero, além de sugerir quais seriam as ferramentas adequadas para a implementação mais concreta desse desiderato.[63]

Foi apenas em 2016, no entanto, que foi publicada a Resolução nº 405/2016[64] recomendando a autoridades locais e regionais que introduzam orçamentos sensíveis a gênero

---

[61] Disponível em: <https://legis.senado.leg.br/norma/35212493/publicacao/35215392>. Acesso em: 11 fev. 2022.

[62] Cf. <http://portal.stf.jus.br/processos/detalhe.asp?incidente=6194438>. Acesso em: 11 fev. 2022.

[63] UK WOMEN'S BUDGETING GROUP (WBG). *Gender budgeting*: A Background paper for the Council of Europe's Informal Network of Experts on Gender Budgeting. Londres: WBG, 2002. Disponível em: <https://wbg.org.uk/wp-content/uploads/2016/11/Gender-Budgets-Council-of--Europe-Bellamy-2003.pdf>. Acesso em: 13 mar. 2021.

[64] CONSELHO EUROPEU. DIRETORIA GERAL DE DIREITOS HUMANOS. *Resolução nº 405/2016*. Disponível em: <https://rm.coe.int/0900001680718ce9>. Acesso em: 13 mar. 2022.

nos orçamentos anuais, ao lado da criação de instrumentos adequados de controle tanto de despesas públicas a partir de dados desagregados de gênero quanto de incidência tributária também a partir dessa luz.

Um olhar amplo para diversos países europeus[65] mostra ampla variação nas estruturas legais adotadas para a realização do disposto na Resolução nº 405/2016. Apenas para citar alguns exemplos, na Islândia, o projeto de lei orçamentária deve conter o impacto que alterações nas políticas de receitas e despesas geram sobre as metas de igualdade de gênero. Já na Espanha, os ministérios devem enviar ao Secretário de Estado do Orçamento e Despesas relatório com o impacto de gênero resultante das despesas públicas. Por fim, na Áustria, há previsão constitucional quanto ao orçamento sensível a gênero em todos os níveis de governo.

No Brasil, a discussão também não é nova. Em 2003, a criação da Secretaria Especial de Políticas para as Mulheres da Presidência da República resultou em significativo avanço na discussão institucional em torno de políticas públicas voltadas à igualdade de gênero. No ano seguinte, ato contínuo à I Conferência Nacional de Políticas para as Mulheres, elaborou-se o I Plano Nacional de Políticas para as Mulheres (PNPM), que fixou a orientação de se considerar "[...] a inclusão de recursos nos Planos Plurianuais, Leis de Diretrizes Orçamentárias e Leis Orçamentárias Anuais para implementação de políticas públicas para as mulheres".

No II PNPM, constatou-se "o baixo orçamento para as políticas para as mulheres" e "a baixa incorporação da transversalidade de gênero nas políticas públicas". Por essa razão, estabeleceu-se a necessidade de "garantir a alocação e execução de recursos nos Planos Plurianuais, Leis de Diretrizes Orçamentárias e Leis Orçamentárias Anuais para a implementação das políticas públicas para as mulheres", inclusive como forma de assegurar o princípio da transversalidade de gênero e raça/etnia na formulação das políticas públicas definido no Plano Plurianual 2004-2007 (Lei nº 10.933/2004).

A última edição da Conferência Nacional de Políticas para as Mulheres ocorreu em 2011 e o III PNPM estimulou a criação de "mecanismos que possibilit[assem] o monitoramento das ações orçamentárias referentes à temática de gênero". Um desses mecanismos era o Siga Brasil, sistema de acompanhamento orçamentário do Senado Federal, que contemplou, entre 2005 e 2013, a consulta específica no chamado Orçamento Mulher. Ainda nessa linha, o Plano Plurianual para 2016-2019 (Lei 13.249/2016), previu expressamente a redução das desigualdades de gênero como uma de suas diretrizes, em consonância com os objetivos e metas discutidas na elaboração dos PNPMs já publicados.

A despeito da inegável evolução do debate sobre orçamento e gênero no Brasil, os últimos anos representaram retrocesso severo. Não há possibilidade de consulta temática que abarque a dimensão de gênero no Siga Brasil, plataforma do Senado Federal destinada à conferir maior transparência e controle social aos gastos públicos. Isso tudo reforça a invisibilidade do tema e ausência de controle das diretrizes anteriormente estabelecidas, em franco desrespeito ao princípio da transparência.

---

[65] Os trechos a seguir são uma versão adaptada do texto PISCITELLI, Tathiane. A ilusão do orçamento sensível a gênero. *Fio da Meada*, Valor Econômico, 04/02/2022. Disponível em: <https://valor.globo.com/legislacao/fio-da-meada/post/2022/02/a-ilusao-do-orcamento-sensivel-a-genero.ghtml>. Acesso em: 13 mar. 2022.

De outro lado, o Plano Plurianual para 2020-2023 (Lei nº 13.971/2019) previu apenas um único programa com políticas para mulheres e o foco sequer passa por igualdade de gênero: trata-se de valorizar a família e generalizar a execução de políticas públicas pelo governo, com o apagamento de medidas especificamente direcionadas às mulheres, como aponta o Estudo Técnico nº 16/2020 da Câmara dos Deputados:[66]

> Atualmente, vigora o PPA 2020-23 (Lei 13.971, de 27 de dezembro de 2019) e o Poder Executivo optou pela simplificação do Plano. Dessa forma, foram propostos 66 Programas, sendo que cada um possui apenas 1 objetivo 1 meta. Especificamente para as políticas públicas voltadas às mulheres, não foi aprovado nenhum Programa.
>
> No âmbito do Programa 5034 – Proteção à vida, fortalecimento da família, promoção e defesa dos direitos humanos para todos, o objetivo 1179 diz: "Ampliar o acesso e o alcance das políticas de direitos, com foco no fortalecimento da família, por meio da melhoria da qualidade dos serviços de promoção e proteção da vida, desde a concepção, da mulher, da família e dos direitos humanos para todos" (grifo nosso). Trata-se da única menção que os programas do PPA 2020-23 fazem em relação às políticas públicas para as mulheres.

O quadro fica ainda mais agravado se considerarmos que as tentativas do Poder Legislativo para implementar um orçamento sensível a gênero – denominado Orçamento Mulher – têm sido objeto de oposição frequente do Presidente da República. Nesse sentido, destaque-se a LDO/2021 (Lei nº 14.116/2020) que previu, no artigo 151, § 1º, inciso I, "r", o dever de o Poder Executivo divulgar "até 31 de janeiro de cada exercício, o relatório anual, referente ao exercício anterior, da execução orçamentária do Orçamento Mulher". O artigo 158, inciso III, de seu turno, prescreveu o dever de o Poder Executivo deveria adotar providências para fins de elaboração da "metodologia de acompanhamento dos programas e ações destinados às mulheres com vistas à apuração e divulgação do Orçamento Mulher". Ambos os dispositivos foram vetados pelo Presidente da República, mas, à luz da derrubada de ambos os vetos pelo Congresso nacional, foram promulgados na sequência.

O mesmo cenário se repetiu em 2022: a LDO/2022 (Lei nº 14.194/2021) adotou a mesma fórmula da LDO/2021, prevendo a necessidade de divulgação de relatório relativo ao Orçamento Mulher, determinação novamente vetada pelo Presidente da República. Na mesma ocasião, também foi objeto de veto o Anexo VIII da LDO, o qual, dentre as diversas prioridades e metas fixadas, previa diversas políticas focais para mulheres, como a implementação da Casa da Mulher Brasileira e dos centros de atendimento às mulheres, além da criação de políticas de igualdade e enfrentamento à violência contra as mulheres.

Especificamente no veto relativo ao Orçamento Mulher, aponta-se contrariedade ao interesse público, "tendo em vista que as políticas públicas de redução das desigualdades de gênero integram o Orçamento Fiscal e que não há previsão constitucional para a criação de outros orçamentos além daqueles previstos no § 5º do art. 165 da Constituição". Quanto ao veto integral ao Anexo VIII, o interesse público também consta como

---

[66] BRASIL. Câmara dos Deputados. Consultoria de Orçamento e Fiscalização Financeira. *Execução Orçamentária de Ações de Combate à Violência contra as Mulheres*. Área temática XVI – Direitos Humanos, Mulher e Família, Júlia Marinho Rodrigues – Consultora. Estudo Técnico nº 16/2020. Brasília, junho/2020. Disponível em: <https://www2.camara.leg.br/orcamento-da-uniao/estudos/2020/ET16_Violncia_MUlher.pdf>. Acesso em: 13 dez. 2021.

razão central, na medida em que esforços para o monitoramento, execução e controle de outras prioridades seriam dispersados, "o que contribuiria para a elevação da rigidez orçamentária, que já se mostra excessiva". Assim como ocorreu com a LDO/2021, os vetos à LDO/2022 foram derrubados pelo Congresso Nacional.[67]

Em atendimento à LDO/2021, no início do ano de 2022, o Ministério da Economia publicou o documento A Mulher no Orçamento 2021[68], com objetivo de apresentar as ações orçamentárias especificamente adotadas no combate à desigualdade de gênero. Nesse sentido, aponta-se um gasto total de R$ 236 bilhões relativos a políticas públicas "que abarcam o atendimento à mulher e a reversão das desigualdades que as atingem, a partir da perspectiva do orçamento". Ainda que os números sejam vultosos, eles não refletem a realidade: o relatório reconhece expressamente a impossibilidade de se estabelecer, com segurança, a quantia efetivamente destinada às políticas específicas para mulheres, já que o valor indicado atende "indistintamente homens e mulheres [e] produzem benefícios diretos ou indiretos para o conjunto da sociedade brasileira"; também assume a dificuldade de realizar análises desagregadas do gasto público.

Em verdade, o documento publicado é o diagnóstico claro da situação atual: a despeito de a discussão sobre orçamento sensível a gênero estar presente no Brasil há quase tempo quanto no Conselho Europeu, ainda não saímos do nível do discurso. A previsão do Orçamento Mulher nas LDOs mais recentes é um passo importante, mas ele, isoladamente, pouco faz. A ausência de comprometimento do Poder Executivo com a pauta da igualdade de gênero mitiga a possibilidade tanto de termos políticas públicas focais para mulheres quanto a realização da igualdade via orçamento, seja pela distribuição direcionada de receitas, seja pela avaliação do impacto que determinada política pode gerar na desigualdade de gênero. A ofensa à transparência, nesse caso, é patente, ao lado da desconsideração do interesse público envolvido na questão. A superação da desigualdade de gênero requer medidas multifocais e as regras de direito financeiro podem e devem ser utilizadas para tanto.

1.4.4 Responsabilidade fiscal

A responsabilidade na gestão fiscal e, assim, no uso do dinheiro público, é um princípio que permeia toda a Lei de Responsabilidade Fiscal, conforme será visto no curso do presente livro. Trata-se de **assegurar que o gasto público seja realizado dentro de certos limites e de acordo com regras estritas que, se não cumpridas, acarretam sanções aos entes públicos**.

Independente das previsões gerais da LRF, que conduzem à responsabilidade fiscal, vale ainda dizer que o artigo 1º, § 1º, da LRF estabelece ser condição de tal responsabilidade a "ação planejada e transparente, em que se previnem riscos e corrigem desvios capazes de afetar o equilíbrio das contas públicas". Isso implica, conforme prescreve o próprio dispositivo, a necessidade de cumprimento de metas de resultado e obediência a limites e

---

[67] BRASIL. Presidência da República. *Mensagem nº 408/2021*. Disponível em: <https://www.planalto.gov.br/ccivil_03/_Ato2019-2022/2021/Msg/VEP/VEP-408.htm>. Acesso em: 13 mar. 2022.

[68] Disponível em: <https://www.gov.br/economia/pt-br/assuntos/planejamento-e-orcamento/orcamento/publicaoes-sobre-orcamento/orcamento-mulher>. Acesso em: 13 mar. 2022.

condições relativas a receita, despesa e endividamento. Referidas metas, limites e condições serão analisadas no contexto de cada um dos temas, tratados nos capítulos subsequentes.

Esse ponto, porém, não passa ao largo do recente *impeachment* da Presidente Dilma Rousseff. Como já mencionado acima, uma das razões que justificou juridicamente o afastamento da Presidente foi exatamente a abertura de créditos suplementares em um contexto de crise, sem aprovação do Senado Federal e em violação à Lei de Diretrizes Orçamentárias. Como consequência, tem-se igualmente ofensa à Lei de Responsabilidade Fiscal, em vista do não cumprimento de metas orçamentárias.

Ao lado do *impeachment* de Dilma, uma outra situação que merece destaque e se relaciona com este princípio e com os predicados da LRF são as promulgações de decretos de calamidades públicas pelos Estados do Rio de Janeiro, Rio Grande do Sul e Minas Gerais. Nos termos estabelecidos, tais decretos permitiram que algumas das exigências da LRF fossem temporariamente afastadas, com fundamento no artigo 65, incisos I e II da lei. Ademais, ficam autorizadas medidas excepcionais por parte das autoridades em favor do enfrentamento dos riscos de colapsos sistêmicos. O resultado, no mais das vezes, tem sido o sucateamento de serviços públicos, parcelamento da dívida pública, contingenciamento de gastos obrigatórios, antecipação de receitas, diminuição e transferência de responsabilidades, sem que os administradores possam ser responsabilizados.

Portanto, ainda que a responsabilidade fiscal seja o princípio norteador de toda a LRF, a prática brasileira mostra que o manejo do orçamento público pelos governantes muitas vezes se afasta desse predicado. A despeito de todas as medidas normativas voltadas à transparência e à responsabilidade na gestão do dinheiro público, o resultado termina sendo o baixo índice de confiança da população em seus próprios representantes e a falta de envolvimento do cidadão no controle das finanças públicas. As consequências, como já mencionado, se relacionam com a falta de cidadania fiscal e pouco apetite para o correto cumprimento das normas tributárias.

1.5 A DISCIPLINA NORMATIVA DO DIREITO FINANCEIRO

Nos termos do artigo 24, inciso I, da Constituição (CR), compete à União, aos Estados e ao Distrito Federal legislar concorrentemente sobre o direito financeiro. De acordo com o § 1º desse mesmo dispositivo, estabelece-se que a competência da União ficará adstrita à criação de normas gerais e, portanto, à introdução de regras cujo objetivo seja uniformizar o tratamento do direito financeiro em toda a Federação. Além disso, o artigo 165, § 9º, estabelece a competência da **lei complementar** para:

> I – dispor sobre o exercício financeiro, a vigência, os prazos, a elaboração e a organização do plano plurianual, da lei de diretrizes orçamentárias e da lei orçamentária anual;
>
> II – estabelecer normas de gestão financeira e patrimonial da administração direta e indireta bem como condições para a instituição e funcionamento de fundos.
>
> III – dispor sobre critérios para a execução equitativa, além de procedimentos que serão adotados quando houver impedimentos legais e técnicos, cumprimento de restos a pagar e limitação das programações de caráter obrigatório, para a realização do disposto nos §§ 11 e 12 do art. 166. (Redação dada pela Emenda Constitucional nº 100, de 2019)

Referida lei complementar, segundo José Afonso da Silva, "é uma lei normativa permanente com característica de lei sobre as leis do sistema, já que todas, que são de caráter temporário, nela deverão fundamentar-se".[69]

A disciplina do artigo 165, § 9º, da Constituição veio à tona com a publicação da Lei Complementar 101/2000, a **Lei de Responsabilidade Fiscal (LRF), norma geral de direito financeiro acerca dos temas mencionados (CR, artigo 24, I, § 1º)**, que estabelece comandos e definições que deverão ser observados por todos os entes da Federação. Antes dela, porém, conforme mencionado anteriormente, já estava em vigor no ordenamento a Lei 4.320/1964, que também tratou de temas afetos às Finanças Públicas. De acordo com jurisprudência iterativa do Supremo Tribunal Federal[70], referida norma foi recepcionada com *status* de lei complementar perante o texto constitucional de 1988, apesar da forma relativa à lei ordinária.

Ademais, na hipótese de a União não estabelecer normas gerais referentes a um dado tema de direito financeiro, deve-se notar que, segundo dispõe o artigo 24, § 3º, os estados e o Distrito Federal exercerão competência legislativa plena, para atender às suas peculiaridades. Nesse sentido, **o advento posterior de norma geral da União não invalida a lei estadual, mas, tão somente, retira sua eficácia nas partes contraditórias** (CR, artigo 24, § 4º).

Portanto, para uma visão completa do direito financeiro, deve-se ter em mente, em primeiro lugar, os dispositivos constitucionais que tratam da matéria – que são, basicamente, os artigos 157 a 169 da CR –, além do conteúdo da Lei 4.320/1964 e da LC 101/2000, a Lei de Responsabilidade Fiscal. Ao lado deles, somem-se os princípios acima estudados. Com esse instrumental em mãos, já é possível proceder a uma análise mais detalhada do orçamento, das receitas e das despesas públicas e, assim, dos três pilares que integram a atividade financeira do Estado.

1.5.1 Esquema – Evolução da sistematização do direito financeiro

Antes da Lei 4.320/1964	Leis esparsas
Lei 4.320/1964	Trouxe normas gerais de Finanças Públicas, buscando sistematizá-las
CTN (Lei 5.172/1966)	Proporcionou a separação entre a tributação e as finanças públicas
Constituição de 1988	Destinou um capítulo às finanças públicas, além de ter consolidado o Sistema Tributário Nacional
	Recepcionou a Lei 4.320/1964 e o CTN, atribuindo-lhes *status* de lei complementar
Lei Complementar 101/2000 (LRF)	Conferiu maior controle e transparência às finanças públicas

---

[69] *Curso de Direito Constitucional Positivo*. São Paulo: Malheiros, 2008, p. 736.
[70] "A exigência de prévia lei complementar estabelecendo condições gerais para a instituição de fundos, como exige o art. 165, § 9º, II, da Constituição, está suprida pela Lei nº 4.320, de 17.03.64, recepcionada pela Constituição com *status* de lei complementar [...]". ADI 1726 MC, Relator Min. Maurício Corrêa, Tribunal Pleno, julgado em 16/09/1998, DJ 30-04-2004 pp-00027 ement vol-02149-03 pp-00431 RTJ vol-00191-03 pp-00822.

1.5.2 Estrutura básica do direito financeiro

Princípios	Disciplina normativa
Legalidade	Lei em sentido formal – CR, artigo 165 c/c artigo 48, II
	Medida Provisória para créditos extraordinários – CR, artigo 62, § 1º, "d", c/c artigo 167, § 3º
Economicidade	CR, artigo 70
Transparência	LRF, artigos 48 e 49
	LC 131/2009 (acrescentou dispositivos relativos à transparência à LRF)
Responsabilidade fiscal	LRF, artigo 1º, § 1º

TEMAS RELEVANTES PARA DEBATE

1) Contingenciamento de despesas *versus* economicidade e responsabilidade fiscal: despesas com educação no governo Bolsonaro

Segundo as previsões da Lei nº 13.707/2018, Lei de Diretrizes Orçamentárias para o exercício de 2019, a expectativa é de R$ 139 bilhões de déficit primário em nível federal. Isso significa que as receitas próprias do governo federal não estão sendo suficientes para fazer frente às despesas primárias.

Diante desse cenário, há duas medidas centrais que podem ser tomadas: captação externa de recursos, via endividamento, e contingenciamento e redução de despesas. O contingenciamento, como é sabido, não resulta, em um primeiro momento, em corte de verbas. Trata-se da indisponibilidade temporária dos recursos financeiros, em uma tentativa de buscar o reequilíbrio das contas públicas. Caso não haja melhora no cenário, o contingenciamento pode se converter em cortes.

Nesse contexto, em meados de 2019, o governo Bolsonaro determinou um contingenciamento horizontal de 30% nas verbas destinadas à educação. Ao mesmo tempo, o Presidente sancionou a Lei nº 13.831/2019, para alterar a Lei nº 9.096/1995 e conceder anistia aos partidos políticos da multa devida na hipótese de não aplicação do mínimo de 5% das verbas públicas para promoção e difusão de candidaturas femininas. Além disso, não se dispôs a rever isenções para agrotóxicos e, em verdade, ampliou a lista das substâncias autorizadas.

À vista disso, é possível dizer que tais providências estão alinhadas com o princípio da economicidade? A responsabilidade na gestão de recursos públicos está refletida em tais atos? Qual a diferença entre corte e contingenciamento e em quais situações este último se impõe?

MATERIAL DE APOIO PARA O DEBATE

- https://www.valor.com.br/legislacao/fio-da-meada/6270539/educacao-orcamento-e-escolhas-politicas

- https://www1.folha.uol.com.br/educacao/2019/05/bloqueios-no-mec-vao-do-ensino-infantil-a-pos-graduacao.shtml
- https://blogdoibre.fgv.br/posts/o-que-aconteceu-com-o-orcamento-da-educacao

2) Créditos extraordinários ao longo dos anos: medidas urgentes ou invasão indevida do Poder Executivo no orçamento público?

Conforme tratado no decorrer deste capítulo, a autorização de despesas via créditos extraordinários tem fundamento geral no artigo 167, § 3º, da Constituição e se justifica pela presença de despesas imprevisíveis decorrentes de calamidade pública, guerra ou sua iminência. Diante desses fatos concretos, seria possível medida provisória autorizando tais despesas e, assim, alterando a distribuição originalmente aprovada da lei orçamentária anual. Trata-se, portanto, de medida excepcional.

Contudo, uma pesquisa rápida sobre o teor das medidas provisórias encaminhadas pelo Poder Executivo ao Congresso Nacional mostra o uso inapropriado desse instrumento: os presidentes têm utilizado os créditos extraordinários para o pagamento de despesas correntes, que nada se relacionam com as causas previstas no texto constitucional.

Considerando esse cenário, qual o impacto que a adoção de uma postura como essa pode trazer para o orçamento? É possível cogitar-se de inconstitucionalidade, uma vez que a competência para a aprovação do orçamento é do Poder Legislativo?

MATERIAL DE APOIO PARA O DEBATE

- ADIs: 4048 – Impugnar a Medida Provisória 405, de 18.12.2007 –, que abria "crédito extraordinário, em favor da Justiça Eleitoral e de diversos órgãos do Poder Executivo" e 4049 – Impugnar a validade constitucional da Medida Provisória 402/2007 –, que abriu créditos extraordinários para diversos órgãos do Poder Executivo.
- Pesquisa, no *site* do Planalto, para o levantamento de medidas provisórias que autorizam despesas pela abertura de créditos extraordinários (http://www4.planalto.gov.br/legislacao/portal-legis/legislacao-1/medidas-provisorias)

Capítulo 2
PRIMEIRO PASSO NO DETALHAMENTO DA ATIVIDADE FINANCEIRA: O ESTUDO DO ORÇAMENTO PÚBLICO

Acesse o *QR Code* e assista à aula explicativa sobre este assunto.

> https://uqr.to/892f

O objetivo deste capítulo será realizar uma análise ampla do **orçamento público**, entendido, aqui, como um dos pilares da atividade financeira do Estado. Para tanto, a estrutura será a seguinte: em primeiro lugar, serão abordados alguns **princípios orçamentários** que, ao lado daqueles já mencionados no capítulo 1, completam a exposição sobre os princípios de direito financeiro. Depois, passaremos à análise das **três leis orçamentárias previstas no ordenamento jurídico brasileiro: o Plano Plurianual, a Lei de Diretrizes Orçamentárias e a Lei Orçamentária Anual**. Por fim, haverá um tópico relativo à **execução orçamentária** e, assim, ao caminho que a despesa pública deve enfrentar até seu efetivo pagamento.

2.1 PRINCÍPIOS ORÇAMENTÁRIOS

Os princípios orçamentários são diretrizes de direito financeiro que, diferentemente daquelas tratadas no capítulo 1, as quais figuram como princípios gerais, aplicam-se direta e imediatamente à confecção do orçamento pelo Estado. São, portanto, normas especificamente voltadas à elaboração do orçamento público. Dentre os mais relevantes, destacam-se os seguintes: (i) exclusividade, (ii) universalidade, (iii) unidade, (iv) anualidade, (v) programação, e (vi) equilíbrio orçamentário.

Evidente que, ao lado dos princípios mencionados, está, também, o princípio da **legalidade**, segundo o qual os orçamentos devem ser introduzidos no ordenamento jurídico mediante leis, no sentido estrito. Contudo, esse princípio não será tratado separadamente, já que se entende que ele se encaixa nas diretrizes gerais aplicáveis ao direito financeiro, e não unicamente à disciplina orçamentária. Por esse motivo, sobre esse tema, ficaremos limitados ao item desenvolvido no capítulo anterior.

Feita essa ressalva, passemos, agora, à análise individual de cada um dos princípios mencionados.

2.1.1 O princípio da exclusividade

O princípio da exclusividade tem suas origens na Emenda Constitucional nº 3/1926, que alterou a Constituição de 1891, a primeira da República. O artigo 34, § 1º, na redação dada pela EC, proibia que as leis de orçamento contivessem disposições estranhas à previsão de receita e à fixação de despesa. O que se quis foi evitar as chamadas "caudas ou rabilongos orçamentários", que são exatamente essas previsões estranhas à especificidade do direito financeiro, tais como temas afetos ao direito privado – essa prática era presente no Império e distorcia a natureza das normas de direito financeiro.[1]

Não se incluíam nessa proibição (i) a autorização para a abertura de créditos suplementares e para operações de crédito como antecipação de receita; e (ii) a determinação do destino a ser dado ao superávit do exercício ou do modo de cobrir o déficit, como se vê da redação literal do dispositivo:

> Art. 34. [...]
> § 1º As leis de orçamento não podem conter disposições estranhas á previsão da receita e á despeza fixada para os serviços anteriormente creados. Não se incluem nessa prohibição:
> a) a autorização para abertura de creditos supplementares e para operações de credito como antecipação da Receita;
> b) a determinação do destino a dar ao saldo do exercicio ou do modo de cobrir o deficit.

Uma leitura apressada do dispositivo poderia sugerir que as hipóteses previstas nas alíneas do § 1º do artigo 34 seriam exceções ao princípio geral da exclusividade. Contudo, tal interpretação seria equivocada.

Como mencionado brevemente no capítulo 1, a autorização para a abertura de créditos suplementares é representativa de autorização de despesa, ao passo que as operações de crédito são aquelas das quais resulta a dívida pública – ambas as medidas com evidente impacto orçamentário. De outro lado, providências sobre o resultado do exercício (superávit ou déficit) possuem, igualmente, relação com as finanças públicas.

Em todos os casos, portanto, apesar de não estarmos diante de uma previsão financeira em sentido estrito e, assim, indicação dos números relativos às receitas e despesas, não se verifica a presença de elementos que fogem ao direito financeiro: as duas alíneas tratam ou de despesas a serem realizadas, ou de receitas a serem obtidas pelas vias de empréstimo.

Como resta claro, o que o princípio da exclusividade, inaugurado no ordenamento brasileiro em 1926, objetiva é assegurar que a lei orçamentária se ocupe de matérias relacionadas com as finanças públicas, de forma que assuntos estranhos ao direito financeiro não passem desapercebidos em tais leis, em prejuízo da transparência do processo legislativo.

---

[1] Para uma análise da evolução histórica do princípio, confira-se SANTA HELENA, Eber Zoehler. Caudas rabilongos e o princípio da pureza ou exclusividade da lei orçamentária. *Revista de Informação Legislativa*, ano 40, nº 159, jul./set. 2003. Disponível em: <http://www2.senado.leg.br/bdsf/bitstream/handle/id/873/R159-04.pdf>.

A Constituição de 1988, sem diferença significativa quanto às demais, repetiu a fórmula inaugurada na reforma constitucional de 1926, inclusive no que se refere às ressalvas: na LOA, fica vedado qualquer dispositivo estranho à estimativa da receita e fixação de despesa, permitida a autorização para abertura de créditos suplementares e para a contratação de operações de crédito, nos termos da lei:

> Art. 165, § 8º A lei orçamentária anual não conterá dispositivo estranho à previsão da receita e à fixação da despesa, não se incluindo na proibição a autorização para abertura de créditos suplementares e contratação de operações de crédito, ainda que por antecipação de receita, nos termos da lei.

A exemplo da previsão originalmente prevista na Constituição de 1891, com as alterações da Emenda Constitucional de 1926, as ressalvas não são exceções. A primeira delas visa possibilitar a realização de despesas não previstas ou insuficientemente dotadas no orçamento (no caso dos créditos suplementares, como já abordado brevemente no capítulo anterior), enquanto a segunda prevê a possibilidade de o ente obter recursos externos pelas vias do endividamento – daí a menção às operações de crédito, que serão estudadas detalhadamente no capítulo 3.

2.1.2 O princípio da universalidade

O princípio da universalidade estabelece a necessidade de todas as receitas e despesas estarem previstas na LOA. Trata-se, nas palavras de José Afonso da Silva, do "princípio do orçamento global", segundo o qual devem estar contidos no orçamento os aspectos do programa orçamentário de cada órgão, o que inclui, naturalmente, as previsões de receitas e despesas, mas também as explicações sobre os **objetivos, metas e metodologia** que o Governo pretende adotar na realização das despesas previstas.[2]

A universalidade pode ser compreendida, em primeiro lugar, à luz da redação do artigo 165, § 5º, da Constituição, que prescreve o dever de a União trazer na LOA as receitas e despesas não apenas de seus órgãos e poderes, mas também das empresas em que detenha maioria de capital, com direito a voto, além dos órgãos vinculados à Seguridade Social. Confira-se:

> Art. 165, § 5º A lei orçamentária anual compreenderá:
> I – o orçamento fiscal referente aos Poderes da União, seus fundos, órgãos e entidades da administração direta e indireta, inclusive fundações instituídas e mantidas pelo Poder Público;
> II – o orçamento de investimento das empresas em que a União, direta ou indiretamente, detenha a maioria do capital social com direito a voto;
> III – o orçamento da seguridade social, abrangendo todas as entidades e órgãos a ela vinculados, da administração direta ou indireta, bem como os fundos e fundações instituídos e mantidos pelo Poder Público.

---

[2] Cf. *Curso de Direito Constitucional Positivo*. São Paulo: Malheiros, 2008. p. 744.

Ao lado do texto constitucional, mencione-se, ainda, a expressa previsão da universalidade em diversos dispositivos da Lei nº 4.320/1964, a começar pelo artigo 2º:

> Art. 2º A Lei do Orçamento conterá a discriminação da receita e despesa de forma a evidenciar a política econômica financeira e o programa de trabalho do Govêrno, obedecidos os princípios de unidade universalidade e anualidade.

Na mesma linha, seguem os artigos 3º, ao prescrever que as leis orçamentárias compreenderão todas as receitas, inclusive as decorrentes de operações de crédito, e 4º, que determina a inclusão no orçamento de todas as despesas dos "órgãos do Governo e da administração centralizada".

Ainda na Lei nº 4.320/1964, o comando da universalidade é complementado pelo princípio do orçamento bruto: nos termos do artigo 6º, todas as receitas e despesas devem constar da LOA em seus **valores brutos**. O objetivo geral, novamente, é conferir transparência e precisão às previsões orçamentárias: a indicação de valores líquidos resultaria na impossibilidade de uma visão completa do orçamento.

Por fim, deve-se destacar que o princípio da universalidade, em que pese aplicável em nosso ordenamento, não impossibilita a criação e exigência de tributos após a aprovação da lei orçamentária, sem que tenha havido a inclusão da receita a ser gerada pela arrecadação futura da exação nas previsões respectivas.

Isso decorre especialmente do fato de que **não há**, na Constituição de 1988, **exigência de cumprimento do princípio da anualidade para a exigência de tributos** – o que significaria a necessidade de a exigência tributária estar contemplada no orçamento para que pudesse ser cobrada no exercício seguinte.

O princípio da anualidade da lei tributária esteve presente no ordenamento brasileiro até a Constituição de 1967, quando foi suprimido, desta mesma Carta, pela Emenda Constitucional 1, de 1969, e substituído pelo **princípio da anterioridade**. Atualmente, as únicas exigências temporais aplicáveis ao direito tributário situam-se na observância dos princípios da irretroatividade e anterioridade, previstos no artigo 150, inciso III, alíneas *a*, *b* e *c*, da Constituição, para os tributos em geral, e no artigo 195, § 6º, para as contribuições destinadas ao financiamento da Seguridade Social.

2.1.3 O princípio da unidade

Este princípio está genericamente contemplado no artigo 2º da Lei nº 4.320/1964, cujo *caput* determina:

> Art. 2º A Lei do Orçamento conterá a discriminação da receita e despesa de forma a evidenciar a política econômica financeira e o programa de trabalho do Governo, obedecidos os princípios de unidade, universalidade e anualidade.

Trata-se, aqui, da **necessidade de haver um *único* orçamento para cada ente da Federação, observada a periodicidade anual**. O objetivo estaria na possibilidade de verificar todas as receitas e todas as despesas a um só tempo e, ainda, identificar a existência ou não de equilíbrio orçamentário.

O princípio ainda está vigente e não seria correto afirmar que sofreu relativização pelo fato de a própria Constituição admitir e exigir, como será visto mais adiante, a presença de diversas contas (chamadas de "orçamentos") na LOA da União, nos termos do já mencionado artigo 165, § 5º:

> § 5º A lei orçamentária anual compreenderá:
> I – o orçamento fiscal referente aos Poderes da União, seus fundos, órgãos e entidades da administração direta e indireta, inclusive fundações instituídas e mantidas pelo Poder Público;
> II – o orçamento de investimento das empresas em que a União, direta ou indiretamente, detenha a maioria do capital social com direito a voto;
> III – o orçamento da seguridade social, abrangendo todas as entidades e órgãos a ela vinculados, da administração direta ou indireta, bem como os fundos e fundações instituídos e mantidos pelo Poder Público.

Em verdade, o dispositivo acima transcrito reafirma o **princípio da unidade**, na medida em que exige que todas essas previsões acerca das receitas e despesas estejam previstas em uma única lei: **a lei orçamentária anual**. Sobre o tema, Augusto Alexandre Machado destaca:[3]

> Não se pode confundir a separação dos orçamentos da receita e da despesa com o que se denomina pluralidade orçamentária. Essa significa a existência de vários orçamentos especiais relativos a determinadas receitas e despesas, ficando, cada um, com responsabilidade própria, decorrentes de seus recursos e compromissos. Daí a distinção entre unidade orçamental com unidade legal. Pode haver pluralidade de documentos orçamentários com unidade de orçamento, desde que todas as receitas e despesas formem um todo harmônico, homogêneo, um fundo comum donde se tiram os recursos para o custeio de todos os serviços públicos.

Por fim, vale mencionar que o artigo 56 da Lei nº 4.320/1964 estabelece o dever de o recolhimento de todas as receitas ser feito "em estrita observância ao princípio de unidade de tesouraria", sendo proibidas as fragmentações, para a criação de caixas especiais. Tal princípio é reforçado pelo artigo 164, § 3º, da Constituição, que prescreve o dever de as disponibilidades financeiras da União serem depositadas no Banco Central, e as dos estados, Distrito Federal e municípios em instituições financeiras especiais. Como já abordei em outra oportunidade, "trata-se de assegurar a prevalência do Poder Público no manejo das disponibilidades financeiras respectivas e, assim, fortalecimento de suas próprias estruturas – fato que somente poderá ser excepcionado por lei de caráter nacional".[4]

---

[3] MACHADO, Augusto Alexandre. A execução do orçamento e a eficiência da administração. Revista de Direito Administrativo, Rio de Janeiro, v. 13, p. 23-39, jul. 1948. ISSN 2238-5177. Disponível em: <http://bibliotecadigital.fgv.br/ojs/index.php/rda/article/view/10670/9664>. Acesso em: 04 jul. 2017.

[4] PISCITELLI, Tathiane. *Constituição Federal comentada*. Rio de Janeiro: Forense, 2018. Comentários ao art. 164.

Sobre o tema, vale destacar debate jurisprudencial sobre os limites da aplicação da determinação do § 3º do artigo 164: a questão era saber qual era a extensão da expressão "disponibilidades financeiras" dos entes. De acordo com o Supremo Tribunal Federal, o termo não abrange depósito bancário de salário, vencimento ou remuneração de servidores públicos, os quais poderão ser depositados em instituição financeira privada, para fins de pagamento da folha de salário dos entes. De outro lado, os valores que, obrigatoriamente, serão depositados em instituições financeiras oficiais são aqueles de propriedade dos entes e que, portanto, ainda não foram afetados para determinado fim. Confira-se:

> As disponibilidades de caixa dos Estados-membros, dos órgãos ou entidades que os integram e das empresas por eles controladas deverão ser depositadas em instituições financeiras oficiais, cabendo, unicamente, à União Federal, mediante lei de caráter nacional, definir as exceções autorizadas pelo art. 164, § 3º, da Constituição da República (ADI 2.661 MC, Relator(a): Min. Celso de Mello, Tribunal Pleno, julgamento em 05/06/2002, DJ de 23/08/2002).

Ainda em relação a esse tópico, o Ministro Celso de Mello, em decisão monocrática proferida no Recurso Extraordinário nº 444.056, destaca:

> O Supremo Tribunal Federal tem decidido, reiteradamente, que as disponibilidades de caixa dos Estados-membros serão depositadas em instituições financeiras oficiais, ressalvadas as hipóteses previstas em lei ordinária de feição nacional (CF, art. 164, § 3º). Assim decidiu o Supremo, por exemplo, nas ADIs 2.661-MC/MA, Ministro Celso de Mello, Plenário, 05.6.2002; 2.600-MC/ES, Ministra Ellen Gracie, Plenário, 24.4.2002; 3.578-MC/DF, Ministro Sepúlveda Pertence, Plenário, 14.9.2005, *Informativo* nº 401. [...]
>
> É que, disponibilidade de caixa não se confunde com depósito bancário de salário, vencimento ou remuneração de servidor público, sendo certo que, enquanto a disponibilidade de caixa se traduz nos valores pecuniários de propriedade do ente da federação, os aludidos depósitos constituem autênticos pagamentos de despesas, conforme previsto no artigo 13 da Lei 4.320/64. 8. Como se observa, as disponibilidades de caixa é que se encontram disciplinadas pelo artigo 164, § 3º da Constituição Federal, que nada dispõe sobre a natureza jurídica, se pública ou não, da instituição financeira em que as despesas estatais, dentre elas a de custeio com pessoal, deverão ser realizadas.

Por fim, a Lei de Responsabilidade Fiscal, no artigo 43 (Lei Complementar nº 101/2000), disciplina o § 3º do artigo 164 ao determinar o depósito, em conta separada, dos valores relativos aos regimes de previdência social, geral e próprio dos servidores públicos. Ademais, possibilita a aplicação de tais disponibilidades segundo as condições de mercado, "com observância dos limites e condições de proteção e prudência financeira". O § 2º ainda veda a aplicação desses mesmos valores em: (i) títulos da dívida pública estadual e municipal, bem como em ações e outros papéis relativos às empresas controladas pelo respectivo ente da Federação; e (ii) empréstimos, de qualquer natureza, aos segurados e ao Poder Público, inclusive a suas empresas controladas.

O objetivo, como se vê da redação do dispositivo, é assegurar maior transparência e controle ao total das receitas e, assim, mais precisão na aferição do resultado do exercício.

2.1.4 O princípio da anualidade

O princípio da anualidade é frequentemente relacionado com a exigência da incorporação das receitas tributárias a serem exigidas no ano seguinte na lei orçamentária – em regra aprovada no ano anterior. Conforme mencionado linhas acima, essa determinação foi retirada do texto constitucional de 1967 com a Emenda Constitucional nº 1/1969.

Não obstante, sob a mesma alcunha da "anualidade", há outra determinação que tem relevo para a matéria orçamentária: trata-se da anualidade aplicada à vigência dos orçamentos.

Como regra, os orçamentos valerão para um único exercício financeiro, que, atualmente, compreende o intervalo entre 1º de janeiro a 31 de dezembro de cada ano, nos termos do artigo 34 da Lei nº 4.320/1964.[5] O objetivo é garantir que as contas públicas e as previsões respectivas sejam reavaliadas ano a ano, seja do ponto de vista político, pelas mãos do Congresso Nacional, que **aprova** a proposta orçamentária para o exercício seguinte e, assim, tem oportunidade de **fiscalizar** as contas do ano anterior, seja do ponto de vista financeiro, para representar o encerramento das atividades de obtenção de receitas e dispêndio de dinheiro público.

A exigência da observância da anualidade encontra-se na redação do *caput* do artigo 2º da Lei nº 4.320/1964, ao lado dos princípios da unidade e universalidade, sobre os quais já discorremos linhas acima. O texto constitucional, de seu turno, reforça tal princípio, ao dispor, no artigo 165, inciso III da Constituição, sobre a competência do Poder Executivo para propor leis que tratarão dos "orçamentos anuais".

Sobre isso, mencione-se que, das três leis orçamentárias atualmente presentes no ordenamento brasileiro, quais sejam, PPA, LDO e LOA, **apenas o PPA não é uma lei anual**. Conforme será visto mais adiante, o Plano Plurianual terá vigência por **quatro exercícios financeiros.** Diante disso, seria possível indagar se se trata de uma exceção à anualidade. A resposta deve ser **negativa**, por dois motivos.

Em primeiro lugar, porque o PPA apenas tratará apenas de algumas despesas específicas (as de capital e as relativas aos programas de duração continuada), com vistas a estabelecer os grandes objetivos e metas do Governo para o período mencionado (quatro anos). Depois, porque, ainda que a previsão das despesas seja relativa aos quatro próximos anos, sua execução observará o exercício financeiro e será realizada pelas regras estabelecidas na LDO e na LOA.

Portanto, deve-se concluir que o princípio da anualidade, além de estar indubitavelmente presente na elaboração das leis orçamentárias brasileiras, é decorrência necessária da própria estrutura orçamentária: se os orçamentos são, genericamente, previsões de receitas e despesas e, assim, estimativas para o futuro, **a periodicidade é um elemento essencial**, que não pode ser afastado.

---

[5] Art. 34. O exercício financeiro coincidirá com o ano civil.

2.1.5 O princípio da programação

De acordo com esse princípio, **o orçamento não deve conter apenas as estimativas para as receitas e despesas do próximo exercício financeiro, mas, também, a previsão de objetivos e metas relacionados à realização das necessidades públicas**. Essa característica pode ser observada pela redação de alguns dispositivos constitucionais, especialmente os §§ 4º e 7º do artigo 165, abaixo transcritos:

> Art. 165. Leis de iniciativa do Poder Executivo estabelecerão: [...]
> § 4º Os planos e programas nacionais, regionais e setoriais previstos nesta Constituição serão elaborados em consonância com o plano plurianual e apreciados pelo Congresso Nacional. [...]
> § 7º Os orçamentos previstos no § 5º, I e II, deste artigo, compatibilizados com o plano plurianual, terão entre suas funções a de reduzir desigualdades inter-regionais, segundo critério populacional.

Como se percebe, todos tratam ou do papel do orçamento na programação relativa ao alcance de metas gerais, como a redução das desigualdades entre as diversas regiões do País (art. 165, § 7º), ou o cumprimento dessas metas à observância dos orçamentos (art. 165, § 4º). Exatamente esse ponto foi objeto de análise recente pelo Tribunal de Contas da União que, ao analisar as contas do Governo Federal de 2016, destacou a concentração de renúncias de receitas nas regiões mais desenvolvidas economicamente e, assim, uma potencial ofensa à meta de redução da desigualdade pelo uso dos benefícios tributários.[6] Confira-se:

> [...] a região sul apresenta o maior valor *per capita*, ou seja, R$ 2.273,2 por habitante, alcançando um valor 24% superior à média do país (R$ 1.833,1 por habitante). O extremo inferior é ocupado pela região Nordeste, com R$ 953,5 por habitante, o que representa apenas 52% daquela média. No caso da região Norte, as renúncias se referem majoritariamente à Zona Franca de Manaus (mais de 60% do total), fazendo com que a média *per capita* para o restante da região Norte fique abaixo da média da região Nordeste. Ademais, não se pode afirmar que os valores atribuídos à dita região se reflitam em benefício socioeconômico a todos os municípios nela contidos, visto que a expressiva maioria se concentra em Manaus, distorcendo os resultados distributivos internos à região Norte.

Essa situação, no entanto, não se restringe ao ano de 2016. Em 2018, por exemplo, a região Sudeste se beneficiou de mais de R$ 137 bilhões em renúncias de receitas, enquanto o valor total da região Nordeste ficou em pouco mais de R$ 39 bilhões.[7] Ainda que esse cenário possa ser explicado pela maior concentração de empresas e agentes econômicos

---

[6] Íntegra do relatório disponível em: <http://portal.tcu.gov.br/data/files/38/32/8E/8C/BD5FC5108B-CB7CC51A2818A8/Documento%20completo.pdf>.

[7] Conforme "Painel de Renúncias Tributárias Federais", gerido pelo Tribunal de Contas da União. Dados disponíveis em: <https://painel3.tcu.gov.br/QvAJAXZfc/opendoc.htm?document=ias1%5Cren%C3%BAncias%20tribut%C3%A1rias%20federais.qvw&lang=pt-BR&host=QVS%40IAS1&anonymous=true>.

no Sul do país, os dados também revelam um mau uso desse tipo de política na redução das desigualdades regionais, como destaca o TCU nesse mesmo relatório de 2016:

> Isso [diferença na distribuição das renúncias] se pode atribuir, essencialmente, ao mecanismo de geração das renúncias tributárias, em regra, associadas à maior presença dos agentes econômicos relacionados à produção e à renda localizados nas regiões mais desenvolvidas do país, o que resulta na reduzida participação dos benefícios nos demais territórios do país, não se alinhando, assim, ao propósito de redução das desigualdades regionais e sociais estabelecido como objetivo fundamental na Carta Magna.

Voltando-se os olhos para o princípio da programação, vê-se que, em teoria, os orçamentos devem conter, além da previsão detalhada das receitas e despesas do exercício, também a indicação dos planos e programas mediante os quais os objetivos mais gerais do governo serão atingidos. A avaliação, no entanto, é caso a caso. Diferentemente, portanto, de outros princípios já tratados, como unidade ou anualidade, a ponderação sobre a observância do princípio da programação é menos objetiva e depende da avaliação geral tanto dos objetivos e metas firmadas quanto dos instrumentos utilizados para persegui-las.

Em resumo, trata-se de utilizar os orçamentos não apenas como instrumentos para a previsão de receitas e despesas, mas, igualmente, como forma de **atingir objetivos almejados pelo legislador constituinte**.

2.1.6 O princípio do equilíbrio orçamentário

O equilíbrio orçamentário é **exigência relativa às contas públicas quanto à apresentação do mesmo montante quando se trata de estimar as receitas e as despesas**. Esse princípio busca a igualdade numérica entre as entradas e saídas da administração, afastando-se a presença de déficit ou superávit.

A Constituição de 1988 não contempla tal princípio e, por essa razão, seria possível afirmar a desnecessidade de sua observância. Contudo, a análise da LRF demonstra que, apesar de não se tratar de uma diretriz constitucional, a busca pelo equilíbrio está presente em suas disposições e, portanto, deve ser entendida como uma meta a ser atingida na elaboração dos orçamentos.

Como exemplo, podemos citar o artigo 1º, § 1º, que vincula a existência de "equilíbrio das contas públicas" à responsabilidade na gestão fiscal e, ainda, o artigo 4º, inciso I, alínea *a*, o qual atribui à LDO o papel de dispor sobre o "equilíbrio entre receitas e despesas".

Ademais, o fato de a LRF prever a necessidade de estimativas futuras nas leis orçamentárias e, ainda, previsão de impacto orçamentário-financeiro em outras hipóteses, reforça a busca do equilíbrio. Mais especificamente, seria possível mencionar a relevância deste princípio na disciplina da LDO.

Como exemplo, cite-se o artigo 4º que prevê, detalhadamente, o conteúdo do Anexo de Metas Fiscais, integrante da LDO, cuja função é fixar as metas financeiras para o próximo exercício e, além disso, realizar uma projeção para os próximos dois exercícios (art. 4º, § 1º). Ademais, ao disciplinar os requisitos para a concessão de renúncia de receitas (art. 14), bem como para a criação de despesas obrigatórias de caráter continuado (art. 17) prescreve o dever de o proponente estimar o impacto orçamentário-financeiro da medida para o exercício presente e os dois seguintes. Todas essas hipóteses reforçam a persecução do equilíbrio orçamentário.

Porém, não obstante a existência de mecanismos visando assegurar tal equilíbrio, a situação fiscal atual do Brasil é de déficit nas contas públicas, ocasionado por grave crise política e econômica. Tal cenário teve início em 2014, quando o país apresentou o pior resultado desde 2001:[8] o déficit primário[9] consolidado do setor público, que abrange, além da União, estados, municípios e empresas estatais, foi de R$ 17,2 bilhões. Nos anos seguintes, o resultado negativo se consolidou: R$ 114,7 bilhões em 2015, R$ 161,2 bilhões em 2016, R$ 124,4 bilhões em 2017, R$ 120,3 bilhões em 2018 e, finalmente, R$ 95,1 bilhões em 2019.[10]

Em 2020, a situação fiscal brasileira apenas se agravou. Em razão da pandemia da Covid-19, da retração econômica ocasionada pela crise sanitária e da situação fiscal deficitária anteriormente à pandemia, o déficit daquele ano foi de R$ 743,1 bilhões.[11] Para 2021, a Lei de Diretrizes Orçamentária estimou o déficit em R$ 247,1 bilhões.[12] Já em 2022, o déficit previsto na Lei Orçamentária Anual é inferior àquele contemplado na Lei de Diretrizes Orçamentárias: R$ 79,3 bilhões[13]. A LDO/2022, no entanto, previu como meta um déficit de R$ 170,5 bilhões. A diferença é em parte resultado da promulgação da Emenda Constitucional nº 113/2021, que alterou regras para o pagamento de precatórios.

Esses dados apenas corroboram a importância de mecanismos institucionais de controle e busca do equilíbrio orçamentário, pois podem agir como propulsores para o retorno a um ambiente fiscal mais estável.

2.1.6.1 Esquema – Princípios orçamentários

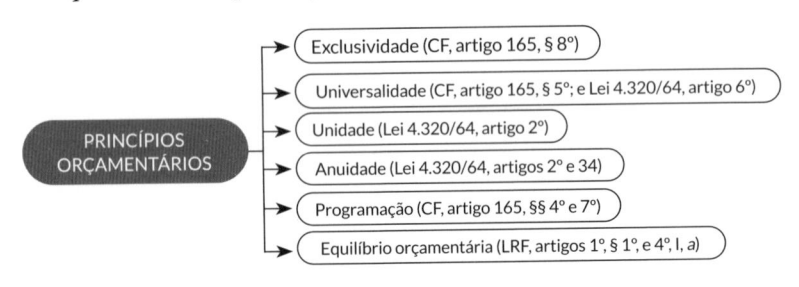

PRINCÍPIOS ORÇAMENTÁRIOS
- Exclusividade (CF, artigo 165, § 8º)
- Universalidade (CF, artigo 165, § 5º; e Lei 4.320/64, artigo 6º)
- Unidade (Lei 4.320/64, artigo 2º)
- Anuidade (Lei 4.320/64, artigos 2º e 34)
- Programação (CF, artigo 165, §§ 4º e 7º)
- Equilíbrio orçamentária (LRF, artigos 1º, § 1º, e 4º, I, a)

---

[8] Ano em que a série histórica do Banco Central do Brasil tem início e que coincide com a aprovação da Lei de Responsabilidade Fiscal.

[9] O resultado primário (déficit ou superávit) é obtido pela subtração das receitas públicas menos despesas públicas, sem computar, nessas últimas, o pagamento de juros da dívida pública.

[10] Cf. <https://www.tesouro.fazenda.gov.br/resultado-do-tesouro-nacional>.

[11] Cf. <https://www.tesourotransparente.gov.br/publicacoes/boletim-resultado-do-tesouro-nacional-rtn/2020/12>.

[12] Lei 14.116/2020.

[13] Cf. <https://www.gov.br/pt-br/noticias/financas-impostos-e-gestao-publica/2022/01/presidente--jair-bolsonaro-sanciona-orcamento-de-2022>.

2.2 AS LEIS ORÇAMENTÁRIAS

Como já destaquei em outra oportunidade,[14] disciplina do orçamento sempre esteve presente nas Constituições do Brasil, em maior ou menor medida.

O artigo 34, 1, da Constituição de 1891 estabelecia a competência privativa do Congresso Nacional para "orçar, anualmente a receita, e fixar, anualmente, a despesa". Como visto linhas acima, esse artigo foi alterado pela Emenda Constitucional nº 3/1926, fundando o princípio da exclusividade, presente até os dias de hoje no texto constitucional. A disciplina do orçamento também aparece na Constituição de 1934, que além de prever o princípio da unidade do orçamento, repete a fórmula de 1926 sobre a exclusividade.

As mesmas direções foram tomadas pelas Constituições posteriores: unidade do orçamento, proibição de caudas orçamentárias e, mais recentemente, na Constituição de 1967, a previsão do orçamento plurianual de investimento (art. 63).

Contudo, a despeito da presença constante da disciplina do orçamento nas Constituições pretéritas, a Constituição de 1988, diferentemente das anteriores, dedica-se de forma estruturada às finanças públicas e apresenta um regramento amplo nesse sentido. Isso porque, além de incorporar princípios já consagrados no momento da sua promulgação (como os princípios da unidade e da exclusividade), também impõe novos deveres e contornos às leis orçamentárias, conferindo maior previsibilidade e transparência na produção legislativa afeta às contas públicas.

2.2.1 Aspectos gerais: características e tramitação no Poder Legislativo

O artigo 165 da Constituição inaugura a seção relativa aos "Orçamentos" e estabelece uma disciplina ampla em relação a tal tema, com o objetivo de detalhar o papel de cada lei orçamentária no desenho da estrutura das finanças públicas. Ao lado desse detalhamento, também estabelece, no § 9º, a competência específica da lei complementar para tratar de temas afetos ao orçamento – trata-se, aqui, de um reforço à previsão do artigo 163, que apresenta, de forma mais geral, a competência da lei complementar em temas correlatos.

Nesse sentido, prevê a existência de **três leis orçamentárias**, todas de iniciativa do Poder Executivo: **o Plano Plurianual (PPA), a Lei de Diretrizes Orçamentárias (LDO) e a Lei Orçamentária Anual (LOA)**. De um ponto de vista geral, é possível dizer que o PPA é a lei orçamentária mais abstrata de todas, já que trata dos grandes objetivos da Administração pelo prazo de quatro anos, enquanto a LOA é a mais concreta, pois tem a função de estabelecer, detalhadamente, as receitas e despesas públicas de um dado exercício.

Ainda que, em todos os casos, a iniciativa seja do Poder Executivo, deve-se notar que, tendo-se em vista a autonomia administrativa e financeira do Poder Judiciário, a este competirá o encaminhamento de proposta orçamentária relativa a seus interesses, a qual será objeto de análise pelo Congresso Nacional juntamente com a proposta do Executivo. Essa exigência está prevista no artigo 99, §§ 1º e 2º, da Constituição. O mesmo se diga do Poder Legislativo, do Ministério Público (art. 127, § 3º) e das Defensorias Públicas (art. 134, § 2º). Sobre o tema, algumas considerações adicionais são necessárias.

---

[14] PISCITELLI, Tathiane. *Constituição Federal comentada*. Rio de Janeiro: Forense, 2018. Comentários ao art. 165.

Já no contexto da severa crise fiscal pela qual passa o Estado brasileiro, o Supremo Tribunal Federal aprovou o aumento de 16,3% nos vencimentos de seus Ministros. Nos termos do artigo 37, inciso XI da Constituição, a remuneração dos Ministros do Supremo é o teto remuneratório das carreiras do Poder Judiciário.[15] Portanto, um aumento nos vencimentos dos Ministros tem impacto direto nas outras carreiras e um claro efeito cascata nas contas públicas. Por ocasião da majoração, surgiram debates acerca da legitimidade da proposta aprovada pelo Supremo, diante da situação crítica das contas públicas nacionais.[16]

Tecnicamente, à luz do artigo 99, *caput* e §§ 1º e 2º da Constituição, o Poder Judiciário tem plena autonomia na confecção de seu orçamento, observados, naturalmente, os limites da própria Constituição e da Lei de Responsabilidade Fiscal.[17] Contudo, do ponto de vista da prudência fiscal, a aprovação de uma proposta que irá sufocar ainda mais as contas públicas é reprovável, à luz de critérios de moralidade política, que não recomendam o direcionamento de recursos públicos adicionais a quem já se encontra em posição de privilégio.

Evidente que o Judiciário atuou de acordo com as normas constitucionais e na estrita observância da legalidade. No entanto, de uma perspectiva holística, as medidas são criticáveis porque desconsideram a situação geral do país, sob o pretexto da autonomia orçamentária.

De todo modo, uma vez **consolidada** a proposta, ela será encaminhada para análise conjunta das duas casas do Congresso Nacional, que a fará por meio de uma **Comissão mista permanente** de Senadores e Deputados. Referida Comissão, nos termos do artigo 166 da Constituição, deverá, além de examinar e emitir parecer sobre tais projetos, também examinar e emitir parecer sobre os planos e programas nacionais, regionais e setoriais eventualmente previstos nas leis orçamentárias, bem como acompanhar e fiscalizar as respectivas execuções orçamentárias (§ 1º). Tal Comissão, de outro lado, irá receber as

---

[15] Art. 37, inciso XI: "A remuneração e o subsídio dos ocupantes de cargos, funções e empregos públicos da administração direta, autárquica e fundacional, dos membros de qualquer dos Poderes da União, dos Estados, do Distrito Federal e dos Municípios, dos detentores de mandato eletivo e dos demais agentes políticos e os proventos, pensões ou outra espécie remuneratória, percebidos cumulativamente ou não, incluídas as vantagens pessoais ou de qualquer outra natureza, não poderão exceder o subsídio mensal, em espécie, dos Ministros do Supremo Tribunal Federal, aplicando-se como limite, nos Municípios, o subsídio do Prefeito, e nos Estados e no Distrito Federal, o subsídio mensal do Governador no âmbito do Poder Executivo, o subsídio dos Deputados Estaduais e Distritais no âmbito do Poder Legislativo e o subsídio dos Desembargadores do Tribunal de Justiça, limitado a noventa inteiros e vinte e cinco centésimos por cento do subsídio mensal, em espécie, dos Ministros do Supremo Tribunal Federal, no âmbito do Poder Judiciário, aplicável este limite aos membros do Ministério Público, aos Procuradores e aos Defensores Públicos (Redação dada pela Emenda Constitucional nº 41, 19.12.2003)".

[16] QUEIROZ, Rafael Mafei Rabelo; MENDES, Conrado Hübner. Insuportável 1%. *Folha de S. Paulo*, Opinião. Disponível em: <https://www1.folha.uol.com.br/opiniao/2018/08/insuportavel-1.shtml>. O reajuste do Judiciário federal. E os efeitos para o país. *Jornal Nexo*. Disponível em: <https://www.nexojornal.com.br/expresso/2018/08/31/O-reajuste-do-Judici%C3%A1rio-federal.-E-os-efeitos--para-o-pa%C3%ADs>. CONGRESSO aprova aumento para STF e, com isso, amplia o teto salarial de todos os servidores públicos. *BBC News Brasil*. Disponível em: <https://www.bbc.com/portuguese/brasil-46132571>.

[17] Limites que se aplicam, basicamente, à expansão das despesas com pessoal. Esse ponto será detalhado em capítulo próprio. Desde logo, porém, note-se que faço referência ao artigo 169 da Constituição e artigos 19 a 23 da Lei de Responsabilidade Fiscal.

emendas aos projetos de lei referidos e também sobre elas emitirá parecer, sem prejuízo da apreciação pelo Plenário das duas Casas do Congresso Nacional (art. 166, § 2º).

Esses projetos de lei poderão ser objeto de alteração posterior por iniciativa do próprio Presidente da República via **mensagem** encaminhada ao Congresso Nacional, **desde que ainda não tenha sido iniciada a votação, pela Comissão Mista, da parte cuja alteração é proposta**, segundo dispõe o artigo 166, § 5º, da Constituição. De outro lado, nos termos do artigo 166, § 4º, eventuais emendas ao projeto da LDO não poderão ser aprovadas se incompatíveis com o PPA.

Ainda acerca das **emendas** ao orçamento, é importante destacar que **as emendas ao projeto da LOA ou aos projetos que o modifiquem, apesar de possíveis, não são indiscriminadas**. Nos termos do § 3º do artigo 166, referidas emendas apenas poderão ser aprovadas se:

(i) forem compatíveis com o PPA e a LDO;

(ii) indiquem os recursos necessários para a alteração proposta, admitidos tão somente aqueles que sejam provenientes de anulação de despesa, excluídas as que incidam sobre: dotações para pessoal e seus encargos, serviço da dívida e transferências tributárias constitucionais para Estados, Municípios e Distrito Federal; e

(iii) sejam relacionadas com a correção de erros ou omissões ou com os dispositivos do texto do projeto de lei. De outro lado, os recursos que, por conta de veto, emenda ou rejeição do projeto da LOA, ficarem sem as despesas correspondentes poderão ser utilizados para autorizações posteriores de despesas, via abertura de créditos especiais ou suplementares, condicionadas à autorização legal prévia e específica (art. 166, § 8º).

Trata-se, como se vê, das denominadas "emendas parlamentares": os integrantes do Poder Legislativo, cientes das realidades regionais, apresentam tais emendas como forma de ajustar o orçamento a tais necessidades. Como se verá adiante em tópico relativo à impositividade do orçamento, até 2015, a execução de tais emendas decorria da liberalidade do Poder Executivo e, não raro, os valores eram utilizados como moeda de troca política.

Com a aprovação da Emenda Constitucional nº 86/2015, o artigo 166 da Constituição foi alterado, para que dele constasse a obrigatoriedade da "execução orçamentária e financeira" das emendas **individuais** ao projeto da LOA, "em montante correspondente a 1,2% da receita corrente líquida realizada no exercício anterior". O limite para tais emendas será, também, de 1,2% da "receita corrente líquida prevista no projeto encaminhado pelo Poder Executivo". Ainda nos termos da Constituição, metade desse percentual será destinada a ações e serviços públicos de saúde (art. 166, §§ 9º e 11).

O resultado da aprovação dessa medida, que será detalhada adiante, foi uma redução substancial na capacidade de manipulação, pelo Poder Executivo, das condições para a liberação de tais emendas: os valores devem ser executados, ainda que quem siga ditando o ritmo dessa execução seja o Poder Executivo. Daí, portanto, os inúmeros debates nos governos Temer e Bolsonaro quanto ao uso das emendas parlamentares como forma de cooptar o Parlamento para a votação de pautas favoráveis ao governo.[18]

---

18 Temer acelera liberação de verbas para emendas parlamentares. *Valor Econômico*. Disponível em: <https://www.valor.com.br/politica/4622693/temer-acelera-liberacao-de-verba-para-emendas-de-

De outro lado, com a promulgação da Emenda Constitucional nº 100/2019, avançou-se ainda mais na impositividade do orçamento, como será visto no item 2.2.3. Desde logo, porém, mencione-se a alteração do § 12 do artigo 166, que estabelece a obrigatoriedade de execução de **todas as emendas de iniciativa da bancada** de parlamentares de estado ou do Distrito Federal, em até 1% da receita corrente líquida realizada no exercício anterior, independentemente da destinação dos recursos.[19]

Tomando-se como exemplo as leis orçamentárias para o exercício de 2022, o projeto de LOA previu R$ 10,5 bilhões para emendas individuais e R$ 5,7 bilhões para as emendas de bancada estadual – um total de R$ 16,2 bilhões em emendas com execução obrigatória. Além disso, "metade das emendas individuais, ou R$ 5,24 bilhões, deve ser gasta em ações e serviços públicos de saúde".[20]

Ao lado das emendas parlamentares, como já mencionado no capítulo anterior, ao longo de 2021 o debate orçamentário foi tomado pelo tema das "emendas do relator". Sobre o tema, devemos recordar que a partir de 01/12/2021, nos termos da Resolução nº 2/2021 – CN, tais emendas serão publicadas individualmente e disponibilizadas em relatório, de modo a assegurar a transparência na aplicação dos recursos públicos. Além disso, as despesas somente poderão ser realizadas quando compatíveis com o PPA e a LDO e de acordo com a política pública a ser atendida.

De outro lado, tratando-se do PPA, é importante dizer que as emendas a esse projeto deverão observar as regras do artigo 63, I, da Constituição, que determina não ser possível o aumento de despesa prevista nos projetos de iniciativa exclusiva do Presidente, ressalvados os casos previstos no artigo 166, §§ 3º e 4º, os quais disciplinam as emendas aos projetos da LOA e da LDO. Dessa forma, conclui-se que o PPA **não** poderá sofrer emendas que visem à **majoração** das despesas ali previstas.

Vale ainda indagar acerca do **prazo para o encaminhamento das propostas orçamentárias**. Esse tema, de acordo com o que estabelece o artigo 166, § 6º, da Constituição, é afeto à disciplina da **lei complementar**:

> § 6º Os projetos de lei do plano plurianual, das diretrizes orçamentárias e do orçamento anual serão enviados pelo Presidente da República ao Congresso Nacional, nos termos da lei complementar a que se refere o art. 165, § 9º.

A despeito da previsão constitucional, **ainda não há regulamentação** a esse respeito, pelo o que os prazos para o encaminhamento de tais projetos ficam disciplinados

---

-parlamentares>. Liberação de emendas bate recorde com Temer. *O Estado de S. Paulo.* Disponível em: <https://politica.estadao.com.br/noticias/geral,liberacao-de-emendas-bate-recorde-com-temer,70002141096>. Governo oferece R$ 40 mi em emendas para deputados que votarem pela reforma. *Folha de S. Paulo.* Disponível em: <https://www1.folha.uol.com.br/mercado/2019/04/governo-dara-r-40-mi-em-emendas-a-cada-deputado-que-votar-pela-reforma.shtml>.

[19] Nos termos do artigo 4º da EC 100/2019, as novas regras valerão para a execução orçamentária a partir do exercício de 2020.

[20] Prazo para apresentação de emendas ao Orçamento 2022 é prorrogado para esta quarta. 17/11/2021. *Agência Câmara.* Disponível em: <https://www12.senado.leg.br/noticias/materias/2021/11/17/prazo-para-apresentacao-de-emendas-ao-orcamento-2022-e-prorrogado-para-esta-quarta>. Acesso em: 7 fev. 2021.

pelo disposto no artigo 35 do Ato das Disposições Constitucionais Transitórias ao texto constitucional (ADCT):

> § 2º Até a entrada em vigor da lei complementar a que se refere o art. 165, § 9º, I e II, serão obedecidas as seguintes normas:
>
> I – **o projeto do plano plurianual**, para vigência até o final do primeiro exercício financeiro do mandato presidencial subsequente, **será encaminhado até quatro meses antes do encerramento do primeiro exercício financeiro e devolvido para sanção até o encerramento da sessão legislativa**;
>
> II – **o projeto de lei de diretrizes orçamentárias** será **encaminhado até oito meses e meio antes do encerramento do exercício financeiro e devolvido para sanção até o encerramento do primeiro período da sessão legislativa**;
>
> III – **o projeto de lei orçamentária da União será encaminhado até quatro meses antes do encerramento do exercício financeiro e devolvido para sanção até o encerramento da sessão legislativa.**

Em outras palavras, o PPA deve ser encaminhado até o dia 31 de agosto do primeiro ano de mandato, a LDO, até 15 de abril de cada ano e a LOA, até 31 de agosto de cada exercício. Após analisadas pelo Congresso Nacional, serão devolvidas ao Presidente da República, para sanção no prazo de quinze dias. A devolução do PPA e LOA observará o encerramento da sessão legislativa (*i.e.* 22 de dezembro de cada ano), enquanto o retorno da LDO terá por prazo o dia 17 de julho de cada ano.

Conforme visto, o Poder Legislativo tem a prerrogativa de rejeitar o projeto da LOA – mas não o da LDO, nos termos do artigo 57, § 2º, da Constituição – e o resultado será o de que o ente federativo restará sem orçamento para o exercício seguinte. Na hipótese de uma situação como essa ocorrer, a solução para a realização de despesas está na abertura de créditos suplementares, caso a caso, nos termos do já mencionado artigo 166, § 8º, da Constituição.

Por fim, segundo a jurisprudência do STF, proposta de emenda orçamentária oferecida pelo Poder Legislativo **não viola** a competência do Poder Executivo para iniciar projetos de leis orçamentárias (CR, artigo 165, *caput*, mas sem prejuízo da necessária observância das **vedações orçamentárias** previstas na Constituição.

Sobre o tema, confira-se trecho da ementa da ADI 1050 MC/SC, de relatoria do Ministro Celso de Mello:

> O poder de emendar projetos de lei – que se reveste de natureza eminentemente constitucional – qualifica-se como prerrogativa de ordem político-jurídica inerente ao exercício da atividade legislativa. Essa prerrogativa institucional, precisamente por não traduzir corolário do poder de iniciar o processo de formação das leis (RTJ 36/382, 385 – RTJ 37/113 – RDA 102/261), **pode ser legitimamente exercida pelos membros do Legislativo, ainda que se cuide de proposições constitucionalmente sujeitas à cláusula de reserva de iniciativa** (ADI 865/MA, Rel. Min. Celso de Mello), desde que – **respeitadas as limitações estabelecidas na Constituição da República** – as emendas parlamentares (a) não importem em aumento da despesa prevista no projeto de lei, (b) guardem afinidade lógica (relação de pertinência) com a proposição original e (c) tratando-se de projetos orçamentários (CF, art. 165, I, II e III), observem as restrições fixadas no art. 166, §§ 3º e 4º da Carta Política.

Doutrina. Jurisprudência. – Inobservância, no caso, pelos Deputados Estaduais, quando do oferecimento das emendas parlamentares, de tais restrições. Precedentes do Supremo Tribunal Federal. Suspensão cautelar da eficácia do diploma legislativo estadual impugnado nesta sede de fiscalização normativa abstrata.[21]

2.2.1.1 Esquema – Leis orçamentárias

LEIS ORÇAMENTÁRIAS: PPA, LDO e LOA

1.
Iniciativa do Poder Executivo (CR, artigo 165)
Com proposta própria do Poder Judiciário (CR, artigo 99, §§ 1º e 2º)

⇩

2.
Consolidação do Projeto de Lei

⇩

3.
Envio do PL pelo Presidente da República ao Congresso Nacional
(deve ser obedecido o prazo do artigo 35 do ADCT)

Tipo de LO	Encaminhado ao CN até	Devolvida para sanção do PR até
PPA	4 meses antes do encerramento do primeiro exercício financeiro	22 de dezembro de cada ano (encerramento da sessão legislativa)
PPA	31 de agosto do primeiro ano do mandato	22 de dezembro de cada ano (encerramento da sessão legislativa)
LDO	8 meses e meio antes do encerramento do exercício financeiro	17 de julho de cada ano (encerramento do período da sessão legislativa)
LDO	15 de abril de cada ano	17 de julho de cada ano (encerramento do período da sessão legislativa)
LOA	4 meses antes do encerramento do exercício financeiro	22 de dezembro de cada ano (encerramento da sessão legislativa)
LOA	31 de agosto de cada ano	22 de dezembro de cada ano (encerramento da sessão legislativa)

⇩

---

[21] ADI 1050 MC/DF, Relator(a): Min. Celso de Mello, Tribunal Pleno, julgamento em 21/09/1994, *DJ* 23/04/2004.

⬇

4.
Análise pela Comissão Mista permanente
(CR, artigo 166), que tem por atribuição:

- Examinar os PLs
- Emitir pareceres sobre:
  - PLs
  - Planos e programas previstos
- Fiscalizar e acompanhar a execução orçamentária
- Receber emendas e sobre elas emitir parecer
  ⬇

Para recebê-las é necessário que a Comissão Mista não tenha iniciado a votação da parte cuja alteração é proposta. Serão avaliadas pelo Plenário do CN.

PL-PPA (CR, artigo 63, I)	Não sofrerá emendas para o **aumento** de despesas
PLDO (CR, artigo 166, § 4º)	Devem ser compatíveis com o PPA
PLOA (CR, artigo 166, § 3º)	1) Compatíveis com a PPA e a LDO
	2) Indicação de recursos que suportem a alteração, admitida apenas a anulação de despesas
	3) Relacionadas com a correção de erros ou omissões

⬇

5.
Eventuais emendas serão apreciadas pelo Plenário do CN
(CR, artigo 166, § 2º)

⬇

6.
Sanção e publicação da lei

2.2.2 As leis orçamentárias podem ser objeto de controle concentrado de constitucionalidade?

Outra questão geral que merece destaque se refere à possibilidade de as leis orçamentárias serem objeto de controle abstrato de constitucionalidade. Acerca disso, houve inegável evolução jurisprudencial.

Desde pelo menos 1998, o Supremo Tribunal Federal manifestava entendimento acerca da impossibilidade de controle em abstrato de leis orçamentárias (ADI 1640 QO). Segundo essa posição, tais leis seriam, do ponto de vista material, atos administrativos concretos e, por isso, não estariam alcançadas pelo controle concentrado de constitucionalidade. Acerca do tema, confira-se trecho da ementa da ADI 2057:

> 1. Constitui **ato de natureza concreta** a emenda parlamentar que encerra tão somente destinação de percentuais orçamentários, **visto que destituída de qualquer carga de abstração e de enunciado normativo**. 2. A jurisprudência desta Corte firmou entendimento de que **só é admissível ação direta de inconstitucionalidade contra ato dotado de abstração, generalidade e impessoalidade**. 3. A emenda parlamentar de reajuste de percentuais em projeto de lei de diretrizes orçamentárias, que implique transferência de recursos entre os Poderes do Estado, tipifica ato de efeito concreto a inviabilizar o controle abstrato. 4. Ação direta não conhecida.[22]

Essa posição foi posteriormente reafirmada no julgamento das ADIs 2100 e 2484:

> Constitucional. Lei de Diretrizes Orçamentárias. Vinculação de percentuais a programas. Previsão da inclusão obrigatória de investimentos não executados do orçamento anterior no novo. **Efeitos concretos. Não se conhece de ação quanto a lei desta natureza. Salvo quando estabelecer norma geral e abstrata.** Ação não conhecida.[23]
>
> Constitucional. Ação direta de inconstitucionalidade. Lei com efeito concreto. Lei de diretrizes orçamentárias: Lei 10.266, de 2001. I – **Leis com efeitos concretos, assim atos administrativos em sentido material: não se admite o seu controle em abstrato, ou no controle concentrado de constitucionalidade**. II – Lei de diretrizes orçamentárias, que tem objeto determinado e destinatários certos, assim sem generalidade abstrata, **é lei de efeitos concretos, que não está sujeita à fiscalização jurisdicional no controle concentrado**. III – Precedentes do Supremo Tribunal Federal. IV. – Ação direta de inconstitucionalidade não conhecida.[24]

Porém, em 2003, o Tribunal começou a acenar para uma mudança nessa posição. No julgamento da ADI 2925, a impossibilidade, em absoluto, de controle de constitucionalidade das leis orçamentárias foi relativizada: o controle seria possível nas situações em que a lei apresentasse contornos "abstratos e autônomos". Confira-se:

> PROCESSO OBJETIVO – AÇÃO DIRETA DE INCONSTITUCIONALIDADE – LEI ORÇAMENTÁRIA. **Mostra-se adequado o controle concentrado de constitucionalidade quando a lei orçamentária revela contornos abstratos e autônomos**, em abandono ao campo da eficácia concreta. LEI ORÇAMENTÁRIA – CONTRIBUIÇÃO DE INTERVEN-

---

[22] ADI 2057 MC, Relator(a): Min. Maurício Corrêa, Tribunal Pleno, julgamento em 09/12/1999, *DJ* 31/03/2000; destaques não contidos no original.

[23] ADI 2100, Relator(a): Min. Néri da Silveira, Relator(a) p/ Acórdão: Min. Nelson Jobim, Tribunal Pleno, julgamento em 17/12/1999, *DJ* 01/06/2001; destaques não contidos no original.

[24] ADI 2484 MC, Relator(a): Min. Carlos Velloso, Tribunal Pleno, julgamento em 19/12/2001, *DJ* 14/11/2003; destaques não contidos no original.

ÇÃO NO DOMÍNIO ECONÔMICO – IMPORTAÇÃO E COMERCIALIZAÇÃO DE PETRÓLEO E DERIVADOS, GÁS NATURAL E DERIVADOS E ÁLCOOL COMBUSTÍVEL – CIDE – DESTINAÇÃO – ARTIGO 177, § 4º, DA CONSTITUIÇÃO FEDERAL. É inconstitucional interpretação da Lei Orçamentária 10.640, de 14 de janeiro de 2003, que implique abertura de crédito suplementar em rubrica estranha à destinação do que arrecadado a partir do disposto no § 4º do artigo 177 da Constituição Federal, ante a natureza exaustiva das alíneas "a", "b" e "c" do inciso II do citado parágrafo.

A questão girou em torno de saber se a Lei Orçamentária 10.640/2003, que determinou a desvinculação de parte das receitas a serem arrecadadas com a CIDE Combustíveis, seria constitucional. Como se sabe, essa contribuição está prevista no artigo 177, § 4º, da Constituição, e tal dispositivo determina o exato destino das receitas arrecadadas com o tributo, quais sejam: (i) o pagamento de subsídios a preços ou transporte de álcool combustível, gás natural e seus derivados e derivados de petróleo; (ii) o financiamento de projetos ambientais relacionados com a indústria do petróleo e do gás; e (iii) o financiamento de programas de infraestrutura de transportes.

A lei orçamentária referida, de outro lado, em seu artigo 4º, inciso I, estabeleceu, dentre outras providências, a possibilidade de destinação dos recursos da CIDE para reserva de contingência e, ainda, a aplicação de 10% do excesso de arrecadação da contribuição na abertura de créditos adicionais, cuja finalidade não estaria diretamente relacionada com os motivos ensejadores de criação de tal tributo. O Supremo Tribunal Federal recebeu a ADI que questionava exatamente o não cumprimento da norma constitucional sobre a destinação da CIDE e decidiu que, **nesse caso específico**, a norma teria densidade normativa abstrata suficiente para ser objeto de controle concentrado de constitucionalidade. Nesse sentido são as palavras do Ministro Sepúlveda Pertence:

> Neste caso, reconheço a generalidade da norma de autorização absolutamente abstrata, que permite ao Presidente da República, dadas certas condições de fato, criar créditos suplementares, segundo o que se pretende, contrariando diretamente uma norma constitucional. Esta, com relação a certa contribuição, impõe a aplicação total do produto de sua arrecadação, nas suas finalidades constitucionais.

No mérito, a ação foi julgada procedente, para se reconhecer a inconstitucionalidade da desvinculação dos recursos da CIDE. Esse julgamento representou uma relativização na jurisprudência anterior do Supremo e, assim, a possibilidade, ao menos em tese, de as leis orçamentárias serem objeto de controle de constitucionalidade em abstrato. Uma posição diversa, conforme ressaltou o Ministro Marco Aurélio nessa mesma ocasião, levaria "por colocar a lei orçamentária acima da Carta da República".

Em 2008, o tema foi novamente levado ao Supremo Tribunal Federal por conta da Medida Provisória 405/2007, convertida na Lei nº 11.658/2008, que determinou a abertura de créditos extraordinários sem que estivessem presentes as justificativas constitucionais para tanto, quais sejam: calamidade pública, guerra ou comoção interna, nos termos do artigo 167, § 3º, da Constituição.

Dessa feita, no julgamento da ADI 4048, ajuizada contra tal norma, o Plenário do Supremo posicionou-se de maneira diversa: entendeu que a análise material da norma, para fins de identificação de sua abstração, não era necessária, na medida em que se estivesse diante de uma lei em sentido formal. **O simples fato de se tratar de uma *lei* questionada perante o Tribunal, já justificava a possibilidade de controle em abstra-**

to de sua constitucionalidade, independentemente do caráter abstrato ou concreto da norma em questão. Ponderações acerca da densidade normativa da norma atacada somente fariam sentido se se tratasse de ato infralegal, o que não era o caso.

Portanto, estando-se diante de uma lei em sentido formal (*i.e.*, ato aprovado pelo Poder Legislativo, com sanção do Chefe do Executivo), seria possível o controle via ADI, independentemente do conteúdo da norma atacada:

> II. CONTROLE ABSTRATO DE CONSTITUCIONALIDADE DE NORMAS ORÇAMENTÁRIAS. REVISÃO DE JURISPRUDÊNCIA. **O Supremo Tribunal Federal deve exercer sua função precípua de fiscalização da constitucionalidade das leis e dos atos normativos quando houver um tema ou uma controvérsia constitucional suscitada em abstrato, independente do caráter geral ou específico, concreto ou abstrato de seu objeto. Possibilidade de submissão das normas orçamentárias ao controle abstrato de constitucionalidade.**

Com esse entendimento, o Supremo Tribunal Federal mudou radicalmente a posição anteriormente firmada e reconheceu a inconstitucionalidade dos comandos acima mencionados.

Poucos meses depois, a Medida Provisória 402/2007, convertida na Lei nº 11.656/2008, que, igualmente, promoveu a abertura de créditos extraordinários sem observância do artigo 167, § 3º, da Constituição, foi atacada na ADI 4049, e o Tribunal reiterou o entendimento então estabelecido. Veja-se o seguinte trecho ementado:

> 1. A lei não precisa de densidade normativa **para se expor ao controle abstrato de constitucionalidade**, devido a que se trata de ato de aplicação primária da Constituição. Para esse tipo de controle, **exige-se densidade normativa apenas para o ato de natureza infralegal**. Precedente: **ADI 4.048-MC**.

Posteriormente, em 2016, o entendimento foi reforçado por ocasião do julgamento da ADI 5.449, em que se reconheceu a inconstitucionalidade de lei orçamentária que fixou limite de gasto com pessoal em montante superior ao teto previsto na LC 101/2000, em evidente afronta ao artigo 169 da Constituição. Confira-se:[25]

> 1. Leis orçamentárias que materializem atos de aplicação primária da Constituição Federal podem ser submetidas a controle de constitucionalidade em processos objetivos. Precedentes. 2. A incompatibilidade entre os termos do dispositivo impugnado e os padrões da lei de responsabilidade fiscal (Lei Federal Complementar 101/00) não se resume a uma crise de legalidade. Traduz, em verdade, um problema de envergadura maior, a envolver a indevida apropriação de competências da União, em especial a de conceber limites de despesas com pessoal ativo e inativo (art. 169, caput, da CF), controvérsia que comporta solução na via da ação direta de inconstitucionalidade.

Portanto, para fins do questionamento na via abstrata de uma lei orçamentária (qualquer que seja), deve-se ter mente o **reconhecimento dessa possibilidade** pelo Supremo Tribunal Federal por duas ocasiões subsequentes, o que, seguramente, autoriza afirmar a consolidação da jurisprudência nesse sentido.

---

[25] ADI 5.449 MC-Ref, Tribunal Pleno, Relator(a) Teori Zavascki, julgamento em 10/03/2016, *DJe*-077 Divulg. 20/04/2016, Public. 22/04/2016.

2.2.2.1 Esquema – Cronologia do entendimento do STF. Controle abstrato das leis orçamentárias

1998	2003	2008	2016
ADIs 1640, 2057, 2100, 2484	**ADI 2925**	**ADIs 4048 e 4049**	**ADI 5449**
Postura: Leis orçamentárias têm natureza concreta. Logo, inviável o controle em sede abstrata.	Paradigma: CIDE Combustíveis e desvinculação das receitas arrecadadas. Postura: a LO, no caso concreto, tem densidade normativa suficiente para ser objeto de controle. Logo, a possibilidade de controle abstrato depende do caso.	Postura: independentemente da análise da densidade normativa e, assim, do âmbito material da lei, há a possibilidade de controle abstrato pelo simples fato de ser lei. Logo, sempre poderá haver o controle em sede abstrata, bastando que uma lei, em sentido formal, seja o objeto da controvérsia.	Postura: reafirma entendimento anterior. LO pode ser objeto de controle de constitucionalidade em processo objetivo, na hipótese de ofensa à Lei de Responsabilidade Fiscal.

2.2.3 A natureza do orçamento: impositiva ou facultativa?

Por fim, como último tópico desta parte mais geral sobre as leis orçamentárias, deve-se tratar do debate acerca da impositividade, ou não, do orçamento público. A questão aqui é a de saber se as disposições relativas a receitas e despesas deverão ser necessariamente cumpridas pelo Poder Público ou, ao contrário, se se trata de mera sugestão de gastos, sem que haja o dever legal de implementá-los.

Sobre isso deve-se dizer que, no Brasil, o orçamento é, via de regra, **autorizativo** e não impositivo. Desse modo, o que se tem é **mera previsão de gastos**, que serão realizados de acordo com a disponibilidade das receitas arrecadadas no exercício. A previsão de uma dada despesa não necessariamente implica sua realização, já que o Poder Executivo tem a discricionariedade de ajustar os gastos públicos diante das necessidades que se realizam ao longo do exercício.

Contudo, a aprovação da LDO de 2014, abriu-se um debate sobre a possibilidade de se inverter esse quadro no Brasil. O artigo 52 da Lei nº 12.919/2013 estabeleceu a **obrigatoriedade de execução** das emendas parlamentares individuais, até o limite de 1,2% da receita corrente líquida, sendo que **metade desse valor seria, necessariamente, destinado à saúde**. Ainda que seja limitada, esse dispositivo obriga a execução de despesas – o que acabou por conferir certa impositividade ao orçamento de **2014**.

Em 2015, porém, tal previsão não se repetiu. A LDO desse ano foi aprovada sem qualquer menção à impositividade. A principal razão para tanto foi a tramitação, no Congresso Nacional, da PEC 358/2013, que pretendia alterar os artigos 165 e 166 da Constituição, para incorporar a obrigação de execução orçamentária e financeira de parte das emendas parlamentares – exatamente como se deu no texto da LDO de 2014. Em 10.02.2015, a PEC foi aprovada na Câmara dos Deputados em segundo turno e promulgada pelo Congresso Nacional, em 17.03.2015, como a EC 86/2015.

A redação constitucional então aprovada repetiu a fórmula da LDO/2014: as **emendas individuais** ao PLOA serão aprovadas no limite de 1,2% da receita corrente líquida, sendo que 0,6% deve ser destinado a ações e serviços públicos de saúde. Além disso, nos termos do § 11 do mesmo artigo, passou a ser obrigatória a execução orçamentária das programações previstas no § 9º, em montante correspondente a 1,2% da receita corrente líquida realizada no exercício.

Ou seja, à luz da aprovação da EC 86/2015, a obrigatoriedade da execução orçamentária ficou limitada às emendas individuais, sendo garantido um dado percentual para a saúde. Como naquele momento não se incluíram no dever de execução os gastos com pagamento de pessoal e encargos sociais, o objetivo do legislador constitucional foi, em primeiro lugar, o de criar um mecanismo que assegurasse o efetivo gasto em ações de saúde, para somar receitas àquelas já vinculadas constitucionalmente (art. 198, §§ 1º e 2º, da CR), que serão tratadas em capítulo próprio e, além disso, o de reduzir a margem de atuação política do chefe do Poder Executivo na liberação das verbas relativas às emendas parlamentares.

Conforme mencionado linhas acima, ainda que a lei orçamentária seja aprovada pelo Poder Legislativo, sua execução fica a cargo do Executivo. Isso pressupõe, naturalmente, a gestão dos recursos disponíveis, inclusive daqueles relativos à liberação de verbas para investimentos e despesas específicas, tais quais propostas por parlamentares. A obrigatoriedade de execução das emendas retira do Poder Executivo significativa capacidade de barganha política em relação a tais recursos. Não obstante, nos termos em que destacado no item 2.2.1, como o momento da liberação das verbas ainda fica a cargo do Executivo, não raro tais valores são utilizados como moeda de troca em votações sensíveis no orçamento.

No geral, portanto, à luz da redação da EC 86/2015, não era possível afirmar que o orçamento teria se tornado impositivo. A EC 86/2015 introduziu apenas uma vinculação bastante específica no que se refere à execução obrigatória de previsões orçamentárias relacionadas às emendas parlamentares individuais.

Recentemente, contudo, foi promulgada outra Emenda Constitucional, que alterou significativamente tal cenário. Trata-se da EC 100/2019, que tornou os orçamentos da União, estados e municípios totalmente impositivos pelo Poder Legislativo – ao Poder Executivo somente caberá a execução orçamentária em sentido estrito. Nesse sentido, é a redação atual do artigo 165, § 10 da Constituição:

> Art. 165. [...]
> § 10. A administração tem o dever de executar as programações orçamentárias, adotando os meios e as medidas necessários, com o propósito de garantir a efetiva entrega de bens e serviços à sociedade.

Com o fim de tornar tal determinação efetiva, diversas alterações foram realizadas no artigo 166 da Constituição: conforme mencionado linhas acima, a obrigatoriedade da execução das emendas parlamentares não mais se limita às despesas com ações e serviços públicos de saúde, como determinou a EC 86/2015, nem sequer se limitam às emendas individuais. Nos termos do § 12 do artigo 166, todas as emendas parlamentares de bancada devem ser executadas, até o limite de 1% da receita corrente líquida do ente realizada no exercício anterior, independentemente do tipo de despesa.

Ademais, nos termos do § 17, na hipótese de não execução das despesas decorrentes das emendas parlamentares, como previstas na LOA, é possível a inscrição nos restos a pagar, até o limite de 0,6% da receita corrente líquida do exercício anterior para as emendas individuais e até 0,5% do mesmo montante para as programações das emendas de bancadas de parlamentares.

Sobre o tema, vale mencionar que, poucos meses após a promulgação da EC 100/2019, duas outras alterações no texto constitucional foram realizadas: a EC 102/2019 incluiu, no artigo 165, parágrafos adicionais, com maiores especificações à regra da impositividade dos gastos, e a EC 105/2019 incluiu no texto constitucional o artigo 166-A, que igualmente trata das emendas individuais impositivas apresentadas à lei orçamentária.

No que se refere às alterações da EC 102/2019, houve limitação do alcance do § 10 de modo significativo. Em primeiro lugar, nos termos do § 13, recém-introduzido, restou disposto que as regras relativas à impositividade do orçamento apenas se aplicam aos orçamentos fiscal e da seguridade social da União – ficando de fora, portanto, o orçamento de investimento.

Além disso, nos termos do § 11, inciso III, houve a restrição do dever de execução das programações orçamentárias às despesas primárias discricionárias e, ainda, condicionou-se a impositividade do gasto a duas condições: a primeira, relativa ao cumprimento de metas fiscais e limite de despesas eventualmente previstos em lei ou na própria Constituição (inciso I); a segunda, a inexistência de impedimentos de ordem técnica devidamente justificados (inciso II).

Quanto às modificações promovidas pela EC 105/2019, o artigo 166-A estabeleceu regras relativas ao alocamento de recursos aos Estados, Distrito Federal e Municípios no contexto das emendas individuais impositivas. Nos termos do dispositivo, tais recursos poderão decorrer de transferência especial ou de transferência com finalidade definida. Em qualquer caso, não integrarão a receita do ente para fins de cálculo dos limites de gasto com pessoal e endividamento, nem poderão ser utilizados para essas mesmas finalidades (i.e., pagamento de pessoal ou do serviço da dívida).

Por fim, tratando-se de transferência com finalidade definida, conforme dispõe o § 4º do artigo, os recursos deverão ser vinculados à programação fixada na emenda parlamentar e aplicados nas áreas de competência constitucional da União, além de pelo menos 70% dever ser aplicado em despesas de capital, nos termos do § 5º.

Especificamente para o exercício de 2020, cuja execução orçamentária já observou as novas regras constitucionais, a EC 100/2019 previu algumas regras de transição. Nos termos de seu artigo 2º, para 2020, a obrigatoriedade da execução das emendas de bancadas de parlamentares está limitada a 0,8% da receita corrente líquida do ano anterior.

Por fim, nos termos do artigo 3º, a partir de 2022 e até o término da vigência do Novo Regime Fiscal, criado pela EC 95/2016 e detalhado mais adiante, no item 3.5 do capítulo 3, o montante da execução das emendas de bancada será equivalente aos valores de execução obrigatória do exercício anterior, corrigido pelo Índice Nacional de Preços ao Consumidor Amplo (IPCA). O objetivo, aqui, foi assegurar uniformidade com o teto de gastos, afastando-se o uso da receita corrente líquida como base de cálculo para a despesa do exercício seguinte. De modo coerente com o teto dos gastos, a execução será limitada aos valores despendidos no exercício anterior.

A despeito de todas as mudanças constitucionais aqui relatadas, deve-se notar que mesmo que diante do quadro normativo anterior, ainda que o orçamento não fosse, em geral, impositivo, **grande parte das receitas do Estado já possuía destinação própria e, assim, estava vinculada a finalidades específicas**. Isso significa que, nesse aspecto, a execução orçamentária já era, antes mesmo da EC 100/2019, muito **limitada da perspectiva da aplicação dos recursos arrecadados**.

Como exemplo, citem-se os casos das contribuições destinadas ao financiamento da Seguridade Social: todos os valores arrecadados em função do pagamento de tais tributos **serão <u>necessariamente</u>** gastos com saúde, previdência e assistência social – todas necessidades públicas vinculadas à Seguridade, nos termos do artigo 194 da Constituição.

Sendo assim, reitere-se: do ponto de vista das receitas das contribuições, há impositividade quanto ao destino das receitas, já que se verifica vinculação obrigatória das entradas, não havendo grande margem para a discricionariedade do Poder Público neste aspecto.

Nesse sentido, inclusive, têm-se observado manobras legislativas a fim de desvincular parte do orçamento das contribuições e, desse modo, conferir ao administrador maior liberdade no manejo dessas verbas. Trata-se da denominada **"desvinculação das receitas da União"** (DRU), cujo início se deu em 2000, com a publicação da Emenda Constitucional nº 27, que acresceu ao ADCT o artigo 76.

De acordo com a redação original, tal desvinculação, que atingia 20% da arrecadação de impostos e contribuições sociais da União, já instituídos ou não, deveria vigorar até o exercício de 2003, sem que houvesse prejuízo às transferências constitucionalmente previstas, decorrentes da repartição da arrecadação de impostos entre os entes da Federação. Contudo, o que se viu foram prorrogações sucessivas de referida desvinculação, nos termos das Emendas Constitucionais 42/2003, 56/2007, 68/2011 e 93/2016, que prorrogou a DRU até 31.12.2023 e aumentou o percentual de desvinculação para 30%.

Nos termos da Emenda Constitucional 93/2016, permanecem desvinculados de órgão, fundo ou despesa, "30% da arrecadação da União relativa às contribuições sociais, sem prejuízo do pagamento das despesas do Regime Geral da Previdência Social, às contribuições de intervenção no domínio econômico e às taxas, já instituídas ou que vierem a ser criadas até a referida data".

Na mesma linha das versões anteriores, a repartição da arrecadação de impostos não será afetada, nem sequer a arrecadação da contribuição social ao salário-educação, prevista no artigo 212, § 5º da Constituição Federal. A diferença, porém, está na desvinculação das receitas das taxas e o aumento do percentual de desvinculação.

Ainda sobre a DRU, vale mencionar que, mais recentemente, a Emenda Constitucional 103/2019 acrescentou o § 4º ao artigo 76 do ADCT para excepcionar da desvinculação das receitas da União as receitas decorrentes das contribuições destinadas ao financiamento da Seguridade Social. Ou seja, a arrecadação das contribuições da União que tenham por fundamento o artigo 195 da Constituição será integralmente aplicada nas ações relativas à saúde, à assistência social e à previdência pública.

Voltando-se novamente para a EC 93/2016, destaque-se outra novidade: estabeleceu, nos artigos 76-A e 76-B do ADCT, a desvinculação de 30% das receitas dos estados, do Distrito Federal e dos municípios relativas a "impostos, taxas e multas, já instituídos ou que vierem a ser criados até a referida data, seus adicionais e respectivos acréscimos legais, e outras receitas correntes". Nos termos dos parágrafos únicos de tais dispositivos, ficam excluídas da desvinculação, dentre outras, as despesas com saúde, educação e aquelas decorrentes da repartição da arrecadação tributária.

O objetivo, aqui, foi assegurar certa flexibilidade orçamentária também aos estados e municípios, que, conforme é sabido, têm enfrentado grandes dificuldades financeiras em face da crise econômica que se instala no país desde 2014. Nesse sentido, confira-se trecho da Exposição de Motivos da Emenda Aditiva nº 3/2015:

> Os Municípios, os Estados e o Distrito Federal estão sujeitos a uma estrutura orçamentária e fiscal com elevado volume de despesas obrigatórias, tais como as relativas a pessoal e a benefícios previdenciários, além de expressiva vinculação das receitas orçamentárias", sendo necessário fornecer-lhes instrumentos a permitir "que uma parte das receitas não fique sujeita a vinculações, podendo ser alocadas no orçamento com maior flexibilidade.

Disso tudo se conclui que **a criação e manutenção da DRU e, mais recentemente, a criação das DRE e DRM, apenas corroboram o fato de que o orçamento no Brasil, em que pese não impositivo, apresenta pouca margem de liberdade para o administrador, já que uma parte considerável das receitas já é vinculada**. Não obstante, isso não pode ser visto como uma característica suficiente para alterar os efeitos das leis orçamentárias: mesmo com algumas receitas vinculadas, de um ponto de vista geral o orçamento é **autorizativo** e não impositivo, embora, reitere-se, haja impositividade em relação ao destino de grande parte das receitas.

Por fim, cumpre mencionar a existência de debates relativos à constitucionalidade da DRU, inicialmente aprovada pela EC 27/2000: trata-se da ADI 2199, cujo julgamento somente se deu doze anos após a sua propositura. Em decisão monocrática, o Ministro Relator Marco Aurélio declarou o pedido **prejudicado**, sob o argumento de que tais normas possuem "caráter transitório, cujos efeitos já se encontram exauridos".[26]

No âmbito difuso, a emenda também teve sua constitucionalidade questionada. O fundamento era o de que a contribuição social nasceu para ser vinculante à determinada despesa, e que a desvinculação de 20% das receitas teria, por consequência, criado um tributo inominado. Em julgado de 2009,[27] o STF decidiu que a desvinculação parcial do produto da arrecadação **não importa em criação de tributo**, e que a emenda **não viola cláusulas pétreas**, vez que sua matéria não estaria contemplada no artigo 60, § 4º, da CR.

De nossa parte, entendemos que a desvinculação de parcela das receitas arrecadadas com tributos vinculados, notadamente as contribuições, desnatura tais espécies tributárias, que se diferenciam dos impostos exatamente pela existência de um destino próprio para as receitas delas provenientes.

A inconstitucionalidade desse expediente se justificaria, em primeiro lugar, pela consequência decorrente da desvinculação: a Constituição, ao determinar o financiamento de áreas essenciais por esses tributos pretendeu assegurar o destino de recursos para tais fins, de modo a evitar que as receitas, lançadas no orçamento geral, fossem capturadas para outros desígnios. A desvinculação representa claro contorno à norma constitucional, em desrespeito às determinações do legislador constituinte originário e redução de recursos direcionados a áreas cuja essencialidade a Constituição alçou a patamar elevado.

Ao lado desse, há outro motivo que justificaria a inconstitucionalidade: a equiparação das contribuições aos impostos, pela ausência de vinculação integral das receitas, representa claro *bis in idem*: a tributação, pela União, da remessa de valores ao exterior em razão do pagamento de serviços técnicos, por exemplo, pode se dar pelo imposto de renda, via mecanismo de retenção na fonte, nos termos da Medida Provisória 2.159-70/2001, e, também, pela contribuição de intervenção no domínio econômico instituída pela Lei 10.168/2000. Essa incidência dúplice somente é possível em razão de se tratar de um imposto, de um lado, cujas receitas não são vinculadas, e de uma contribuição, de outro, com receitas vinculadas a finalidades específicas.

A inexistência de vinculação, ainda que parcial, equipara ambas as espécies tributárias e alarga demasiadamente a competência tributária da União, em detrimento

---

[26] ADI 2199, Relator(a): Min. Marco Aurélio, julgamento em 04/08/2012, *DJe*-159 14/08/2012.
[27] RE 537.610/RS, Relator(a): Min. Cezar Peluso, Segunda Turma, julgamento em 01/12/2009, *DJe*-237 18/12/2009.

dos objetivos constitucionais originariamente previstos. Mais uma razão, pois, para se considerar inconstitucional a desvinculação das receitas, ainda mais por um período tão alargado de tempo – o que apenas denota a definitividade e não provisoriedade da medida, em contraposição ao argumento do Ministro Marco Aurélio.

A despeito desses argumentos, o Supremo Tribunal Federal tem caminhado em direção oposta. Após o julgamento da ADI 2199, outras decisões foram proferidas no sentido da constitucionalidade da DRU.[28] Por todas, em razão de contemplar o argumento tributário, cite-se o julgamento do RE 566.007, em regime de repercussão geral:

> 1. A questão nuclear deste recurso extraordinário não é se o art. 76 do ADCT ofenderia norma permanente da Constituição da República, mas se, eventual inconstitucionalidade, conduziria a ter a Recorrente direito à desoneração proporcional à desvinculação das contribuições sociais recolhidas. 2. Não é possível concluir que, eventual inconstitucionalidade da desvinculação parcial da receita das contribuições sociais, teria como consequência a devolução ao contribuinte do montante correspondente ao percentual desvinculado, pois a tributação não seria inconstitucional ou ilegal, única hipótese autorizadora da repetição do indébito tributário ou o reconhecimento de inexistência de relação jurídico-tributária. 3. Não tem legitimidade para a causa o contribuinte que pleiteia judicialmente a restituição ou o não recolhimento proporcional à desvinculação das receitas de contribuições sociais instituída pelo art. 76 do ADCT, tanto em sua forma originária quanto na forma das alterações promovidas pelas Emendas Constitucionais n. 27/2000, 42/2003, 56/2007, 59/2009 e 68/2011. Ausente direito líquido e certo para a impetração de mandados de segurança. 4. Negado provimento ao recurso extraordinário (RE 566007, Relator(a): Min. Cármen Lúcia, Tribunal Pleno, julgamento em 13/11/2014, acórdão eletrônico, repercussão geral, mérito, *DJe*-028 divulg 10/02/2015 public 11/02/2015).

Por fim, cumpre destacar que há ao menos duas PECs em andamento no Congresso Nacional e enviadas pelo Poder Executivo no final de 2019, que têm por objetivo aumentar o grau de desvinculação orçamentária e, assim, ampliar as despesas discricionárias. Trata-se das PECs 187 e 188, integrantes do denominado Plano Mais Brasil.

Em linhas gerais, a PEC 187/2019 prevê alterações nos artigos 165 e 167 da Constituição, para determinar, em primeiro lugar, a necessidade de lei complementar para criar fundos públicos e, ainda, para estabelecer normas de "gestão financeira e patrimonial da administração direta e indireta, bem como condições para o funcionamento de fundos públicos de qualquer natureza". De outro lado, o artigo 3º da PEC prescreve a extinção de fundos criados por legislação infraconstitucional, que não forem ratificados até o final do segundo exercício financeiro subsequente à promulgação da emenda constitucional. Na hipótese de ratificação, esta deverá ser realizada por lei complementar específica do ente para cada fundo existente. Ademais, nos termos da PEC, o patrimônio dos fundos públicos extintos será transferido para o respectivo Poder de cada ente federado ao qual o fundo se vinculava.

Ainda sobre o destino das receitas dos fundos, estabelece o artigo 4º da PEC que os dispositivos infraconstitucionais que vinculem receitas públicas a fundos públicos também serão revogados ao final do exercício financeiro em que ocorrer a

---

[28] Nesse sentido, confiram-se: REs 793.564 e 537.610.

promulgação da emenda constitucional. Nos termos do parágrafo único do mesmo dispositivo, parte das receitas públicas desvinculadas em decorrência da revogação das vinculações "poderá ser destinada a projetos e programas voltados à erradicação da pobreza e a investimentos em infraestrutura que visem a reconstrução nacional". Por fim, determina o artigo 5º que, durante o período de sobrevida dos fundos, previsto no *caput* do artigo 3º, "o superávit financeiro das fontes de recursos dos fundos públicos, apurados ao final de cada exercício, será destinado à amortização da dívida pública do respectivo ente".

Segundo o texto da justificação da PEC, o objetivo das mudanças é aprimorar a gestão orçamentária, pelo redirecionamento de recursos a áreas que o ente julga relevantes, possibilitando maior flexibilidade. Da perspectiva da União, estima-se que a PEC resultará desde logo na extinção de 248 fundos, sendo que 165 deles teriam sido criados antes da Constituição de 1988. Por fim, fala-se em desvinculação imediata de R$ 219 bilhões, "que poderão ser utilizados na amortização da dívida pública da União". As disposições da PEC têm por pretensão atingir União, estados, Distrito Federal e municípios.

No que se refere à PEC 188/2019, denominada PEC do Pacto Federativo, o que se pretende é introduzir outras regras de desvinculação de receitas. Entre elas, destaque-se a unificação dos gastos mínimos com saúde e educação e a vedação da vinculação de qualquer receita a órgão, fundo ou despesa, ressalvadas apenas algumas exceções.[29]

Nos termos da justificação da PEC, as mudanças se baseiam em três eixos: desvinculação, descentralização e desindexação. Da perspectiva da desvinculação, as alterações nas despesas com saúde e educação são notáveis: ao unificar os dispêndios obrigatórios, a medida acaba por esvanecer o mínimo constitucionalmente previsto para deixar a decisão do piso a ser aplicado em cada área à esfera política. Tal medida pode gerar uma disputa por recursos e impactos na promoção dos direitos sociais.

Sobre esse tema, inclusive, a inserção do parágrafo único no artigo 6º da Constituição e a criação de um "direito ao equilíbrio fiscal intergeracional" podem resultar em detrimento das políticas públicas voltadas às necessidades básicas em benefício desse "direito" recém-criado. A leitura da justificação da PEC parece eleger como prioridade não apenas imediata, mas a longo prazo, a contenção do crescimento da dívida pública, ainda que isso implique a negativa de direitos básicos e constitucionalmente previstos.

Em razão da pandemia da Covid-19, a aprovação de tais medidas no Congresso Nacional perdeu força ao longo de 2020.

Contudo, em 2021, em razão do agravamento da crise sanitária e da necessidade de aprovação de um novo auxílio emergencial, necessário em razão da paralisação das atividades econômicas em diversas unidades da Federação, foi aprovada a PEC 186/2019, também integrante do Plano Mais Brasil.

Tal PEC converteu-se na Emenda Constitucional nº 109/2021, que promoveu alterações em diversos dispositivos constitucionais, como será visto ao longo desta obra. No que interessa à vinculação de receitas públicas, cumpre destacar o artigo 5º, que previu

---

[29] Tal PEC foi promulgada em 15/03/2021, tornando-se a Emenda Constitucional nº 109/2021, comentada de modo contextualizado nos capítulos a seguir.

a possibilidade de utilização de recursos de fundos públicos do Poder Executivo ser utilizado para a amortização da dívida pública do respectivo ente. Nos termos do *caput*:

> Art. 5º Até o final do segundo exercício financeiro subsequente à data da promulgação desta Emenda Constitucional, o superávit financeiro das fontes de recursos dos fundos públicos do Poder Executivo, apurados ao final de cada exercício, poderá ser destinado à amortização da dívida pública do respectivo ente.

Na hipótese de não haver dívida pública a amortizar, determina o § 1º do dispositivo que o superávit financeiro dos fundos públicos será de livre aplicação. Desvinculação absoluta, portanto.

O disposto no *caput* apenas não se aplicará em relação (i) aos fundos públicos de fomento e desenvolvimento regionais, operados por instituição financeira de caráter regional e (ii) aos fundos ressalvados no artigo 167, inciso IV, que englobam despesas com saúde e educação.

O dispositivo, como se vê, elimina qualquer entrave para o uso de recursos públicos vinculados a fundos – exatamente tal qual pretendia a PEC 188/2019. Há, no entanto, uma ressalva que merece ser feita. A constitucionalidade da medida está sendo objeto de questionamento no Supremo Tribunal Federal.

Trata-se da ADI 6752, ajuizada pelo Partido dos Trabalhadores e a Rede Sustentabilidade. Sustenta-se, na ação, o descumprimento do procedimento necessário para a aprovação de emendas constitucionais. Segundo a argumentação desenvolvida pelos autores, a redação original da PEC previa, como regra geral, a desvinculação das receitas dos fundos públicos e a possibilidade de utilização do superávit financeiro ao pagamento da dívida pública. Contudo, ambos os destaques teriam sido suprimidos na votação do Senado Federal e da Câmara dos Deputados.

Não obstante, na redação aprovada da PEC o artigo 5º da EC 109/2021 possibilita, exatamente, a desvinculação das receitas, em sentido contrário à votação. A medida se deve ao fato de que, como alegado na ADI, a inclusão ter sido realizada unilateralmente pela presidência da Câmara dos Deputados, em ofensa ao rito de aprovação de emendas constitucionais. Não há, ainda, apreciação da ADI pelo Supremo Tribunal Federal.

Feitas essas considerações, cumpre passar, agora, para a análise mais específica de cada uma das leis orçamentárias e do respectivo regramento tanto na Constituição quanto no texto da LRF.

2.2.4 Plano Plurianual – PPA

O PPA está genericamente previsto no artigo 165, inciso I, da Constituição e detalhado no § 1º desse mesmo dispositivo. De acordo com o texto constitucional, o PPA terá por objetivo estabelecer, de forma regionalizada, "as diretrizes, objetivos e metas da administração pública federal para as despesas de capital e outras delas decorrentes e para as relativas aos programas de duração continuada". Essa norma terá vigência de **quatro anos** e, nos termos do artigo 165, § 4º, da Constituição, todos os planos e programas nacionais, regionais e setoriais previstos no texto constitucional deverão ser elaborados em consonância com o PPA.

Essas disposições permitem dizer que referida lei orçamentária assume o papel de ser o **padrão do planejamento das ações do Governo pelos próximos quatro anos**. Essa afirmação é corroborada pelo próprio texto constitucional: nos termos do artigo 167, § 1º, "nenhum investimento cuja execução ultrapasse um exercício financeiro poderá ser iniciado sem prévia inclusão no plano plurianual, ou sem lei que autorize a inclusão, sob pena de crime de responsabilidade".

Além disso, ainda nos termos do artigo 165, § 1º, o PPA apenas deverá dispor sobre despesas de capital e outras delas decorrentes, e despesas de duração continuada. Isso significa que essa lei orçamentária irá se preocupar com um tipo bastante específico de gasto público: aqueles cuja execução resulta no aumento do patrimônio líquido da administração (despesas de capital) e aqueles cuja execução ultrapassa o exercício financeiro (despesas de duração continuada).

Sendo assim, <u>**não é de interesse do PPA disciplinar despesas com o custeio da máquina pública**</u> – as chamadas despesas correntes – ou mesmo outros gastos mais triviais da administração. O que o legislador constitucional pretendeu foi dar à administração a possibilidade de colocar em prática um grande plano de governo, que seria executado por um período relativamente longo: quatro anos.

Por fim, deve-se mencionar que o projeto original da LRF, submetido à sanção do Presidente da República, continha um dispositivo que disciplinava o PPA (art. 3º), para estabelecer, especialmente, o prazo para o envio da lei pelo Poder Executivo, que seria o dia 30 de abril do primeiro ano do mandato do Chefe do Executivo. Tal dispositivo foi vetado pelo Presidente, sob o argumento de que esse prazo representaria um período muito reduzido para a elaboração de uma lei tão complexa. Confira-se:

> O *caput* deste artigo estabelece que o projeto de lei do plano plurianual deverá ser devolvido para sanção até o encerramento do primeiro período da sessão legislativa, enquanto o § 2º obriga o seu envio, ao Poder Legislativo, até o dia 30 de abril do primeiro ano do mandato do Chefe do Poder Executivo. Isso representará não só um reduzido período para a elaboração dessa peça, por parte do Poder Executivo, como também para a sua apreciação pelo Poder Legislativo, inviabilizando o aperfeiçoamento metodológico e a seleção criteriosa de programas e ações prioritárias de governo.[30]

Em virtude disso, as únicas disposições normativas sobre o PPA são aquelas constantes da Constituição, o que torna a análise dessa lei orçamentária bem menos complexa, em comparação com as demais.

2.2.5 Lei de Diretrizes Orçamentárias – LDO

A LDO está inicialmente prevista no artigo 165, inciso II, da Constituição e, ao lado das outras leis orçamentárias, é também de **iniciativa do Poder Executivo**.

---

[30] Trecho do veto ao artigo 3º. Disponível em: <http://www.planalto.gov.br/ccivil_03/Leis/Mensagem_Veto/2000/Vep101-00.htm>. Acesso em: 3 out. 2013.

De acordo com a redação do § 2º desse mesmo artigo, a LDO terá por função precípua estabelecer as **metas** e as **prioridades** da administração pelo período de **um ano** – logo, para o exercício seguinte. No estabelecimento de tais metas e prioridades, também estabelecerá as diretrizes de política fiscal e respectivas metas, de acordo com trajetória sustentável da dívida pública. Isso permite afirmar que estamos diante de uma norma que visa a dar concretude ao PPA, e, após a promulgação da EC 109/2021, passa a ter papel relevante no controle da trajetória da dívida pública.

Especificamente quanto ao PPA, trata-se de **um orçamento-programa, que define as grandes metas e prioridades da administração por um período maior de tempo – trata-se de norma com <u>alto grau de abstração</u>**. Já a LDO, cuja vigência será apenas de um ano, <u>**deve garantir a concretização do PPA**</u> **e conferir às metas ali fixadas a possibilidade de uma realização mais imediata; já no próximo exercício.**

Contudo, as funções da LDO não se esgotam na realização do PPA. Ainda segundo determina o artigo 165, § 2º, da Constituição, referida lei irá, também:

(i) orientar a elaboração da lei orçamentária anual;
(ii) dispor sobre as alterações na legislação tributária; e
(iii) estabelecer a política de aplicação das agências financeiras oficiais de fomento.

Ademais, conforme mencionado acima, a partir de 2021, com a promulgação da EC 109, também passará a firmar diretrizes de política fiscal e metas respectivas de acordo com o que dispõe o artigo 163 da Constituição. Nesse ponto, um pequeno aparte faz-se necessário.

A EC 109/2021 foi aprovada no contexto da pandemia de Covid-19 e introduziu diversas alterações no texto constitucional, muitas delas motivadas pelo cenário de crise fiscal que se intensificou no País a partir de 2020. Porém, ao lado de tais mudanças mais específicas, que serão comentadas em tópico próprio, deve-se notar evidente preocupação do legislador com a introdução de regras voltadas ao controle do crescimento da dívida pública.

Nesse sentido, alterou-se o artigo 163 da Constituição para prever a competência da lei complementar para dispor sobre sustentabilidade da dívida pública, especificando, dentre outros, (i) indicadores de sua apuração, (ii) níveis de compatibilidade dos resultados fiscais com a trajetória da dívida, (iii) medidas de ajuste, suspensões e vedações.

Também foi objeto de alteração pela mesma EC o artigo 165, § 2º da Constituição, exatamente para prever que um dos papeis da LDO seria zelar pelo "trajetória sustentável da dívida pública".

Alguns exemplos são úteis para ilustrar essas funções. A Lei 14.116/2020 – LDO –, para o exercício de 2021, estabelece, nos artigos 11 e 12, este último com 26 incisos, o conteúdo do PLOA e da LOA de 2021. Quanto às alterações na legislação tributária, o artigo 125 prescreve que "as proposições legislativas e as suas emendas, [...] que, direta ou indiretamente, importem ou autorizem redução de receita ou aumento de despesa da União deverão ser instruídas com demonstrativo do impacto orçamentário-financeiro no exercício em que devam entrar em vigor e nos dois exercícios subsequentes". Por fim, os artigos 123 e 124 estabelecem as condições para a aplicação de recursos das agências financeiras oficiais de fomento.

De outro lado, a LRF dispõe longamente sobre os objetivos e características da LDO em seu artigo 4º. Além das exigências constitucionais, a lei disporá sobre:

(i) o equilíbrio entre receitas e despesas;
(ii) os critérios e forma de limitação de empenho, nos casos de haver a necessidade de reduzir despesas ou em virtude do excesso de endividamento, ou por conta do não atingimento das metas de resultado fixadas na LDO;
(iii) as normas relativas ao controle de custos e à avaliação dos resultados dos programas financiados com recursos dos orçamentos; e
(iv) as condições e exigências para transferências de recursos a entidades públicas e privadas.

O § 3º do artigo 4º da LRF ainda prescreve a necessidade de a LDO conter um **Anexo de Riscos Fiscais**, cujo objetivo será não apenas avaliar os possíveis passivos contingentes da Administração e os outros riscos que possam ter efeitos danosos sobre as contas públicas, como também informar quais providências deverão ser tomadas na hipótese de as contingências previstas virem à tona.

As previsões contidas nesse anexo têm sido utilizadas pela Procuradoria da Fazenda Nacional para embasar pedidos de modulação de efeitos de julgamentos de natureza tributária ocorridos no Supremo Tribunal Federal. Não raro, a PGFN menciona o prejuízo que uma dada decisão pela inconstitucionalidade de um tributo pode gerar nas contas públicas e fundamenta seu pleito de modulação nos números da LDO.

A despeito de ser em tese possível o uso de argumentos consequencialistas que tenham por objeto os resultados de uma dada decisão nas finanças públicas,[31] a análise dos Anexos de Riscos Fiscais presentes em diversas LDOs mostra que os números lá contidos não são reflexo de uma apuração cuidadosa quanto ao prejuízo efetivo ao orçamento. Não há uma explicação clara de como a administração conclui que o impacto nas contas públicas é aquele, nem sequer de formas institucionais de os contribuintes contestarem esse valor.

Sobre o tema, destaque-se a publicação da Portaria AGU 318/2018, que qualificou os critérios de classificação dos riscos judiciais entre provável, possível e remoto. Confira-se:

I – do Risco Provável, que abrange:

a) ação judicial de conhecimento, ação de controle concentrado de constitucionalidade ou recurso extraordinário com repercussão geral reconhecida sobre conjunto de ações judiciais fundadas em idêntica questão de direito com decisão de órgão colegiado do STF desfavorável à Fazenda Pública; e

b) ação judicial de conhecimento ou recurso representativo de controvérsia com decisão de órgão colegiado do Superior Tribunal de Justiça – STJ ou do Tribunal Superior do Trabalho – TST desfavorável à Fazenda Pública, que não tenha matéria passível de apreciação pelo STF.

II – do Risco Possível, que abrange:

a) ação judicial de conhecimento, recurso extraordinário sobre processo individual ou recurso extraordinário desde o reconhecimento da repercussão geral sobre conjunto de

---

[31] Cf. PISCITELLI, Tathiane dos Santos. *Argumentando pelas consequências...*, cit.

ações judiciais fundadas em idêntica questão de direito até a decisão de órgão colegiado do STF desfavorável à Fazenda Pública; e

b) ação judicial de conhecimento ou recurso representativo de controvérsia com decisão de órgão colegiado do Superior Tribunal de Justiça – STJ ou do Tribunal Superior do Trabalho – TST desfavorável à Fazenda Pública, que tenha matéria passível de apreciação pelo STF.

III – do Risco Remoto, que abrange as ações judiciais que não se enquadrem nas classificações previstas nos incisos I e II.

O detalhamento acima apresentado, contudo, não é suficiente para explicar a composição concreta dos valores relativos ao impacto financeiro orçamentário de eventual decisão desfavorável à Fazenda Pública, como constam do Anexo de Riscos Fiscais das LDOs.

Essa postura enfraquece tal anexo e prejudica a transparência necessária que deve embasar a relação Fisco-contribuinte. Por essa razão, registramos aqui a crítica quanto ao uso desproporcional que se tem feito desses números, os quais não parecem refletir o real impacto orçamentário do reconhecimento da inconstitucionalidade de tributos.[32]

Para além do Anexo de Riscos Fiscais, a LRF estabelece normas relativas ao **projeto da LDO**, indicando elementos que, necessariamente, deverão estar presentes por ocasião de seu envio ao Poder Legislativo e que, uma vez aprovados, integrarão o corpo da lei. Segundo dispõe o § 1º do artigo 4º, referido projeto será integrado por um **Anexo de Metas Fiscais**, no qual serão estabelecidas as metas anuais relativas a receitas, despesas, resultados nominal e primário e montante da dívida pública, para o exercício ao qual a LDO se referir e também para os dois outros seguintes. Para o ano de 2021, por exemplo, fixou-se como meta para o setor público consolidado não financeiro o déficit primário de R$ 247,1 bilhões.

Como forma de reafirmar a consistência dos objetivos então fixados, estabelece o § 2º, inciso II, que o demonstrativo das metas anuais deverá ser instruído com **memória e metodologia de cálculo** que, a um só tempo, sejam capazes de justificar os resultados pretendidos, que serão comparados com as metas fixadas nos três exercícios anteriores, e, ademais, de evidenciar a consistência das metas atuais com as premissas e os objetivos da política econômica nacional. Trata-se, portanto, de assegurar que o conteúdo do Anexo de Metas Fiscais não seja aleatório ou desconectado da realidade econômica e financeira do país.

O § 2º, portanto, detalha ainda mais o conteúdo do referido anexo. Nesse sentido, também estabelece que o Anexo de Metas Fiscais deverá conter não apenas as metas fiscais para o futuro, mas igualmente contemplará a **avaliação do cumprimento das metas relativas ao ano anterior** (inciso I) e a **evolução do patrimônio líquido nos últimos três exercícios**, com destaque para o destino da receita obtida com a alienação de ativos (inciso III).

Além disso, estabelece que o anexo irá realizar a **avaliação da situação financeira e atuarial dos fundos públicos e programas estatais de natureza atuarial** e também dos

---

[32] Para uma análise desse tema a partir do julgamento do STF sobre a inconstitucionalidade da inclusão do ICMS na base de cálculo do PIS e da COFINS, cf. PISCITELLI, Tathiane. Contingências e impacto orçamentário no caso da inclusão do ICMS na base de cálculo do PIS/COFINS: argumentos consequencialistas e modulação de efeitos em matéria tributária. *Revista dos Tribunais*, ano 106, n. 980, jun. 2017.

regimes geral de previdência social e próprio dos servidores públicos e do Fundo de Amparo ao Trabalhador (inciso IV).

Finalmente, determina que haja outro demonstrativo: aquele quanto à estimativa e compensação de renúncia de receita e da margem de expansão das despesas obrigatórias de caráter continuado.

Essa descrição dos dispositivos que contemplam o **Anexo de Metas Fiscais** deixa claro que referido documento tem por objetivo primordial **estabelecer os resultados financeiros pretendidos para o futuro e tal é alcançado não apenas pela previsão genérica de números, mas especialmente pela comparação das metas atuais com aquelas estabelecidas no passado, além de prever a necessidade de avaliação tanto do patrimônio líquido atual do ente quanto de obrigações cuja realização não se dará imediatamente** (como os programas de natureza atuarial).

Trata-se, portanto, de documento que prima pela **consistência passada e futura** em relação aos dados apresentados e deve ser visto como um importante instrumento de controle para a elaboração do orçamento.

Ademais, não se trata de peça meramente ilustrativa. Ainda que a indicação da meta tenha caráter programático, seu cumprimento é fiscalizado e controlado ao longo da execução orçamentária. Na hipótese de se consolidar cenário econômico em que há o risco de a meta não ser atingida, medidas concretas devem ser tomadas pelo Poder Executivo, na administração do dinheiro público.

A LRF prevê, no artigo 9º, a limitação de empenho pelos Poderes e pelo Ministério Público – técnica conhecida como "contingenciamento de despesas". Uma vez que os gastos vigentes se mostram prejudiciais ao atingimento da meta, despesas discricionárias (não vinculadas) devem ser suspensas, a fim de ajustar as contas públicas.

Além disso, como forma de controlar a observância das metas, nos termos do artigo 9º, § 4º da LRF, em audiência pública no Congresso Nacional, a cada quadrimestre o Poder Executivo demonstrará e avaliará o cumprimento das metas fiscais.

Sobre o tema, vale mencionar que na gestão da Presidente Dilma Rousseff era comum a apresentação de projetos de lei de alteração da LDO para fins de modificação da meta de resultado fiscal.[33] A medida, a despeito de não configurar crime de responsabilidade, nos termos da Lei nº 1.079/1950, com as alterações da Lei nº 10.028/2000, coloca em xeque a credibilidade da LDO e pode revelar má gestão de recursos públicos.

Nesse sentido, recorde-se que uma das razões jurídicas que fundamentaram o processo de *impeachment* de Dilma Rousseff foi exatamente o fato de a Presidente ter autorizado a realização de despesas mesmo ciente do impacto negativo que tal medida teria na meta de resultado fiscal fixada na LDO. A alteração posterior da meta, para

---

[33] Para uma comparação entre as metas aprovadas nas LDOs e as metas obtidas e existentes ao final do exercício, confira-se: PEREIRA, Marcel. Meta de resultado primário: instrumentos para seu alcance e consequências de seu descumprimento. *Orçamento em Discussão*, nº 38. Brasília, DF: Senado Federal, 2017. Disponível em: <https://www12.senado.leg.br/orcamento/documentos/estudos/tipos-de-estudos/orcamento-em-discussao/edicao-37-2017-meta-de-resultado-primario--instrumentos-para-seu-alcance-e-consequencias-de-seu-descumprimento>. Acesso em: 03 jun. 2019.

atender ao resultado então obtido revelou, segundo o relatório da Comissão Especial do *Impeachment*,[34] manipulação indevida das contas públicas:

> Não se pretende dizer, contudo, que o governo deva gerar superávit primário invariavelmente, ou que não se possa optar legitimamente pelo déficit primário como instrumento de política econômica em momentos de crise. A questão a ser observada, na realidade, diz respeito ao fato de que a meta fiscal a ser utilizada, seja ela qual for, deve estar definida *em lei*. Trata-se de se observar, entre outros, o princípio basilar da legalidade, que regra a Administração Pública, e o princípio constitucional estrutural da separação dos poderes.

De fato, a alteração constante das metas firmadas no Anexo de Metas Fiscais da LDO esvazia seu conteúdo, com prejuízo à transparência das contas públicas. Medidas como essa são nocivas à previsibilidade orçamentária e fragilizam institucionalmente a LDO e as previsões lá contidas. A despeito disso, reitere-se: ainda que não seja adequado, não há, na lei que tipifica os crimes contra as Finanças Públicas, previsão específica de sanção ou tipo penal próprio para referida conduta.

Por fim, somada ao Anexo de Metas Fiscais, a LRF, no artigo 4º, § 4º, determina que a mensagem do Presidente da República que encaminhar o projeto da União ainda conterá, em anexo próprio, outros objetivos: os relativos à política monetária, creditícia e cambial, além dos parâmetros e das **projeções** para seus principais agregados e variáveis, e, por fim, as metas de inflação, para o exercício subsequente.

2.2.6 Lei Orçamentária Anual – LOA

A LOA é a lei orçamentária mais concreta de todas, na medida em que dispõe, quase que exclusivamente, acerca das **receitas e despesas para o exercício financeiro seguinte**. Referida concretude se manifesta no próprio texto constitucional, que determina, no artigo 165, § 8º, que essa lei "não conterá dispositivo estranho à previsão da receita e à fixação da despesa" – trata-se do já mencionado **princípio da exclusividade**.

Na determinação de receitas e despesas, fica proibida a consignação de crédito com finalidade imprecisa ou dotação ilimitada, de forma que todas as receitas deverão estar vinculadas a despesas específicas e nos exatos montantes do dispêndio (art. 5º, § 4º, da LRF) – mesmo que tal despesa não se realize no futuro, nos termos das considerações acima, sobre a impositividade do orçamento. Ademais, segundo o artigo 5º, § 1º, da LRF, referido princípio da exclusividade é **reiterado**, na medida em que dispõe:

> § 1º – Todas as despesas relativas à dívida pública, mobiliária ou contratual, e as receitas que as atenderão, constarão da lei orçamentária anual.

O princípio, porém, contempla **duas exceções** rapidamente mencionadas por ocasião do princípio da exclusividade: são os casos de (i) autorização para a abertura de crédito suplementar e para a (ii) realização de operações de crédito. Dispositivos na LOA que

---

[34] Relatório da Comissão Especial do *Impeachment*, sobre a procedência ou improcedência da Denúncia nº 1/2016. Relator Senador Antonio Anastasia. p. 58. Disponível em: <http://legis.senado.leg.br/comissoes/mnas?codcol=2016&tp=4>. Acesso em: 03 jun. 2019.

estabeleçam essas autorizações não ofendem a exclusividade e, portanto, a determinação de apenas conter receitas e despesas nessa lei orçamentária.

Finalmente, ainda acerca dos aspectos mais gerais da LOA, a LRF determina, em seu artigo 5º, § 5º, que os investimentos ali contidos **deverão estar de acordo com as disposições do PPA**, de forma que não poderá haver dotação que ultrapasse um exercício financeiro, sem que haja previsão no PPA ou sem lei que autorize tal inclusão.

A disciplina constitucional dessa lei orçamentária está, basicamente, no artigo 165, inciso III, e nos §§ 5º, 6º, 7º e 8º desse dispositivo. De acordo com o § 5º, a LOA será dividida em três "contas", chamadas pela Constituição de "orçamentos" – a despeito do fato de o orçamento ser uno, conforme visto acima. São elas: o orçamento fiscal, o orçamento de investimento e o orçamento da Seguridade Social.

O **orçamento fiscal** trará as receitas e despesas relativas aos Poderes da União, seus fundos, órgãos e entidades da administração direta e indireta, o que inclui as fundações instituídas e mantidas pelo Poder Público. Serão incluídas em tal discriminação as despesas do Banco Central do Brasil relativas a pessoal e encargos sociais, custeio administrativo e investimentos, nos termos do artigo 5º, § 6º, da LRF.

O **orçamento de investimento**, de seu turno, especificará as receitas e despesas das empresas em que a União, direta ou indiretamente, detenha a maioria do capital social, com direito a voto. Nos termos do § 7º do artigo 165, esse orçamento estará em consonância com o PPA e terá por função, além de fixar as despesas e receitas para o próximo exercício, reduzir as desigualdades entre as diversas regiões do país.

Por fim, o **orçamento da Seguridade Social** contemplará as receitas e despesas relativas às entidades e aos órgãos vinculados à Seguridade, seja na administração direta ou indireta, o que igualmente inclui os fundos e fundações instituídas e mantidas pelo Poder Público.

O objetivo aqui é tratar as receitas e despesas dos órgãos da União separadamente das empresas em que haja participação societária da União e, especialmente, daquelas relativas à Seguridade Social, garantindo-se a vinculação das receitas afetas a esta última. Com isso, há maior possibilidade de controle e maior transparência agregada às contas públicas.

Ainda na Constituição, há outra exigência relativa à LOA: o artigo 165, § 6º, estabelece qual deverá ser o conteúdo mínimo do **projeto da lei orçamentária**, a ser encaminhado ao Poder Legislativo pelo Chefe do Executivo. Nos termos de tal dispositivo, o projeto deverá ser **acompanhado de um demonstrativo regionalizado acerca do efeito das renúncias de receitas** (leia-se: concessão de incentivos e benefícios de natureza tributária, financeira e creditícia) **sobre as receitas e despesas**. Ou seja, deve apresentar as consequências da opção pela redução de receitas em face do orçamento estritamente considerado e, portanto, em relação ao equilíbrio necessário entre receitas e despesas.

Quanto ao demonstrativo de renúncias de receitas, cujo conteúdo será objeto de detalhamento no próximo capítulo, desde logo mencione-se que, atualmente, ele é elaborado pela Secretaria da Receita Federal do Brasil. Para o ano de 2022, previu-se cerca de R$ 371,07 bilhões em renúncias, o que representa 3,95% do Produto Interno Bruto e 20,16% das receitas administradas pela Receita Federal do Brasil.[35]

---

[35] Disponível em: <https://www.gov.br/receitafederal/pt-br/centrais-de-conteudo/publicacoes/relatorios/renuncia/gastos-tributarios-ploa/dgt-ploa-2022-base-conceitual>. Acesso em: 7 fev. 2022.

A LRF, de seu turno, complementa a Constituição e estabelece, em seu artigo 5º, **novas exigências quanto ao conteúdo do projeto da LOA**. Em primeiro lugar, deverá conter um anexo no qual se apresente a compatibilidade do orçamento com os objetivos e metas presentes no Anexo de Metas Fiscais (e, portanto, com as diretrizes prescritas na LDO).

Além disso, somado ao demonstrativo já previsto na Constituição, acerca dos efeitos das renúncias sobre receitas e despesas, deverão também ser estabelecidas as **medidas de compensação** aplicáveis àquelas renúncias e também no caso de aumento de despesas obrigatórias de caráter continuado. Trata-se, aqui, de garantir, novamente, o equilíbrio orçamentário, já que as medidas de compensação visam a, exatamente, repor as receitas renunciadas e estabilizar as despesas majoradas.

Finalmente, o projeto conterá uma **reserva de contingência** para fazer frente aos riscos fiscais e contingentes discriminados no Anexo de Riscos Fiscais, constantes da LDO. O que se pretende é assegurar que o ente tenha recursos suficientes para suportar financeiramente o advento dos eventos de risco previstos na LDO. Não obstante, conforme mencionado anteriormente, a reserva de contingência sequer tem sido considerada nos debates sobre modulação de efeitos em matéria tributária e o efetivo prejuízo das decisões do STF para as contas públicas.

Ainda sobre a reserva de contingência, note-se que essa rubrica não poderá ser alimentada por tributos que apresentem vinculação constitucional, sob pena de desvirtuamento da finalidade da exação. Como exemplo, cite-se o caso da CIDE Combustíveis, já apreciado pelo Tribunal de Contas da União.

Como se sabe, a CIDE Combustíveis é contribuição de intervenção no domínio econômico de competência exclusiva da União, prevista no artigo 177, § 4º da Constituição. Nos termos da redação constitucional, tal tributo incidirá na importação ou comercialização de petróleo e seus derivados, gás natural e seus derivados e álcool combustível, devendo suas receitas serem destinadas ao financiamento de projetos ambientais relacionados com a indústria do petróleo e do gás e de programas de infraestrutura de transportes, ou ao pagamento de subsídios a preços ou transporte de álcool combustível, gás natural e seus derivados e derivados de petróleo.

Trata-se, portanto, de tributo com destinação constitucional clara, cujas receitas, uma vez arrecadadas, devem atender à tal finalidade. Essa nota característica das contribuições, relativa à aplicação dos recursos em finalidades preestabelecidas, inclusive, as distingue dos impostos. Ademais, nos termos do artigo 8º, parágrafo único da LRF, "os recursos legalmente vinculados a finalidade específica serão utilizados exclusivamente para atender ao objeto de sua vinculação, ainda que em exercício diverso daquele em que ocorrer o ingresso".

No caso da CIDE Combustíveis, porém, conforme apurou o TCU, grande parte dos recursos arrecadados era destinada à composição da reserva de contingência, em pleno desrespeito ao texto constitucional e à LRF. Confira-se trecho do Acórdão nº 1.857/2015:

> 80. No que se refere a não utilização dos recursos arrecadados a título de Cide, foi registrado que a disponibilidade de recursos da Cide em 31.12 2003, atingiu R$ 7.211 milhões, o que representa que 45,10% dos valores arrecadados nos exercícios de 2002 e 2003 não foram de fato desembolsados.
>
> 81. Neste sentido, foi registrado que parcela considerável dos recursos da Cide tem sido direcionada no orçamento à Reserva de Contingência: 39,40% em 2003 e 47,68% em

2004. Tal reserva pode ser utilizada como fonte de recursos para abertura de créditos adicionais e para o atendimento de passivos contingentes e outros riscos e eventos fiscais imprevistos.

82. Observa-se, entretanto, que, como o exercício de 2003 já se encontra fechado, os valores citados alocados à Reserva de Contingência referem-se à posição final, ou seja, ao montante de recursos que permaneceram na reserva, sem a efetiva utilização.

Segundo o Tribunal,[36] é vedado à Administração utilizar os recursos da contribuição "a ações que não apresentem relação direta com os programas finalísticos de transportes e meio ambiente, conforme disposto no inciso II do § 4º do art. 177 da Constituição Federal". Por essa razão, determinou-se que a Secretaria de Orçamento Federal, "quando da elaboração dos projetos de leis orçamentárias anuais, enquanto não existir norma legal que estabeleça os critérios de distribuição dos gastos administrativos por ações de caráter finalístico", não aloque recursos da CIDE Combustíveis para ações distintas daquelas previstas constitucionalmente. Além disso, recomendou a essa mesma secretaria que "não programe a alocação de recursos da Cide-Combustíveis para a reserva de contingência, por ser incompatível com as finalidades dispostas no art. 5º da Lei Complementar nº 101/2000".

Fica claro, portanto, que a reserva de contingência não deve ser alimentada por tributos cujas receitas já possuem fins predefinidos na Constituição ou em lei própria. Tal representaria, reitere-se, a desconsideração da característica própria das contribuições. A reserva de contingência deve ser formada por receitas gerais, sem vinculação específica. O resultado da arrecadação de impostos, portanto, cumpre, de modo mais adequado, com esse papel.

2.2.7 Esquemas sobre as leis orçamentárias

2.2.7.1 Esquema – Leis orçamentárias

Lei / Conteúdo	Plano Plurianual (PPA)	Lei de Diretrizes Orçamentárias (LDO)[37]	Lei Orçamentária Anual (LOA)[38]
Em linhas gerais	Desdobramento do orçamento-programa (artigo 165, § 1º, CR)	Metas e prioridades da Administração (artigo 165, § 2º, CR)	Apenas receitas e despesas (exclusividade) e todas as receitas e despesas (universalidade). Artigo 165, § 5º, CR

---

[36] Acórdão nº 1.857/2005, Plenário. Disponível em: <https://extranet.camara.gov.br/internet/comissao/index/mista/orca/tcu/..%5Ctcu%5CPDFs%5CAcordao18572005-TCU-Plen%C3%A1rio.pdf>.
[37] Veja o esquema LDO em detalhe.
[38] Veja o esquema LOA em detalhe.

Lei / Conteúdo	Plano Plurianual (PPA)	Lei de Diretrizes Orçamentárias (LDO)[37]	Lei Orçamentária Anual (LOA)[38]
Mais especificamente	Define o planejamento das atividades governamentais	Realização mais direta do PPA, orientações para a elaboração da LOA, diretrizes de política fiscal e respectivas metas, em consonância com a trajetória sustentável da dívida pública	3 contas na LOA: orçamento fiscal, orçamento de investimento e orçamento da Seguridade Social
Providência	Programação governamental pelos **próximos 4 anos** Determinação das despesas de capital (+ as despesas delas decorrentes) e de duração continuada Nenhum investimento que ultrapasse 1 ano será realizado sem a previsão no PPA (artigo 167, § 1º, CR)	Metas relativas a **despesas, receitas, dúvida, patrimônio e resultado** (Anexo de Metas Fiscais – art. 4º, LRF) Outro anexo: Anexo de Riscos Fiscais (possíveis contingências e soluções)	Compatibilidade com a LDO e, assim, com o Anexo de Metas Fiscais Reserva de contingência, para fazer frente ao Anexo de Riscos Fiscais

2.2.7.2   Esquema – Lei de Diretrizes Orçamentárias em detalhe

LEI DE DIRETRIZES ORÇAMENTÁRIAS	
Constituição da República	Lei de Responsabilidade Fiscal
Artigo 165, § 2º	Artigo 4º, inciso I e § 3º
Metas e prioridades da Administração (+ despesas de capital) => exercício seguinte	Equilíbrio entre R e D
Diretrizes para a LOA	Critérios e formas de limitação de empenho
Alterações na legislação tributária	Normas referentes ao controle de custos e avaliação de programas financiados pelo orçamento

→ casos de: redução de despesas ou excesso de endividamento

LEI DE DIRETRIZES ORÇAMENTÁRIAS

Constituição da República	Lei de Responsabilidade Fiscal
Política de aplicação em agências financeiras oficiais de fomento	Condições para transferências de recursos a entidades públicas e privadas
Diretrizes de política fiscal e respectivas metas, em consonância com a trajetória sustentável da dívida pública	
	Anexo de Riscos Fiscais → quais os passivos da Administração e quais as providências, caso se realizem?

PROJETO DA LEI DE DIRETRIZES ORÇAMENTÁRIAS

Constituição da República	Lei de Responsabilidade Fiscal
NADA!	Artigo 4°, § 1° – Anexo de Metas Fiscais
	Metas anuais (R, D, Resultado e Dívida) => 3 próximos exercícios
	Avaliação do ano anterior
	Demonstrativo das metas anuais + Comparação com as dos 3 exercícios anteriores → O Anexo reflete a realidade econômica e financeira do país
	Evolução do PL nos 3 exercícios anteriores
	Avaliação da situação financeira e atuarial da Previdência, do FAT e dos demais fundos de natureza atuarial
	Demonstrativo da estimativa e compensação da renúncia de receita e da margem de expansão das despesas obrigatórias de caráter continuado

PLDO DA UNIÃO

Anexo com objetivos relativos:	1) à política monetária, creditícia e cambial;
	2) aos parâmetros e às projeções para seus principais agregados e variáveis;
	3) à meta de inflações para o exercício seguinte.

2.2.7.3 Esquema – Lei Orçamentária Anual em detalhe

LEI ORÇAMENTÁRIA ANUAL	
Constituição da República	Lei de Responsabilidade Fiscal
Artigo 165, § 5º	NADA!
Orçamento Fiscal	
Orçamento de Investimento	
Orçamento da Seguridade Social	

3 "contas" distintas. Não ofende o princípio da unidade → (Orçamento Fiscal, Orçamento de Investimento, Orçamento da Seguridade Social)

PROJETO DA LEI ORÇAMENTÁRIA ANUAL	
Constituição da República	Lei de Responsabilidade Fiscal
Artigo 165, § 6º	Artigo 5º
Demonstrativo regionalizado dos efeitos das remissões e renúncias de receita	Demonstrativo de compatibilidade com o Anexo de Metas Fiscais → Compatibilidade com a LDO
	Medidas de compensação para as renúncias de receita e o aumento das despesas obrigatórias de caráter continuado → Garantia do equilíbrio orçamentário entre receitas e despesas
	Reserva de contingência → Garante recursos para suportar os passivos previstos no Anexo de Riscos Fiscais (LDO)

└ Quais as consequências da redução de receitas?

2.2.8 As vedações orçamentárias

O **artigo 167** da Constituição trata das matérias e condutas que são vedadas na elaboração dos orçamentos e pode ser dividido em dois tópicos: execução orçamentária e discriminação de receitas e despesas. No primeiro, trata-se de saber quais as limitações constitucionais a serem aplicadas no momento em que o orçamento será efetivamente realizado e, no segundo, quais as vedações na própria elaboração da lei orçamentária anual e, assim, na distribuição e discriminação de receitas e despesas. Para fins de melhor compreender essas proibições, cumpre, então, estudá-las separadamente.

No que diz respeito às **vedações relativas ao tema da <u>execução orçamentária</u>**, devem-se destacar os **incisos I, VI, VIII, IX, X, XII, XIII e XIV**. Nesse tópico, encontram-

-se as limitações relativas ao andamento do orçamento, aos limites de realização das receitas e execução das despesas.

O **inciso I** proíbe o início de programas ou projetos que não tenham sido incluídos na lei orçamentária anual. Ou seja: ainda que tenha havido previsão no PPA ou na LDO acerca da realização de despesas vinculadas a determinadas ações ou programas governamentais, o efetivo gasto e, assim, a execução do projeto, somente poderão ir adiante se houver previsão específica quanto às receitas e às despesas na LOA. Essa exigência mostra-se de acordo com a lógica, já que é essa a lei orçamentária que discrimina receitas e despesas e as vincula às necessidades públicas – a execução de um programa ou projeto sem a inclusão respectiva representaria a realização de gasto de dinheiro público sem a devida discriminação do destino do recurso, o que não é acatado pelas normas constitucionais.

Além disso, os **incisos VI, VIII, IX e XII** estabelecem exigências que, além de concernentes à execução orçamentária, relacionam-se, na mesma medida, com o cumprimento da legalidade para a realização de gastos públicos.

No **inciso VI**, encontramos a vedação quanto ao remanejamento de recursos do orçamento de uma categoria para outra ou de um órgão para outro sem prévia autorização legislativa. O que o dispositivo proíbe, portanto, é a alteração da distribuição de receitas realizada na LOA sem a devida previsão legal.

No mesmo sentido, o **inciso VIII** proíbe a utilização de recursos dos orçamentos fiscal e da seguridade social para suprir necessidade ou cobrir déficit de empresas, fundações e fundos nos casos em que inexista autorização legislativa específica.

O **inciso IX**, de seu turno, vincula a instituição de fundos, que são instrumentos orçamentários criados com o objetivo de destinar recursos a programas, projetos e atividades governamentais, à prévia autorização legislativa. Trata-se, portanto, de estabelecer a absoluta exigência do princípio da legalidade quando o tema for a execução orçamentária e, assim, a realização de receitas e dispêndio de dinheiro público.

O **inciso X** estabelece uma vedação cuja finalidade é limitar a facilitação do aumento e superação de limites em relação às despesas com pessoal. Nos termos do dispositivo, fica vedada a transferência voluntária de recursos e a concessão de empréstimos pelos Governos Federal e Estaduais e pelas respectivas instituições financeiras, cujo objetivo seja o pagamento de despesas com pessoal ativo ou inativo e com pensionistas dos Estados, Distrito Federal e Municípios. O que se quer, com isso, é garantir que cada ente da Federação seja responsável pelos seus gastos com pessoal e não encontre respaldo financeiro nas outras unidades federativas para cobrir eventuais excessos.

O **inciso XII**, de seu turno, veda a utilização de recursos do regime próprio de previdência social para a consecução de despesas que não abranjam o pagamento de benefícios previdenciários e das despesas necessárias à organização e funcionamento de tal regime. Trata-se, como se vê, de assegurar a vinculação das receitas destinadas ao custeio da previdência àquele fim, vedada qualquer tentativa de desvinculação ou uso dos valores para fins diversos.

Por fim, o **inciso XIII**, na mesma linha do inciso XII, tem por objetivo preservar o regime de previdência, ainda que, nesse caso, de modo mais indireto. O dispositivo prevê sanções financeiras a Estados, Distrito Federal e Municípios que descumpram as regras gerais de organização e de funcionamento de regime próprio de previdência social. Nesse caso, não poderão receber, da União, transferência voluntária de recursos, concessão de avais, garantias e subvenções, além de estar vedada a concessão de empréstimos e de financiamentos por instituições financeiras federais.

Ainda sobre execução orçamentária, **seria possível destacar mais dois incisos do artigo 167**, cujo conteúdo trata da **abertura de créditos adicionais**. Esse tema se insere dentro do contexto mais amplo da execução orçamentária, já que se trata de garantir (e autorizar) a realização de despesas no curso do exercício, tendo-se em vista eventuais imprecisões contidas no orçamento então aprovado.

O primeiro inciso seria o de número V, que veda a abertura de crédito suplementar ou especial (os quais, conforme será tratado nos capítulos seguintes, são modalidades de créditos adicionais) sem prévia autorização legislativa e indicação da fonte de receita correspondente àquela autorização de despesa. **O outro seria o inciso VII**, que veda a concessão ou a utilização de créditos ilimitados e, portanto, de autorizações de despesas sem a indicação precisa da receita e do montante de gasto autorizado pelo Poder Legislativo.

Por fim, para encerrar o conjunto de incisos que mais diretamente se relacionam com a execução orçamentária, deve-se destacar o inciso XIV, recentemente introduzido pela EC 109/2021. A exemplo do inciso IX, a vedação se refere à criação de fundos, mas, no presente caso, o enfoque não é o princípio da legalidade, e sim, a necessidade orçamentária do fundo em si. Explica-se melhor.

Conforme será tratado mais adiante, ainda que o orçamento brasileiro enfrente alto grau de vinculação, com pouca margem de discricionariedade ao administrador, isso se dá em função do significativo número de despesas obrigatórias. A criação de fundos para financiamento de despesas específicas aumenta o grau de vinculação orçamentária, já que os recursos a eles designados somente poderão ser gastos com o fim previsto em lei.

O objetivo do inciso XIV é exatamente refrear a criação de fundos nos casos em que seus objetivos possam ser alcançados pela "vinculação de receitas orçamentárias específicas ou mediante a execução direta por programação orçamentária e financeira de órgão ou entidade da administração pública". Trata-se, pois, de dificultar a criação de novos fundos, na tentativa de conter o grau de vinculação do orçamento e, assim, a pouca flexibilidade na alocação das receitas públicas.

Especificamente quanto à <u>discriminação das receitas e despesas</u>, deve-se chamar atenção para o conteúdo dos **incisos II, III, IV e XI**, além do **§ 4º**.

O **inciso II** proíbe a realização de despesas que superem os créditos orçamentários ou adicionais – o que significa dizer: toda despesa deve estar vinculada a uma receita e não é possível a assunção de obrigações sem a indicação da respectiva fonte de financiamento.

De outro lado, o **inciso IV** veda a vinculação de receitas de impostos a órgão, fundo ou despesa, com exceção das ressalvas ali previstas, quais sejam: "a repartição do produto da arrecadação dos impostos a que se referem os artigos 158 e 159, a destinação de recursos para as ações e serviços públicos de saúde, para manutenção e desenvolvimento do ensino e para realização de atividades da administração tributária, como determinado, respectivamente, pelos artigos 198, § 2º, 212 e 37, XXII, e a prestação de garantias às operações de crédito por antecipação de receita, previstas no artigo 165, § 8º, bem como o disposto no § 4º deste artigo".

Desses dois incisos decorre, pois, a seguinte consideração: toda despesa deve ter uma receita para lhe fazer frente, mas, tratando-se de receitas de impostos, a vinculação terá lugar apenas em situações muito bem delimitadas pela Constituição.

O **inciso III**, por sua vez, estabelece um limite quanto à realização de operações de crédito e, assim, operações cujo resultado seja o endividamento do Estado. De acordo com esse dispositivo, referidas operações não poderão superar as despesas de capital (*i.e.* despesas cujo resultado seja o aumento do patrimônio do ente, conforme será visto adiante, ou relativas ao pagamento de juros da dívida pública), a não ser que haja autorização específica pelo Poder Legislativo, por maioria absoluta, mediante crédito suplementar ou especial. A previsão desse dispositivo é conhecida como a "regra de ouro" da responsabilidade fiscal: o endividamento não pode custear as despesas correntes do Estado.

No final de 2018, no contexto da discussão do projeto de LOA para 2019, desenvolveu-se intenso debate em torno do cumprimento dessa regra na execução orçamentária que teria lugar no exercício seguinte.

Segundo a redação final da LOA/2019 (Lei nº 13.808/2019), o montante de receitas estimadas para o exercício foi de R$ 3,3 trilhões; as despesas foram fixadas em igual valor. Para atender a esse nível de despesas, o governo contará com receitas próprias, basicamente decorrentes da arrecadação tributária, e receitas obtidas com as operações de crédito, isto é, com o endividamento.

Recorde-se, porém, que, à luz do artigo 167, inciso III, da Constituição, como regra, o governo não deve se endividar em patamar superior às despesas de capital. Esse cenário somente seria possível diante de **autorização específica** do Congresso Nacional, como se vê da parte final de referido dispositivo.

Contudo, diante da ausência de perspectiva de obtenção de receitas por outras vias, o Presidente Michel Temer, ao enviar o projeto da LOA/2019 para o Congresso Nacional, como forma de assegurar o cumprimento da "regra de ouro", condicionou a realização de determinadas despesas correntes à realização de operações de crédito, que depende da aprovação de créditos adicionais por maioria absoluta do Congresso Nacional, exatamente nos termos do artigo 167, inciso III da Constituição. Tais despesas incluem benefícios previdenciários e assistenciais e somam o valor de R$ 248,9 bilhões.[39]

---

[39] Nesse sentido é o artigo 3º da Lei nº 13.808/2019: "Art. 3º A despesa total fixada nos Orçamentos Fiscal e da Seguridade Social é R$ 3.262.209.303.823,00 (três trilhões, duzentos e sessenta e dois bilhões, duzentos e nove milhões, trezentos e três mil, oitocentos e vinte e três reais), incluindo a relativa ao refinanciamento da dívida pública federal, interna e externa, em observância ao disposto no art. 5º, § 2º, da LRF, na forma detalhada entre os órgãos orçamentários no Anexo II desta Lei e assim distribuída:
I – Orçamento Fiscal: R$ 1.447.297.511.550,00 (um trilhão, quatrocentos e quarenta e sete bilhões, duzentos e noventa e sete milhões, quinhentos e onze mil, quinhentos e cinquenta reais), excluídas as despesas de que trata o inciso III;
II – Orçamento da Seguridade Social: R$ 1.056.238.798.947,00 (um trilhão, cinquenta e seis bilhões, duzentos e trinta e oito milhões, setecentos e noventa e oito mil, novecentos e quarenta e sete reais); e
III – Refinanciamento da dívida pública federal: R$ 758.672.993.326,00 (setecentos e cinquenta e oito bilhões, seiscentos e setenta e dois milhões, novecentos e noventa e três mil, trezentos e vinte e seis reais), constantes do Orçamento Fiscal.
§ 1º Do montante fixado no inciso II deste artigo, a parcela de R$ 303.534.207.033,00 (trezentos e três bilhões, quinhentos e trinta e quatro milhões, duzentos e sete mil, trinta e três reais) será custeada com recursos do Orçamento Fiscal.

Essa situação era inédita no cenário nacional: foi a primeira vez que o governo federal precisou se valer da autorização excepcional do Poder Legislativo para cumprir com despesas correntes. Em meados de junho, o Legislativo aprovou as operações de crédito, viabilizando que os pagamentos assistenciais fossem realizados, afastando-se, assim, a possibilidade de o Presidente incorrer em crime de responsabilidade fiscal, nos termos do artigo 359-A do Código Penal.

Mais recentemente, porém, a regra de ouro voltou a ser excepcionada. Trata-se, aqui, da Emenda Constitucional 106/2020, que instituiu um regime extraordinário fiscal para o enfrentamento da pandemia da Covid-19. Sobre o tema, recorde-se que o regime foi aprovado após a decretação de estado de calamidade pública pelo Congresso Nacional, que se deu pelo Decreto Legislativo 6/2020.

Entre outras providências, o artigo 4º da EC afastou a necessidade de cumprimento do artigo 167, inciso III, da Constituição na integralidade do exercício financeiro em que vigorar a calamidade pública suprarreferida. Trata-se, pois, de possibilitar que os níveis de endividamento superem os gastos com investimento durante tal período.

Ao longo de 2020, as receitas totais com operações de crédito que resultaram em aumento da dívida pública superaram as despesas de capital (relativas a investimento) em R$ 453,7 bilhões. Tal situação se deu, naturalmente, em razão dos gastos adicionais com a pandemia, mas, também, por conta do cenário fiscal já desgastado no qual o Brasil se encontrava por ocasião da chegada do coronavírus em terras nacionais.

Recentemente, a relativização da regra de ouro foi ampliada tanto pela alteração ao próprio artigo 167 quanto diante do quadro de calamidade pública – e, nesse caso, independentemente da situação específica da pandemia da Covid-19. Trata-se, aqui, das novidades trazidas pela EC 109/2021.

Em relação ao artigo 167, houve a inclusão do § 6º, que dispõe que para fins de apuração do cumprimento do limite da regra de ouro, "as receitas de operação de crédito efetuadas no contexto da gestão da dívida pública mobiliária federal somente serão consideradas no exercício financeiro em que for realizada a despesa". Há, como se vê, limitação da aplicação do dispositivo que, nos termos do inciso III, previa o confronto das despesas de capital com as receitas de operação de crédito, independentemente do momento de realização da despesa.

Já em relação ao cenário possível de calamidade pública, nos termos do artigo 167-E, durante a integralidade do exercício financeiro em que vigore calamidade pública de âmbito nacional, fica dispensado o cumprimento do artigo 167, inciso III da Constituição.

---

§ 2º O valor a que se referem os incisos I e II deste artigo inclui R$ 248.915.621.661,00 (duzentos e quarenta e oito bilhões, novecentos e quinze milhões, seiscentos e vinte e um mil, seiscentos e sessenta e um reais) referentes a despesas específicas que, com fundamento no art. 21 da LDO-2019, devem ser suportadas por operações de crédito cuja realização depende da aprovação de créditos adicionais por maioria absoluta do Congresso Nacional, nos termos do art. 167, inciso III, da Constituição, assim distribuídos:

I – Orçamento Fiscal: R$ 10.659.226.074,00 (dez bilhões, seiscentos e cinquenta e nove milhões, duzentos e vinte e seis mil, setenta e quatro reais); e

II – Orçamento da Seguridade Social: R$ 238.256.395.587,00 (duzentos e trinta e oito bilhões, duzentos e cinquenta e seis milhões, trezentos e noventa e cinco mil, quinhentos e oitenta e sete reais)".

Atualmente, porém, a exceção à regra não mais se encontra vigente: nos termos do artigo 1º do Decreto Legislativo 6/2020, o estado de calamidade pública perduraria até 31/12/2020. Antes mesmo do término do ano, tramitou na Câmara dos Deputados o projeto de Decreto Legislativo 566/2020 para prorrogar tal estado por mais seis meses, a partir de 1º de janeiro de 2021. A medida, no entanto, não foi votada.

Portanto, a despeito das alterações promovidas pela EC 109/2021, a possibilidade de se excepcionar a regra de outro depende da vigência de medida que reconheça estado de calamidade pública, o que, hoje, não existe no Brasil. Em 2021, a regra de ouro foi devidamente cumprida, sem a necessidade de o Poder Executivo recorrer à autorização do Poder Legislativo para realizar despesas acima do limite constitucional previsto. Tal se deu em razão dos altos índices de arrecadação tributária: em dezembro, verificou-se um superávit primário de R$ 13,8 bilhões, que teve como reflexo um espaço fiscal de R$ 119,7 bilhões na regra de ouro.[40] O alívio, no entanto, deve ser temporário, pois para 2022 o Tesouro Nacional terá uma insuficiência de R$ 125,7 bilhões para o cumprimento da regra.[41]

Por fim, ainda no tópico relativo às vedações aplicáveis na discriminação de receitas e despesas, o **inciso XI** limita a utilização dos recursos (receitas) decorrentes da arrecadação de contribuições destinadas ao financiamento da Seguridade Social – especialmente aquelas incidentes sobre a folha de salários que tenham sido retidas por empregador, pessoa jurídica ou equiparada, além das recolhidas pelo trabalhador – ao pagamento do regime geral de previdência social, disciplinado no artigo 201 da Constituição. Ou seja, enquanto nas receitas dos impostos a regra é a da não vinculação, quando se trata da disciplina das contribuições, a norma constitucional é inversa: deve haver *vinculação* à finalidade pela qual o tributo foi exigido. Esse ponto se relaciona com a questão da impositividade do orçamento e a pouca flexibilidade na destinação das receitas tributárias, conforme já tratado antes.

2.2.8.1 Esquemas – Vedações orçamentárias. Art. 167, CR

Vedações relacionadas à execução orçamentária (incisos I, V, VI, VII, VIII, IX, X e XIV)

INCISO	OBJETO DA PROIBIÇÃO
I	Início de programas ou projetos não incluídos na LOA
VI	Alteração da distribuição de receitas prevista na LOA sem previsão legal
VIII	Utilização de recursos dos orçamentos fiscais e da seguridade para cobrir despesas sem que haja previsão específica
IX	Criação de fundos sem autorização legal

Cumprimento do princípio da legalidade para a realização de gastos públicos

---

[40] Cf. <https://agenciabrasil.ebc.com.br/economia/noticia/2022-01/governo-encerra-2021-com-folga--de-r-1197-bilhoes-na-regra-de-ouro>. Acesso em: 7 fev. 2022.
[41] Idem.

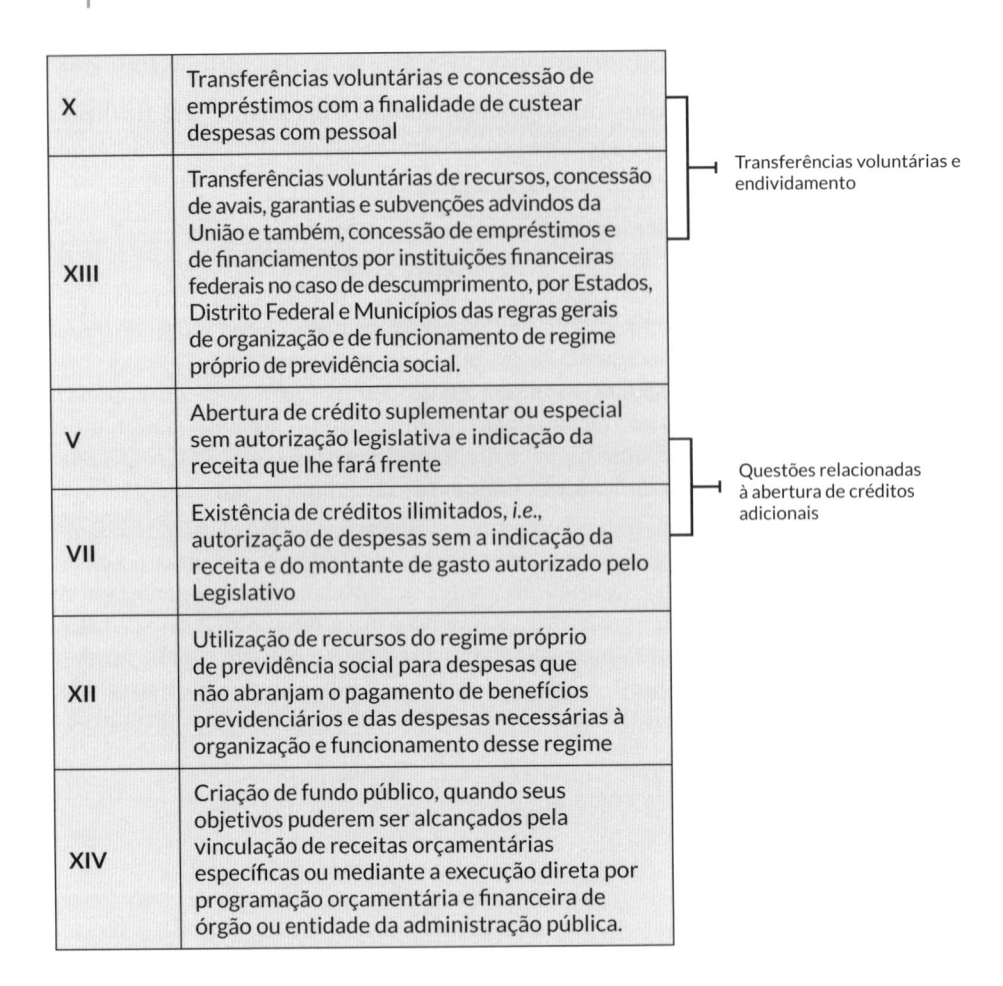

X	Transferências voluntárias e concessão de empréstimos com a finalidade de custear despesas com pessoal	Transferências voluntárias e endividamento
XIII	Transferências voluntárias de recursos, concessão de avais, garantias e subvenções advindos da União e também, concessão de empréstimos e de financiamentos por instituições financeiras federais no caso de descumprimento, por Estados, Distrito Federal e Municípios das regras gerais de organização e de funcionamento de regime próprio de previdência social.	
V	Abertura de crédito suplementar ou especial sem autorização legislativa e indicação da receita que lhe fará frente	Questões relacionadas à abertura de créditos adicionais
VII	Existência de créditos ilimitados, *i.e.*, autorização de despesas sem a indicação da receita e do montante de gasto autorizado pelo Legislativo	
XII	Utilização de recursos do regime próprio de previdência social para despesas que não abranjam o pagamento de benefícios previdenciários e das despesas necessárias à organização e funcionamento desse regime	
XIV	Criação de fundo público, quando seus objetivos puderem ser alcançados pela vinculação de receitas orçamentárias específicas ou mediante a execução direta por programação orçamentária e financeira de órgão ou entidade da administração pública.	

Vedações relacionadas à discriminação das receitas e despesas (incisos II, III, IV e XI)

INCISO	OBJETO DA PROIBIÇÃO	
II	Realização de despesas que superem créditos orçamentários ou adicionais	Necessidade de receitas para fazer frente às despesas
IV	Vinculação de receitas de impostos a despesas específicas	Não afetação das receitas dos impostos
III	Operações de crédito que superem as despesas com capital	Vide ADI 2238-5, art. 12, § 2º, LRF com *interpretação conforme* a Constituição (art. 167, III, da CF)
XI	Não utilizar as receitas de contribuições para o financiamento da Previdência Social	Afetação das receitas das contribuições

2.2.9 O embate entre recursos orçamentários e prestação de políticas públicas

Para além das especificidades do orçamento público, cuja análise será finalizada adiante com o estudo da execução orçamentária, cumpre destacar debate relevante, que tem chamado atenção dos gestores de políticas públicas: o conflito entre a previsão orçamentária e o real cumprimento das necessidades públicas, de um ponto de vista individual.

A discussão situa-se na consideração de que as omissões estatais na prestação de serviços públicos essenciais devem ser resolvidas pelo Poder Judiciário. Tais casos envolvem, especialmente, os direitos relativos à saúde e à educação.

A premissa para este debate está no fato de que a consagração dos direitos sociais pela Constituição de 1988 passou a exigir do Estado prestação positiva, no sentido de que a *obrigação de fazer*, por parte da administração pública, deverá prover o direito, atribuindo-lhe eficácia plena. Nesse sentido, a criação de políticas públicas e a previsão de suas respectivas dotações orçamentárias são instrumentos fundamentais para a sua concretização.

Diante da omissão, alega-se que o Estado deve satisfazer o **mínimo existencial**, que diz respeito aos direitos fundamentais relativos à existência e à sobrevivência da pessoa humana. A escassez dos recursos públicos, no entanto, pode obstar o cumprimento da decisão ante a ausência de específica dotação orçamentária. Trava-se, com isso, **um embate entre a prestação de direitos fundamentais e os limites orçamentários**, uma vez que, em caso de concessão da tutela, impõe-se ao administrador o cumprimento da decisão judicial condenatória, ainda que a lei orçamentária não tenha previsto a despesa com antecedência.

Desse modo, a administração pública vê-se diante de um impasse: obedecer aos dispositivos constitucionais de direito financeiro, considerando as vedações orçamentárias, ou cumprir a decisão condenatória que exige recursos não previstos em lei orçamentária. Além disso, a atuação do Poder Judiciário pode interferir na programação das políticas públicas, que devem ser emanadas pelo Poder Executivo, órgão competente para determinar, inclusive, a alocação dos recursos necessários para executá-la.

Em que pesem as vedações constitucionais acerca da **execução orçamentária**, o STF consolidou o entendimento de que, em havendo colisão entre as disposições de finanças públicas com os direitos à saúde e à educação, estes últimos, por serem considerados direitos fundamentais, devem prevalecer. Portanto, ainda que os recursos disponíveis sejam escassos, entende a Corte que o Poder Judiciário pode intervir, para o fim de satisfazer o **"mínimo existencial"**, cujo fundamento está no princípio da dignidade da pessoa humana. Sobre o tema, confira-se trecho da STA 223-AgR:

> O Tribunal, por maioria, deu provimento a agravo regimental interposto em suspensão de tutela antecipada para manter decisão interlocutória proferida por desembargador do Tribunal de Justiça do Estado de Pernambuco, que concedera parcialmente pedido formulado em ação de indenização por perdas e danos morais e materiais para determinar que o mencionado Estado-membro pagasse todas as despesas necessárias à realização de cirurgia de implante de Marca-passo Diafragmático Muscular – MDM no agravante, com o profissional por este requerido. Na espécie, o agravante, que teria ficado tetraplégico em decorrência de assalto ocorrido em via pública, ajuizara a ação indenizatória, em que objetiva a responsabilização do Estado de Pernambuco pelo custo decorrente da referida cirurgia, "que devolverá ao autor a condição de respirar sem a dependência do respirador mecânico. [...]".

Além disso, aduziu-se que:

> [...] entre reconhecer o **interesse secundário do Estado, em matéria de finanças públicas, e o interesse fundamental da pessoa, que é o direito à vida, não haveria opção possível para o Judiciário, senão de dar primazia ao último**. Concluiu-se que a realidade da vida tão pulsante na espécie imporia o provimento do recurso, a fim de reconhecer ao agravante, que inclusive poderia correr risco de morte, o direito de buscar autonomia existencial, desvinculando-se de um respirador artificial que o mantém ligado a um leito hospitalar depois de meses em estado de coma, implementando-se, com isso, o direito à busca da felicidade, que é um consectário do princípio da dignidade da pessoa humana.[42]

Mais recentemente, o tema voltou à pauta do STF sob duas perspectivas distintas, mas complementares.

No Recurso Extraordinário nº 657.718, discutiu-se sobre os limites do dever do Estado no fornecimento de medicamentos de alto custo. Tratava-se de definir se medicamentos experimentais ou sem registro na Anvisa – Agência Nacional de Vigilância Sanitária – devem ser custeados pelo Estado. Já no Recurso Extraordinário nº 855.178 se debruçou sobre a definição da responsabilidade financeira do custeio de tais medicamentos pelo Poder Público. Nesse caso, o debate se concentrou no fato de que, em razão da descentralização administrativa na prestação de serviços de saúde, não seria razoável que apenas a União arcasse com as despesas de tratamentos judicializados.

Ambos os julgamentos se deram em regime de repercussão geral, no final de maio de 2019. Em relação à primeira discussão, o Plenário do STF decidiu que "o Estado não pode ser obrigado a fornecer medicamento experimental ou sem registro na Anvisa, salvo em casos excepcionais". Como resultado, a seguinte tese foi firmada:

> 1) O Estado não pode ser obrigado a fornecer medicamentos experimentais.
> 2) A ausência de registro na Anvisa impede, como regra geral, o fornecimento de medicamento por decisão judicial.
> 3) É possível, excepcionalmente, a concessão judicial de medicamento sem registro sanitário, em caso de mora irrazoável da Anvisa em apreciar o pedido (prazo superior ao previsto na Lei 13.411/2016), quando preenchidos três requisitos:
> I – a existência de pedido de registro do medicamento no Brasil, salvo no caso de medicamentos órfãos para doenças raras e ultrarraras;
> II – a existência de registro do medicamento em renomadas agências de regulação no exterior;
> III – a inexistência de substituto terapêutico com registro no Brasil.
> 4) As ações que demandem o fornecimento de medicamentos sem registro na Anvisa deverão ser necessariamente propostas em face da União.

No que diz respeito à discussão relativa ao ônus financeiro do fornecimento de medicamentos, o Tribunal decidiu pela responsabilidade solidária entre os entes na

---

[42] STA 223 AgR/PE, Relator(a) orig.: Min. Ellen Gracie, Relator(a) p/ o acórdão: Min. Celso de Mello, julgamento em 14/04/2008; destaques não contidos no original. Vale a leitura, também, de outros julgados que tratam da temática: ARE 639337, AgR/SP, RE 464143 AgR/SP e SL 228.

prestação de demandas na área da saúde, devendo o magistrado direcionar o cumprimento da despesa nos termos das regras de repartição de competência. Nesse contexto, firmou-se a seguinte tese:

> Os entes da federação, em decorrência da competência comum, são solidariamente responsáveis nas demandas prestacionais na área da saúde, e diante dos critérios constitucionais de descentralização e hierarquização, compete à autoridade judicial direcionar o cumprimento conforme as regras de repartição de competências e determinar o ressarcimento a quem suportou o ônus financeiro.

Em resumo, portanto, é possível afirmar que o Estado segue com o dever de custear medicamentos e tratamentos de alto custo. Porém, além da observância das exigências regulatórias, a jurisprudência do STF caminhou para possibilitar que o ônus de tal custeio não se concentre na União como regra. Ao reconhecer a solidariedade entre os entes na prestação de serviços de saúde, abre-se a possibilidade de direcionamento mais efetivo das demandas aos estados e municípios.

2.2.10 Execução orçamentária

O tema da execução orçamentária relaciona-se com o cumprimento de regras e etapas para a realização da despesa pública – essas normas estão previstas tanto na LRF, nos artigos 8º a 10, quanto na Lei nº 4.320/1964, nos artigos 47 a 68. Trata-se, aqui, de **detalhar o caminho da despesa pública: onde e mediante quais condições ela começa e como ela termina**. Para uma visão mais geral desse tema, somem-se às considerações aqui expostas, aquelas realizadas no item 2.2.8, relativas às vedações constitucionais no momento da execução orçamentária.

Vale destacar que, na execução orçamentária, tem-se a utilização e o aproveitamento dos créditos (valores) previstos na LOA e, assim, as autorizações de despesas vinculadas a determinadas receitas. O objetivo final é garantir a execução financeira desses mesmos valores e, assim, o gasto efetivo do dinheiro público.

Acerca dessa realização efetiva das previsões relativas a receitas e despesas, o artigo 8º da LRF estabelece como **termo inicial** da despesa a **publicação dos orçamentos**: uma vez publicada a lei orçamentária, com a respectiva discriminação de receitas e despesas, o Poder Executivo estabelecerá a <u>programação financeira e o cronograma de execução mensal de desembolso</u>.

A programação e o cronograma deverão, em primeiro lugar, seguir o disposto na LDO; ou seja, observar as metas e objetivos da Administração e, especialmente, o conteúdo do Anexo de Metas Fiscais.

Em segundo lugar, deverão respeitar as receitas vinculadas a despesas ou finalidades específicas. Sobre esse segundo ponto, deve-se destacar que a arrecadação de contribuições, por exemplo, somente poderá ser vinculada às despesas previstas na lei instituidora da exação ou, se for o caso, na Constituição. Essa determinação decorre tanto do parágrafo único do artigo 8º quanto da própria natureza dessa espécie tributária: a desconsideração da vinculação das receitas descaracterizaria o tributo em tela, nos termos em que mencionado linhas acima. Por conta disso, inclusive, o parágrafo único estabelece que as receitas ficarão vinculadas à finalidade específica, independentemente do exercício de ingresso. Vale recordar a redação do texto legal:

> Parágrafo único. Os recursos legalmente vinculados a finalidade específica serão utilizados exclusivamente para atender ao objeto de sua vinculação, ainda que em exercício diverso daquele em que ocorrer o ingresso.

O artigo 9º da LRF estabelece as normas relativas ao controle da execução orçamentária, especificamente no que diz respeito ao cumprimento das metas previstas no Anexo de Metas Fiscais, constantes da LDO. De acordo com tal dispositivo, referido cumprimento será verificado **ao final de cada bimestre**, ocasião em que serão verificados os níveis de realização da receita orçamentária.

Caso se constate que a receita realizada não irá comportar a obtenção das metas, os Poderes e o Ministério Público **deverão reduzir suas despesas**, por meio da limitação de empenho e da movimentação financeira nos trinta dias subsequentes – trata-se, aqui, do denominado "contingenciamento de despesas", já citado anteriormente. Os critérios segundo os quais tais providências serão tomadas estarão dispostos na LDO. Reitere-se, aqui, que a prática dos governos, em vez de contingenciar gastos, tem sido a alteração das metas da LDO, em prejuízo da transparência e previsibilidade das contas públicas.

Reitere-se, aqui, que a prática dos governos, em vez de contingenciar gastos, tem sido a alteração das metas da LDO, em prejuízo da transparência e previsibilidade das contas públicas. De outro lado, o fato de o próprio artigo 9º, § 2º da LRF afastar o contingenciamento das despesas que especifica[43], torna o cenário de contingenciamento mais complexo, já que grande parte das despesas primárias é de execução obrigatória, conforme tratado acima.

Ainda acerca da limitação de empenho, houve controvérsia na ADI 2.238-5/DF[44] sobre a possibilidade de o Poder Executivo limitar os gastos do Legislativo, Judiciário e

---

[43] O § 2º do artigo 9º da LRF foi recentemente alterado pela LC 177/2021 para incluir, dentre as despesas que não passíveis de limitação, aquelas relativas à inovação e ao desenvolvimento científico e tecnológico custeadas pelo FNDCT, Fundo Nacional de Desenvolvimento Científico e Tecnológico, instituído pelo Decreto-lei nº 719/1969 e restabelecido pela Lei nº 8.172/1991. As receitas que compõem tal fundo são basicamente decorrentes da arrecadação da CIDE Tecnologia, instituída pela Lei nº 10.168/2000. A modificação é salutar, na medida em que estimula o gasto público com o desenvolvimento tecnológico e impede a destinação de tais receitas a finalidades diversas daquelas para as quais a contribuição foi instituída – conforme, inclusive, o art. 11, § 1º da Lei nº 11.540/2007, na redação conferida pela LC 177/2021. Nesse sentido, é exemplar o caso das taxas incidentes sobre o setor de telecomunicação, que possuem execução orçamentária irrelevante e são frequentemente utilizadas para reserva de contingência. Sobre o tema, confira-se: LARA, Daniela Silveira. XXX. Por fim, vale transcrever a redação atual do art. 9º, § 2º da LC 101/2000: "Art. 9º, § 2º - Não serão objeto de limitação as despesas que constituam obrigações constitucionais e legais do ente, inclusive aquelas destinadas ao pagamento do serviço da dívida, as relativas à inovação e ao desenvolvimento científico e tecnológico custeadas por fundo criado para tal finalidade e as ressalvadas pela lei de diretrizes orçamentárias".

[44] ADI 2.238, Tribunal Pleno, Relator(a) Alexandre de Moraes, julgado em 24/06/2020, *DJe*-218, Divulg. 31/08/2020, Public. 01/09/2020, Republicação: *DJe*-228, Divulg. 14/09/2020, Public. 15/09/2020.

Ministério Público, na hipótese de essas providências não serem adotadas pelos próprios poderes, no prazo previsto no *caput* do artigo 9º. Veja a redação do dispositivo:

> § 3º No caso de os Poderes Legislativo e Judiciário e o Ministério Público não promoverem a limitação no prazo estabelecido no *caput*, é o Poder Executivo autorizado a limitar os valores financeiros segundo os critérios fixados pela lei de diretrizes orçamentárias.

Segundo decisão do Supremo Tribunal Federal no julgamento da medida cautelar à ADI 2.238/DF, trata-se de situação de "interferência indevida do Poder Executivo nos demais Poderes e no Ministério Público", o que justificou, assim, o reconhecimento da inconstitucionalidade por vício material. A decisão foi confirmada por ocasião do julgamento do mérito da ação, em meados de 2020. Confira-se trecho da ementa do julgado:[45]

> 4.1. A norma estabelecida no § 3º do referido art. 9º da LRF, entretanto, não guardou pertinência com o modelo de freios e contrapesos estabelecido constitucionalmente para assegurar o exercício responsável da autonomia financeira por parte dos Poderes Legislativo, Judiciário e da Instituição do Ministério Público, ao estabelecer inconstitucional hierarquização subserviente em relação ao Executivo, permitindo que, unilateralmente, limitasse os valores financeiros segundo os critérios fixados pela lei de diretrizes orçamentárias no caso daqueles poderes e instituição não promoverem a limitação no prazo estabelecido no *caput*. A defesa de um Estado Democrático de Direito exige o afastamento de normas legais que repudiam o sistema de organização liberal, em especial na presente hipótese, o desrespeito à separação das funções do poder e suas autonomias constitucionais, em especial quando há expressa previsão constitucional de autonomia financeira.

Ainda sobre o tema, mais recentemente e no contexto da crise financeira que assola o país há mais de seis anos, o governo Bolsonaro determinou o contingenciamento de diversas despesas, com o fim de assegurar o cumprimento da meta de déficit primário estabelecida na LDO de 2019. Esse déficit, recorde-se, foi fixado em R$ 139 bilhões. A recessão econômica, que conduz a índices reduzidos de arrecadação tributária, intensificou o quadro de crise, potencializando o risco de não atingimento da meta. Conforme mencionado anteriormente, nos termos do artigo 9º da LRF, o contingenciamento de despesas é medida que visa a refrear os gastos, na tentativa de promover um ajuste de contas.

A despeito disso, as medidas do governo estão repletas de controvérsias. Como já destaquei em outra ocasião, "escolha sobre quais despesas serão contingenciadas não é imposta pela lei: ela decorre da avaliação política do governo sobre as áreas que devem ser sacrificadas para que outras sejam preservadas ou promovidas".[46] Nesse sentido, o Poder Executivo decidiu contingenciar 30% dos recursos da educação, ao passo que concedeu anistia de multas a partidos políticos que descumpriram a lei eleitoral quanto à

---

[45] ADI 2.238, Tribunal Pleno, Relator(a) Alexandre de Moraes, julgado em 24/06/2020, *DJe*-218, Divulg. 31/08/2020, Public. 01/09/2020, Republicação: *DJe*-228, Divulg. 14/09/2020, Public. 15/09/2020.

[46] PISCITELLI, Tathiane. Educação, orçamento e escolhas políticas. *Valor Econômico*. Disponível em: <https://www.valor.com.br/legislacao/fio-da-meada/6270539/educacao-orcamento-e-escolhas-politicas>. Acesso em: 04 jun. 2019.

aplicação do mínimo de 5% das verbas públicas para promoção e difusão de candidaturas femininas, além de determinar incentivos financeiros e tributários ao uso de pesticidas proibidos na maior parte dos países desenvolvidos.

É evidente que o governo tem o dever de reduzir o empenho de despesas em contextos de crise e risco de não atingimento da meta. No entanto, a escolha de quais gastos devem ser contingenciados deve ser justificada e coerente com os objetivos constitucionalmente impostos – e que nem a LRF nem o chefe do Poder Executivo podem ignorar. Apenas para concluir o tema:[47]

> A principal tarefa do Presidente do país é resolver conflitos distributivos em benefício da sociedade. Nesse caso específico do contingenciamento das verbas direcionadas à educação, nem a Lei de Responsabilidade Fiscal, nem a situação realmente preocupante das finanças dispensam a explicitação das escolhas, de modo a justificar as restrições que impõe a uns, mas não a outros. Escolhas financeiras são sempre trágicas, mas governos devem explicitar e defender aquelas que fazem.

Voltando-se os olhos, novamente, para o andamento burocrático da execução orçamentária, **uma vez realizada a programação financeira e o cronograma acima referido, os Poderes e o Ministério Público poderão dar início aos gastos, e o primeiro passo para tanto é o <u>empenho da despesa</u>**. Nos termos do artigo 58 da Lei nº 4.320/1964, o empenho é "ato emanado de autoridade competente que cria para o Estado obrigação de pagamento pendente ou não de implemento de condição". Com o empenho, tem-se o comprometimento e, assim, a vinculação da receita orçamentária com aquela despesa específica. **Esse ato é materializado na nota de empenho**, na qual, nos termos do artigo 61 da Lei nº 4.320/1964, constará o nome do credor, a representação e a importância da despesa, além da dedução do saldo da dotação respectiva. O objetivo, nesse momento, é o de conferir certeza e previsibilidade para a despesa empenhada, que será objeto de realização. De outro lado, funciona como um título em favor do credor, na medida em que garante o recebimento do valor empenhado.

A análise dos artigos 58 e 60 denota a existência de **três** modalidades de empenho: o empenho ordinário, o empenho global e o empenho por estimativa. Como a denominação sugere, o **empenho ordinário** é o mais usual e tem lugar sempre que a Administração já tem conhecimento prévio do montante da despesa, que deverá ser paga de uma só vez. Contudo, essa situação nem sempre se faz presente. Pode haver ou casos em que não é possível determinar o valor exato da despesa (como se verifica nos gastos constantes, como os de água, luz etc.), ou situações em que a despesa será paga parceladamente.

Na primeira hipótese, haveria um **empenho por estimativa**, nos termos do disposto no artigo 60, § 2º, da Lei nº 4.320/1964 – por ocasião da realização do gasto e fixação do valor, haverá o abatimento da quantia empenhada por estimativa. No segundo caso, teria lugar o **empenho global**, segundo estabelece o artigo 60, § 3º: o valor da despesa está determinado, mas será pago de forma parcelada. A despeito disso, o empenho ocorre tendo-se em conta o valor total da despesa. Por fim, deve-se destacar que, em

---

[47] PISCITELLI, Tathiane. *Educação, orçamento e escolhas políticas*, cit.

quaisquer dos casos, haverá a emissão da nota de empenho respectiva, salvo situações expressamente previstas em lei quanto à dispensa da emissão de tal nota, mas não do empenho em si (art. 60, § 1º).

Após o empenho e a emissão da nota respectiva, a despesa será objeto de liquidação, a qual consiste na verificação do direito adquirido pelo credor de receber a quantia empenhada e na segunda etapa da execução orçamentária. Tal verificação tomará em conta os documentos e os títulos que comprovam a realização da despesa e, assim, o crédito ao qual o credor faz jus.

O que se pretende, nos termos do artigo 63, § 1º, é apurar: (i) a origem e o objeto do que se deve pagar, (ii) a importância exata a pagar e (iii) a quem se deve pagar para extinguir a obrigação. Trata-se de garantir que a Administração vá pagar os valores certos à pessoa certa e em razão do motivo previamente estabelecido na nota de empenho.

Na hipótese de fornecimento de bens ou serviços prestados, a liquidação será realizada a partir do contrato, da nota de empenho e dos comprovantes da entrega do material ou da prestação efetiva do serviço, de acordo com o que determina o § 2º do artigo 63.

De acordo com Sérgio Assoni Filho, em comentários à Lei nº 4.320/1964, a liquidação está vinculada ao **implemento de uma condição**: "a concreta prestação do serviço ou o efetivo fornecimento do bem, tanto nos moldes da avença que deu causa ao nascimento da relação obrigacional quanto em conformidade com o que dispõe a legislação vigente".[48]

Apenas diante do implemento da condição e, pois, da existência efetiva da prestação do serviço ou fornecimento de bem, é que surge o direito de recebimento da importância liquidada e, assim, a possibilidade de exigência do pagamento pelo credor.

Realizada a liquidação, cumprido está o requisito para que a despesa seja paga. Porém, antes do pagamento em si, deverá haver a emissão de uma **ordem de pagamento**, realizada pelos serviços de contabilidade, nos termos do artigo 64 da Lei nº 4.320/1964. Após, apenas, é que o **pagamento** será feito, dessa vez pela tesouraria regularmente instituída por estabelecimentos bancários credenciados (art. 65, Lei nº 4.320/1964).

Em **casos excepcionais**, expressamente previstos nas leis de cada uma das unidades da Federação, o pagamento será realizado pelas vias do adiantamento, sem subordinação ao processo normal de realização de despesa (art. 68, Lei nº 4.320/1964).

2.2.10.1 Esquema – Execução orçamentária

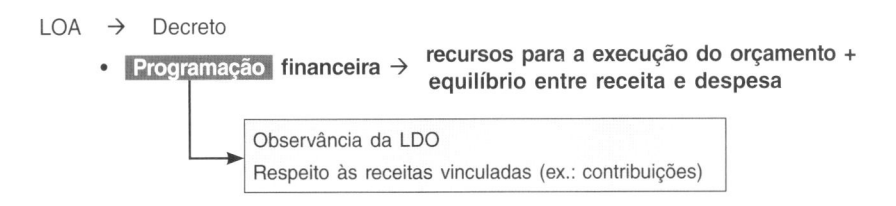

LOA → Decreto
- **Programação** financeira → recursos para a execução do orçamento + equilíbrio entre receita e despesa
  - Observância da LDO
  - Respeito às receitas vinculadas (ex.: contribuições)

---

[48] CONTI, José Maurício (coord.). *Orçamentos públicos* – A Lei 4.320/1964 comentada. São Paulo: Revista dos Tribunais, 2008. p. 189.

- Cronograma de execução mensal de desembolso

⬇

DISPONIBILIDADE FINANCEIRA DAS UNIDADES ORÇAMENTÁRIAS

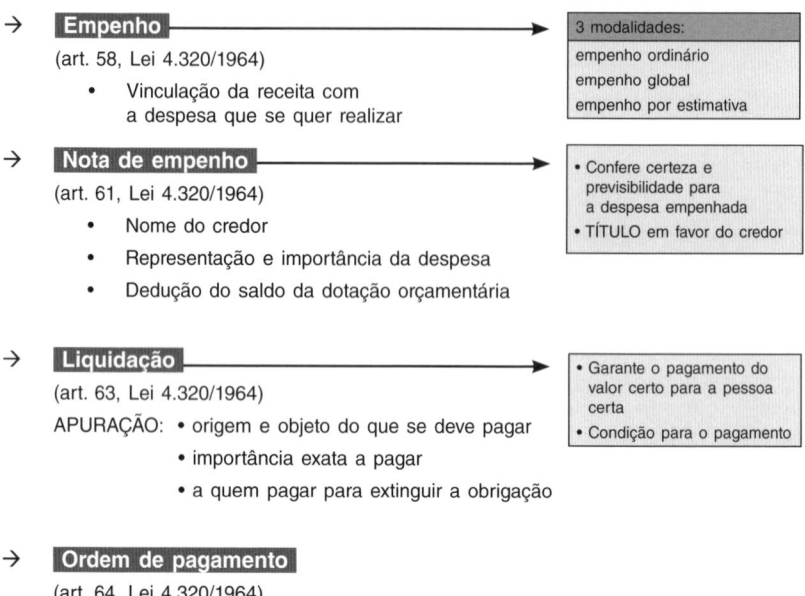

→ **Empenho** ──────────────► 3 modalidades:
(art. 58, Lei 4.320/1964)
- Vinculação da receita com a despesa que se quer realizar

empenho ordinário
empenho global
empenho por estimativa

→ **Nota de empenho** ──────────────►
(art. 61, Lei 4.320/1964)
- Nome do credor
- Representação e importância da despesa
- Dedução do saldo da dotação orçamentária

- Confere certeza e previsibilidade para a despesa empenhada
- TÍTULO em favor do credor

→ **Liquidação** ──────────────►
(art. 63, Lei 4.320/1964)
APURAÇÃO: • origem e objeto do que se deve pagar
- importância exata a pagar
- a quem pagar para extinguir a obrigação

- Garante o pagamento do valor certo para a pessoa certa
- Condição para o pagamento

→ **Ordem de pagamento**
(art. 64, Lei 4.320/1964)
- Realizada pelos serviços de contabilidade

→ **Pagamento**
(art. 65, Lei 4.320/1964)
- Realizado pela tesouraria

TEMAS RELEVANTES PARA DEBATE

1) "Regra de ouro" da responsabilidade fiscal e os limites atuais do orçamento federal

Nos termos do artigo 167, inciso III da Constituição, é vedada a obtenção de receita via operações de crédito em montante superior às despesas de capital. Trata-se de evitar que os valores resultantes da dívida pública superem os investimentos do governo e, assim, sejam utilizados para o pagamento de despesas correntes. O dispositivo enuncia a denominada "regra de ouro" da responsabilidade fiscal, que somente pode ser afastada mediante aprovação, por maioria absoluta, do Poder Legislativo.

Em razão da severa crise fiscal que o Brasil vem enfrentando desde 2014, os níveis da dívida pública têm subido consistentemente. Por ocasião da aprovação da Lei nº 13.808/2019, Lei Orçamentária Anual de 2019, ainda no governo Temer, já se sabia que seria impossível executar o orçamento sem infringir tal regra. Em razão disso, a realização de algumas despesas ficou condicionada à aprovação de créditos adicionais, via Congresso Nacional, que deveria observar a regra da maioria absoluta (art. 2º, parágrafo único).

Em junho de 2019, tais créditos foram aprovados nos termos em que exigidos pela Constituição e as despesas, por fim, realizadas.

Essa situação joga luzes sobre o debate relativo aos limites do orçamento, considerando a crise fiscal atual. Para além da aprovação de operações de crédito que superam as despesas de capital, há outras medidas possíveis de serem tomadas para viabilizar o pagamento de todas as despesas correntes previstas? O não cumprimento constante da "regra de ouro" não pode resultar em crescimento desenfreado da dívida pública? A possibilidade franqueada pela EC 109/2021 quanto à exceção da regra de ouro no caso de calamidade pública não resulta na possibilidade de manejo indevido dessa regra? Como promover o controle da situação excepcional?

MATERIAL DE APOIO PARA O DEBATE

- <https://www1.folha.uol.com.br/mercado/2019/06/sem-acordo-com-oposicao-aprovacao-de-regra-de-ouro-corre-risco-no-congresso.shtml>
- <https://blogdoibre.fgv.br/posts/para-entender-regra-de-ouro-das-financas-publicas>
- <https://www12.senado.leg.br/noticias/materias/2018/04/06/governo-tera-dificuldades-para-cumprir-regra-de-ouro-ate-2025-preve-ifi>
- <http://www2.senado.leg.br/bdsf/bitstream/handle/id/540060/EE_n05_2018.pdf>

2) Anexo de Riscos Fiscais e a modulação de efeitos em matéria tributária

Nos termos do artigo 4º, § 3º da LRF, a Lei de Diretrizes Orçamentárias (LDO) deverá conter um Anexo de Riscos Fiscais, no qual o ente indique os passivos contingentes e, ainda, aponte as providências que serão adotadas caso o risco fiscal se concretize.

Com frequência, os números então apontados são fundamento para os pedidos da Fazenda Pública de modulação de decisões em matéria tributária. Não raro, o Supremo Tribunal Federal se depara com o ônus de decidir pela (in)constitucionalidade de um dado tributo em face dos riscos orçamentários que eventual declaração de nulidade da cobrança pode trazer.

Considerando que a LRF impõe não apenas o dever de a LDO indicar as providências a serem adotadas caso o risco se confirme, mas, também, a constituição de uma reserva de contingência na Lei Orçamentária Anual (LOA) para fazer frente a tais riscos (art. 5º, inciso III, alínea *b*), quais os limites desse tipo de argumento? Como coordenar o suposto risco orçamentário com a necessária credibilidade e transparência das contas públicas?

MATERIAL DE APOIO PARA O DEBATE

- <https://www.valor.com.br/legislacao/fio-da-meada/6295705/argumentos-financeiros-e-modulacao-de-efeitos>

- <https://www.conjur.com.br/2019-jun-11/contas-vista-modulacao-icms-pis-cofins-irresponsabilidade-fiscal>

3) Orçamento impositivo: vantagens e desvantagens

A EC 100/2019, que tornou o orçamento impositivo, pela obrigação da execução orçamentária das emendas parlamentares de bancada (art. 166, § 12), ao lado da previsão geral, à administração, do dever de execução das programações orçamentárias (art. 165, § 10). Considerando o alto grau de vinculação das receitas orçamentárias atualmente existente, essa impositividade trará mais segurança para os administrados? Quais as vantagens e as desvantagens existentes em um ou outro modelo, à luz da realidade orçamentária brasileira?

MATERIAL DE APOIO PARA O DEBATE

- EC 100/2019
- <https://aosfatos.org/noticias/seis-graficos-para-entender-pec-do-orcamento-impositivo/>
- <https://g1.globo.com/politica/noticia/2019/06/04/comissao-especial-da-camara-aprova-pec-do-orcamento-impositivo.ghtml>

Capítulo 3

SEGUNDO PASSO NO DETALHAMENTO DA ATIVIDADE FINANCEIRA: A COMPREENSÃO DA DISCIPLINA DAS RECEITAS E DESPESAS PÚBLICAS

Acesse o *QR Code* e assista à aula explicativa sobre este assunto.

> https://uqr.to/892g

O objetivo deste capítulo será realizar uma análise das receitas e despesas públicas, as quais, conforme destacado anteriormente, integram a atividade financeira do Estado, ao lado da disciplina do orçamento público. O que se pretende é abordar o tema tanto da perspectiva da Constituição quanto da LRF.

3.1 RECEITAS PÚBLICAS: DEFINIÇÃO E CLASSIFICAÇÃO

Receita pública é a entrada de dinheiro nos cofres públicos de forma definitiva. Essa definição implica assumir a diferença entre receita pública e o simples ingresso ou fluxo de caixa, que compreende valores repassados à Administração, mas que, seja por força da lei ou de contrato estabelecido, terão de ser, em algum momento, retirados do Erário – não se trata, pois, de uma entrada definitiva, afastando-se do conceito de receita.

Como exemplo de simples ingresso, cite-se um depósito judicial, realizado em um mandado de segurança preventivo, com o objetivo de discutir um dado tributo. Nos termos da Lei nº 9.703/1998, os depósitos judiciais e extrajudiciais relativos a tributos da União serão repassados pela Caixa Econômica Federal para a conta única do Tesouro Nacional, independentemente de qualquer formalidade. Na hipótese de encerramento da lide, com o reconhecimento de que o tributo seria indevido, os valores serão devolvidos ao depositante no prazo máximo de 24 horas.

Trata-se, pois, de valores que ingressam nos caixas públicos, mas em caráter provisório, na medida em que dependem da solução da lide. Vale mencionar que a Lei nº 9.703/1988 foi questionada no Supremo Tribunal Federal, no contexto da ADI 1933, e o Tribunal julgou não haver qualquer vício na norma, especialmente em face da devolução imediata dos valores.

Essa mesma possibilidade de transferência dos valores depositados para a conta do Tesouro foi posteriormente estendida aos estados, Distrito Federal e municípios pela LC 151/2015. A motivação da lei foi a notória crise fiscal enfrentada pelos estados e municípios desde então; objetivou-se assegurar alguns ingressos, como uma tentativa de superar os déficits que começavam a se estruturar naquele momento.

Segundo o artigo 3º da LC 151/2015, a instituição financeira oficial transferirá para a conta única do Tesouro do ente respectivo 70% do valor atualizado dos depósitos judiciais ou extrajudiciais. A diferença específica que se vê quanto à lei federal – e que justifica os muitos questionamentos que recaem sobre a LC – está no fato de que a devolução das quantias ocorrerá em três dias úteis e será dependente do saldo existente no fundo de reserva destinado a garantir a restituição da parcela transferida ao Poder Público. Nesse sentido, confira-se a redação do artigo 8º:

> Art. 8º Encerrado o processo litigioso com ganho de causa para o depositante, mediante ordem judicial ou administrativa, o valor do depósito efetuado nos termos desta Lei Complementar acrescido da remuneração que lhe foi originalmente atribuída será colocado à disposição do depositante pela instituição financeira responsável, no prazo de 3 (três) dias úteis, observada a seguinte composição:
>
> I – a parcela que foi mantida na instituição financeira nos termos do § 3º do art. 3º acrescida da remuneração que lhe foi originalmente atribuída será de responsabilidade direta e imediata da instituição depositária; e
>
> II – a diferença entre o valor referido no inciso I e o total devido ao depositante nos termos do **caput** será debitada do saldo existente no fundo de reserva de que trata o § 3º do art. 3º.
>
> [...]
>
> § 2º Na hipótese de insuficiência de saldo no fundo de reserva para o débito do montante devido nos termos do inciso II, a instituição financeira restituirá ao depositante o valor disponível no fundo acrescido do valor referido no inciso I.

O artigo 9º, por sua vez, determina a suspensão do repasse de parcelas referentes a novos depósitos até que haja a regularização do saldo. E, sem prejuízo dessa providência, o descumprimento por três vezes da apresentação de compromisso, pelo chefe do Poder Executivo, quanto à recomposição do saldo, resultará na exclusão desse ente da sistemática de repasses prevista na lei.

A análise dos artigos acima mencionados mostra a preocupação do legislador em assegurar que os entes façam frente aos depósitos sem que, no entanto, haja repercussões negativas mais sérias na hipótese de não os honrarem. Isso porque a sanção mais gravosa aplicável é a exclusão do ente da sistemática de repasses. O contribuinte, de outro lado, que realizou o depósito judicial para fins de debater a constitucionalidade de um tributo, por exemplo, corre o risco de não receber os valores, em razão da perda de disponibilidade financeira quase total em relação aos valores depositados.

Caso interessante se deu no estado de Minas Gerais. Poucos meses antes da publicação da LC 151/2015, o estado, já em situação financeira dificultosa, aprovou a Lei nº 21.720/2015 para possibilitar a transferência dos depósitos judiciais, tributários ou não, para a conta do Tesouro estadual. Ato contínuo à publicação da lei, foi ajuizada a ADI 5353/MG sob a alegação de que a norma estadual era abusiva, pois determinava a transferência de valores em relação aos quais a Fazenda sequer era parte – como nos casos de depósitos realizados em ações entre particulares.

A medida cautelar foi julgada procedente, para suspender os efeitos da lei. Contudo, como isso se deu apenas em setembro de 2016, quantias consideráveis foram objeto de transferência para o Tesouro estadual[1]. Esse cenário, somado com a grave crise financeira do estado, resultou na impossibilidade fática de Minas Gerais honrar com a devolução dos depósitos quando dos julgamentos das ações.[2]

A despeito de o cenário ser extremo e pouco usual, é ilustrativo dos danos que medidas como essa podem ocasionar. O pouco controle das finanças públicas, somado com a possibilidade de os entes disporem de valores que sequer receita pública são, sem que haja penalidades graves na hipótese de mau uso do dinheiro, pode ocasionar prejuízos severos aos cidadãos, que, a despeito de terem sua demanda atendida no Judiciário, não conseguem concretizar, na prática, o direito reconhecido.

Especificamente em face da LC 151/2015, há duas ADI tramitando no Supremo: 5361 e 5463, ambas de relatoria do Ministro Nunes Marques e sem decisão em caráter liminar. O tema é relevante, especialmente considerando que a situação fiscal dos entes subnacionais apenas se agravou nos últimos anos – não seria descabido cogitar-se da repetição do cenário de Minas Gerais em outros estados. Portanto, reafirme-se: possibilitar o financiamento do Estado por meras entradas é medida que atenta contra os princípios de responsabilidade fiscal preconizados tanto na LRF quanto no próprio texto constitucional e coloca em risco os direitos dos jurisdicionados.

Voltando-se os olhos para as receitas públicas, a partir da definição geral acima estabelecida, é possível classificá-las segundo a **origem do ingresso**, de um lado, e segundo o **motivo de entrada**, de outro. Nesse último caso, faz-se menção à classificação encontrada no artigo 11 da Lei nº 4.320/1964, detalhada a seguir. Quanto à origem, a receita pode ser classificada em originária, derivada e transferida; quanto ao motivo da entrada, tem-se a classificação em receitas correntes e receitas de capital. Vejamos cada uma das hipóteses separadamente.

3.1.1 Classificação das receitas de acordo com a origem: originárias, derivadas e transferidas

A classificação das receitas segundo a origem tem fundamento na identificação do papel que o Estado exerce ao obter essas receitas. Em poucas palavras, trata-se de identificar se a entrada dos recursos públicos decorre de ato de imposição estatal (receitas derivadas), ou se, ao contrário, decorre da atividade do Estado como agente privado (receitas originárias). Ao lado disso, há uma última possibilidade: as receitas não são resultantes de ato próprio do ente, mas de uma transferência financeira proveniente de outro ente da Federação (receitas transferidas).

---

[1] Em maio de 2020, o mérito da ação foi julgado, reconhecendo a procedência do pedido – fato que não alterou o cenário de baixa efetividade da decisão judicial, à luz da transferência anterior de valores ao Tesouro estadual.

[2] Sobre o tema, confira-se: IMBRÓGLIO de depósitos judiciais em MG impede até pagamento de pensão. *Folha de S. Paulo*, São Paulo, 30 abr. 2017. Disponível em: <https://www1.folha.uol.com.br/mercado/2017/04/1879842-imbroglio-de-depositos-judiciais-impede-ate-pagamento-de-pensao.shtml>. Acesso em: 05 jun. 2019.

Note-se, desde logo, que, a despeito da importância teórica de tal classificação, as leis orçamentárias não a adotam. Por ocasião da elaboração do orçamento, o Poder Executivo se vale da classificação prevista na Lei nº 4.320/1964, que divide as receitas em "correntes" e "de capital". A despeito disso, o detalhamento das receitas segundo a origem é relevante de ser realizado, para fins da compreensão geral da disciplina.

(i) Receitas originárias

São **originárias** as receitas resultantes das atividades do Estado como agente particular e, assim, submetidas ao direito privado. Trata-se das situações em que a Administração se encontra em relação de coordenação com o particular, que entrega recursos àquela não por conta de uma imposição, mas por força do exercício de sua autonomia. Está-se diante, portanto, de uma relação horizontal que se estabelece entre Estado e particular.

Como exemplos, citem-se as receitas provenientes (i) de contratos, herança vacante, doações, legados; (ii) de exploração do patrimônio do Estado por meio de vias públicas, mercados, espaços em aeroportos, estradas, etc.; e (iii) da prestação de serviços públicos por concessionário (*i.e.*, preços públicos ou tarifas).

Ao lado desses exemplos, cite-se, também, o recebimento, pela União, estados, Distrito Federal e municípios, de participação ou compensação financeira em razão da exploração de "petróleo ou gás natural, de recursos hídricos para fins de geração de energia elétrica e de outros recursos minerais" em seus territórios, plataforma continental, mar territorial ou zona econômica exclusiva, nos termos do artigo 20, § 1º, da Constituição.

Recentemente, o Supremo Tribunal Federal reafirmou a natureza de "receita patrimonial originária" de tais valores, cuja titularidade não se confunde com aquela dos recursos naturais objetos de exploração.[3] Nesse sentido, confira-se a ementa da ADI 4.606:

> Segundo jurisprudência assentada nesta Corte, as rendas obtidas nos termos do art. 20, § 1º, da CF constituem receita patrimonial originária, cuja titularidade – que não se confunde com a dos recursos naturais objetos de exploração – pertence a cada um dos entes federados afetados pela atividade econômica. Embora sejam receitas originárias de Estados e Municípios, as suas condições de recolhimento e repartição são definidas por regramento da União, que tem dupla autoridade normativa na matéria, já que cabe a ela definir as condições (legislativas) gerais de exploração de potenciais de recursos hídricos e minerais (art. 22, IV e XII, da CF), bem como as condições (contratuais) específicas da outorga dessa atividade a particulares (art. 176, parágrafo único, da CF). Atualmente, a legislação de regência determina seja o pagamento "efetuado, mensalmente, diretamente aos Estados, ao Distrito Federal, aos Municípios e aos órgãos da Administração Direta da União" (art. 8º da Lei 7.990/1989) (ADI 4.606, Relator(a): Min. Alexandre de Moraes, Tribunal Pleno, julgamento em 28/02/2019, *DJe* 06/05/2019).

---

[3] Sobre o tema, destaque-se debate no Supremo Tribunal Federal sobre a constitucionalidade da Lei nº 12.734/2012, que alterou a Lei nº 9.478/1997 para determinar a alteração do critério territorial para pagamento dos valores previstos no artigo 20, § 1º da Constituição. A lei é objeto de questionamento na ADI 4917, ajuizada em 2013. A medida cautelar foi concedida, em decisão monocrática proferida pela Ministra Cármen Lúcia, com a consequente suspensão dos artigos 42-B; 42-C; 48, II; 49, II; 49-A; 49-B; 49-C; § 2º do art. 50; 50-A; 50-B; 50-C; 50-D; e 50-E da Lei nº 9.478/1997, com as alterações promovidas pela Lei nº 12.734/2012.

Do ponto de vista específico da União, a relevância financeira das receitas originárias é reduzida em face da categoria que trataremos a seguir – as receitas derivadas. No projeto da lei orçamentária da União para 2021 (PLOA/2021), o montante total de tais receitas originárias foi de, aproximadamente, R$ 167,6 bilhões, em face da previsão total da obtenção de R$ 1,56 trilhões de receita.[4]

Isso decorre do fato de que, em Estados como o brasileiro, ocidentais e modernos, a maior parte do financiamento estatal decorre das receitas tributárias. Daí, inclusive, a necessária ligação conceitual entre o direito tributário e o direito financeiro, pois, como postulado no capítulo 1, sem tributos não há Estado, direitos ou garantias aos indivíduos.

(ii) Receitas derivadas

As **receitas derivadas**, como já adiantado, são aquelas cuja origem está no poder de imposição do Estado em face do particular. Decorrem, portanto, de uma relação de subordinação (ou vertical) que se estabelece entre a Administração e o administrado, a qual obriga este último à entrega de recursos ao Estado, sem que isso decorra do exercício de autonomia do particular. Há, ao contrário, constrangimento do patrimônio do particular.

O exemplo clássico é o dos tributos, mas, ao lado desses, encontram-se, também, as penalidades, tributárias ou não. Vale lembrar que a definição de tributo constante do artigo 9º da Lei nº 4.320/1964 faz referência direta à classificação dos tributos como receitas derivadas – fórmula posteriormente abandonada pelo CTN, o que corrobora o progressivo distanciamento entre direito tributário e direito financeiro, tema objeto das considerações tecidas no capítulo 1.

Especificamente em relação aos tributos como categoria de receita derivada, o tema merece um breve aparte para apresentar, ainda que brevemente, as espécies tributárias existentes.

O Código Tributário Nacional (CTN), posterior à Lei nº 4.320/1964, enumera em seu artigo 5º três espécies de tributos: impostos, taxas e contribuições de melhoria. Além disso, no artigo 15 detalha as hipóteses em que haveria a possibilidade de criação de empréstimos compulsórios.

Os impostos têm suas características gerais delineadas no artigo 16 do CTN: são tributos que incidem independentemente de qualquer atuação estatal; seus fatos geradores possíveis são condutas reveladoras de riqueza do particular. Exatamente porque não consistem em contraprestações a atividades estatais, as receitas de impostos serão destinadas ao custeio de despesas gerais do Estado, vedada, como regra,[5] a afetação dos valores arrecadados a finalidade específica.

Já as taxas, diferentemente dos impostos, são tributos cuja cobrança pressupõe a atuação estatal: os contribuintes estão obrigados ao seu pagamento ou em razão da

---

[4] Dados completos em: <https://www.gov.br/economia/pt-br/assuntos/planejamento-e-orcamento/orcamento/orcamentos-anuais/2021/ploa/PLOA2021Apresentao.pdf>.

[5] As exceções estão no artigo 167, inciso IV, da Constituição; como será visto a seguir, as despesas com saúde e educação serão financiadas com recursos de impostos.

utilização, efetiva ou potencial, de serviço público específico e divisível, ou por conta do exercício regular do poder de polícia. O detalhamento dessa espécie tributária consta dos artigos 77 a 80 do CTN.

As contribuições de melhoria, por sua vez, são tributos exigidos em razão de valorização imobiliária ocasionada por obra pública. Nesse sentido, o limite global para a arrecadação é o custo da obra, pois o objetivo específico do tributo é ressarcir a administração pela obra realizada, via contribuição do cidadão que dela se beneficiou, financeiramente, em razão do aumento do valor de seu imóvel. A exemplo das taxas, são tributos cuja exigência está vinculada a uma atuação estatal.[6] A disciplina normativa consta dos artigos 81 e 82 do CTN.

Por fim, o CTN ainda traz a figura dos empréstimos compulsórios: tributos de competência exclusiva da União, cujos fatos geradores serão fixados por ocasião de sua criação, permitida a utilização de fatos já tributados pela União via impostos. A peculiaridade dessa espécie tributária está no fato de que sua instituição está vinculada a circunstâncias fáticas específicas que demandem receitas imediatas. Como exemplo, cite-se guerra externa ou sua iminência e calamidades públicas.

Diante dessa rápida explanação, vê-se que, à época da publicação do CTN, as receitas derivadas tributárias resumiam-se aos impostos, taxas, contribuições de melhoria e empréstimos compulsórios.

As contribuições gerais, já existentes à época – tome-se a contribuição do Programa de Integração Social (PIS)[7] como exemplo – não foram incorporadas ao Código. Já naquele momento, a nota característica das contribuições era a existência de destinação específica para o produto arrecadado. Tal qual ocorre nos impostos, os fatos geradores eram condutas dos contribuintes desvinculadas de atuação estatal específica. Contudo, diferentemente deles, no caso das contribuições, a receita arrecadada tinha finalidade preestabelecida na lei que a instituía.

A despeito de previstas no anteprojeto elaborado por Rubens Gomes de Sousa sob a égide da Constituição Federal de 1946, a versão final do texto legislativo não a contemplou como espécie autônoma. Incorporou-se, apenas, a versão qualificada como "contribuição de melhoria".[8]

Como agravante a esse cenário de alienação de uma espécie tributária que já não era irrelevante à época da publicação do Código, o diploma ainda trouxe outra determinação:

---

[6] Geraldo Ataliba, ao analisar tais espécies tributárias, consagrou a classificação dos tributos em "vinculados" (taxas e contribuições de melhoria) e "não vinculados" (impostos). ATALIBA, Geraldo. *Hipótese de incidência tributária*. São Paulo: Malheiros, 2008.

[7] A contribuição ao PIS foi criada pela Lei Complementar nº 7/1970: trata-se de tributo de competência da União, incidente sobre o faturamento de pessoas jurídicas e destinado a promover "a integração do empregado na vida e no desenvolvimento das empresas", pela constituição de um fundo de participação administrado pela Caixa Econômica Federal (arts. 1º a 3º da LC 7/1970).

[8] Nos termos da redação do artigo 28 do anteprojeto original, "os tributos são impostos, taxas ou contribuições". BRASIL. Ministério da Fazenda. *Trabalhos da Comissão Especial do Código Tributário Nacional*. Rio de Janeiro: Ministério da Fazenda, 1954.

ao estabelecer critérios para a identificação da natureza jurídica específica de um dado tributo, prescreve ser irrelevante, para esses fins, "a destinação legal do produto da sua arrecadação" (art. 4º, inciso II).

Essa determinação atingia diretamente os empréstimos compulsórios, cuja arrecadação é vinculada ao fato que justificou sua criação, e as contribuições gerais, as quais, reitere-se, têm a destinação específica como fator de diferenciação dos impostos.

O resultado, do ponto de vista do direito tributário, foi uma reafirmação do teor do artigo 5º do Código, que limita os tributos a três espécies: impostos, taxas ou contribuições de melhoria. A classificação em uma ou outra modalidade dependeria, exclusivamente, da análise do fato gerador, nos termos da redação do *caput* do artigo 4º.

Da perspectiva do direito financeiro, a desconsideração das contribuições no desenho geral do Código explica a dicotomia que se estabeleceu na classificação das receitas e que persiste até os dias de hoje: no detalhamento das receitas nas leis orçamentárias anuais, dentre as receitas derivadas, há uma rubrica própria para as receitas tributárias e outra para receitas de contribuição. A despeito de a duplicidade refletir a classificação da Lei nº 4.320/1964, que é anterior ao CTN, o fato de o Código ter insistido na alienação das contribuições faz com que a prática se consolide, sem questionamentos quanto à pertinência ou não dessa divisão.

A Constituição de 1988, ao discriminar os dispositivos relativos ao Sistema Tributário Nacional, não segue, integralmente, a lógica do CTN. O texto constitucional apresenta as contribuições como espécie tributária própria e independente das outras figuras inumeradas do artigo 5º do Código.

As contribuições seriam, como regra geral, tributos de competência exclusiva da União, criadas com a finalidade de direcionar recursos para a ordem social, para a ordem econômica ou mesmo no interesse de categorias profissionais e econômicas. Esse é o teor do *caput* do artigo 149:

> Art. 149. Compete exclusivamente à União instituir contribuições sociais, de intervenção no domínio econômico e de interesse das categorias profissionais ou econômicas, como instrumento de sua atuação nas respectivas áreas, observado o disposto nos arts. 146, III, e 150, I e III, e sem prejuízo do previsto no art. 195, § 6º, relativamente às contribuições a que alude o dispositivo.

A submissão de tais prestações ao regime próprio do direito tributário é reforçada pela parte final do dispositivo: como tributos que são, devem observar os princípios da legalidade, anterioridade e irretroatividade tributárias, além das normas gerais dessa disciplina.

Ao lado desse, outros dispositivos constitucionais reafirmam a natureza tributária das contribuições. Nesse sentido, vale destacar a redação do artigo 149-A, que delega competência tributária aos municípios e Distrito Federal para instituir contribuição para o custeio do serviço de iluminação pública (COSIP) e o artigo 195, que detalha as incidências possíveis das contribuições destinadas ao financiamento da Seguridade Social.

Diante disso, portanto, atualmente é inquestionável a natureza jurídico-tributária das contribuições, espécie que se soma aos impostos, taxas e empréstimos compulsórios[9] no desenho geral das receitas derivadas tributárias passíveis de arrecadação pelo Estado.[10]

(iii) Receitas transferidas

Por fim, temos as **receitas transferidas**, que, como a denominação indica, decorrem da transferência de recursos entre os entes da Federação. Portanto, diferentemente do que ocorre com as receitas originárias e derivadas, esses recursos resultam não de uma relação que se estabelece entre Estado e particulares, mas sim em virtude de relações *entre* os entes da Federação.

Referidas transferências de receitas podem ser resultantes ou do texto constitucional e legal – nesse caso, teríamos transferências obrigatórias – ou de mera liberalidade do ente, a título de auxílio – hipótese das transferências voluntárias, definidas no artigo 25 da LRF. No que se refere às transferências voluntárias, conforme será visto mais adiante, elas são um instrumento relevante de apoio da União aos entes subnacionais (estados, Distrito Federal e municípios), e, precisamente por essa razão, muitas das penalidades contidas na LRF resultam na impossibilidade de recebimento de valores a esse título.

Quanto às transferências obrigatórias, segundo destaca o Tesouro Nacional,[11] trata-se de mecanismo que visa a amenizar as desigualdades regionais, pela busca da promoção do equilíbrio socioeconômico entre estados e municípios. Isso se dá pela repartição da arrecadação tributária entre os entes e aplicação dos valores em fundos com finalidades específicas. Essa repartição pode se dar a partir da União, para estados, Distrito Federal e municípios, ou a partir dos estados, para os municípios.

A disciplina geral do tema está nos artigos 157 a 159 da Constituição e envolve os impostos de competência da União, dos estados e do Distrito Federal. A única exceção é a CIDE Combustíveis, prevista no artigo 177, § 4º, da Constituição: 29% de sua arrecadação será destinado aos Estados e ao Distrito Federal, observando-se, em relação a esses valores, a destinação própria dos recursos.[12]

---

[9] A despeito desse consenso, ainda há, na doutrina, divergências quanto ao número de espécies tributárias possíveis. Para uma ampla discussão e histórico sobre o tema, confira-se SCHOUERI, Luís Eduardo. *Direito Tributário*. São Paulo: Saraiva, 2018. Entendemos que nosso sistema tributário comporta quatro espécies: impostos, taxas, empréstimos compulsórios e contribuições. Essa última categoria se subdivide em contribuições gerais, cujo fundamento está no artigo 149 da Constituição, e contribuições de melhoria, com ampla disciplina no CTN.

[10] Debate relevante hoje em torno dessas figuras se situa na possibilidade de restituição de contribuições cujas receitas não foram devidamente aplicadas nas finalidades constitucional ou legalmente previstas. Sobre o tema, confira-se: PISCITELLI, Tathiane; CRESTANI, William Roberto. A contribuição da LC 110/2001 deve ser extinta? *Revista Tributária das Américas*, v. 10, p. 155-170, 2014.

[11] Cf. <http://www.tesouro.fazenda.gov.br/-/cartilhas-de-transferencias-constitucionais>.

[12] Nos termos do artigo 177, § 4º, inciso II, da Constituição, as receitas arrecadadas com a CIDE Combustíveis obrigatoriamente serão destinadas: "a) ao pagamento de subsídios a preços ou transporte de álcool combustível, gás natural e seus derivados e derivados de petróleo; b) ao financiamento de projetos ambientais relacionados com a indústria do petróleo e do gás; c) ao financiamento de programas de infraestrutura de transportes".

Por fim, ainda nesse sentido, cumpre destacar a redação do artigo 159 da Constituição, que disciplina a entrega de recursos da União para o "Fundo de Participação dos Estados" (FPE) e o "Fundo de Participação dos Municípios" (FPM).

> Art. 159. A União entregará:
>
> I – do produto da arrecadação dos impostos sobre renda e proventos de qualquer natureza e sobre produtos industrializados, 49% (quarenta e nove por cento), na seguinte forma:
>
> a) vinte e um inteiros e cinco décimos por cento ao Fundo de Participação dos Estados e do Distrito Federal;
>
> b) vinte e dois inteiros e cinco décimos por cento ao Fundo de Participação dos Municípios;
>
> c) três por cento, para aplicação em programas de financiamento ao setor produtivo das Regiões Norte, Nordeste e Centro-Oeste, através de suas instituições financeiras de caráter regional, de acordo com os planos regionais de desenvolvimento, ficando assegurada ao semi-árido do Nordeste a metade dos recursos destinados à Região, na forma que a lei estabelecer;
>
> d) um por cento ao Fundo de Participação dos Municípios, que será entregue no primeiro decêndio do mês de dezembro de cada ano;
>
> e) 1% (um por cento) ao Fundo de Participação dos Municípios, que será entregue no primeiro decêndio do mês de julho de cada ano.

Em todos os casos de transferência constitucional, reitere-se que, do ponto de vista do ente que recebe os valores, ainda que a origem seja tributária, a classificação como receita derivada é indevida, já que a entrada de recursos não se justifica pelo poder de imposição daquele ente. Não há dúvidas, portanto, de que se está perante uma receita transferida.

Por fim, vale destacar que as receitas dessa natureza não podem, como regra, ser retidas, salvo diante de hipóteses específicas contidas no parágrafo único do artigo 160 da Constituição ou em legislação própria, e que serão objeto de comentário em momento oportuno.

3.1.2 Classificação das receitas de acordo com o motivo de entrada: receitas correntes e receitas de capital

A classificação das receitas em "correntes" e "de capital" é resultado do disposto no artigo 11 da Lei nº 4.320/1964.

Genericamente, são **receitas correntes** aquelas **resultantes de atividades próprias do Estado**, tais como: (i) obtenção de recursos pelas vias da tributação, (ii) cobrança de preços públicos dos particulares e outros valores decorrentes da exploração do patrimônio do Estado nos moldes do direito privado e (iii) entrada de receita por conta das transferências obrigatórias ou voluntárias realizadas entre os entes.

Em complemento a essa definição geral, deve-se destacar a redação do artigo 11, § 1º, da Lei nº 4.320/1964, que detalha e especifica os tipos de entradas que devem ser compreendidas dentro do rol mais genérico de "receita corrente":

> § 1º São Receitas Correntes as receitas tributária, de contribuições, patrimonial, agropecuária, industrial, de serviços e outras e, ainda, as provenientes de recursos financeiros

recebidos de outras pessoas de direito público ou privado, quando destinadas a atender despesas classificáveis em Despesas Correntes.

Aliando essa definição com a classificação vista acima, que divide as receitas em "originárias, derivadas e transferidas", é possível notar que as receitas correntes englobam essas três categorias. A descrição das espécies de receitas correntes ajuda a corroborar esse argumento.

As "receitas tributárias" e "de contribuições" compreendem os impostos, taxas, empréstimos compulsórios e contribuições (gerais e de melhoria) – são os casos, portanto, de "receitas derivadas".

Já as "receitas patrimoniais, agropecuárias, industriais e de serviços" são, todas, resultantes da atuação do Estado como ente privado. Alguns exemplos são úteis para ilustrar: os recursos obtidos com concessões e permissões são receitas patrimoniais; os resultantes da atuação econômica do ente com atividades agropecuárias são receitas agropecuárias; as receitas arrecadadas com indústria extrativa, indústria de transformação etc. são receitas industriais; finalmente, recursos arrecadados com a prestação de serviços públicos pelo ente, que seja remunerado por preço público, são receitas de serviços. Todas elas, como se vê, receitas originárias.

Por fim, as receitas financeiras obtidas de outros entes, para o custeio de despesas correntes, são as receitas transferidas, na classificação segundo a origem do ingresso.

De outro lado, as **receitas de capital** podem ser compreendidas como as **entradas resultantes de operações nas quais o Estado busca a captação externa de recursos** e, portanto, à parte das suas finalidades ordinárias. É o caso, por exemplo, das receitas provenientes das operações de endividamento.

Na mesma linha do realizado com as receitas correntes, o legislador igualmente especifica as receitas de capital. Nesse sentido, é a redação do artigo 11, § 2º, da Lei nº 4.320/1964:

§ 2º São Receitas de Capital as provenientes da realização de recursos financeiros oriundos de constituição de dívidas; da conversão, em espécie, de bens e direitos; os recursos recebidos de outras pessoas de direito público ou privado, destinados a atender despesas classificáveis em Despesas de Capital e, ainda, o superávit do Orçamento Corrente.

Um rápido olhar para o orçamento da União nos últimos anos mostra a importância das receitas de capital: como o país vem enfrentando déficits sucessivos, em razão da pouca capacidade de obter receitas próprias que façam frente às despesas, o recurso ao endividamento é constante. Em 2021, por exemplo, o orçamento fechou o ano com, aproximadamente, R$ 1,84 trilhão de receitas correntes, em face de R$ 2,21 trilhões de receitas de capital.[13] As condições para o endividamento e os debates que a situação fiscal atual gera serão objeto de capítulo próprio.

---

[13] Informações disponíveis em: <https://www.portaltransparencia.gov.br/receitas?ano=2021>.

3.2 AS RECEITAS PÚBLICAS NA DISCIPLINA DA LEI DE RESPONSABILIDADE FISCAL

A LRF dedica um capítulo inteiro às receitas públicas, que compreende duas seções: uma relativa à "previsão e arrecadação" (arts. 11 a 13) e outra sobre "renúncia de receita" (art. 14). Trataremos de cada uma dessas hipóteses separadamente.

3.2.1 Previsão e arrecadação das receitas públicas: artigos 11 a 13 da LRF

O **artigo 11** da LRF abre o capítulo referente à receita pública e também a seção I, que disciplina os aspectos financeiros da previsão e arrecadação de receitas. Nesse sentido, impõe como condição à existência de responsabilidade na gestão do dinheiro público a "instituição, previsão e efetiva arrecadação de todos os tributos da competência constitucional do ente da Federação". Ou seja: **o ente que deixar de criar ou disciplinar um tributo para o qual a Constituição lhe confere competência estará agindo em ofensa ao princípio da responsabilidade no manejo das verbas públicas, na medida em que, de forma deliberada, opta por não captar receitas tributárias.**

A consequência desse preceito é retomar debate já antigo, relativo à facultatividade do exercício da competência tributária.[14] Como é sabido, o poder de tributar é atribuído pela Constituição aos entes da Federação, que se valem de tais receitas para assegurar a autonomia política e administrativa.

A literalidade do *caput* do artigo 11 da LRF, no entanto, parece pretender afastar a possibilidade de escolha pelo ente, na medida em que vincula a falta de criação de tributos constitucionalmente previstos à ausência de responsabilidade na gestão do dinheiro público. Confira-se:

> Art. 11. Constituem requisitos essenciais da responsabilidade na gestão fiscal a instituição, previsão e efetiva arrecadação de todos os tributos da competência constitucional do ente da Federação.

Como agravante dessa determinação, o **parágrafo único do artigo 11 da LRF** ainda estabelece uma **penalidade** para aqueles que não criarem impostos de sua competência: tais entes ficarão tolhidos de receber transferências voluntárias e, assim, repasses de verbas provenientes de auxílio financeiro de outras unidades da Federação. A redação do parágrafo único determina:

> Art. 11, Parágrafo único. É vedada a realização de transferências voluntárias para o ente que não observe o disposto no *caput*, no que se refere aos impostos.

Naturalmente que tal penalidade apenas atinge os estados e municípios, pois são eles os sujeitos do recebimento de transferências voluntárias. A União, por exemplo, que

---

[14] Nesse sentido, confira-se: CARVALHO, Paulo de Barros. *Curso de Direito Tributário*. São Paulo: Saraiva, 2018; CARRAZZA, Roque Antonio. *Direito Constitucional Tributário*. São Paulo: Malheiros, 2018; COSTA, Regina Helena. *Curso de Direito Tributário*. São Paulo: Saraiva, 2018.

tem se omitido na criação do imposto sobre grandes fortunas, cuja competência para a instituição está prevista no artigo 153, inciso VII, da Constituição, não assume nenhuma consequência financeira direta em razão dessa lacuna.

A assimetria prevista no parágrafo único do artigo 11 da LRF também gerou alegações de inconstitucionalidade do dispositivo em razão de supostas ofensas ao pacto federativo. Sobre o tema, confira-se o entendimento de Edvaldo Brito:[15]

> Mas, todo esse federalismo encontra-se ameaçado, inconstitucionalmente, por essa lei, em nome de uma *falsa moralidade*, isto é, a *moralidade* que cria uma desigualdade nas sanções *institucionais* porque a União não sofrerá sanção alguma se não se enquadrar nos parâmetros; e já não se inclui, porque, por exemplo, não deu um passo para *instituir e arrecadar o imposto sobre grandes fortunas*, de sua *competência tributária*.

A despeito da posição do autor, entendemos que, ainda que não haja sanções específicas para a União em razão da redação do parágrafo único, segue aplicável a ela o *caput* do dispositivo: a não criação de tributos constitucionalmente previstos segue vinculada à má gestão de recursos públicos, de um ponto de vista geral.

Isso não significa, porém, que a aplicação do artigo 11 deva ser realizada sem a consideração de outros elementos, igualmente relevantes, para a apuração da qualidade da gestão dos recursos públicos pelos entes federados. Há, portanto, de se ter parcimônia na interpretação desse dispositivo; os custos de arrecadação e fiscalização em face da estimativa de receita a ser obtida com a nova incidência tributária devem, também, ser considerados.

Com isso, pretende-se afirmar que o mero esgotamento da competência tributária contida no texto constitucional, com a criação de todos os tributos possíveis, por si só, não assegura a boa gestão dos recursos públicos. O artigo 11 apresenta um parâmetro importante: se o ente tem a possibilidade de obter receitas via tributação, ele deve fazê-lo. Contudo, essa decisão não prescinde da avaliação econômica e dos impactos orçamentários que a nova cobrança trará. O cotejo dessas variáveis é que será decisivo para se definir se o tributo então instituído tem reflexos positivos nas contas públicas.

Trata-se, reitere-se, de interpretar o dispositivo à luz de aspectos mais gerais da gestão dos recursos públicos, considerando os impactos orçamentários decorrentes da criação de exações cujas receitas, eventualmente, não sejam equivalentes aos esforços para cobrá-las. O foco está, portanto, no exercício da competência tributária e nas condições para seu não exercício.[16]

---

[15] BRITO, Edvaldo. Lei de Responsabilidade Fiscal: competência tributária, arrecadação de tributos e renúncia de receita. In: ROCHA, Valdir de Oliveira (coord.). *Aspectos Relevantes da Lei de Responsabilidade Fiscal*. São Paulo: Dialética, 2001. p. 107-126.

[16] Nesse ponto, alinho-me com Betina Grupenmacher, que recentemente alterou seu entendimento quanto à facultatividade da competência tributária. Nesse sentido, confira-se: GRUPENMACHER, Betina Treiger. Responsabilidade Fiscal, Renúncia de Receitas e Guerra Fiscal. In: SCAFF, Fernando Facury; CONTI, José Maurício (coord.). *Lei de Responsabilidade Fiscal*: 10 anos de vigência – questões atuais. São José, SC: Conceito/IBDF, 2010. Sobre o tema, confira-se, também, PISCITELLI, Tathiane. *Curso de Direito Tributário*. São Paulo: Thomson Reuters, 2021.

Por fim, diferentemente de parte da doutrina, entendemos que as disposições do artigo 11 da LRF não se confundem com hipótese de renúncia de receita.

Conforme visto linhas acima, o dispositivo enumera três ações do ente, que devem ser perseguidas para uma boa gestão de recursos públicos: instituição, previsão e efetiva arrecadação de tributos.

A conduta relativa à "instituição", sem sombra de dúvidas, refere-se ao exercício da competência tributária e todo debate, já realizado, sobre a facultatividade. A renúncia de receitas está prevista no artigo 14 da Lei e será tratada com mais vagar adiante. Desde logo, porém, mencione-se que a renúncia está relacionada com a concessão de benefícios tributários. A ausência de criação de um determinado tributo não configura "benefício", mas mera omissão do ente quanto ao exercício da competência tributária. O artigo 11 da LRF auxilia na avaliação da correção de tal postura.

De outro lado, o legislador, ao mencionar, no *caput* do artigo 11, os termos "previsão e efetiva arrecadação" de todos os tributos da competência do ente e vincular essas ações à responsabilidade fiscal, parece fazer referência a atos executivos de exigência dos tributos – tais como a disciplina regulamentar ("previsão") e exigência concreta via atividade de fiscalização ("efetiva arrecadação"). O que se pretende, parece-nos, é evitar a omissão da administração quanto à exigência tributária.

A renúncia de receitas, como veremos, é ato positivo, de opção declarada pelo ente quanto à não tributação, para fins de política econômica (social, concorrencial, industrial etc.). Daí por que entendemos que o artigo 11 em nenhuma hipótese faz referência ao instituto da renúncia, cuja disciplina na LRF é posterior, ainda que no mesmo capítulo da lei.

Por fim, mencione-se que a validade do parágrafo único do artigo 11 da LRF foi questionada na ADI 2.238. O fundamento da inconstitucionalidade alegada era a suposta ofensa ao *caput* do artigo 160 da Constituição. Nos termos em que mencionado linhas acima, tal dispositivo proíbe a retenção ou não repasse de recursos decorrentes da repartição da arrecadação tributária, por se tratar de transferência obrigatória – a retenção apenas pode ser realizada em situações muito específicas. Na decisão liminar, o Supremo Tribunal Federal afastou a alegação de inconstitucionalidade exatamente porque o parágrafo único do artigo 11 da LRF faz referência às transferências voluntárias e, assim, em nada conflita com o dispositivo constitucional. Tal posição foi reforçada por ocasião do julgamento de mérito da ação, ocorrido em junho de 2020. Confira-se trecho da ementa sobre o tema:

> A mensagem normativa do parágrafo único do art. 11 da LRF, de instigação ao exercício pleno das competências impositivas fiscais tributárias dos Entes locais, não conflita com a Constituição Federal, traduzindo-se como fundamento de subsidiariedade, congruente com o Princípio Federativo, e desincentivando dependência de transferências voluntárias.

O **artigo 12**, de seu turno, disciplina a previsão das receitas na LDO e na LOA, e estabelece as **regras segundo as quais a estimativa e reestimativa de receita serão realizadas**. No *caput*, estabelece como referida previsão será realizada, do ponto de vista dos critérios utilizados: como a estimativa presente nas leis orçamentárias não deve ser algo apresentado sem fundamento e de forma aleatória, mas, ao contrário, decorrente da consideração de vários e diferentes fatores que podem influir no montante da receita para um determinado período. O artigo determina:

Art. 12. As previsões de receita observarão as normas técnicas e legais, considerarão os efeitos das alterações na legislação, da variação do índice de preços, do crescimento econômico ou de qualquer outro fator relevante e serão acompanhadas de demonstrativo de sua evolução nos últimos três anos, da projeção para os dois seguintes àquele a que se referirem, e da metodologia de cálculo e premissas utilizadas.

Trata-se, pois, de garantir que o montante de receita indicado, estimado e previsto na LDO e na LOA tenha **conexão forte com elementos fáticos** que justifiquem o valor então apontado.

Como forma de melhor detalhar essa previsão e garantir ainda mais seu vínculo com a realidade, o **artigo 13** prescreve a obrigação do Poder Executivo de, no prazo de trinta dias após a publicação dos orçamentos, **desdobrar as receitas previstas em metas bimestrais de arrecadação**, com a especificação das medidas de combate à evasão e à sonegação fiscal, além da indicação dos valores de Execuções Fiscais ajuizadas e da evolução dos créditos tributários que podem ser exigidos na via administrativa. Visa-se assegurar que a receita tal como prevista seja realizada e que tal previsão encontre respaldo nas situações fáticas vigentes no ano para o qual tanto a LDO quanto a LOA serão aplicadas.

De outro lado, os **parágrafos do artigo 12** estabelecem outras regras para a estimativa da receita nas leis orçamentárias. **O § 1º limita as hipóteses de reestimativa da receita** por iniciativa do Poder Legislativo às situações em que reste comprovado erro ou omissão de ordem técnica ou legal. Dessa forma, a regra é a de que a receita indicada nos projetos elaborados pelo Poder Executivo e encaminhados para o Legislativo não sofra modificações no curso da votação e discussão do orçamento.

Contudo, para evitar que a tarefa relativa à estimativa das receitas não fique demasiadamente concentrada nas mãos do Executivo, o § 3º desse mesmo dispositivo prescreve que o Poder Executivo deverá colocar à disposição dos demais Poderes e do Ministério Público, ao menos **trinta dias antes do prazo final para o encaminhamento das suas propostas orçamentárias, os estudos e as estimativas de receitas para o exercício seguinte, bem como as respectivas memórias de cálculo**.

Finalmente, o **§ 2º do artigo 12 estabelece uma norma mais específica, relativa ao montante possível das receitas decorrentes de operações de crédito**. Nesse sentido, determina que tais receitas não poderão superar os valores das despesas de capital, previstas no projeto da LOA. Trata-se de garantir que os ingressos provenientes do endividamento ou, mais genericamente, da captação externa de recursos pelo Estado (*i.e.* "receitas decorrentes de operações de crédito") não superem os dispêndios cujo foco seja o aumento do patrimônio do Estado (*i.e.* "despesas de capital", conforme será definido mais adiante). O objetivo é, então, que os gastos com o endividamento sejam, ao menos, iguais àqueles com investimentos visando ao aumento do patrimônio público – a já mencionada "regra de ouro" da responsabilidade fiscal, cuja previsão original está no artigo 167, inciso III da Constituição.

Acerca da redação desse parágrafo, houve controvérsia no Supremo Tribunal Federal, também nos autos da ADI 2238, sobre a eventual incompatibilidade da regra estabelecida na LRF com o disposto no referido artigo 167, inciso III, da Constituição, que estabelece ser vedada "a realização de operações de créditos que excedam o montante das despesas de capital, **ressalvadas as autorizadas mediante créditos suplementares ou especiais com finalidade precisa, aprovados pelo Poder Legislativo por maioria absoluta**".

Conforme se percebe da redação do artigo constitucional, a divergência em relação ao artigo 12, § 2º, estaria no fato de que a LRF não contemplou, em suas disposições, qualquer ressalva quanto à possibilidade de as operações de crédito excederem as despesas de capital nas situações em que haja autorização de despesa específica (por crédito suplementar ou especial), aprovada pelo Poder Legislativo por maioria absoluta e com finalidade precisa. Por conta disso, o Supremo Tribunal Federal, no julgamento da medida cautelar da mencionada ADI, decidiu conferir **interpretação conforme à Constituição** ao dispositivo e, assim, abarcar a exceção prevista no artigo 167, inciso III, parte final, tendo essa posição sido mantida no julgamento de mérito:

> Ao prever limite textualmente diverso da regra do art. 167, III, da CF, o art. 12, § 2º, da LRF enseja interpretações distorcidas do teto a ser aplicado às receitas decorrentes de operações de crédito, pelo que a ação deve ser parcialmente provida, nesse ponto, para dar interpretação conforme ao dispositivo para o fim de explicitar que a proibição não abrange operações de crédito autorizadas mediante créditos suplementares ou especiais com finalidade precisa, aprovados pelo Poder Legislativo por maioria absoluta.[17]

Portanto, permanece **válida** e **vigente** a regra do artigo 12, § 2º, da LRF, feita apenas a **ressalva quanto à possibilidade de as receitas decorrentes das operações de crédito superarem as despesas de capital na hipótese de existir autorizações de despesas específicas, aprovadas por maioria absoluta do Poder Legislativo**. Sobre o tema, confira-se o debate sobre a aprovação da LOA de 2019, tratado no capítulo anterior.

3.2.2 Renúncia de receita: artigo 14 da LRF

Para terminar a disciplina da receita pública na LRF, devemos tratar de um último instituto disciplinado na lei, em seu artigo 14, que inicia uma nova seção no capítulo das receitas: a **renúncia de receita**. Em linhas gerais e nos termos do § 1º e *caput* desse dispositivo, haverá renúncia de receita sempre que se fizer presente algum benefício de natureza fiscal ou tributária cujo resultado seja a **redução dos ingressos nos cofres públicos.**

Conforme veremos a seguir, o § 1º, a despeito de não conceituar "renúncia de receita", apresenta um rol possível de hipóteses nas quais ela se faz presente. De outro lado, o *caput* do artigo 14, ao tratar das condições que devem ser cumpridas na concessão de renúncias, vincula-as à "concessão ou ampliação de benefício ou incentivo de natureza tributária". Sendo assim, é defensável afirmar que o legislador, ao disciplinar o instituto, pretendeu tratar de casos em que há dispensa ou redução do pagamento de tributos e penalidades a ele conectadas – ainda que essa não seja a única possibilidade de redução de ingresso de recursos nos cofres públicos.

Trata-se de redução de receita de origem tributária a ser arrecadada, com evidente impacto no orçamento. Apesar de não se tratar de despesa em sentido estrito, já que não há dispêndio de dinheiro público, tais situações são classificadas como "gastos tributários"[18]

---

[17] ADI 2238, Relator Alexandre de Moraes, Tribunal Pleno, julgado em 24/06/2020.

[18] O termo "gasto tributário" foi forjado por Stanley Surrey para representar as despesas indiretas do Estado com benefícios fiscais. Cf. SURREY, Stanley S.; MCDANIEL, Paul R. *Tax Expenditures*. Cambridge, Mass: Harvard University Press, 1985.

que se justificam diante da necessidade da promoção de dada política econômica ou tributária. Como já tratei em outra oportunidade,[19]

> [...] não se trata propriamente de uma despesa, porque não há dispêndio ou desembolso de recursos, mas há dimensão negativa na medida, pois ela tem por resultado a diminuição de valores arrecadados e, assim, impacto direto no orçamento público. Isso implica dizer que a concessão de benefícios tributários representa o investimento, em sentido lato, ainda que indireto, do Poder Público em determinada área ou setor, porque se escolhe reduzir a arrecadação em certo ponto, em detrimento da aplicação direta de recursos em outra necessidade pública qualquer.

A análise desse dispositivo será realizada em três partes. Em primeiro lugar, analisaremos, com detalhes, a redação do § 1º do artigo 14, ao lado da aplicação prática dessa categoria na LOA. Como mencionado no capítulo anterior, atualmente a Secretaria da Receita Federal do Brasil é a instituição responsável pela elaboração do demonstrativo de renúncias de receitas que acompanha a LOA. Sendo assim, é relevante avaliar como a classificação das renúncias tem ocorrido, ao lado da apresentação dos números vigentes de renúncias tributárias no Brasil. A interpretação da Receita Federal será apresentada no item (ii). Por fim, passaremos à análise dos requisitos exigidos pela LRF para a concessão desses benefícios.

Contudo, o exame do instituto não ficaria completo sem a menção às recentes alterações promovidas pela EC 109/2021. Ainda que não se trate de mudanças à LRF, há impactos diretos na disciplina jurídica da renúncia de receita. Por essa razão, após o esmiuçar do artigo 14, um item específico tratará das novidades trazidas pela EC.

(i) Renúncia de receita: detalhamento das hipóteses do artigo 14, § 1º da LRF

O primeiro passo para a compreensão ampla do que seja renúncia de receita é a análise de cada uma das hipóteses mencionadas no dispositivo.

Nos termos do já mencionado § 1º do artigo 14 da LRF, estaremos diante de uma renúncia de receita sempre que o ente, tendo possibilidade jurídica de obter receitas derivadas de determinadas fontes, opta por não o fazer. Confira-se:

> Art. 14, § 1º A renúncia compreende anistia, remissão, subsídio, crédito presumido, concessão de isenção em caráter não geral, alteração de alíquota ou modificação de base de cálculo que implique redução discriminada de tributos ou contribuições, e outros benefícios que correspondam a tratamento diferenciado.

Como se vê da redação acima, ainda que o dispositivo não defina renúncia de receita e apenas enumere as hipóteses em que ela se verifica, ele possibilita concluir que o instituto terá lugar em razão de dispensa do pagamento de tributo ou penalidades, ou,

---

[19] PISCITELLI, Tathiane. O caso do PIS/COFINS: Responsabilidade fiscal e o princípio da legalidade por inteiro. *Jota*, Coluna Pauta Fiscal. Disponível em: <https://www.jota.info/opiniao-e-analise/colunas/pauta-fiscal/o-caso-do-piscofins-16032017>. Acesso em: 10 jun. 2019.

ainda, de concessão de tratamento tributário favorecido. Conforme destacado anteriormente, a vinculação das "renúncias de receita" aos benefícios tributários se justifica à luz da interpretação conjunta do § 1º do artigo 14, com o *caput* do mesmo dispositivo.

Ademais, segundo o Tribunal de Contas da União, o § 1º do artigo 14 traz rol meramente exemplificativo, que não tem a pretensão de esgotar todas as possibilidades legislativas de concessão de benefícios e incentivos de natureza tributária:[20]

> [...] A partir da redação do dispositivo, constata-se que se trata de rol meramente exemplificativo, e não taxativo. Tendo em vista que o princípio básico da LRF consiste no equilíbrio das contas públicas, qualquer benefício do qual decorra tratamento diferenciado deve ser considerado renúncia de receita, com vistas a coibir a concessão indiscriminada de benefícios, o que pode impactar as receitas e, consequentemente, dificultar o alcance das metas fiscais.

Ainda assim, para a correta compreensão do dispositivo, é relevante analisar cada uma das situações indicadas no artigo.

A **anistia** é instituto previsto no artigo 175, inciso II, e artigos 180 a 182 do CTN. Trata-se de hipótese de exclusão do crédito tributário que tem por efeito prático afastar a exigência de penalidades antes mesmo da atividade de constituição do crédito tributário respectivo. Um exemplo é útil para ilustrar.

Tome-se a situação de um contribuinte que deixa de recolher o imposto de renda incidente sobre seus rendimentos tributáveis, a despeito da declaração devida no instrumento próprio, qual seja, a Declaração de Ajuste Anual do Imposto de Renda das Pessoas Físicas. Essa situação atrai, nos termos da legislação específica, a incidência de penalidades próprias, tais como multa e juros. Nesse caso, a exigência do imposto devido e das penalidades respectivas dependerá de ato da Administração formalizando em linguagem competente o não cumprimento do dever de pagamento do tributo a tempo. Ato contínuo a essa formalização, seguirá o processo de cobrança.[21]

Contudo, imaginemos que, antes mesmo da inscrição em Dívida Ativa, e, assim, antes de qualquer ato passível de formalizar a exigência da penalidade em linguagem competente, é aprovada uma lei que dispensa ou reduz o pagamento de penalidades na

---

[20] Acórdão 747-2010, Relator Augusto Nardes, Plenário, julgamento em 14/04/2010.

[21] Os tributos lançados por homologação estão previstos no artigo 150 do CTN e se caracterizam pela iniciativa do contribuinte em apurar, sem exame prévio da autoridade administrativa, o valor devido e, ato contínuo, proceder ao pagamento respectivo. A extinção do crédito tributário declarado e pago ficará condicionada à homologação pela administração, que, em respeito ao prazo decadencial, deverá ocorrer no prazo de cinco anos. No exemplo acima mencionado, a declaração correta realizada pelo contribuinte, a despeito do não pagamento, tem o condão de constituir o crédito tributário, nos termos da Súmula 436 do Superior Tribunal de Justiça. Sendo assim, nesse caso, caberá à administração encaminhar o débito para a inscrição em Dívida Ativa, com a exigência das penalidades devidas. A inscrição em Dívida Ativa, portanto, é o ato que formaliza em linguagem competente as penalidades devidas – até então não constituídas. Como alternativa a essa solução, a administração poderá optar por enviar ao contribuinte uma notificação de pagamento, com a exigência das penalidades, como medida administrativa última, antes do início das etapas preparatórias ao processo de execução fiscal (i.e., a inscrição em Dívida Ativa).

hipótese de não recolhimento, a tempo, do imposto de renda das pessoas físicas. Nesse caso, estaríamos diante do instituto da anistia: a norma tributária, a despeito de perfeitamente aplicável ao caso, não incidirá por dispensa legal clara e inequívoca, que beneficia os contribuintes que se amoldarem àquela situação.

A renúncia de receita é evidente: a administração, podendo arrecadar as multas e juros devidos em razão do não pagamento do imposto de renda, opta por não o fazer.

A **remissão**, de outro lado, está disciplinada no artigo 172 do CTN e trata-se de hipótese de extinção do crédito tributário, nos termos do artigo 156, inciso IV do mesmo diploma. Em linhas gerais, a remissão representa a dispensa do pagamento de tributos ou penalidades após a constituição do crédito tributário. Por essa razão, convencionou-se defini-la como o "perdão da dívida tributária".

A diferença específica em relação ao instituto da anistia está no fato de que, nesse caso, os valores devidos já foram objeto de constituição em relação jurídica própria. Ou seja, a ocorrência do fato jurídico que desencadeia tanto a tributação quanto a exigência das penalidades foi declarada em linguagem competente, desencadeando a constituição da relação jurídica tributária respectiva. Na anistia, ao contrário, por ocasião do advento da lei que dispensa ou reduz o pagamento das quantias, ainda não há linguagem declarando que as penalidades são devidas.

Em um ou outro caso, no entanto, tem-se o não recolhimento de valores de receitas derivadas que seriam potencialmente devidas aos cofres públicos. Em um caso, a dispensa se dá antes mesmo de a administração formalizar a exigência e apenas atinge as penalidades; no outro, a obrigação do contribuinte já está constituída por ocasião da dispensa, que, por sua vez, pode atingir tanto tributos quanto penalidades.

A terceira categoria indicada no artigo 14, § 1º, da LRF é a do **subsídio**. Segundo o Tribunal de Contas da União, essa expressão estaria tecnicamente ligada à concessão de benefícios financeiros ("desembolsos realizados por meio de equalizações de juros e preços, bem como assunção de dívidas decorrentes de saldos de obrigações de responsabilidade do Tesouro Nacional, cujos valores constam do Orçamento da União") e creditícios ("gastos decorrentes de programas oficiais de crédito, operacionalizados por meio de fundos ou programas, a taxa de juros inferior ao custo de captação ou oportunidade do Governo Federal").[22]

Contudo, como as condições a serem cumpridas para que se conceda "renúncia de receita", nos termos do artigo 14, estão limitadas aos benefícios tributários, nos termos do *caput* do dispositivo, entendemos que a melhor interpretação para o termo "subsídio", contido no § 1º do artigo 14, é compreendê-lo como sinônimo de subsídio fiscal – que seria um incentivo tributário, em linhas gerais.

Os **créditos presumidos**, de outro lado, compreendem benefícios fiscais concedidos no contexto de tributos de incidência não cumulativa, como o imposto sobre produtos industrializados (IPI), de competência da União, e o imposto sobre circulação

---

[22] Para a referência de ambas as citações, confira-se: <https://portal.tcu.gov.br/comunidades/macroavaliacao-governmental/areas-de-atuacao/renuncia-de-receita/>. Acesso em: 11 jun. 2019.

de mercadorias e prestação de serviços de transporte interestadual, intermunicipal e de comunicação (ICMS).

Como exemplo, cite-se a previsão do artigo 1º da Lei nº 9.826/1999, que estabelece a atribuição de um crédito de 32% de IPI nas saídas realizadas por montadoras de veículos localizadas nas áreas de atuação da SUDAM (Superintendência de Desenvolvimento da Amazônia) ou da SUDENE (Superintendência de Desenvolvimento do Nordeste). A concessão de tal crédito, que será deduzido do IPI devido na saída dos produtos industrializados, resulta em redução do imposto a pagar pela indústria automotiva e, assim, evidente renúncia de receita.

O § 1º do artigo 14 da LRF ainda menciona como exemplo de renúncia de receita a "**concessão de isenção em caráter não geral**". O instituto da isenção está previsto no artigo 175, inciso I, e artigos 176 a 179, todos do Código Tributário Nacional: trata-se, ao lado da anistia, de hipótese de exclusão do crédito tributário.

O tema das isenções tem sido objeto de debate constante da doutrina tributária, que por muito tempo se ocupou de definir seus contornos e limites.[23] Nesse sentido, alinhamo-nos ao entendimento de Paulo de Barros Carvalho,[24] para quem a isenção representa a mutilação parcial de um dos critérios da regra matriz de incidência tributária e, assim, de nossa perspectiva, hipótese de ineficácia técnica da norma de tributação, em razão da opção do ente pelo não exercício da competência tributária.

Dito de maneira mais direta: o ente detém a competência para exigir tributos sobre determinados fatos, mas opta por não obter tais receitas, seja para incentivar determinada área, seja para equilibrar as forças do mercado ou, ainda, na persecução de justiça fiscal.

Voltando-se os olhos para o CTN, temos que as isenções podem ser concedidas em caráter geral – sem a imposição de qualquer condição a ser atendida pelo contribuinte – ou em caráter específico – situação na qual a comprovação do atendimento das condições impostas pela lei é fundamental.

Como exemplo de isenção em caráter geral, cite-se o artigo 10 da Lei nº 9.249/1995, que prevê a não incidência do imposto de renda das pessoas físicas sobre os lucros e dividendos creditados por pessoas jurídicas. Não há, como se vê, qualquer condição específica para fruir do benefício fiscal: se houver o recebimento de dividendos por sócio de pessoa jurídica, estará ele isento do pagamento do imposto de renda sobre tais valores.

As isenções de caráter não geral, ou específicas, de outro lado, caracterizam-se pela existência de condições prévias e delimitadas para que o benefício tributário possa ser aproveitado pelo contribuinte. Confira-se, sobre o tema, a redação do artigo 179 do CTN:

> Art. 179. A isenção, quando não concedida em caráter geral, é efetivada, em cada caso, por despacho da autoridade administrativa, em requerimento com o qual o interessado faça prova do preenchimento das condições e do cumprimento dos requisitos previstos em lei ou contrato para sua concessão.

---

[23] Para o histórico completo desse debate, confira-se: CARVALHO, Paulo de Barros. *Curso de Direito Tributário*. São Paulo: Saraiva, 2018. Capítulo XX.

[24] CARVALHO, Paulo de Barros. *Curso de Direito Tributário...*, cit.

Ou seja, diferentemente do primeiro caso, em que basta a lei para que o contribuinte não se sujeite à incidência tributária, no caso das isenções em caráter não geral, além da previsão legal, faz-se necessário, ainda, despacho da autoridade administrativa que ateste o cumprimento das condições necessárias para a fruição do benefício.

Por fim, o artigo 14, § 1º ainda traz as hipóteses de "alteração de alíquota ou modificação de base de cálculo que implique redução discriminada de tributos ou contribuições, e outros benefícios que correspondam a tratamento diferenciado".

A redução da base de cálculo ou de alíquotas de tributos é feita em regra por lei[25] e implica, naturalmente, a renúncia de receitas tributárias, pois modifica, em benefício do contribuinte, alíquotas e bases de cálculo anteriormente firmadas em um patamar superior de incidência.

Por fim, em relação à parte final do dispositivo, que menciona "outros benefícios que correspondam a tratamento diferenciado", entendemos que a intenção do legislador foi ampliar esse rol, para abranger outras situações que, porventura, não estejam presentes na enumeração constante do artigo 14, § 1º. Para além disso, porém, essa expressão possibilita que sejam contemplados como "renúncia de receita" regimes de tributação favorecida, tal como a Zona Franca de Manaus e o Simples Nacional.

Como será tratado a seguir, por ocasião da análise do demonstrativo de gastos tributários da Receita Federal do Brasil, regimes constitucionalmente previstos não deveriam ser qualificados como renúncia de receita, na medida em que visam a realizar objetivos mais amplos, que não podem, de nossa perspectiva, ser limitados pelas exigências da LRF.

(ii) Renúncia de receita da perspectiva da Administração pública: demonstrativo de gastos tributários

Nos termos do artigo 165, § 6º, da Constituição, o projeto de LOA será acompanhado de "demonstrativo regionalizado do efeito, sobre as receitas e despesas, decorrente de isenções, anistias, remissões, subsídios e benefícios de natureza financeira, tributária e creditícia". A elaboração desse demonstrativo, da perspectiva dos gastos tributários, será realizada pela Secretaria da Receita Federal do Brasil.

Segundo dados do último demonstrativo elaborado pela Receita Federal (PLOA/2022), o valor total de renúncia de receita do governo federal era de R$ 371,07 bilhões, o que representa 3,95% do PIB (produto interno bruto) e 20,16% das receitas administradas pela Receita Federal. Ainda segundo o relatório, a previsão revela a concentração de 78,14% dos gastos tributários em cinco funções orçamentárias de governo, quais sejam: comércio e serviço (26,28%), saúde (15,11%), agricultura (13,91%), indústria (12,87%) e trabalho (9,97%)[26]. De acordo com a classificação adotada pela Receita, gastos tributários[27]:

---

[25] "Em regra" porque as alíquotas dos impostos extrafiscais (IPI, IOF, II e IE) e da CIDE Combustíveis podem ser alteradas por decreto, observados os limites da lei. Os fundamentos são, respectivamente, os artigos 153, § 1º, e 177, § 4º da Constituição.

[26] BRASIL. Secretaria da Receita Federal. Centro de Estudos Tributários e Aduaneiros. *Demonstrativos de Gastos Tributários – PLOA/2022...*, cit., p. 8. Acesso em: 09 fev. 2022.

[27] BRASIL. Secretaria da Receita Federal. Centro de Estudos Tributários e Aduaneiros. *Demonstrativos de Gastos Tributários – PLOA/2022...*, cit., p. 4-5. Acesso em: 09 fev. 2022.

[...] são gastos indiretos do governo realizados por intermédio do sistema tributário, visando a atender objetivos econômicos e sociais e constituem-se em uma exceção ao sistema tributário de referência, reduzindo a arrecadação potencial e, consequentemente, aumentando a disponibilidade econômica do contribuinte.

Por "sistema tributário de referência", a Receita Federal entende a legislação tributária em vigor e os princípios inerentes a cada uma das bases tributáveis (renda, consumo e propriedade). Seguindo-se nessa delimitação, afasta da qualificação como "gasto tributário" alterações na tabela de alíquotas progressivas do imposto de renda das pessoas físicas, na medida em que:

[...] a tabela progressiva faz parte do sistema tributário de referência adotado pela RFB e as modificações no limite de isenção, no número e no valor das faixas de renda, no número e na graduação das alíquotas, apesar de gerarem impactos na arrecadação, não são consideradas gastos tributários, pois constituem alterações da própria referência.[28]

O mesmo se diga das alterações às alíquotas de IPI. Para a Receita Federal, como não há uma alíquota padrão desse imposto, pois o percentual varia a depender do produto, levando-se em conta critérios de essencialidade de estímulo econômico a determinados comportamentos, mudanças na tabela do IPI não serão qualificadas como "gastos tributários".[29]

De nossa perspectiva, essas exclusões não são isentas de críticas. Se, por um lado, a tabela progressiva do imposto de renda das pessoas físicas de fato integra o sistema de referência daquele tributo, pois se trata de uma característica constitucionalmente imposta, o mesmo não se pode dizer em relação ao IPI.

O fato de haver a incidência sobre diversos bens e produtos via IPI, mediante alíquotas que variam entre si, isso não indica que não haja uma alíquota padrão para cada um desses produtos. Em observância ao princípio da legalidade tributária, consagrado no artigo 150, inciso I da Constituição, a instituição e majoração de tributos deve se dar por lei, em sentido estrito. No caso do IPI, considerando-se seu feitio extrafiscal e, assim, seu uso como instrumento regulador de condutas, a Constituição, no artigo 153, § 1º, prevê a possibilidade de alteração das alíquotas via decreto do Poder Executivo. Contudo, essa alteração deve ter por referência, sempre, a lei instituidora da exação.

Sendo assim, soa desproposto cogitar da ausência de um sistema de referência para o IPI: ou ele é a própria lei que, originalmente previu as alíquotas, ou é o decreto que, inicialmente, fixou a tabela do IPI e, assim, definiu a tributação dos produtos ali listados. A desconsideração das inúmeras isenções e reduções de alíquotas do IPI como

---

[28] BRASIL. Secretaria da Receita Federal. Centro de Estudos Tributários e Aduaneiros. *Gasto Tributário – Conceito e Critérios de Classificação*. Brasília, DF: 2020. P. 13. Disponível em: https://www.gov.br/receitafederal/pt-br/acesso-a-informacao/dados-abertos/receitadata/renuncia-fiscal/demonstrativos-dos-gastos-tributarios/arquivos-e-imagens/sistema-tributario-de-referencia-str-v1-02.pdf. Acesso em: 09 fev. 2022.

[29] BRASIL. Secretaria da Receita Federal. Centro de Estudos Tributários e Aduaneiros. *Gasto Tributário – Conceito e Critérios de Classificação*..., cit., p. 22. Acesso em: 09 fev. 2022.

gasto tributário elimina montantes importantes desse cômputo, em prejuízo à transparência das contas públicas.

De outro lado, na mesma medida em que alterações ao IPI são, como regra[30], eliminadas do conceito de gasto tributário, a Receita Federal incorpora em tal demonstrativo as renúncias decorrentes da Zona Franca de Manaus e do regime do Simples Nacional.

As origens da Zona Franca de Manaus remontam ao governo de Juscelino Kubitschek e à execução do Plano de Valorização Econômica da Amazônia, originalmente previsto no artigo 199 da Constituição Federal de 1946. Em 1953, foi aprovada a Lei nº 1.806/1953, cuja função era colocar em prática tal plano – o primeiro passo foi a criação da Superintendência do Plano de Valorização Econômica da Amazônia (SPVEA), diretamente subordinada ao Presidente da República.

Em 1957, foi aprovada a Lei nº 3.173, que criou uma zona franca na cidade de Manaus, que assegurava o não pagamento de taxas alfandegárias ou quaisquer impostos sobre mercadorias de procedência estrangeira ali diretamente desembarcadas.

A Lei nº 1.806/1953 foi posteriormente revogada pela Lei nº 5.173/1966, que criou a Superintendência do Desenvolvimento da Amazônia (SUDAM) e extinguiu a SPVEA. Em 1967, a Lei nº 3.173/1957 foi integralmente revogada pelo Decreto-lei nº 288, vigente até os dias atuais, que disciplina a Zona Franca de Manaus e que, nos termos de seu artigo 1º, estabelece ser:

> [...] área de livre comércio de importação e exportação e de incentivos fiscais especiais, estabelecida com a finalidade de criar no interior da Amazônia um centro industrial, comercial e agropecuário dotado de condições econômicas que permitam seu desenvolvimento, em face dos fatores locais e da grande distância, a que se encontram, os centros consumidores de seus produtos.

Ato contínuo ao Decreto-lei nº 288/1967, foi publicado o Decreto-lei nº 291/1967, que estabeleceu incentivos para a região então denominada Amazônia Ocidental; área que compreende os estados de Roraima, Amazonas, Acre e Rondônia, nos termos do artigo 1º, § 4º, do Decreto-lei. Em 1968, o Decreto-lei nº 356 estendeu os benefícios tributários da Zona Franca de Manaus para essa região. Atualmente, porém, a extensão dos benefícios não é irrestrita: a Portaria Interministerial MF/MPOG nº 300/1996 enumera quais produtos podem se aproveitar dos incentivos próprios da Zona Franca de Manaus.

Nos termos do artigo 42 do Decreto-lei nº 288/1967, os incentivos fiscais então criados vigorariam pelo prazo inicial de trinta anos. Com a redemocratização do país, a Constituição da República de 1988 recepcionou, no artigo 40 do Ato das Disposições Constitucionais Transitórias, a Zona Franca de Manaus, "com suas características de

---

[30] A Receita Federal do Brasil inclui no conceito de gasto tributário alterações no IPI que levam em conta "o caráter pessoal dos contribuintes e que privilegiam um determinado grupo de fabricantes dentro da cadeia produtiva de um mesmo produto". Como exemplo, são citadas as reduções regionais ou para fabricantes de produtos habilitados em regime especial. BRASIL. Secretaria da Receita Federal. Centro de Estudos Tributários e Aduaneiros. *Gasto Tributário – Conceito e Critérios de Classificação...*, cit., p. 22. Acesso em: 09 fev. 2022.

área livre de comércio, de exportação e importação, e de incentivos fiscais", pelo prazo de 25 anos, contados a partir da promulgação da Constituição – ou seja, até 05/10/2013.

Porém, antes mesmo do término desse prazo, foi aprovada a Emenda Constitucional nº 42/2003, que incluiu o artigo 92 ao ADCT, prorrogando o prazo inicialmente previsto no artigo 40 por mais dez anos. Assim, persistiriam os benefícios da Zona Franca de Manaus até 2023. Com a promulgação da Emenda Constitucional nº 83/2014 e a inclusão do artigo 92-A no ADCT, os incentivos foram prorrogados até 2073.

Segundo o relatório de gastos tributários da Receita Federal para 2022, estima-se que a Zona Franca de Manaus imponha ao governo federal uma renúncia de receita de cerca de R$ 45,58 bilhões, aproximadamente 12,29% do valor total renunciado – R$ 371,07 bilhões.

A despeito dos altos valores e da controvérsia em torno das prorrogações sucessivas do regime, é possível considerar que a tributação favorecida, nesse caso, decorre de uma imposição constitucional e, nesse sentido, não se enquadraria no conceito de gasto tributário em sentido estrito. Sobre os benefícios constitucionalmente previstos, o Tribunal de Contas da União destaca:[31]

> Sob essa ótica, não se consideram renúncia de receita as desonerações tributárias estabelecidas pela Constituição ou pela própria legislação instituidora de tributo ou contribuição social, da qual fazem parte as regras comumente aplicáveis aos seus fatos geradores, incluindo, dentre outras, as deduções-padrão, as deduções necessárias para auferir renda, os limites de isenção e a estrutura de alíquotas. Também não se encaixam no conceito de renúncia de receita as desonerações tributárias cujo usuário final de bens ou serviços seja a União ou o conjunto dos Estados e Municípios (imunidades constitucionais), ou as que atendam a reciprocidade de tratamento entre o Brasil e outros países.

Menos controvertida ainda, em nossa perspectiva, é a interpretação relativa ao Simples Nacional, regime de tributação favorecida para micro e pequenas empresas, cujo fundamento está no artigo 146, inciso III, alínea *d* da Constituição, e na Lei Complementar nº 123/2006.

Nos termos da legislação aplicável, pessoas jurídicas com receita bruta de até R$ 4,8 milhões poderão optar por regime simplificado e reduzido de tributação. A Receita Federal considera tal regime como renúncia fiscal e estima que, em 2022, o Simples Nacional gerará R$ 81,81 bilhões de gastos tributários, a maior participação no total: 22,05%.

Contudo, entendemos que o cômputo do Simples Nacional como renúncia de receita é equivocado, por duas razões. Em primeiro lugar, há previsão constitucional expressa quanto à criação de um sistema de tributação favorecida que equalize, do ponto de vista concorrencial, as micro e pequenas empresas com aquelas de grande porte. Em segundo lugar, ainda que, em termos gerais, possa-se alegar que se trata de um desvio do sistema padrão de tributação das pessoas jurídicas, na prática, sua previsão não resulta em redução na arrecadação, ao contrário. Regimes de tributação favorecida e simplificados

---

[31] Acórdão 747-2010, Relator Augusto Nardes, Plenário, julgamento em 14/04/2010.

para pequenos contribuintes auxiliam na formalização das atividades realizadas e, assim, no médio prazo, aumentam a arrecadação e o *compliance* com as normas tributárias.

De acordo com dados compilados pela própria Receita Federal do Brasil, entre 2007 e 2020, em valores correntes, o Simples Nacional arrecadou R$ 959,56 bilhões para os cofres públicos. A participação do regime na arrecadação tributária geral cresceu ano a ano – em 2007, sempre em valores correntes, foram R$ 8,3 bilhões arrecadados, em 2018, R$ 94,4 bilhões, e, em 2021, R$ 128,2 bilhões.[32] O mesmo se diga quanto ao número de optantes: em dezembro de 2007, eram 2,5 milhões; em dezembro de 2018, foram 12,7 milhões e em dezembro de 2021, 19,2 milhões.[33]

É evidente que esses números são acompanhados da ampliação daqueles que podem aderir ao regime. Ainda assim, são significativos em termos de arrecadação e do potencial de formalização econômica de atividades que eventualmente passavam ao largo de qualquer arrecadação. Por essas razões, entendemos que o Simples Nacional, ainda que configure regime favorecido e, em tese, amolde-se à parte final do artigo 14, § 1º da LRF, não é hipótese de renúncia de receita em sentido estrito porque, ao fim e ao cabo, gera aumento e não redução da arrecadação tributária.

Portanto, a despeito de reconhecermos o grande esforço da Receita Federal do Brasil na elaboração do relatório de gastos tributários, as posturas ali assumidas não são isentas de críticas – hipóteses como as do IPI, que deveriam ser computadas não o são, e situações como a do Simples Nacional, que não se enquadram como perda de arrecadação, estão presentes.

Passemos, agora, à análise das condições para a instituição de renúncia de receita, nos termos do artigo 14 da LRF.

(iii) **Condições para a instituição de renúncia de receita:** *caput* **e incisos do artigo 14 da LRF**

As condições para a instituição de renúncia de receita estão previstas no *caput* e incisos do **artigo 14 da LRF**. Segundo esse dispositivo, para que uma renúncia de receita seja considerada autorizada e de acordo com os patamares de responsabilidade na gestão do dinheiro público, é necessário que o ato legal do qual decorra a renúncia:

(i) esteja acompanhado de uma <u>estimativa do impacto orçamentário-financeiro da perda da receita</u>, no exercício que deva entrar em vigor e nos dois subsequentes;

(ii) <u>atenda ao disposto na LDO</u> e, ademais, a pelo menos uma de duas condições:

a. o proponente deve demonstrar que houve a consideração da renúncia na estimativa de receita presente na LOA e que a renúncia não afetará as metas de resultados fiscais previstas na LDO;

ou

---

[32] Dados disponíveis em: <http://www8.receita.fazenda.gov.br/SimplesNacional/Arrecadacao/EstatisticasArrecadacao.aspx>. Acesso em: 2 fev. 2020.

[33] Dados disponíveis em: <http://www8.receita.fazenda.gov.br/SimplesNacional/Aplicacoes/ATBHE/estatisticasSinac.app/EstatisticasOptantesPorDataMunicipio.aspx?tipoConsulta=1>. Acesso em: 09 fev. 2022.

b. deverá estar acompanhada de medidas de compensação, também pelo período de três anos, as quais deverão se operar pelo aumento de receita decorrente do aumento da carga tributária. Para melhor compreensão do tema, vale tratar cada uma das exigências separadamente.

Em primeiro lugar, quanto à **estimativa do impacto orçamentário-financeiro**, deve-se dizer que o objetivo é demonstrar que a perda de um determinado nível de receitas não irá impactar negativamente o orçamento e as contas públicas. Evidente que haverá uma queda (matemática, inclusive), mas justificativas políticas e especialmente econômicas (como o incentivo de determinado setor) podem superar essa perda.

De outro lado, o impacto a ser demonstrado deve considerar um período médio, que não abranja unicamente o exercício de concessão da renúncia, mas também os **dois seguintes**, igualmente para conferir maior consistência à ausência de danos significativos à estrutura orçamentária e ao Erário.

Vale mencionar que, em 2016, com a aprovação da EC 95, que instituiu o "novo regime fiscal", foi incluído o artigo 113 ao ADCT, que prevê a obrigatoriedade de a proposição legislativa que altere despesa obrigatória ou preveja renúncia de receita ser acompanhada da estimativa do impacto orçamentário-financeiro da medida. Portanto, a partir de 2016, a exigência de previsão do impacto tem *status* constitucional.

Ao lado da estimativa do impacto, a LRF prevê a necessidade de **observância da LDO**. Essa exigência é bastante genérica e visa a garantir, de um lado, que as metas e objetivos da Administração para o exercício seguinte sejam cumpridos, a despeito da renúncia de receita – ou seja, a queda na arrecadação tributária não resultará na impossibilidade material de cumprir com o disposto na referida lei orçamentária. De outro lado, é possível dizer que a observância à LDO também denota a necessidade de a renúncia não afetar as diretrizes relativas à elaboração da LOA, também contidas na LDO.

As duas exigências acima detalhadas são de **cumprimento obrigatório** para a legalidade da renúncia de receita e, assim, estão em consonância com o agir responsável do administrador público. Contudo, **ao lado dessas demandas obrigatórias, o legislador ainda estabelece duas outras condições, das quais pelo menos uma deve ser cumprida, a critério do ordenador da renúncia**.

A primeira possibilidade está na demonstração de que a renúncia está contemplada na LOA, por ocasião da **estimativa de receitas** e, ainda, no fato de que **não haverá prejuízo às metas estabelecidas no Anexo de Metas Fiscais**, integrante da LDO. Trata-se, aqui, de garantir que a estimativa de receita contida na LOA reflita uma estimativa real e não mascarada por posteriores reduções de receita, evitando, dessa forma, eventual déficit nas contas públicas e perda do equilíbrio orçamentário.

Em complemento, a determinação quanto à observância do Anexo de Metas Fiscais igualmente visa a assegurar que a diminuição das receitas não resultará na impossibilidade de cumprir as metas estabelecidas quanto à receita para o exercício seguinte e, especialmente, ao endividamento e ao resultado. Uma eventual diminuição de ingressos, a depender do montante, poderia, tranquilamente, ocasionar maior necessidade de captação externa de recursos e aumento do déficit público. A observância ao Anexo de Metas Fiscais visa evitar situações como essas.

Ao lado dessas exigências, o ordenador da renúncia, ao contrário, pode optar pela criação de **"medidas de compensação"**, pelo aumento de receita, proveniente do aumento ou instituição de tributos. O objetivo, nesse caso, é garantir que não haverá perda de receita, na medida em que, **apesar da renúncia, haverá aumento de outros tributos, compensando as perdas da Administração**. Dessa forma, na prática, não haveria redução de ingressos nos cofres públicos, mas tão somente **transferência** da origem da entrada dos recursos.

Ainda sobre essa segunda possibilidade, o § 2º do artigo 14 determina que, caso o legislador opte pelo cumprimento dessa condição, o benefício que resulta na renúncia de receita apenas entrará em vigor **a partir do momento em que implementadas as medidas de compensação**. Essa determinação visa a evitar que a Administração apenas assuma a criação das medidas discursivamente, sem que as institua de forma efetiva.

Sobre o tema, o Tribunal de Contas da União já se manifestou no sentido de que tais medidas de compensação consideram-se cumpridas a partir da elevação de dado tributo, na data de publicação do instrumento normativo, mesmo que este se submeta ao princípio da anterioridade. No caso analisado, o fundamental, segundo o TCU, era que a majoração de receita se mantivesse "eficaz ao longo de todo o exercício financeiro e que o valor a ser arrecadado após a noventena, mas no mesmo exercício, [fosse] suficiente para neutralizar o impacto orçamentário-financeiro da renúncia naquele exercício".[34]

De outro lado, são diversas as decisões de tribunais estaduais e federais[35] no sentido da exigência do cumprimento efetivo das regras do artigo 14 da LRF como condição para a validade de isenções ou benefícios tributários instituídos. Não se trata, pois, de mera retórica: a renúncia de receita, para que seja válida, depende da observância das condições previstas na LRF. Tal postura judicial reforça o espírito da LRF, que preza pelo equilíbrio orçamentário e gestão cuidadosa do dinheiro público.

A exigência quanto ao estabelecimento de **medidas de compensação** foi questionada no Supremo Tribunal Federal também no julgamento da ADI 2238, e **não houve o reconhecimento de qualquer inconstitucionalidade nesse expediente**, que pode ser plenamente utilizado pela Administração como forma de cumprir as condições para a renúncia de receitas.

Vale ressaltar que a adoção de tais medidas tem por pressuposto a majoração de tributo. Seria inadequado, portanto, o ente se fiar em crescimento da arrecadação por conta de eventual crescimento econômico. A medida de compensação está atrelada a criação ou aumento de tributo e não às oscilações arrecadatórias provenientes da situação econômica do país.

---

[34] Acórdão 263/2016, Plenário, Relator Raimundo Carreiro. Disponível em: <https://contas.tcu.gov.br/pesquisaJurisprudencia/#/detalhamento/11/*/NUMACORDAO%3A263%20ANOACORDAO%3A2016%20COLEGIADO%3A%22Plen%C3%A1rio%22/DTRELEVANCIA%2520desc%252C%2520COLEGIADO%2520asc%252C%2520ANOACORDAO%2520desc%252C%2520NUMACORDAO%2520desc/false/1>.

[35] A título de exemplo, cite-se: "Remessa, Juiz Federal Saulo José Casali Bahia, Juiz Federal Lino Osvaldo Serra Sousa Segundo, TRF1 – 7ª Turma Suplementar, e-DJF1, Data: 22/02/2013 página: 672 e TJ-PR – Assistência Judiciária: 9626713 PR 962671-3 (Acórdão), Relator: Paulo Roberto Vasconcelos, Data de Julgamento: 17/12/2012, Órgão Especial".

Por fim, uma última observação: **o § 3º do artigo 14** prescreve duas situações em que é possível a **renúncia de receita <u>sem</u> a observância dos requisitos** acima descritos. São os casos de: **(i) alterações de alíquotas dos impostos extrafiscais**, quais sejam, imposto de importação, imposto de exportação, imposto sobre produtos industrializados e imposto sobre operações financeiras, desde que a redução das alíquotas tenha sido operada por ato do Poder Executivo, nos termos do artigo 153, § 1º, da Constituição e **(ii) cancelamento de débito cujo montante seja inferior ao dos respectivos custos de cobrança.**

Na primeira exceção, tem-se uma prevalência da finalidade extrafiscal das exações e, assim, dos motivos não relacionados à tributação para afastar ou reduzir a incidência tributária; são casos típicos de intervenção do Estado na ordem econômica.

Na segunda exceção, trata-se de não receber uma dada receita como medida de economia, já que o valor objeto de cobrança não justifica a movimentação da máquina administrativa, tendo-se em vista os custos para tanto. Nesse caso, portanto, realiza-se o princípio da economicidade e da eficiência, tratados anteriormente.

(iv) **Renúncia de receita e as disposições da EC 109/2021**

No que se refere ao instituto em análise, a EC 109/2021 trouxe medidas de redução dos níveis de incentivos fiscais existentes no País. Nesse sentido, estabelece no *caput* do artigo 4º o dever de o Presidente da República, no prazo de seis meses após a promulgação da EC, enviar "plano de redução gradual de incentivos e benefícios federais de natureza tributária", acompanhado das proposições legislativas respectivas e estimativas de impactos orçamentários e financeiros. Trata-se, pois, de promover ampla revisão dos incentivos vigentes, com possível revogação de muitos deles.

Nos termos do § 3º do dispositivo, considera-se incentivo ou benefício de natureza tributária aquele definido no demonstrativo de gastos tributários anexo à LOA e disciplinado no artigo 165, § 6º da Constituição.

Para operacionalizar a redução pretendida, o § 1º estabelece medidas de curto prazo que terão impacto no médio prazo. Nos termos do inciso I do § 1º, anualmente, o conjunto das proposições legislativas encaminhadas devem propiciar uma redução de ao menos 10% em relação ao montante total dos incentivos e benefícios tributários vigentes por ocasião da promulgação da EC. Além disso, nos termos do inciso II, esse total deverá, no prazo de oito anos, não ultrapassar 2% do PIB.

O § 2º, de outro lado, estabelece as hipóteses de benefícios fiscais que não serão computados, para fins do atendimento das metas acima firmadas. Nesse sentido, preserva os incentivos tributários (i) voltados às microempresas e empresas de pequeno porte (inciso I), (ii) concedidos a entidades de educação e de assistência social sem fins lucrativos (inciso II), (iii) relativos aos programas de incentivo às regiões Norte, Nordeste e Centro-Oeste (inciso III), (iv) relacionados à Zona Franca de Manaus e regiões similares (inciso IV), (v) relativos aos produtos que compõem a cesta básica (inciso V), (vi) concedidos aos programas destinados à concessão de bolsas de estudo para estudantes de cursos superiores em instituições privadas com ou sem fins lucrativos (inciso VI).

Trata-se, pois, de preservar áreas e bens em relação aos quais a renúncia de receita se justifica, seja à luz do mínimo existencial (como se vê da preservação dos benefícios aos bens da cesta básica), seja em razão do uso do direito tributário como instrumento de redução das desigualdades regionais (casos de zonas incentivadas), sociais (hipótese das bolsas de estudo) e econômicas (situação das microempresas e empresas de pequeno porte).

Por fim, o § 4º atribui à lei complementar o papel de disciplinar as diversas situações que advirão da redução geral dos benefícios tributários. Em primeiro lugar, estabelecerá critérios objetivos, metas de desempenho e procedimentos para a concessão e alteração de incentivos de natureza tributária, financeira ou creditícia para pessoas jurídicas do qual decorra diminuição de receita ou aumento de despesa. Além disso, prescreverá regras para a avaliação periódica obrigatória dos impactos econômico-sociais dos incentivos e benefícios tributários, com ampla divulgação dos resultados. Por fim, ainda disporá sobre a redução gradual dos incentivos de natureza tributária, sem prejuízo do plano emergencial tratado no *caput*.

O objetivo geral, como se vê, é conferir maior racionalidade aos gastos tributários, possibilitando acompanhamento mais efetivo do custo-benefício da medida, sem prejuízo de ampla revisão – medida absolutamente necessária, à luz do nível de renúncia de receitas hoje existente no Brasil.

3.2.2.1   Esquema – Renúncia de receitas

- Disciplina: artigo 14 da LRF
- Definição: redução de ingressos nos cofres públicos (§ 1º)

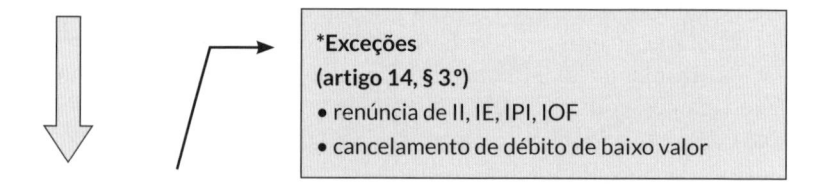

*Exceções
(artigo 14, § 3.º)
- renúncia de II, IE, IPI, IOF
- cancelamento de débito de baixo valor

Condições para a concessão
(*caput* e incisos)
1. Estimativa do impacto orçamentário-financeiro: exercício de vigência e os dois seguintes
2. Demonstração de que:
   a. A renúncia de receitas foi considerada na LOA
   b. A renúncia de receitas atende ao disposto na LDO

e UMA de DUAS condições:

a) Demonstração de não afetação das Metas de Resultados Fiscais (LDO)

OU

b) criação de medidas de compensação (= aumento de tributo por 3 exercícios: vigência + 2 seguintes) constitucionais, segundo o STF – ADI 2238

3.3 DESPESAS PÚBLICAS: DEFINIÇÃO E CLASSIFICAÇÃO

A despesa pública pode ser definida como o **conjunto de gastos do Estado, cujo objetivo é promover a realização de necessidades públicas**, o que implica o correto funcionamento e desenvolvimento de serviços públicos e manutenção da estrutura administrativa necessária para tanto. É evidente que a despesa pública, para que seja realizada, depende de uma contrapartida em receita e o nível das receitas é determinante na qualidade e alcance das necessidades públicas.

De outro lado, a despesa pública pode também ser compreendida como a aplicação específica de dinheiro público (e não a soma de todas elas) visando ao custeio da estrutura estatal e, assim, ao cumprimento de necessidades públicas.

Independentemente da definição que se adote, a despesa pública, entendida ou como conjunto de gastos ou como um gasto isoladamente considerado, não poderá ser realizada sem autorização legal. **É pressuposto de toda e qualquer despesa não apenas a indicação da fonte respectiva de financiamento – e, assim, a receita que lhe fará frente –, mas, também, a autorização do Poder Legislativo.**

No geral, referida autorização está contemplada na própria LOA, que discrimina as receitas e despesas para um dado exercício, mas também é possível ocorrer de a despesa ou não estar prevista no orçamento, ou estar prevista de forma insuficiente. Em ambos os casos, a solução será a abertura de um **crédito suplementar**, e, assim, a produção de um ato normativo específico que autorize aquela despesa não prevista ou insuficientemente dotada. Antes de passarmos ao estudo da classificação das despesas públicas, devem-se fazer algumas considerações nesse sentido.

3.3.1 A abertura de crédito adicional como requisito ao cumprimento da legalidade na realização de despesas públicas

A disciplina normativa dos créditos adicionais está prevista nos artigos 40 a 46 da Lei nº 4.320/1964. Segundo a definição estabelecida no artigo 40, os créditos adicionais são autorizações de despesas não computadas no orçamento ou dotadas de forma insuficiente – o que significa dizer que a despesa se revelou maior do que prevista inicialmente.

Conforme já destacado por ocasião do detalhamento do princípio da legalidade aplicável ao direito financeiro, há **três** modalidades de créditos adicionais: **os créditos suplementares, os créditos especiais e os créditos extraordinários**. A diferença entre eles está na sua motivação.

Os **créditos suplementares** caracterizam-se por serem destinados ao reforço da dotação orçamentária; ou seja, nos casos em que ele se faz presente, houve previsão da despesa no orçamento, mas no curso da execução orçamentária provou-se que a referida previsão seria insuficiente para realizar todas as despesas necessárias. Daí, portanto, a necessidade de aumentar o nível das despesas e reforçar a previsão (dotação) anteriormente aprovada.

De modo diverso, tanto os **créditos especiais** quanto os **extraordinários** caracterizam-se pelo fato de as despesas que devem ser autorizadas <u>não</u> estarem, originalmente, computadas no orçamento. A diferença entre eles está, novamente, na motivação da autorização da despesa: os créditos especiais são destinados a atender **quaisquer despesas** para as quais não haja dotação orçamentária, enquanto os créditos extraordinários são aqueles que devem ser utilizados tão somente para atender a despesas **urgentes e imprevistas**, decorrentes de guerra, comoção interna ou calamidade pública. Nesse caso, inclusive, tendo-se em vista a urgência da despesa, a Constituição autoriza que tais créditos sejam abertos via **medida provisória**, afastando-se da regra geral relativa à necessidade de aprovação por meio de lei ordinária.

Referida exceção está contida no **artigo 167, § 3º, da Constituição**, que estabelece que "a abertura de crédito extraordinário somente será admitida para atender a despesas imprevisíveis e urgentes, como as decorrentes de guerra, comoção interna ou calamidade pública, observado o disposto no art. 62".

Conforme se percebe da redação do dispositivo, **a Constituição não apenas possibilita a utilização de medidas provisórias, mas, igualmente, limita as possibilidades fáticas quanto ao cabimento dos créditos extraordinários**.

Reitere-se que referida modalidade de autorização de despesa somente terá lugar nos casos de despesas "imprevisíveis e urgentes", como as relacionadas com guerra, comoção interna ou calamidade pública. Esse é um ponto importante a se destacar, pois **o Supremo Tribunal Federal tem posição nesse exato sentido**: os créditos extraordinários são exceções à regra e somente devem ter lugar diante das situações fáticas discriminadas na Constituição. Uma despesa que seja urgente, mas não esteja relacionada com as motivações constitucionais (*i.e.* guerra, comoção ou calamidade) não pode ser objeto de autorização via crédito extraordinário e, consequentemente, via medida provisória.

O tema foi analisado no julgamento da medida cautelar à ADI 4048/DF. O Ministro Gilmar Mendes, ao apresentar seu voto, comparou os requisitos para a edição de medida provisória – esses, sim, sujeitos à discricionariedade do Executivo – com aqueles relativos à abertura de créditos extraordinários, para justificar a existência de limitações constitucionais materiais à criação desse tipo de crédito. Nas palavras do Ministro:

> [...] ao mesmo tempo em que fixa [o artigo 167, § 3º, da Constituição] conceitos normativos de caráter aberto e indeterminado, a Constituição oferece parâmetros para a interpretação e aplicação desses conceitos. Ao contrário do que ocorre em relação aos requisitos de *relevância* e *urgência* (art. 62), que se submetem a uma ampla margem de discricionariedade por parte do Presidente da República, os requisitos de *imprevisibilidade* e *urgência* (art. 167, § 3º) recebem densificação normativa da Constituição. Em outras palavras, os termos *imprevisíveis* e *urgentes*, como signos linguísticos de natureza indeterminada, são delimitados semanticamente, ainda que parcialmente, pelo próprio texto constitucional. Nesse sentido, os conteúdos semânticos das expressões "guerra", "comoção interna" e "calamidade pública" constituem vetores para a interpretação/aplicação do art. 167, § 3º, c/c art. 62, § 1º, inciso I, alínea "d", da Constituição.[36]

Contudo, não obstante a restrição no texto constitucional, consoante já destacado anteriormente, a prática legislativa é bastante diversa. Conforme já mencionado, apenas no ano de 2016, foram editadas 12 medidas provisórias autorizando a abertura de créditos extraordinários, sem que estivesse presente requisito constitucionalmente exigido e confirmado pelo Supremo. Em 2017, o número caiu significativamente: foram apenas duas

---

[36] Trecho do voto proferido na ADI 4048 MC/DF, Relator: Min. Gilmar Mendes, Tribunal Pleno, julgamento em 14/05/2008, *DJ* 22/08/2008.

e, em 2018, foram seis medidas provisórias. Em todos os casos, trata-se de evidente alteração do orçamento pelo Poder Executivo, em absoluta afronta às regras constitucionais.

Ainda sobre o tema, vale mencionar que a pandemia de Covid-19 justificou o uso mais frequente desse instrumento, já que estávamos diante de despesas imprevisíveis, especialmente em 2020. Em 2021, no entanto, o cenário já era outro: as despesas decorrentes do enfrentamento da pandemia já eram conhecidas e não poderiam mais ser qualificadas como imprevisíveis. Sobre o tema, as lições de Élida Graziane são enfáticas[37]:

> Se, desde o envio do PLOA-2021, em 31/08/2020, Executivo e Legislativo sabiam da necessidade de planejar o orçamento federal para fazer face ao risco absolutamente previsível de continuidade da pandemia, soa cínica e fraudulenta a alegação de imprevisibilidade de uma despesa que já estava em andamento desde o primeiro semestre do ano anterior. Ora, a manobra abusiva visa notoriamente burlar os limites do teto dado pela EC 95/2016 e fugir ao necessário diálogo prévio com o parlamento.

Ao lado disso, o tema dos créditos adicionais tornou-se especialmente relevante em 2016, por conta do processo de *impeachment* instaurado em face da Presidente Dilma Rousseff. Conforme já mencionado acima, uma das razões jurídicas que embasaram o pedido de afastamento da Presidente foi exatamente a abertura de créditos adicionais sem autorização legal. Considerando a relevância do tema, algumas considerações complementares são necessárias.

A possibilidade de edição de decretos autorizando créditos suplementares (destinados ao reforço orçamentário, portanto) estava prevista no artigo 7º da Lei nº 13.115/2015, a LOA, para o exercício de 2015. A condição para tanto seria a observância dos requisitos ali fixados, dentre os quais se inseria a compatibilização com a meta de resultado primário estabelecida para o exercício:

> Art. 7º Fica o Poder Executivo autorizado a abrir créditos suplementares, observados os limites e condições estabelecidos neste artigo, desde que as alterações promovidas na programação orçamentária sejam compatíveis com a obtenção da meta de resultado primário estabelecida para o exercício de 2015, para as seguintes finalidades:
>
> I – suplementação de subtítulo, exceto os relativos às programações de que trata o inciso IV deste artigo, até o limite de 30% (trinta por cento) do respectivo valor, constante desta Lei, mediante geração adicional de recursos, anulação de dotações orçamentárias da mesma empresa ou aporte de recursos da empresa controladora;
>
> II – atendimento de despesas relativas a ações em execução no exercício de 2015, mediante a utilização, em favor da correspondente empresa e da respectiva programação, de saldo de recursos do Tesouro Nacional repassados em exercícios anteriores ou inscritos em restos a pagar no âmbito dos Orçamentos Fiscal ou da Seguridade Social;
>
> III – realização das correspondentes alterações no Orçamento de Investimento, decorrentes da abertura de créditos suplementares ou especiais aos Orçamentos Fiscal e da Seguridade Social; e
>
> IV – suplementação das programações contempladas no PAC, classificadas com os identificadores de resultado primário "3" ou "5", mediante geração adicional de recursos ou cancelamento de dotações orçamentárias desse Programa com os respectivos identificadores constantes do Orçamento de que trata este Capítulo, no âmbito da mesma empresa.

---

[37] PINTO, Élida Graziane. *É inconstitucional abrir crédito extraordinário para despesa previsível...*, cit.

Parágrafo único. A autorização de que trata este artigo fica condicionada à publicação, até 15 de dezembro de 2015, do ato de abertura do crédito suplementar.

Como é sabido, uma das atribuições da LDO é exatamente fixar tal meta. Em 2015, a Lei nº 13.080/2015 fixou como meta um superávit primário de R$ 66 bilhões. A viabilidade financeira de cumprimento da meta estabelecida na LDO é verificada periodicamente, pela divulgação de relatórios resumidos da execução orçamentária, publicados a cada bimestre, com a finalidade de acompanhar a evolução das finanças públicas e a situação fiscal do país – tal exigência decorre do artigo 165, § 3º, da Constituição.

Pois bem, com fundamento no artigo 7º da LOA, Dilma Rousseff editou decretos não numerados, abrindo créditos suplementares no valor de R$ 96 bilhões. Contudo, por ocasião da edição dos decretos, os relatórios de execução orçamentária do período anterior já demonstravam a inviabilidade de cumprimento da meta, restando afastado, portanto, um dos requisitos constantes da LDO para a validade de tais decretos.

De outro lado, o não cumprimento futuro da meta era de conhecimento do governo, fato reforçado não apenas pelo relatório de execução orçamentária, mas pelo envio, ao Congresso Nacional, de projeto de lei para alterar a LDO vigente e, assim, reduzir a meta então fixada. Como resultado dessa investida, foi aprovada a Lei nº 13.199/2015 que fixou a meta de resultado deficitário de R$ 49 bilhões. Diante desse cenário, de déficit e não mais superávit, seria possível alegar a validade dos decretos não numerados.

No entanto, como fica claro, tratou-se de evidente manobra para assegurar a legalidade dos decretos que, à época de sua edição já não cumpriam com os requisitos legalmente estabelecidos. Tal conduta ensejou a denúncia da Presidente com fundamento nos artigos 10 e 11 da Lei do *Impeachment* (Lei nº 1.079/1950), que preveem crimes contra a lei orçamentária e contra a guarda e legal emprego dos dinheiros públicos.

Portanto, diante dessas breves considerações, pode-se dizer que a despesa pública **sempre depende de autorização legislativa e inclusão no orçamento**. A autorização, como aconteceu em 2015, pode estar genericamente prevista na LOA, que pode estabelecer critérios rígidos para a abertura dos créditos via decreto do Presidente da República. Porém, na hipótese de o administrador público se deparar com despesas não previstas ou insuficientemente dotadas, a solução para tanto será a abertura de um crédito adicional, devendo, reitere-se, os créditos extraordinários ficarem limitados às situações de efetiva urgência e imprevisibilidade, elementos que possuem conteúdo e extensão previamente determinados pelo texto constitucional. Visto isso, passemos à análise da classificação das despesas públicas.

3.3.2 Classificação das despesas de acordo com o motivo do dispêndio: despesas correntes e despesas de capital

A classificação das despesas em "despesas correntes" e "despesas de capital" decorre do disposto no artigo 12 da Lei nº 4.320/1964.

As **despesas correntes** são aquelas resultantes da **manutenção das atividades próprias do Estado, tais como o custeio da estrutura administrativa**. A realização desse tipo de despesa não gera o aumento do patrimônio do Estado; apenas contribui para a sua continuidade. De acordo com o artigo 12, são despesas correntes as despesas **"de custeio"** e as **"transferências correntes"**.

Os §§ 1º e 2º desse mesmo dispositivo especificam referidas modalidades ao dizer, respectivamente, que são despesas de custeio "as dotações para manutenção de serviços anteriormente criados, inclusive as destinadas a atender a obras de conservação e adaptação de bens imóveis", enquanto se encaixam na categoria de transferências correntes aquelas dotações para despesas em relação às quais não haja "contraprestação direta em bens ou serviços, inclusive para contribuições e subvenções destinadas a atender à manifestação de outras entidades de direito público ou privado".

A redação dos referidos parágrafos reforça a definição anterior: **em nenhum dos casos há uma contrapartida econômica ou patrimonial para o Estado; a despesa é realizada visando, unicamente, à manutenção de uma estrutura já formada e estabelecida** – daí se falar, no § 1º, em "manutenção de serviços anteriormente criados" e, no § 2º, em "despesas para as quais não corresponda contraprestação direta em bens ou serviços".

Ainda sobre as despesas correntes, deve-se destacar que o conceito de **subvenção** está no § 3º do mesmo artigo 12 da Lei nº 4.320/1964, e se trata de transferências que se destinam a cobrir as despesas de custeio das entidades beneficiadas. A depender do tipo de instituição para a qual a transferência se destina, podemos ter subvenção social ou subvenção econômica.

O primeiro caso engloba as instituições públicas ou privadas de caráter assistencial ou cultural sem fins lucrativos que recebam transferências do Estado, enquanto a hipótese de subvenção econômica está presente quando se verifica o repasse de recursos para empresas públicas ou privadas de caráter industrial, comercial, agrícola ou pastoril.

Apesar de a Lei nº 4.320/1964 fazer referência à expressão "subvenção econômica", não raro vê-se na legislação tal expressão substituída por "subvenção de investimento". Isso ocorre particularmente quando se trata de estabelecer os efeitos tributários de uma subvenção desse tipo. Não raro, estados da Federação concedem benefícios fiscais de ICMS com vistas ao estímulo de determinado setor, condicionando o benefício ao investimento específico naquela área – ou seja, há uma contrapartida exigida pelo estado. Tal renúncia de receita poderia ser classificada como subvenção de investimento. A consequência disso seria a possibilidade de exclusão de tais valores da base de cálculo do IRPJ e da CSL e das contribuições ao PIS e COFINS.[38]

As **despesas de capital**, de outro lado, igualmente estão especificadas no artigo 12 da Lei nº 4.320/1964 e **são aquelas cujo resultado será o aumento do patrimônio público e, assim, da capacidade produtiva como um todo**. Não se trata, pois, de simplesmente assegurar a manutenção de uma estrutura já existente, mas sim de incrementar positivamente essa mesma estrutura. Nos termos desse dispositivo, estão compreendidas como despesas de capital os investimentos, as inversões financeiras e as transferências de capital.

Nos termos do § 4º do artigo 12, são **investimentos** os gastos direcionados ao planejamento e execução de obras, nisso incluindo-se as dotações "destinadas à aquisição de imóveis considerados necessários à realização destas últimas, bem como para os programas

---

[38] Para um histórico detalhado das decisões do Conselho Administrativo de Recursos Fiscais (CARF) sobre o tema, confira-se: PINTO, Fernando Brasil de Oliveira. Carf avança no debate sobre tributação de subvenções para investimento. *Revista Consultor Jurídico*, 2019. Disponível em: <https://www.conjur.com.br/2019-abr-24/direto-carf-carf-debate-tributacao-subvencoes-investimento>. Acesso em: 11 jun. 2019.

especiais de trabalho, aquisição de instalações, equipamentos e material permanente e constituição ou aumento do capital de empresas que não sejam de caráter comercial ou financeiro". O objetivo aqui é **gastar para ter como contrapartida o aumento do patrimônio**.

A mesma definição de base pode ser encontrada nas **"inversões financeiras"**, que, de acordo com o § 5º, são as dotações que se destinem:

(i) à aquisição de
  (a) imóveis ou bens de capital já em utilização;

  ou

  (b) de títulos representativos de capital de empresas ou entidades de qualquer espécie, já constituídas, sem que haja aumento de capital.
(ii) à constituição ou ao aumento de capital de entidades ou empresas que tenham objetivos comerciais ou financeiros.

Importante notar que, apesar de se verificar gastos com aquisição de bens que são classificados ora como investimentos, ora como inversão financeira, há uma diferença substancial nas duas categorias: estar-se-á diante de um **"investimento"** nos casos em que há o **efetivo aumento do Produto Interno Bruto (PIB)**, pois se trata de construir ou adquirir novos bens que não integravam a economia. Já no caso das **inversões financeiras**, o bem ou imóvel já estava em utilização, o que representa a **manutenção do PIB, a despeito do aumento do patrimônio do ente**.

Finalmente, ainda no rol das despesas de capital encontram-se as **"transferências de capital"**, cuja definição está no § 6º do artigo 12, estando aí compreendidas "as dotações para investimentos ou inversões financeiras que outras pessoas de direito público ou privado devam realizar, independentemente de contraprestação direta em bens ou serviços, constituindo essas transferências auxílios ou contribuições, segundo derivem diretamente da Lei de Orçamento ou de lei especialmente anterior, bem como as dotações para amortização da dívida pública".

Nos termos da definição acima e na mesma linha do que estabelecido em relação às transferências correntes, as transferências de capital são despesas resultantes da remessa de recursos a outras pessoas jurídicas, de direito público ou não, com a finalidade de **custear investimentos** ou **inversões financeiras**. Apesar de não haver contraprestação direta ao ente que efetiva a transferência, de um ponto de vista amplo é possível dizer que haverá, de algum modo, incremento no patrimônio público, tendo-se em vista o papel que os investimentos e inversões financeiras exercem.

A análise da disciplina da despesa pública, ao lado da identificação das modalidades de despesa (corrente e de capital) deve, ainda, contemplar dois outros pontos: **as despesas vinculadas e obrigatórias no texto constitucional** e **a disciplina das despesas na LRF**. As duas questões serão tratadas a seguir e separadamente.

3.4 AS DESPESAS VINCULADAS E OBRIGATÓRIAS NA CONSTITUIÇÃO DA REPÚBLICA

Os **artigos 198 e 212 da Constituição** tratam, genericamente, de duas necessidades públicas em relação às quais o legislador houve por bem estabelecer a obrigação dos entes de efetivar gastos mínimos e, portanto, obrigar à realização da despesa pública. São elas a saúde e a educação.

A exigência de **gastos mínimos com a saúde** foi incluída na Constituição apenas em 2000, por conta da publicação da Emenda Constitucional 29. O objetivo foi o de que os Estados, Distrito Federal e Municípios aplicassem percentuais mínimos, calculados sobre sua receita de impostos, inclusive sobre a parte que tenha sido recebida por conta das transferências constitucionais, relativas à repartição da arrecadação tributária, em "ações e serviços públicos de saúde" (**art. 198, § 2º, incisos II e III**). Em relação à União, a forma pela qual haveria a vinculação dessa despesa seria estabelecida em **lei complementar**, a qual, também, iria:

(i) estabelecer os percentuais obrigatórios para os Estados, Distrito Federal e Municípios;
(ii) os critérios de rateio dos recursos da União vinculados à saúde e que seriam destinados aos Estados, Distrito Federal e Municípios; e
(iii) normas de fiscalização, avaliação e controle das despesas com saúde em todas as esferas.

Com vistas à efetividade das novas regras constitucionais, a Emenda Constitucional 29 igualmente acresceu o **artigo 77 ao Ato das Disposições Constitucionais Transitórias (ADCT)**, que estabeleceu os mandamentos relativos à aplicação dos recursos mínimos em saúde até 2004, tanto para a União quanto para os Estados e Municípios.

No que se refere à **União**, no ano de 2000, aquele de início da vigência da emenda, deveria ser aplicado em saúde ao menos o "montante empenhado em ações e serviços públicos de saúde no exercício financeiro de 1999 acrescido de, no mínimo, cinco por cento" (art. 77, inciso I, alínea *a*). De outro lado, para os exercícios compreendidos entre 2001 e 2004, deveria ser considerado "o valor apurado no ano anterior, corrigido pela variação nominal do Produto Interno Bruto – PIB" (art. 77, inciso I, alínea *b*).

Em relação aos **Estados**, o ADCT estabeleceu que seriam aplicados ao menos **12%** do produto da arrecadação dos impostos previstos no artigo 155 da Constituição, somados aos recursos decorrentes de transferências constitucionais provenientes da União, por conta da repartição da arrecadação tributária, nos termos dos artigos 157 e 159, inciso I, alínea *a*, e inciso II, descontadas desses valores as parcelas de receitas tributárias que fossem objeto de transferência aos Municípios, também por conta da repartição da arrecadação. Trata-se, pois, de considerar como parâmetro para a aplicação de recursos em saúde apenas as receitas que sejam de titularidade definitiva do ente (art. 77, inciso II).

Na mesma linha, de acordo com o artigo 77, inciso III, do ADCT, os **Municípios** deverão aplicar nas ações e serviços públicos de saúde **15%** do produto da arrecadação de seus impostos, previstos no artigo 156 da Constituição, aos quais serão acrescidas as receitas decorrentes das transferências constitucionais dos Estados (art. 158) e da União (art. 159, inciso I, alínea *b*, e § 3º).

Em complementação, o § 4º desse mesmo dispositivo determina que, na hipótese de ausência da lei complementar que regule as matérias definidas no artigo 198 e, assim, prescreva as regras e critérios de aplicação dos recursos em saúde, **os mandamentos do artigo 77 do ADCT continuariam válidos**, mesmo a partir de 2005.

Posteriormente, foram publicados a **Lei Complementar 141/2012** e o **Decreto 7.827/2012**, que regulamentaram a EC 29/2000. Nos termos do artigo 5º da LC, a

União deve direcionar para a saúde "o montante correspondente ao valor empenhado no exercício financeiro anterior, acrescido de, no mínimo, o percentual correspondente à variação nominal do Produto Interno Bruto (PIB) ocorrida no ano anterior ao da lei orçamentária anual".

Para Estados e Municípios, de acordo com os artigos 6º e 7º da lei, os percentuais mínimos de aplicação serão de 12% e 15%, como já previsto no ADCT, e para o Distrito Federal, 12% ou 15%, a depender da natureza da receita – se tributo estadual ou municipal. Além disso, referida lei detalha o que deve ser entendido por ação e serviço com saúde para fins de determinação do cumprimento da aplicação de receita respectiva.

O Decreto nº 7.827/2012, de outro lado, disciplina as sanções aplicáveis aos estados e municípios na hipótese de descumprimento da aplicação dos percentuais mínimos em serviços de saúde e da não aplicação efetiva do montante que deixou de ser aplicado nos exercícios anteriores. Confira-se, nesse sentido, a redação de seu artigo 11:

> Art. 11. Em caso de verificação de descumprimento da aplicação dos percentuais mínimos em ações e serviços públicos de saúde e de não aplicação efetiva do montante que deixou de ser aplicado em ações e serviços públicos de saúde em exercícios anteriores, na forma dos arts. 7º a 10, a União:
>
> I – condicionará o repasse de recursos provenientes das receitas de que tratam o inciso II do *caput* do art. 158, as alíneas "a" e "b" do inciso I e o inciso II do *caput* do art. 159, da Constituição, após processadas as retenções, destinações, deduções e bloqueio de seu interesse; e
>
> II – suspenderá as transferências voluntárias.

Trata-se, portanto, de hipótese de retenção de transferências obrigatórias, decorrentes da repartição da arrecadação tributária, ao lado da limitação das transferências voluntárias.

O **artigo 212** da Constituição, por sua vez, ao tratar das **despesas com a educação**, determina, desde logo, os percentuais que os entes devem observar: **18% para a União e 25% para os Estados, Distrito Federal e Municípios**. A exemplo do que ocorre com a saúde, esses percentuais são anuais e calculados sobre a receita de impostos, inclusive aquelas provenientes das transferências constitucionais decorrentes da repartição da arrecadação tributária.

Nesse sentido, esclareça-se que os valores transferidos do IPVA para os Municípios, por exemplo, com fundamento no artigo 158, inciso III, da Constituição, serão considerados como receita do Município, para fins de cálculo do percentual ora mencionado, e não deverão ser incluídos no cálculo da receita dos Estados. Essa determinação decorre tanto do *caput* do artigo 212 quanto da redação do § 1º do mesmo artigo, o qual determina que "a parcela da arrecadação de impostos transferida pela União aos Estados, ao Distrito Federal e aos Municípios, ou pelos Estados aos respectivos Municípios, não é considerada, para efeito do cálculo previsto neste artigo, receita do governo que a transferir".

Ainda sobre o direcionamento de recursos para a educação, cumpre destacar a promulgação da Emenda Constitucional 108/2020, que ampliou e tornou permanente o Fundo de Manutenção e Desenvolvimento da Educação Básica e de Valorização dos Profissionais da Educação – Fundeb. Em rápidas palavras, o Fundeb foi criado em 2007 para assegurar recursos para a educação básica, com a vinculação de receitas de impostos específicas para tanto, com a previsão de ser extinto em 31/12/2020.

Com a aprovação da EC 108/2020, acresceu-se o artigo 212-A no texto constitucional, o qual, além de prescrever a permanência do fundo, alterou algumas regras quanto à composição da receita. Nesse sentido, segue a obrigação de os Estados, o Distrito Federal e os Municípios destinarem 20% da arrecadação de impostos ao fundo, ao lado do dever de a União complementar tais receitas no equivalente a 23% dos recursos destinados pelos Estados, Distrito Federal e Municípios.

No caso da União, trata-se de majoração significativa de participação: a regra anterior previa um complemento de 10%. Exatamente por isso, o aumento será realizado de modo gradual: em 2021 foi de 12%; em 2022, será de 15%; em 2023, de 17%, e assim sucessivamente até atingir 2026.

Portanto, no que se refere à saúde e à educação, verifica-se a existência de **despesas constitucionalmente obrigatórias**, e tais determinações devem ser consideradas por ocasião da elaboração do orçamento, sob pena de inconstitucionalidade.

Dessa feita, parte da arrecadação da receita dos impostos já nasce vinculada a despesas específicas, e, deve-se recordar, **tal não representa qualquer ofensa ao artigo 167, inciso IV, da Constituição**, que expressamente excepciona as situações em tela da regra relativa à não afetação das receitas de impostos, ao mencionar que está ressalvada do princípio da não afetação "a destinação de recursos para as ações e serviços públicos de saúde, para manutenção e desenvolvimento do ensino", desde que realizada nos exatos termos dos dispositivos ora estudados.

Além do percentual mínimo obrigatório, a Lei nº 12.858, de 9 de setembro de 2013, determinou que os recursos provenientes da exploração do petróleo e gás natural devem ser destinados à saúde e à educação (art. 4º) em acréscimo à vinculação constitucional.

Em que pese tais leis não terem sido objeto de questionamento no Judiciário, é importante lembrar que a alocação dos recursos vinculados, por ser matéria afeta à proposta orçamentária, deve, segundo jurisprudência do STF, ser definida pelo **Poder Executivo**, nos termos do artigo 165, *caput*, da CR. Assim, seria inconstitucional norma cuja iniciativa não partissem do Poder Executivo e que determinasse a maneira pela qual os recursos vinculados fossem gastos. Nessa direção, foi o debate que se estabeleceu no STF, na ADI 2447/MG, acerca de norma da Constituição do Estado de Minas Gerais, que destinou parte das receitas orçamentárias para entidades de ensino. Confira-se trechos do voto do Ministro Joaquim Barbosa:

> [...] Ambos os dispositivos violam a reserva de norma de iniciativa do Poder Executivo para dispor sobre as três peças orçamentárias (Plano Plurianual, Lei de Diretrizes Orçamentárias e Lei Orçamentária Anual), e nas quais se encontra a atribuição de destinação específica aos recursos financeiros geridos pelo Estado (art. 161, I, II e III da Constituição). A fixação do plano de alocação dos recursos públicos interfere diretamente na capacidade do ente federado de cumprir as obrigações que lhe são impostas pela Constituição. Afeta, também, a forma como as políticas públicas poderão ser executadas. **Estas são as justificativas para que a iniciativa de criação de qualquer norma que verse sobre orçamento pertença à esfera de iniciativa do Executivo**.
>
> [...]

A circunstância de a vinculação de receita ser produto de emenda à Constituição Estadual não altera o juízo de violação da Constituição Federal. O art. 165 da Constituição resguarda a iniciativa do Chefe do Poder Executivo contra qualquer espécie de norma que afete diretamente a elaboração das três peças orçamentárias.[39]

Apresentada a estrutura geral das despesas obrigatórias segundo o texto constitucional, cumpre, no próximo item, detalhar alteração relevante em relação à execução dessas despesas. Em 2016, visando a controlar o crescimento expressivo das despesas primárias, foi aprovada a Emenda Constitucional nº 95/2016, que impôs um teto máximo para tais despesas e atingiu, diretamente, a saúde e a educação.

3.5 O NOVO REGIME FISCAL CRIADO PELA EC 95/2016, O TETO PARA AS DESPESAS PÚBLICAS PRIMÁRIAS E A EC 109/2021

A aprovação da EC 96/2016 deu-se logo após o *impeachment* da Presidente Dilma Rousseff, como tentativa do governo Temer de combater as crises econômica e financeira instaladas no país desde o segundo semestre de 2014.

Segundo a leitura da equipe econômica de Temer, o enfrentamento do déficit crescente nas contas públicas deveria se dar pela redução de despesas e não pelo aumento de tributos – o Brasil possui a maior carga tributária dentre os países da América Latina e, ainda assim, onera a população em mais de dez pontos percentuais à média desses países, que é de 21,7%.[40] Não haveria, portanto, mais espaço para qualquer majoração nesse sentido, sob pena de comprometimento da atividade produtiva e, mais ainda, da eficiência arrecadatória.[41] Por essa razão, a saída estava na redução das despesas.

Um olhar minucioso sobre a composição das despesas públicas revela que aproximadamente 63% do total do gasto público não financeiro do Brasil (despesas primárias) relacionam-se com despesas voltadas à seguridade social, educação e saúde.[42] Trata-se, portanto, do maior gargalo, desconsideradas as despesas com juros. Diante desse diagnóstico, a equipe econômica de Temer passou a defender a necessidade de controlar os gastos nessas áreas.

A execução concreta desse controle em si é um problema, pois as despesas obrigatórias com saúde e educação são vinculadas à arrecadação tributária. Como visto nas linhas acima, os percentuais mínimos que devem ser aplicados em saúde e educação, por exemplo, são aplicados sobre a receita corrente líquida do ente que, por sua vez, é obtida

---

[39] ADI 2447/MG, Relator(a): Min. Joaquim Barbosa, Tribunal Pleno, julgamento em 04/03/2009; destaques não contidos no original.

[40] Dados da OCDE, disponíveis em: <http://www.keepeek.com/Digital-Asset-Management/oecd/taxation/revenue-statistics-in-latin-america-and-the-caribbean-2017_rev_lat_car-2017-en-fr#.WUFOs-vyvcs>.

[41] Sobre o tema, confira: <http://www1.folha.uol.com.br/opiniao/2015/09/1678754-os-ovos-de-ouro--e-os-impostos.shtml>.

[42] Cf. <http://www.tesouro.fazenda.gov.br/documents/10180/318974/COR_LIVRO_Avaliacao_da_Qualidade_do_Gasto_Publico_e_Mensuracao_de_Eficienc.../1e3a7622-3628-4e35-b622-eb3c53b20fc4>.

pelo volume de impostos arrecadados. Portanto, quanto maior a arrecadação, maiores os gastos nessas áreas. Todavia, quanto maiores os gastos, maior também a necessidade de despesas futuras, para assegurar a manutenção da estrutura construída a partir dos gastos passados. O trecho abaixo da exposição de motivos da EC ilustra bem esse ponto:

> Um desafio que se precisa enfrentar é que, para sair do viés pró-cíclico da despesa pública, é essencial alterarmos a regra de fixação do gasto mínimo em algumas áreas. Isso porque a Constituição estabelece que as despesas com saúde e educação devem ter um piso, fixado como proporção da receita fiscal. É preciso alterar esse sistema, justamente para evitar que nos momentos de forte expansão econômica seja obrigatório o aumento dos gastos nessas áreas e, quando da reversão do ciclo econômico, os gastos tenham que desacelerar bruscamente.

Considerando essas premissas, foi aprovada a EC 95/2016, que institui o Novo Regime Fiscal e estabelece limites individualizados para as despesas primárias, considerando cada um dos Poderes da República, além do Ministério Público da União e da Defensoria Pública da União (art. 107 do ADCT).

Para o exercício de 2017, o teto dos gastos foi fixado no montante da despesa primária paga no exercício de 2016, incluídos os restos a pagar, corrigida em 7,2%. Para os demais exercícios, o teto será o valor do limite do exercício imediatamente anterior, corrigido pelo Índice Nacional de Preços ao Consumidor Amplo – IPCA ou de outro índice que vier a substituí-lo. A referência, a partir da EC 113/2021, será o exercício anterior a que se refere a lei orçamentária.

Ainda como forma de conter as despesas primárias, o § 3º do artigo 107 do ADCT proíbe a abertura de crédito suplementar ou especial que amplie o montante total da despesa primária sujeita aos limites então estabelecidos. Os créditos extraordinários, porém, não se incluem no limite e nem sequer (i) algumas transferências constitucionalmente previstas, como a repartição da arrecadação tributária, (ii) despesas não recorrentes da Justiça Eleitoral com a realização de eleições e (iii) despesas com aumento de capital de empresas estatais não dependentes (art. 107, § 6º, do ADCT).

Especificamente para as despesas de saúde e educação, foi o artigo 110 do ADCT que estabeleceu o teto para o gasto: para o exercício de 2017, a despesa fica restrita às aplicações mínimas previstas nos artigos 198 e 212 da Constituição, e, a partir de 2018, a referência passa a ser os valores gastos nos exercícios anteriores, sempre corrigidos pelo IPCA ou por outro índice que vier a substituí-lo. Assim, desvincula-se a despesa da receita arrecadada, estabelecendo-se como parâmetro inicial os percentuais mínimos apurados em 2017.

Mais recentemente, com a aprovação da EC 114/2021, as despesas com pagamentos de precatórios passaram a estar submetidas ao teto de gastos, até o exercício de 2026. Conforme será visto no capítulo 05, o parâmetro, nesse caso, foi o valor dos precatórios pagos em 2016, corrigido pelo IPCA, nos termos do artigo 107-A do ADCT.

O legislador ainda previu, no artigo 109 do ADCT, sanções para a hipótese de descumprimento do limite individualizado, sanções essas que seriam aplicáveis até o final do exercício de retorno das despesas aos respectivos limites. Ou seja, a penalidade se prolonga no tempo e é independente da retomada das premissas do novo regime: se o órgão extrapolar o teto em março, por exemplo, as penalidades serão aplicadas até o fim daquele ano, mesmo que já tenha havido o retorno ao limite de gasto fixado.

Tais sanções podem ser divididas em dois tipos: sanções gerais, que se aplicam a todos os poderes e órgãos referidos no artigo 107 do ADCT e sanções específicas, que se somam às gerais, e se aplicam apenas ao Poder Executivo, diante das condições postas pela EC.

As sanções gerais estão previstas nos incisos do artigo 109 e se referem, basicamente, à impossibilidade de aumento de despesa com pessoal. Como exemplo, cite-se a impossibilidade de concessão de vantagem, aumento ou reajuste a qualquer título, criação de cargo, emprego ou função, realização de concurso público, dentre outras cujo foco específico é a contenção de gastos com pessoal. Também fica proibida a revisão geral das remunerações de servidores, prevista no artigo 37, inciso X da Constituição.

Ao lado dessas sanções gerais, há aquelas que são aplicadas especificamente ao Poder Executivo. Nos termos do § 2º do artigo 109, o descumprimento do limite com as despesas primárias resultará (i) na proibição da criação ou expansão de programas e linhas de financiamento, além de ser vedada também a remissão, renegociação ou refinanciamento de dívidas que resultem em aumento de despesas com subsídios e subvenções; e (ii) na vedação de concessão ou ampliação de incentivo ou benefício de natureza tributária.

O ponto central dessas penalidades específicas está na contenção de outros gastos que, apesar de não estarem diretamente relacionados com a folha de salários, impactam o orçamento negativamente e não seriam razoáveis de serem realizados em um contexto de descontrole das despesas com pessoal.

Além disso, o texto da EC ainda prevê hipóteses em que o limite de gastos não se aplica. Trata-se das hipóteses previstas no § 6º do artigo 107 do ADCT:

> I – transferências constitucionais estabelecidas no § 1º do art. 20, no inciso III do parágrafo único do art. 146, no § 5º do art. 153, no art. 157, nos incisos I e II do *caput* do art. 158, no art. 159 e no § 6º do art. 212, as despesas referentes ao inciso XIV do *caput* do art. 21 e as complementações de que tratam os incisos IV e V do *caput* do art. 212-A, todos da Constituição Federal; (Redação dada pela Emenda Constitucional 108, de 2020)
>
> II – créditos extraordinários a que se refere o § 3º do art. 167 da Constituição Federal;
>
> III – despesas não recorrentes da Justiça Eleitoral com a realização de eleições; e
>
> IV – despesas com aumento de capital de empresas estatais não dependentes;
>
> V – transferências a Estados, Distrito Federal e Municípios de parte dos valores arrecadados com os leilões dos volumes excedentes ao limite a que se refere o § 2º do art. 1º da Lei nº 12.276, de 30 de junho de 2010, e a despesa decorrente da revisão do contrato de cessão onerosa de que trata a mesma Lei. (Incluído pela Emenda Constitucional nº 102, de 2019)

De todas as hipóteses, convém destacar o inciso II: a abertura de créditos extraordinários não se sujeita ao limite de gastos previsto na EC. Nos termos em que já destacado linhas acima, os créditos extraordinários são autorizações de despesa que podem se dar via medida provisória, em razão de guerra externa ou sua iminência e situações de calamidade pública. Vale lembrar que, de acordo com o Supremo Tribunal Federal, a presença de tais elementos fáticos é fundamental para a validade do crédito extraordinário.

Contudo, como já tratado neste livro em diversas passagens, é prática corrente no governo federal a abertura de créditos extraordinários simplesmente para acomodar novas despesas no orçamento, ao longo do exercício, sem que haja a presença dos requisitos constitucionalmente previstos. Exemplar, nesse sentido, é a autorização contida no artigo 3º, § 3º da EC 109/2021: a extensão do auxílio emergencial seria assegurada pela abertura de crédito extraordinário, sem observância dos requisitos do artigo 167, § 3º da Constituição ou mesmo do cumprimento da regra de ouro (art. 167, III da Constituição).

Ainda que algumas exceções à regra do teto de gastos sejam necessárias – e se afirma isso independentemente das devidas críticas ao regime – a previsão quanto aos créditos extraordinários, somada ao histórico do governo federal, dá margem para a manipulação do limite de realização de despesas.

Além disso, ainda no artigo 107, há a previsão de compensação, pelo Poder Executivo, do excesso de despesas primárias dos outros Poderes e órgãos.[43] Tal compensação, ou absorção do excesso, pela redução equivalente em sua despesa primária, ocorrerá nos três primeiros exercícios financeiros da vigência do novo regime, nos exatos termos do § 7º do dispositivo:

> § 7º Nos três primeiros exercícios financeiros da vigência do Novo Regime Fiscal, o Poder Executivo poderá compensar com redução equivalente na sua despesa primária, consoante os valores estabelecidos no projeto de lei orçamentária encaminhado pelo Poder Executivo no respectivo exercício, o excesso de despesas primárias em relação aos limites de que tratam os incisos II a V do *caput* deste artigo.

É evidente que a absorção desse excesso pelo Poder Executivo tem como consequência a redução da disponibilidade orçamentária para outras despesas e pode agravar o quadro de conflitos distributivos na elaboração dos orçamentos. O Poder Judiciário, por exemplo, nos dois anos de vigência da EC, utilizou-se dessa possibilidade – o excesso de gastos desse Poder foi compensado pelo Poder Executivo. Em 2018, foi o único Poder que extrapolou o teto: suas despesas superaram o limite previsto em 1,6%. Essa situação fica mais agravada ainda, ao considerarmos o reajuste de 16,38% concedido à remuneração dos Ministros,[44] conforme visto no capítulo 1.

Por fim, nos termos dos artigos 106 e 108 do ADCT, o Novo Regime Fiscal será aplicável por 20 exercícios financeiros, podendo o Presidente da República propor, a partir do décimo exercício de vigência, projeto de lei complementar para alterar o método de correção dos limites então previstos.

A despeito das muitas críticas ao longo do processo legislativo que culminou com a EC 95/2015, sua aprovação deu-se sem amplo debate público. Como já destaquei em outra oportunidade,[45] uma vez que a Constituição estabelece um percentual mínimo

---

[43] Art. 107. Ficam estabelecidos, para cada exercício, limites individualizados para as despesas primárias: [...] II – do Supremo Tribunal Federal, do Superior Tribunal de Justiça, do Conselho Nacional de Justiça, da Justiça do Trabalho, da Justiça Federal, da Justiça Militar da União, da Justiça Eleitoral e da Justiça do Distrito Federal e Territórios, no âmbito do Poder Judiciário; III – do Senado Federal, da Câmara dos Deputados e do Tribunal de Contas da União, no âmbito do Poder Legislativo; IV – do Ministério Público da União e do Conselho Nacional do Ministério Público; e V – da Defensoria Pública da União.

[44] Sobre o tema, confira-se: Judiciário é o único Poder a não respeitar o limite de gasto. *Folha de S. Paulo*, São Paulo, 12 ago. 2018. Disponível em: <https://www1.folha.uol.com.br/mercado/2018/08/judiciario-e-o-unico-poder-a-nao-respeitar-limite-de-gasto.shtml>. Acesso em: 11 jun. 2019.

[45] Confira-se, por exemplo, crítica de minha autoria sobre a possibilidade de corte nas desonerações antes de se pensar em reduzir os gastos com saúde e educação. Disponível em: <http://www.valor.com.br/opiniao/4737899/e-preciso-debater-mais-pec-do-teto-de-gastos>.

de gasto com saúde e educação, atrelar a despesa apenas à inflação representaria uma diminuição de investimentos no setor, possibilitando, inclusive, que as receitas que antes seriam destinadas a essas áreas sejam predadas por outras necessidades públicas. As despesas com educação, especialmente, são fundamentais para o desenvolvimento do país. No cenário atual, com a estagnação de gastos e crescimento econômico pífio, a tendência é o aumento da desigualdade e dos indicadores de bem-estar social.

Mencione-se, ainda, que, atualmente, pendem de julgamento pelo Supremo Tribunal Federal sete ADIs contra a EC,[46] todas tramitando em conjunto. No final de 2018, a Procuradoria-Geral da República proferiu parecer pela constitucionalidade da Emenda.[47]

Com o advento da pandemia da Covid-19, o País imergiu em crises financeira, econômica e sanitária sem precedentes. As medidas contidas na EC 95/2016 não se mostraram suficientes para conter o avanço da dívida pública. Nesse contexto, ganhou força a PEC 186/2019, denominada PEC Emergencial. Tal proposta teria medidas voltadas à contenção do endividamento e à criação de regras fiscais específicas para períodos de calamidade pública. Por conta da pandemia de Covid-19, a medida foi rapidamente aprovada e resultou na EC 109/2021. Como as disposições sobre calamidade pública serão tratadas em item próprio, por ora, cumpre destacar as medidas adotadas no sentido da contenção do endividamento, como um todo.

Nesse sentido, previu a inclusão do artigo 167-A na Constituição para estabelecer que, na hipótese de a relação entre despesas e receitas correntes superar 95% em estados, Distrito Federal e municípios, medidas de ajuste e contenção de gastos, especialmente com pessoal, previstas na Emenda Constitucional 95/2016[48] e reforçadas no texto da EC 109/2021, seriam imediatamente acionadas. Como exemplo, cite-se a proibição de concessão de vantagem, reajuste, aumento a qualquer título, vedação quanto à criação de cargo, emprego ou função, alteração na estrutura de carreira que implique aumento de despesa, e outros. Trata-se, em certa medida, da incorporação do espírito contido na Lei de Responsabilidade Fiscal quanto ao excesso de gasto com pessoal: nos termos do artigo 22, parágrafo único, da Lei, caso a despesa com pessoal do ente exceda a 95% do limite, incidem diversas vedações quanto à realização de novos gastos. O objetivo, como fica claro, é tomar medidas preventivas quanto à continuidade da situação de agravamento fiscal.

Ademais, até que todas as medidas previstas no *caput* do artigo 167-A tenham sido adotadas pelos Poderes e órgãos do ente, fica vedada, nos termos do § 6º, (i) a concessão,

---

[46] ADIs 5633, 5643, 5655, 5658, 5680, 5715 e 5734.
[47] Íntegra dos pareceres disponíveis em: <http://www.mpf.mp.br/pgr/noticias-pgr/emenda-constitucional-95-2016-nao-fere-a-carta-magna-nem-esvazia-direitos-fundamentais-opina-pgr>.
[48] Sobre o tema, destaque-se a EC 109/2021, que também alterou o artigo 109 do ADCT, originalmente introduzido pela EC 95/2016, para prever em seu *caput* a mesma racionalidade do artigo 167-A: o ato que resultará nos gatilhos que impedirão o aumento generalizado de gasto com pessoal será a proporção entre despesa obrigatória primária e despesa primária total superior a 95%. Confira-se a redação do *caput* do art. 109 do ADCT: "Se verificado, na aprovação da lei orçamentária, que, no âmbito das despesas sujeitas aos limites do art. 107 deste Ato das Disposições Constitucionais Transitórias, a proporção da despesa obrigatória primária em relação à despesa primária total foi superior a 95% (noventa e cinco por cento), aplicam-se ao respectivo Poder ou órgão, até o final do exercício a que se refere a lei orçamentária, sem prejuízo de outras medidas, as seguintes vedações [...]".

por qualquer outro ente da Federação, de garantias ao ente envolvido e (ii) a tomada de operação de crédito com outro ente da Federação. Trata-se, aqui, de, diante de um cenário fiscal já bastante grave, limitar as possibilidades de endividamento do ente.

Some-se a isso, ainda, o fato de que essas mesmas medidas de contenção também seriam efetivadas na hipótese de a despesa corrente superar 85% da receita corrente. Nesse caso, segundo o § 1º do dispositivo, as medidas de contenção de gastos com pessoal, indicadas nos incisos do *caput*, poderão ser, no todo ou em parte, implementadas pelo Chefe do Poder Executivo, com vigência imediata. Nesse caso, fica facultado aos demais Poderes e órgãos autônomos também implementá-las em seus âmbitos respectivos.

Na hipótese específica do § 1º, o ato será submetido à apreciação do Poder Legislativo em regime de urgência. A rejeição do ato pelo Legislativo ou a sua não apreciação no prazo de 180 dias resulta na perda de eficácia respectiva. De outro lado, caso seja aprovado, mas não se verificar a situação do § 1º, o resultado também será a perda de eficácia. Nesse sentido, é a redação dos §§ 2º e 3º do artigo 167-A.

Ainda sobre a redação do novel artigo, vale mencionar que a apuração da relação entre receitas e despesas correntes será realizada bimestralmente, para fins de controle e efetividade das medidas ele previstas.

Além disso, como visto linhas atrás, estabeleceu controle mais rígido das renúncias de receita, ou dos denominados gastos tributários, impondo controle periódico e limites em relação ao produto interno bruto (PIB), nos termos do artigo 4º da EC.

3.6 AS DESPESAS PÚBLICAS NA DISCIPLINA DA LEI DE RESPONSABILIDADE FISCAL: ARTIGOS 15 A 24

Conforme visto linhas acima, toda e qualquer despesa pública apresenta como pressuposto sua aprovação pelo Poder Legislativo – seja por meio do orçamento, seja por meio da abertura de créditos adicionais.

Contudo, ao lado dessa exigência, que se pode dizer básica e inerente ao mecanismo da despesa nas finanças públicas, há, ainda, os mandamentos da LRF que especificam e detalham certas condições para determinados tipos de despesa. Esse regramento está compreendido entre os artigos 15 a 24, que prescrevem não apenas condições adicionais para a realização de toda e qualquer despesa, como também englobam a disciplina das despesas com **pessoal** e das despesas com a **Seguridade Social**.

Para melhor estudar os mandamentos da LRF, vamos dividi-los em três blocos: o primeiro vai do **artigo 15 ao 17**, e contempla **regras gerais para a realização de gastos públicos**; o segundo do **artigo 18 ao 23**, e engloba os temas relativos às **despesas com pessoal**; e o terceiro, que compreende apenas o **artigo 24**, trata das **despesas com a Seguridade Social**.

3.7 AS REGRAS GERAIS DOS ARTIGOS 15, 16 E 17 DA LRF

O **artigo 15** da LRF condiciona a regularidade de toda e qualquer despesa pública à observância dos artigos 16 e 17 do mesmo diploma legal. Trata-se, portanto, de uma **regra geral para a realização de dispêndio de dinheiro público, que se soma às condições mais genéricas, relativas à previsão legal e inclusão no orçamento**. De acordo com esse dispositivo, serão consideradas "não autorizadas, irregulares e lesivas ao patrimônio público a geração de despesa ou assunção de obrigação" que se dê fora dos limites dos artigos 16 e 17.

Essa vinculação resultou na arguição de inconstitucionalidade de referido artigo nos autos da já mencionada ADI 2238.[49] A alegação central situava-se na suposta **violação ao artigo 166 da Constituição**, que prevê, no *caput*, a possibilidade de abertura de créditos adicionais como forma de correção e efetivação das leis orçamentárias.

O argumento consistia no seguinte: na medida em que o artigo 15 vincula a regularidade de toda e qualquer despesa à observância dos requisitos dos artigos 16 e 17 da LRF, tal também inclui os créditos adicionais que, nos termos da Constituição, não necessitam cumprir com requisitos desse porte para serem abertos ou autorizados. Daí se falar em ofensa ao artigo 166 e **limitação da possibilidade de correção do orçamento pelas mãos desse importante instrumento**.

O Supremo Tribunal Federal, todavia, ao analisar a procedência da alegação, decidiu, em sede de medida cautelar, pela **ausência de inconstitucionalidade** e destacou que esse dispositivo confere ainda mais efetividade ao cumprimento do PPA, LDO e LOA, sem que haja qualquer inibição da possibilidade de abertura de créditos adicionais. Trata-se, portanto, de dispositivo que contribui para a melhor realização das metas, objetivos e estimativas contempladas nas leis orçamentárias, já que agrega às despesas **maiores exigências quanto à sua realização**, garantindo um orçamento mais equilibrado e controlado. No julgamento do mérito da ação, não houve conhecimento da ADI neste ponto, por ausência de impugnação de todo complexo normativo necessário.

Disso decorre, portanto, que o conhecimento do teor dos artigos 16 e 17 da LRF é absolutamente essencial para a compreensão da disciplina da despesa pública; tais dispositivos trazem o núcleo das exigências infraconstitucionais para a realização do gasto público. Passemos, então, à análise de cada um deles.

O **artigo 16**, de seu lado, estabelece regras relativas à ocorrência de despesas por conta da "criação, expansão ou aperfeiçoamento de ação governamental". Para a correta compreensão do alcance do dispositivo, deve-se, em primeiro lugar, detalhar o que se entende por "ação governamental" e, além disso, tratar da diferença entre "criação, expansão ou aperfeiçoamento" dessa mesma ação governamental.

"Ação governamental" é o conjunto de condutas resultantes das atividades do Poder Público com vistas à realização das necessidades públicas. Esse tipo de ação, do ponto de vista orçamentário, está organizado nos programas contidos no PPA – trata-se de saber, então, como é que o Estado pretende realizar seus objetivos e mediante quais instrumentos. A execução da ação governamental, de forma ampla, e dos programas contidos no PPA, de forma mais específica, resulta na realização de gastos públicos. Na hipótese de aumento da despesa por conta da "criação, expansão ou aperfeiçoamento" de ação governamental, deverão ser observadas as regras do artigo 16.

Tem-se **"criação"** de uma ação governamental quando se está diante de um novo programa ou de uma nova atividade não contemplada nos orçamentos anteriores. De outro lado, tanto "expansão" quanto "aperfeiçoamento" pressupõem a existência prévia da ação. Contudo, no primeiro caso, tem-se o aumento do programa (o que geralmente acarreta aumento dos gastos) para abranger um maior número de beneficiários, enquanto, no segundo caso, o número de beneficiários permanece o mesmo e a mudança se dá em

---

[49] ADI 2238, Relator Alexandre de Moraes, Tribunal Pleno, julgado em 24/06/2020; destaques não contidos no original.

relação ao programa ou ação em si: a melhoria dos serviços eventualmente prestados e objetivos atingidos é que resulta na majoração da despesa pública.

Diante disso, têm-se por delimitadas as hipóteses de aplicação do artigo 16 da LRF: são os **casos em que há aumento de despesa pública por conta de alterações (quantitativas ou qualitativas) nas ações governamentais**. Nessas situações, estabelece o *caput* e incisos do dispositivo que o ato do qual resultar o aumento do gasto deverá ser acompanhado de (i) estimativa do impacto orçamentário da despesa, a qual compreenderá não apenas o exercício em que o dispêndio entrará em vigor, mas também os dois seguintes e (ii) declaração do ordenador da despesa relativa à adequação orçamentária e financeira do aumento do gasto com a LOA, além da demonstração de compatibilidade com o PPA e a LDO.

Antes mesmo de detalhar o que deve ser entendido por "estimativa do impacto orçamentário-financeiro" e por "adequação às leis orçamentárias", é importante destacar, desde já, que **a observância desses requisitos é condição prévia tanto para o empenho e licitação de serviços, fornecimento de bens ou execução de obras quanto para o pagamento de indenização pela desapropriação de imóveis urbanos**. Essa determinação decorre do § 4º do artigo em análise e visa a ampliar ainda mais a aplicação das demandas contidas no *caput* do artigo 16. Feita a ressalva, passemos à análise das exigências propriamente ditas.

Em relação à **estimativa do impacto orçamentário-financeiro** por pelo menos três exercícios, deve-se dizer que o objetivo da LRF foi o de **garantir que a despesa majorada não afetasse o orçamento de forma danosa, inviabilizando a realização de outras necessidades públicas**: trata-se de demonstrar que a despesa se encaixa no orçamento a médio prazo e que o impacto de sua majoração não causará desequilíbrio das contas públicas.

Importante destacar que a determinação numérica de referido impacto deverá ser acompanhada das premissas e da metodologia de cálculo utilizadas pelo ordenador da despesa, nos termos do § 2º desse mesmo artigo. Com isso o legislador estabelece mais uma exigência relativa não só à previsão do impacto, mas, igualmente, à precisão de sua elaboração, que deve ser cientificamente embasada. De um ponto de vista geral, **a exigência da estimativa do impacto orçamentário financeiro impõe maior responsabilidade e controle na gestão do dinheiro público**.

Já no que se refere à **adequação financeira e orçamentária do gasto com as leis orçamentárias**, quais sejam, PPA, LDO e LOA, o § 1º, inciso I, do artigo 16 determina que se considera adequada com a LOA apenas a despesa que tenha sido "objeto de dotação específica e suficiente", de forma que, "somadas todas as despesas da mesma espécie, realizadas e a realizar, previstas no programa de trabalho, não sejam ultrapassados os limites estabelecidos para o exercício". O que se tem aqui é, em verdade, duas exigências diversas.

Em primeiro lugar, **a despesa majorada** por conta da ação governamental **deve possuir uma contrapartida em receita na LOA**, mesmo que tal contrapartida seja proveniente de um crédito genérico – o importante é garantir que a despesa possua uma fonte de financiamento contemplada no orçamento. De outro lado, o dispositivo ainda prescreve a necessidade de **o gasto então majorado não ultrapassar os limites de despesa que tenham sido estabelecidos para o exercício**, garantindo, nesses termos, a permanência do equilíbrio orçamentário.

A adequação com o PPA e a LDO, em contrapartida, também está disciplinada no § 1º desse mesmo artigo, mas, dessa vez, no inciso II: é compatível com o PPA e a LDO "a despesa que se conforme com as diretrizes, objetivos, prioridades e metas previstos nesses instrumentos e não infrinja qualquer de suas disposições".

Diferente das exigências relativas à LOA, nesse ponto, a LRF foi mais genérica: basta que a despesa majorada esteja em consonância com as metas e objetivos do PPA e da LDO e que não afronte nenhum de seus dispositivos para se considerar realizado o artigo 16 nesse aspecto.

Ainda sobre esse dispositivo, cumpre mencionar a existência de uma **exceção** à observância das normas aqui detalhadas: são os casos das **despesas consideradas irrelevantes pela LDO**. Caso haja majoração de uma despesa desse tipo, por força de criação, expansão ou aperfeiçoamento de ação governamental, não haverá necessidade de cumprimento das exigências do *caput* e incisos do artigo 16, nos termos do que dispõe seu § 3º.

O **artigo 17**, por sua vez, estabelece exigências mais severas, mas que são aplicáveis a despesas mais específicas. Portanto, enquanto o artigo 16 pode ser visto inclusive como um regramento geral para os casos de aumento de gasto público, o artigo 17, em que pese bastante abrangente também, tem um âmbito de aplicação reduzido, se comparado ao dispositivo anterior. Isso porque, trata, especificamente, das condições para a realização e majoração de **"despesas obrigatórias de caráter continuado"**.

Nos termos do *caput* do dispositivo, é obrigatória de caráter continuado "a despesa corrente derivada de lei, medida provisória ou ato administrativo normativo que fixem para o ente a obrigação legal de sua execução por um período superior a dois exercícios".

Na análise desse artigo, deve-se, em primeiro lugar, notar que o legislador apenas se preocupou com as **despesas correntes de caráter continuado**. Ou seja, estão fora das exigências do artigo 17 da LRF as despesas de capital – o que se quis, então, foi limitar e estabelecer **condições rígidas** para a realização de despesas que não resultem no aumento do patrimônio do Estado, tais como aquelas provenientes de custeio e de transferências correntes, desde que sua execução supere dois exercícios financeiros.

Além de se limitar às despesas correntes, o artigo 17 toma um tipo específico de despesa corrente: aquela que deva ser executada em um **prazo superior a dois exercícios por conta de exigências normativas**. Isso significa que, além de a despesa estar prevista na lei orçamentária ou em crédito adicional aberto para essa finalidade, haverá outra norma ("lei, medida provisória ou ato administrativo normativo"), que estabeleça o dever de o Estado executar aquela despesa por mais de dois exercícios. Por isso a denominação "despesa obrigatória [por conta do ato normativo] de caráter continuado [tendo-se em vista o prazo de execução]".

Nos termos do § 1º do artigo 17, o ato que promover a criação ou aumento de uma despesa corrente desse tipo deverá estar instruído com uma **estimativa do impacto orçamentário-financeiro** – a exemplo do artigo 16 da LRF – e, ademais, demonstrar a **origem dos recursos para o seu custeio**. Ou seja, deve-se tratar da repercussão que a criação ou aumento da despesa trará para as contas públicas, e por isso a exigência do impacto, além de assegurar que existam recursos para fazer frente à despesa ora instituída.

Apesar de essas exigências aplicarem-se aos casos de "criação ou aumento" de despesa obrigatória de caráter continuado, o § 7º do mesmo artigo equipara a prorrogação de despesa criada por prazo determinado ao aumento de despesa. Dessa forma, a observância ao artigo 17 estará presente nos casos de **criação ou aumento** de despesa corrente qualificada como obrigatória de caráter continuado e de **prorrogação** de uma despesa corrente cuja criação tenha se dado por prazo indeterminado.

Para fins do cumprimento do § 1º do artigo 17, a LRF ainda exige que o ato que crie, aumente ou prorrogue a despesa (i) demonstre a não afetação às metas de resultados fiscais previstas na LDO e (ii) estabeleça medidas de compensação financeira à despesa, seja pelo aumento permanente de receita, seja pela redução permanente de despesa. Cumpre tratar de cada exigência separadamente.

Em primeiro lugar, **sobre o respeito às metas de resultados fiscais**, trata-se de assegurar que uma despesa corrente que necessariamente irá onerar os cofres públicos por, pelo menos, dois exercícios, não resulte em um impacto negativo às metas estabelecidas na LDO quanto a receitas, despesas, resultado e endividamento. Dessa forma, **tanto a obrigatoriedade quanto a continuidade dessa despesa corrente devem-se encaixar nas previsões orçamentárias, sem que sua realização leve ao descumprimento dos objetivos do Estado**.

Portanto, está-se diante de uma **medida de garantia de cumprimento do orçamento**, em sentido lato, corroborada pela exigência do § 4º do mesmo artigo, que requer não apenas a simples menção ao respeito ao Anexo de Metas Fiscais, mas também a apresentação de premissas e metodologia de cálculo utilizadas para se chegar a essa conclusão, "sem prejuízo do exame de compatibilidade da despesa com as demais normas do plano plurianual e da lei de diretrizes orçamentárias".

Quanto às **medidas de compensação**, o que se vê é uma obrigação mais diretamente relacionada com o equilíbrio orçamentário. Como haverá o aumento de despesa – e tal se perpetuará por pelo menos mais dois exercícios –, o legislador criou uma forma de compensação desse gasto: ou, de um lado, aumenta-se a receita, ou, de outro, reduz-se a despesa. Dessa feita, literalmente compensa-se a existência da despesa obrigatória de caráter continuado, causando o **menor impacto possível nas contas públicas**, a exemplo do que ocorre com a renúncia de receitas, prevista no artigo 14 da LRF, tratada linhas acima.

Contudo, apesar da utilização do mesmo instituto, qual seja, "medidas de compensação", percebe-se uma nítida diferença na comparação com a exigência presente no artigo 14 da LRF: nesse caso, a criação das medidas de compensação é facultativa para o Estado e, na hipótese de serem criadas, o mecanismo será, necessariamente, o do aumento de receitas e, assim, majoração da carga tributária.

Em contrapartida, ao analisarmos as medidas de compensação no artigo 17, percebemos, desde logo, que **não se trata de uma possibilidade para o ordenador da despesa, mas sim de uma exigência**: ao lado da demonstração de não afetação das metas de resultados fiscais, **as medidas de compensação deverão ser criadas**.

Além disso, no cumprimento dessa exigência, o Poder Público conta com mais de uma possibilidade: ou aumenta receitas (e, assim, majora tributos, nos termos do § 3º do dispositivo) ou reduz as despesas. Em ambos os casos, estabelece o § 5º que a despesa não poderá ser executada antes da implementação das medidas de compensação, "as quais integrarão o instrumento que a criar ou aumentar". Tal determinação reforça ainda mais a obrigatoriedade da criação de tais medidas e a diferença que se estabelece com as exigências do artigo 14, relativas às renúncias de receitas.

A exigência quanto às medidas de compensação foi questionada nos autos da ADI 2238, sob o argumento de que o resultado de tais medidas seria o "engessamento" do orçamento, com ofensa, inclusive, ao princípio da separação dos Poderes e da autonomia dos entes da Federação. **O Supremo Tribunal Federal decidiu pela ausência de inconstitucionalidade** e ainda destacou que as providências do artigo 17 evidenciavam proposições em sintonia com a lógica e, ainda, que:

Os arts. 17 e 24 representam atenção ao Equilíbrio Fiscal. A rigidez e a permanência das despesas obrigatórias de caráter continuado as tornam fenômeno financeiro público diferenciado, devendo ser consideradas de modo destacado pelos instrumentos de planejamento estatal. 3.7. A internalização de medidas compensatórias, conforme enunciadas pelo art. 17 e 24 da LRF, no processo legislativo é parte de projeto de amadurecimento fiscal do Estado, de superação da cultura do desaviso e da inconsequência fiscal, administrativa e gerencial. A prudência fiscal é um objetivo expressamente consagrado pelo art. 165, § 2º, da Constituição Federal.[50]

Por fim, vale mencionar que **o § 6º do artigo 17 excepciona duas despesas das exigências** ora tratadas: são aquelas destinadas ao **serviço da dívida** e as relativas ao **reajustamento de remuneração de pessoal**, nos termos do artigo 37, inciso X, da Constituição.

3.7.1 Esquema – Despesas na Lei de Responsabilidade Fiscal. Regras gerais

	Artigo 16	Artigo 17
Âmbito de aplicação	Criação, expansão e aperfeiçoamento de ações governamentais que gerem despesas públicas	Despesas correntes que sejam obrigatórias e de caráter continuado
Condições	Estimativa do impacto orçamentário-financeiro (exercício presente + 2 seguintes)	Estimativa do impacto orçamentário-financeiro (exercício presente + 2 seguintes)
	Adequação com a LOA, compatibilidade com o PPA e a LDO	Demonstração da origem dos recursos para o custeio da despesa
		Não afetação das metas de resultados fiscais (LDO)
		Criação de medidas de compensação

A demonstração da origem dos recursos pode ocorrer por:
- Aumento de receitas pelo aumento de tributos
- **ou**
- Redução permanente de despesas

Exceção (Artigo 16): despesas irrelevantes

Exceções (Artigo 17):
- Pagamento da dívida
- Reajuste de remuneração de servidores

---

[50] ADI 2238, Relator Alexandre de Moraes, Tribunal Pleno, julgado em 24/06/2020.

3.8 AS DESPESAS COM PESSOAL: ARTIGOS 18 A 23

O tratamento das despesas com pessoal na LRF é bastante detalhado. Além de encontrarmos as definições relativas aos gastos que compreendem tais despesas, o legislador também tratou de disciplinar o artigo 169 da Constituição e estabelecer limites para os dispêndios com pessoal, as medidas de controle e respectivas sanções no caso de excesso. Sendo assim, a análise desse tema deve ser separada em três partes, para melhor compreensão.

Em primeiro lugar, trataremos da **definição** de despesa com pessoal e, dessa forma, do tipo de gasto que o legislador houve por bem qualificar como "pessoal". Isso auxilia na identificação das despesas que estão sujeitas à observância dos limites impostos pela própria LRF, como exigência, inclusive, da Constituição. Essa parte inicial contemplará a análise do **artigo 18**.

Após, serão analisados os dispositivos que estabelecem os **limites de gasto com pessoal**, os quais disciplinaram o **artigo 169,** *caput***, da Constituição**. Nessa etapa, serão estudados os **artigos 19 e 20 da LRF**.

Por fim, abordaremos as disposições relativas ao **controle** de gastos e respectivas **providências e sanções** na hipótese de descumprimento. Esses temas igualmente decorrem da disciplina do **artigo 169, §§ 2º a 7º, da Constituição** e podem ser encontrados nos **artigos 21 a 23 da LRF**. Dessa forma, entende-se, a análise das despesas com pessoal fica mais didaticamente explorada, sem prejuízo de qualquer conteúdo relevante.

3.8.1 O que é "despesa com pessoal"?

Inicialmente, deve-se tratar da **definição de "despesa com pessoal"**. Sobre isso, o *caput* do artigo 18 da LRF estabelece o que se deve entender como "despesa total com pessoal": "o somatório dos gastos do ente da Federação com os ativos, os inativos e os pensionistas, relativos a mandatos eletivos, cargos, funções ou empregos, civis, militares e de membros de Poder, com quaisquer espécies remuneratórias, tais como vencimentos e vantagens, fixas e variáveis, subsídios, proventos da aposentadoria, reformas e pensões, inclusive adicionais, gratificações, horas extras e vantagens pessoais de qualquer natureza, bem como encargos sociais e contribuições recolhidas pelo ente às entidades de previdência".

Ou seja, **a definição é a mais ampla possível**. Engloba desde os servidores ativos, nesses incluídos os cargos em comissão, eletivos etc., independentemente da espécie remuneratória, até os inativos e pensionistas, com a inclusão, ainda, dos dispêndios com adicionais, gratificações, horas extras, vantagens e, por fim, com encargos sociais e contribuições recolhidas à Seguridade Social.

O § 2º desse mesmo dispositivo estabelece que a apuração da despesa total com pessoal levará em conta o período de **doze meses**, ou seja, um ano, sem que isso necessariamente reflita o ano civil e independentemente do empenho da despesa. Dessa forma, pode-se dizer, juntamente com Maria Sylvia Zanella Di Pietro, que:

> [...] em qualquer mês que se faça a apuração da despesa total com pessoal, terão de ser levados em consideração também os onze meses anteriores. O *regime de competência*, referido na parte final do dispositivo, equivale ao mês em referência, somado aos onze anteriores.[51]

---

[51] In: MARTINS, Ives Gandra da Silva; NASCIMENTO, Carlos Valder do. *Comentários à Lei de Responsabilidade Fiscal*. São Paulo: Saraiva, 2007. p. 149.

Ademais, nos termos do § 3º, recém-introduzido pela Lei Complementar 178/2021, para a apuração da despesa total com pessoal, observar-se-á a remuneração bruta do servidor, sem nenhuma dedução ou retenção, salvo para que se atenda ao limite de remuneração previsto no artigo 37, inciso XI, da Constituição.

Por fim, o artigo 18 ainda traz outra observação relevante: em seu § 1º prescreve que "os valores dos contratos de terceirização de mão de obra que se referm à substituição de servidores e empregados públicos serão contabilizados como '**Outras Despesas de Pessoal**'". O objetivo, nesse caso, foi o de ampliar ainda mais a categoria "despesas com pessoal", para que também os contratos com terceiros fossem incluídos no valor total do gasto e, assim, igualmente subordinados aos limites e providências estabelecidos pela LRF. Trata-se de uma medida de restrição e controle aos gastos com pessoal, independentemente da forma pela qual o serviço é prestado.

Note-se, contudo, que tal controle apenas se aplica na hipótese em que o terceiro é contratado em **substituição** ao servidor, conforme texto expresso da LRF e entendimento consolidado do Tribunal de Contas da União.[52] Esse dispositivo foi questionado por ocasião da ADI 2238, e o Supremo Tribunal Federal, no julgamento da cautelar[53], entendeu pela **constitucionalidade**, postura reforçada no julgamento do mérito da ação:

> Art. 18, § 1º: a norma visa a evitar que a terceirização de mão de obra venha a ser utilizada com o fim de ladear o limite de gasto com pessoal. Tem, ainda, o mérito de erguer um dique à contratação indiscriminada de prestadores de serviço, valorizando o servidor público e o concurso.

Portanto, diante da redação do artigo 18 da LRF e da respectiva interpretação do Supremo Tribunal Federal, pode-se dizer que as despesas com pessoal **englobam todas as modalidades de gasto do Poder Público relacionadas ao pagamento de prestação de serviços no sentido mais amplo que tal atividade pode ser compreendida**: incluem-se, nessa classificação, ativos, inativos, pensionistas, contribuições, encargos e, igualmente, terceiros cuja mão de obra substitua os servidores públicos.

3.8.2 Os limites de gasto com pessoal

A relevância de se estabelecer uma definição tão abrangente de "despesa com pessoal" está, como já adiantado, na maior possibilidade de controle dessa modalidade de gasto, e o primeiro passo para tratar de **controle** está na compreensão acerca dos **limites de gasto com pessoal**.

A esse respeito, o artigo 169, *caput*, da Constituição confere à lei complementar competência para definir os limites de despesa com pessoal ativo, inativo e pensionistas dos entes federados. Esse papel é exercido pela LRF nos artigos 19 e 20.

O **artigo 19** estabelece os **limites globais de gasto com pessoal** e os discrimina a partir dos entes da Federação: a **União** não poderá gastar mais do que **50% de sua receita corrente líquida**, enquanto os **Estados, Distrito Federal e Municípios** ficarão limitados

---

[52] "Nem todo gasto com terceirização de mão de obra deve fazer parte do cálculo dos limites de despesa com pessoal, pois o art. 18, § 1º, da LRF exige apenas a contabilização dos gastos com contratos de terceirização de mão de obra que se referirem a substituição de servidores e empregados públicos". Acórdão 2444/2016, Plenário, 21/09/2016, Relator Bruno Dantas.

[53] ADI 2238, Relator Alexandre de Moraes, Tribunal Pleno, julgado em 24/06/2020.

a **60% das respectivas receitas correntes líquidas**. O cumprimento do limite implica a observância do artigo 19, tendo-se em vista os parâmetros quanto à definição de despesa com pessoal prescritos no artigo 18, acima estudado.

Contudo, para uma compreensão mais detalhada desse tema, deve-se ter em conta, em primeiro lugar, a definição de receita corrente líquida. Conforme visto em capítulos anteriores, o conceito de receita corrente líquida está delimitado no artigo 2º, inciso IV, da LRF e contempla, basicamente, a receita corrente "própria" dos entes, ficando excluídas, portanto, as parcelas que serão transferidas por conta da repartição da arrecadação tributária. Alcançado o conceito de receita corrente líquida, caberia a indagação: **a receita corrente líquida de qual período será considerada para a apuração dos limites e, portanto, da verificação do cumprimento das normas previstas na LRF?**

A resposta a essa pergunta está no artigo 18, § 2º, da LRF: nos termos em que estudado acima, a apuração da despesa com pessoal considerará o período do **mês atual somado aos onze meses imediatamente anteriores**. O mesmo se diga para a receita corrente líquida.

Para saber se a despesa com pessoal de determinado ente está nos termos da LRF, deve-se somar as despesas dos onze meses anteriores ao mês atual e compará-las com o limite de 50% ou 60% da receita corrente líquida (a depender do ente), também apurada nos onze meses anteriores, somando-se a isso a receita do mês atual. **Esse seria o primeiro passo: identificar o montante da despesa e compará-lo com o limite previsto na lei.**

Todavia, essa explicação não estaria completa se não destacássemos o fato de que o artigo 19, § 1º, ainda exclui alguns gastos da despesa com pessoal, para fins de cômputo e controle dos limites aplicáveis aos entes da Federação. A título exemplificativo, citem-se os pagamentos de indenização por demissão de servidores ou empregados e aqueles relativos aos programas de demissão voluntária. É evidente que esses gastos devem ser classificados como "despesa com pessoal", especialmente tendo-se em vista a redação do *caput* do artigo 18 da LRF. Mas, apesar disso, o artigo 19, § 1º, expressamente os exclui quando se trata de calcular o limite de gasto com pessoal.

Sendo assim, na **identificação dos limites de gasto com pessoal**, devemos ter em mente os seguintes pontos:

(i) a definição de despesa com pessoal, prevista no artigo 18 da LRF, informa quais dispêndios serão considerados para se aferir o gasto total com pessoal; e

(ii) na aferição dos gastos, deve-se considerar o período de um ano, sem que isso necessariamente coincida com o ano civil.

Após a identificação da despesa total com pessoal, nos termos acima delineados, deve-se partir para a análise da observância dos limites em relação a tais gastos. Nessa etapa, devemos identificar o ente da Federação de que se trata: se for União, o limite será de 50% da receita corrente líquida; se for Estado, Distrito Federal ou Município, o limite ficará em 60%.

Após, deve-se calcular a receita corrente líquida, que será exatamente o critério a partir do qual o limite será calculado. A exemplo da apuração da despesa total com pessoal, a determinação da receita corrente líquida levará em conta o período de um ano e, assim, 12 meses, sem que isso resulte no ano civil.

Verificada a receita corrente líquida e o valor que decorre da aplicação do percentual respectivo (50% ou 60%), a correta aplicação dos limites depende, ainda, de identificar as despesas que serão confrontadas com o limite. Serão: todas as despesas com pessoal (nos termos do artigo 18 da LRF), excluídas aquelas previstas no artigo 19, § 1º, também da LRF. Na hipótese de as despesas assim calculadas se encaixarem no percentual de 50 ou

60 da receita corrente líquida, o ente da Federação estará, então, em conformidade com a LRF, de um ponto de vista mais específico e, ainda, de acordo o texto constitucional, caso se considere uma perspectiva mais ampla.

Apenas o artigo 19 já seria suficiente para garantir a disciplina do artigo 169, *caput*, da Constituição. Entretanto, a LRF foi mais adiante: além de estabelecer quais seriam os limites globais de gasto com pessoal, como faz em relação à receita corrente líquida, **o artigo 20 prescreve uma distribuição desse limite global entre os Poderes integrantes de cada um dos entes da Federação e o Ministério Público.**

Em relação à divisão de gastos entre os Poderes de cada esfera (federal, estadual ou municipal), o artigo 20 ainda determina, no seu § 1º, que os limites dos Poderes Legislativo e Judiciário serão divididos entre os órgãos que os integram, de forma proporcional à média das despesas com pessoal verificada nos três exercícios anteriores ao da publicação da LRF. O critério para estabelecer o montante de gasto será, também, um percentual da receita corrente líquida. Em complementação a essa determinação, o § 2º estabelece o que se deve entender por "órgão" integrante de cada Poder e, portanto, quais gastos com pessoal devem, exatamente, ser computados em cada um dos Poderes.

No Legislativo, incluíram-se, além dos Parlamentos respectivos, a depender de cada esfera (quais sejam, Senado Federal, Câmara dos Deputados, Assembleia Legislativa e Câmara dos Vereadores), os Tribunais de Contas. No Judiciário federal, os tribunais referidos no artigo 92 da Constituição, além do Conselho Nacional de Justiça. No Judiciário estadual, os Tribunais de Justiça e quaisquer outros, quando houver.

De outro lado, deve-se destacar que, na divisão dos limites nas esferas federal e estadual, há um percentual de gasto dedicado exclusivamente ao Ministério Público (0,6% na federal e 2% na estadual), que não integra nenhum dos Poderes, tendo-se em vista sua autonomia administrativa, financeira e orçamentária, assegurada pelo artigo 127, §§ 2º e 3º, da Constituição.

O artigo 20 da LRF foi, a exemplo de tantos outros já mencionados, questionado perante do Supremo Tribunal Federal na ADI 2238. Alegou-se que o legislador teria ultrapassado a prescrição contida no artigo 169, *caput*, da Constituição, que delega à lei complementar o papel de estabelecer os limites aplicáveis a cada ente em relação às despesas com pessoal. **A questão estava no fato de o artigo 20 estabelecer, a partir dos limites globais fixados no artigo 19, limites específicos e distribuídos entre os Poderes e órgãos de cada esfera, além do Ministério Público.**

Para o Supremo Tribunal Federal, **a alegação de inconstitucionalidade não possui substância jurídica**. De acordo com a ementa do julgado:

> A definição de um teto de gastos particularizado, segundo os respectivos poderes ou órgãos afetados (art. 20 da LRF), não representa intromissão na autonomia financeira dos Entes subnacionais. Reforça, antes, a autoridade jurídica da norma do art. 169 da CF, no propósito, federativamente legítimo, de afastar dinâmicas de relacionamento predatório entre os Entes componentes da Federação.[54]

---

[54] ADI 2238, Relator Alexandre de Moraes, Tribunal Pleno, julgado em 24/06/2020.

3.8.3 Estabelecidos os limites, como controlar?

O controle dos gastos com pessoal, para fins de verificação do cumprimento dos limites estabelecidos nos artigos 19 e 20 da LRF, envolve três ordens distintas de problemas.

Em primeiro lugar, as **condições** segundo as quais o aumento ou criação de despesas com pessoal pode se dar; depois, a consideração de um **prazo** segundo o qual o controle será realizado, e a partir dele será possível verificar a existência ou não de excesso nos dispêndios; e, finalmente, a identificação das **providências e sanções** aplicáveis diante do não cumprimento seja das condições, seja dos limites. Conforme já destacado acima, todos esses temas estão presentes no **artigo 169 e parágrafos da Constituição e nos artigos 21 a 23 da LRF**. Seguindo a ordem apresentada, vamos começar nossa análise pelas condições relativas ao aumento ou criação de despesa com pessoal.

Quando se trata de **majorar** o gasto com pessoal, da administração direta ou indireta, o que compreende qualquer dispêndio a partir da definição contida no artigo 18 da LRF, é a Constituição que, inicialmente, estabelece as condições, em seu artigo 169, § 1º.

Em primeiro lugar, há necessidade de **prévia dotação orçamentária**, suficiente para atender aos gastos decorrentes da despesa ora majorada, o que implica a necessidade de uma contrapartida efetiva em receita prevista na LOA.

De outro lado, o texto constitucional ainda prescreve a necessidade de uma **autorização específica na LDO** relativa ao aumento de gasto com pessoal. Essa exigência apenas não será cumprida quando se tratar de sociedades de economia mista ou empresas públicas, entidades submetidas às regras de direito privado.

Em complementação ao dispositivo constitucional, o artigo 21 da LRF condiciona a validade dos atos que resultarem em aumento de despesa com pessoal ao cumprimento de quatro condições diversas. Em primeiro lugar, deve-se observar genericamente a Constituição e, assim, respeitar as condições estabelecidas no artigo 169, § 1º, e também no artigo 37, inciso XIII, que veda a vinculação ou equiparação de quaisquer espécies remuneratórias para fins de remuneração de pessoal. De acordo com Maria Sylvia Zanella Di Pietro, "o dispositivo justifica-se para evitar burla aos artigos 16 e 17 da lei, que ficaria facilitada se a remuneração de determinados cargos, empregos ou funções ficasse vinculada a outros cargos, empregos ou funções ou índices de reajuste automático".[55]

Além disso, exige-se a observância do disposto nos próprios artigos 16 e 17 da LRF, que constituem o núcleo para a realização de toda e qualquer despesa pública, conforme visto acima (inciso I). Nos termos do inciso II, o aumento da despesa não será válido se superar o limite legal de comprometimento com o pessoal inativo. Por fim, o parágrafo único do dispositivo destaca ser igualmente **nulo** o ato que gerar aumento do dispêndio com pessoal que tenha sido expedido nos últimos 180 dias de mandato de poder ou órgão.

Especificamente quanto à observância do **limite legal de gastos com inativos**, nos termos do *caput* do artigo 169 da Constituição, é competência da lei complementar estabelecer os limites de gasto com pessoal. Em parte, essa tarefa é cumprida pela LRF. Porém, como o artigo 21, ao tratar dessa condição para a realização de gastos com pessoal, apenas menciona "limite legal", sem referência à norma instituidora do limite – que, necessariamente, teria de ser uma lei complementar. Por conta disso, houve questionamentos, na ADI 2238, quanto à constitucionalidade da exigência.

---

[55] In: MARTINS, Ives Gandra da Silva; NASCIMENTO, Carlos Valder do. *Comentários à Lei de Responsabilidade Fiscal*. São Paulo: Saraiva, 2007. p. 165.

A esse respeito, **o Supremo Tribunal Federal decidiu pela interpretação conforme**, para que se entenda que o "limite" citado no artigo 21, inciso II, é o limite estabelecido em lei complementar. Confira-se:

> Ao prever sanção para o descumprimento de um limite específico de despesas considerados os servidores inativos, o art. 21, II, da LRF propicia ofensa ao art. 169, caput, da CF, uma vez que este remete à legislação complementar a definição de limites de despesa com pessoal ativo e inativo, pelo que a ação deve ser parcialmente provida, nesse ponto, para dar interpretação conforme ao dispositivo no sentido de que se entenda como limite legal o previsto em lei complementar.[56]

Sobre a impossibilidade de expedição de ato que resulte em aumento de despesa com pessoal nos últimos 180 dias de mandato de chefe de órgão ou Poder, destaque-se que o objetivo, aqui, foi o de evitar a transferência de gastos para o próximo governante, preservando-se, assim, o orçamento subsequente. Trata-se de uma medida que impõe a **responsabilidade na gestão do dinheiro público**, mesmo diante de um governante que está prestes a sair do cargo.

Diante do exposto até o momento, pode-se concluir que as condições para o aumento de despesa com pessoal são aquelas contidas no texto da Constituição, em seu artigo 169, § 1º, complementadas pelas exigências do artigo 21 da LRF. Qualquer ato que resulte na majoração de gastos com pessoal e descumpra um dos dispositivos será considerado inválido e, assim, nulo de pleno direito.

Sobre o tema, note-se que, durante a vigência do regime fiscal extraordinário, instituído pela EC 106/2020, e encerrado em 31/12/2020, ficou excepcionada a aplicação das regras do artigo 169, § 1º, da Constituição na contratação de pessoal, "Com o propósito exclusivo de enfrentamento do contexto da calamidade e de seus efeitos sociais e econômicos", nos termos do artigo 2º da EC.

Outro tópico que se apresenta quando se trata de estudar as despesas com pessoal e os respectivos limites é aquele relacionado à **verificação do cumprimento de tais limites**. Esse é um assunto diferente do tratado acima, relativo às condições mesmas do gasto, ainda que faça parte, genericamente, do tema "controle".

A diferença está no objeto: no primeiro caso, quer-se verificar se as condições gerais para a realização da despesa foram cumpridas. Para tanto, basta verificar a observância, ou não, da redação dos artigos 169, § 1º, da Constituição e 21 da LRF. Já no segundo caso, partindo-se do pressuposto de que a despesa foi realizada nos termos em que esses dispositivos determinam, a pergunta se volta para o **cumprimento dos limites de gasto com pessoal**. Essa modalidade de controle está disciplinada tanto na Constituição (art. 169) quanto na LRF (arts. 22 e 23).

No que se refere à LRF, o artigo 22 estabelece, no *caput*, o **prazo** segundo o qual o controle do limite de gasto com pessoal será realizado: será ele **quadrimestral**. Ou seja, ao final de cada quatro meses, o Poder e/ou órgão referidos no artigo 20 da LRF serão auditados para a verificação do cumprimento dos limites previstos nos artigos 19 e 20 da LRF.

Caso o resultado dessa verificação seja a existência de **excesso** e, portanto, de uma situação em que houve a superação do limite de gasto, terá o Poder ou órgão o prazo de **oito meses** (e, assim, dois quadrimestres) para eliminar o excedente da despesa, devendo tal ajuste produzir efeitos já no primeiro quadrimestre, quando o percentual excedente deverá ser reduzido em pelo menos um terço (art. 23 da LRF).

---

[56] ADI 2238, Relator Alexandre de Moraes, Tribunal Pleno, julgado em 24/06/2020.

Para que a recondução da despesa ao limite seja possível dentro do prazo de oito meses, certas providências devem ser observadas. Nos termos do artigo 169, § 3º, da Constituição, os entes poderão: (i) reduzir em vinte por cento as despesas com cargos de comissão e funções de confiança e (ii) exonerar servidores não estáveis.

Os cargos que forem objeto de redução serão considerados **extintos**, ficando **vedada** a criação de novo cargo, emprego ou função com funções iguais ou semelhantes pelos próximos quatro anos. Essa determinação decorre do § 7º desse mesmo artigo 169.

Caso essas medidas de redução e exoneração não sejam suficientes para reconduzir a despesa ao limite, **o § 4º desse mesmo artigo possibilita, ainda, a exoneração de servidores estáveis, desde que o ato normativo que o faça especifique a atividade funcional, o órgão ou unidade administrativa objeto de redução de pessoal**. Nessa hipótese, o servidor terá direito à indenização correspondente a um mês de remuneração por ano de serviço, conforme determina o § 5º. A Lei nº 9.801/1999, em cumprimento à exigência do § 7º do artigo 169 da Constituição, estabeleceu as normas gerais aplicáveis a todos os entes na hipótese de exoneração do servidor estável e, portanto, da realização do disposto no artigo 169, § 4º.

A LRF, com o objetivo de especificar ainda mais as providências previstas na Constituição, com vistas à recondução da despesa com pessoal ao limite, previu, no artigo 23, §§ 1º e 2º, medidas complementares a essas estabelecidas nos §§ 3º e 4º do artigo 169 da Constituição.

Nos termos do § 1º do artigo 23 da LRF, o objetivo relativo à redução, em pelo menos vinte por cento, dos cargos em comissão e funções de confiança poderia ser atingido tanto pela extinção dos cargos e funções (nos termos da literalidade da Constituição) quanto pela "redução dos valores a eles atribuídos". De outro lado, o § 2º desse mesmo artigo determina ser **"facultada a redução temporária da jornada de trabalho com adequação dos vencimentos à nova carga horária"**.

Um exemplo de superação de gastos com pessoal é o Estado do Rio de Janeiro: em 2016, o Estado destinou 61,73% de sua receita corrente líquida ao pagamento de funcionários do Executivo. O teto da LRF é de 49%, conforme visto acima. Como resultado dessa situação fiscal, o Estado vem enfrentando, desde então, dificuldades no pagamento de sua folha de salários e, mais ainda, na prestação de serviços públicos básicos à população.[57]

Tendo-se em vista o estabelecimento de medidas que extrapolam a redação da Constituição, os §§ 1º e 2º do artigo 23 da LRF foram objeto de questionamento na ADI 2238/DF. A simples leitura do artigo 169, §§ 3º e 4º, da Constituição é suficiente para perceber a ausência de autorização constitucional para a redução de vencimentos ou da jornada de trabalho.

Por conta disso, **o Supremo Tribunal Federal considerou, em julgamento cautelar, posteriormente confirmado no mérito, inconstitucionais a parte final do § 1º do artigo 23 da LRF e a integralidade do § 2º de tal dispositivo:** "XXV – Art. 23, §§ 1º e 2º: a competência cometida à lei complementar pelo § 3º do art. 169 da Constituição Federal está limitada às providências nele indicadas, o que não foi observado, ocorrendo, inclusive, ofensa ao princípio da irredutibilidade de vencimentos. Medida cautelar deferida para suspender, no § 1º do art. 23, a expressão 'quanto pela redução dos valores a eles atribuídos', e, integralmente, a eficácia do § 2º do referido artigo".[58]

---

[57] Contas detalhadas em: <http://www.cge.fazenda.rj.gov.br/cge/faces/menu-cge/prestacao-contas/prestacao-contas-relatorios-lrf?_adf.ctrl-state=13qmvn1ijy_28&_afrLoop=2581658045346767&_afrWindowMode=0&_afrWindowId=16g97ao9cm>.

[58] ADI 2238, Tribunal Pleno, Relator(a) Alexandre de Moraes, julgado em 24/06/2020, *DJe*-218, Divulg. 31/08/2020, Public. 01/09/2020, Republicação: *DJe*-228, Divulg. 14/09/2020, Public. 15/09/2020.

Caso o ente adote todas as providências determinadas na legislação constitucional e infraconstitucional e, ainda assim, termine o prazo de oito meses para a recondução da despesa ao limite sem que isso tenha sido cumprido, haverá algumas **sanções**, previstas seja na Constituição, seja na LRF.

Nos termos do **artigo 169, § 2º, da Constituição**, tendo decorrido o prazo para a recondução sem que o ente tenha se ajustado aos limites previstos na LRF, deverão ser imediatamente **suspensos todos os repasses de verbas federais ou estaduais aos Estados, ao Distrito Federal e aos Municípios**.

É importante notar que essa sanção não compreende a repartição da arrecadação tributária, mas, apenas, as **transferências voluntárias**, que são aquelas realizadas a título de auxílio entre os entes da Federação e definidas no artigo 25 da LRF. A impossibilidade de retenção das transferências constitucionais obrigatórias, nesse caso específico, está prevista nos artigos 160, *caput*, e 167, § 4º, ambos da Constituição.

Em complementação ao texto constitucional, a LRF estabelece outras sanções para o Poder ou órgão que não reconduzirem a despesa com pessoal ao limite no prazo previsto. Nos termos do **artigo 23, § 3º**, recentemente alterado pela LC 178/2021, os entes, além de não receberem transferências voluntárias, ficarão proibidos de:

(i) **realizar operações de crédito**, salvo na hipótese de refinanciamento da dívida mobiliária e de atos visando à redução de despesa com pessoal; e

(ii) **obter garantia de outro ente**, para fins de realização dessas operações de crédito permitidas.

A LRF ainda prescreve providências específicas para **duas situações excepcionais** que podem se dar no contexto das despesas com pessoal. Em primeiro lugar, a existência de excesso no primeiro quadrimestre do último ano de mandato dos titulares de Poder ou do órgão previstos no artigo 20 da lei. Nesse caso, determina o artigo 23, § 4º, que as sanções previstas no § 3º desse mesmo artigo – e acima descritas – são aplicáveis de imediato, independentemente do cumprimento do prazo para a recondução. Trata-se, aqui, de tentar evitar que haja transmissão de gastos abusivos para o próximo governante.

A outra situação excepcional prevista na LRF é aquela em que o ente tenha ultrapassado o limite de gasto com pessoal em 95% do limite. Nessa hipótese, conforme estabelece o artigo 22, parágrafo único, o ente, desde logo, deverá limitar os gastos com pessoal, o que implica a proibição quanto à concessão de vantagem, reajustes, aumento, criação de cargo, emprego ou função, contratação de pessoal ou de hora extra, dentre outros.

Por fim, vale destacar alteração ao artigo 23 da LRF, pela Lei Complementar nº 164/2018, para incluir exceções à aplicação das sanções previstas no § 3º do mesmo dispositivo, na hipótese de municípios experimentarem queda de receita real superior a 10%, em comparação com os valores do quadrimestre correspondente do exercício anterior. Nos termos do § 5º, recém-introduzido, as medidas do § 3º não serão aplicáveis, desde que tal queda se deva a:

I – diminuição das transferências recebidas do Fundo de Participação dos Municípios decorrente de concessão de isenções tributárias pela União; e

II – diminuição das receitas recebidas de *royalties* e participações especiais.

Nos termos do § 6º, também resultante da LC 164/2018, a exceção prevista no § 5º apenas será aplicável se a despesa total com pessoal do quadrimestre vigente não ultrapassar o limite geral previsto no artigo 19, devendo ser, nos termos da redação literal do dispositivo, "considerada, para este cálculo, a receita corrente líquida do quadrimestre correspondente do ano anterior atualizada monetariamente".

3.8.4 Esquemas – Despesas com pessoal

3.8.4.1 Esquema – Despesas com pessoal

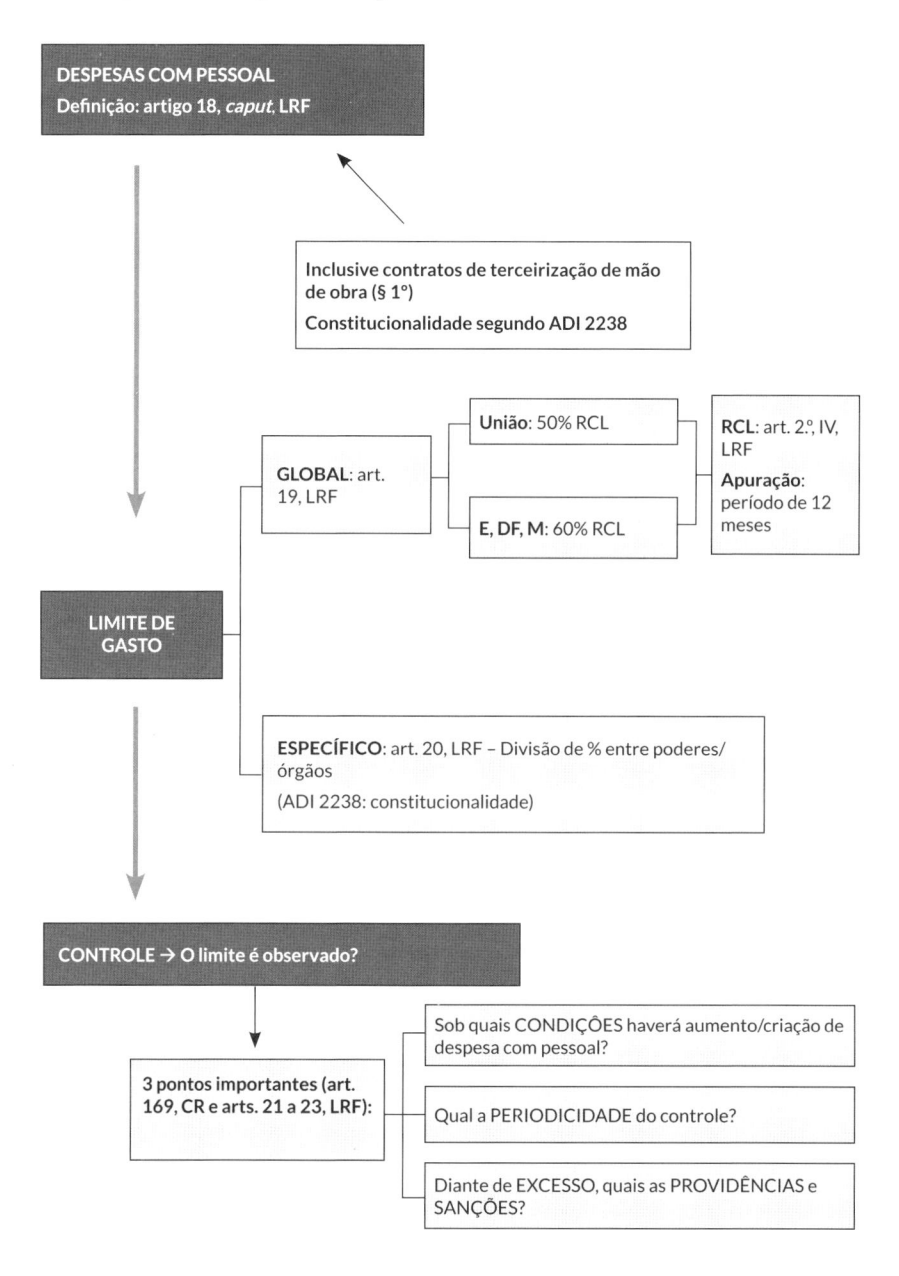

```
DESPESAS COM PESSOAL
Definição: artigo 18, caput, LRF
        ▲
        │
   Inclusive contratos de terceirização de mão
   de obra (§ 1º)
   Constitucionalidade segundo ADI 2238

                    ┌─ União: 50% RCL ──┐  RCL: art. 2º, IV, LRF
   GLOBAL: art. ────┤                   │
   19, LRF          └─ E, DF, M: 60% RCL┘  Apuração:
                                            período de 12 meses

LIMITE DE
GASTO

   ESPECÍFICO: art. 20, LRF – Divisão de % entre poderes/
   órgãos
   (ADI 2238: constitucionalidade)

CONTROLE → O limite é observado?

                                    ┌─ Sob quais CONDIÇÕES haverá aumento/criação de
                                    │  despesa com pessoal?
   3 pontos importantes (art. ──────┤
   169, CR e arts. 21 a 23, LRF):   ├─ Qual a PERIODICIDADE do controle?
                                    │
                                    └─ Diante de EXCESSO, quais as PROVIDÊNCIAS e
                                       SANÇÕES?
```

3.8.4.2 Esquema – Condições para a criação e/ou aumento da despesa com pessoal

CONSTITUIÇÃO	LRF
Artigo 169, § 1.º	Artigo 21
Previsão, na LOA, de receita para fazer frente à despesa (*prévia dotação orçamentária*)	Observância dos artigos 37, inciso XIII, e 169 da Constituição
Autorização específica na LDO referente ao aumento de gasto com pessoal	Observância dos artigos 16 e 17 da LRF
	Não superação do limite legal de comprometimento com inativos
	Impossibilidade de aumento de gasto com pessoal nos últimos 180 dias de mandato do Chefe de Poder ou órgão

- Observância dos artigos 16 e 17 da LRF → Núcleo para realização de despesas
- Não superação do limite legal de comprometimento com inativos → ADI 2238: interpretação conforme "limite legal" = limite em LC
- Impossibilidade de aumento de gasto com pessoal nos últimos 180 dias de mandato do Chefe de Poder ou órgão → Evita transferência de gastos para o próximo governante

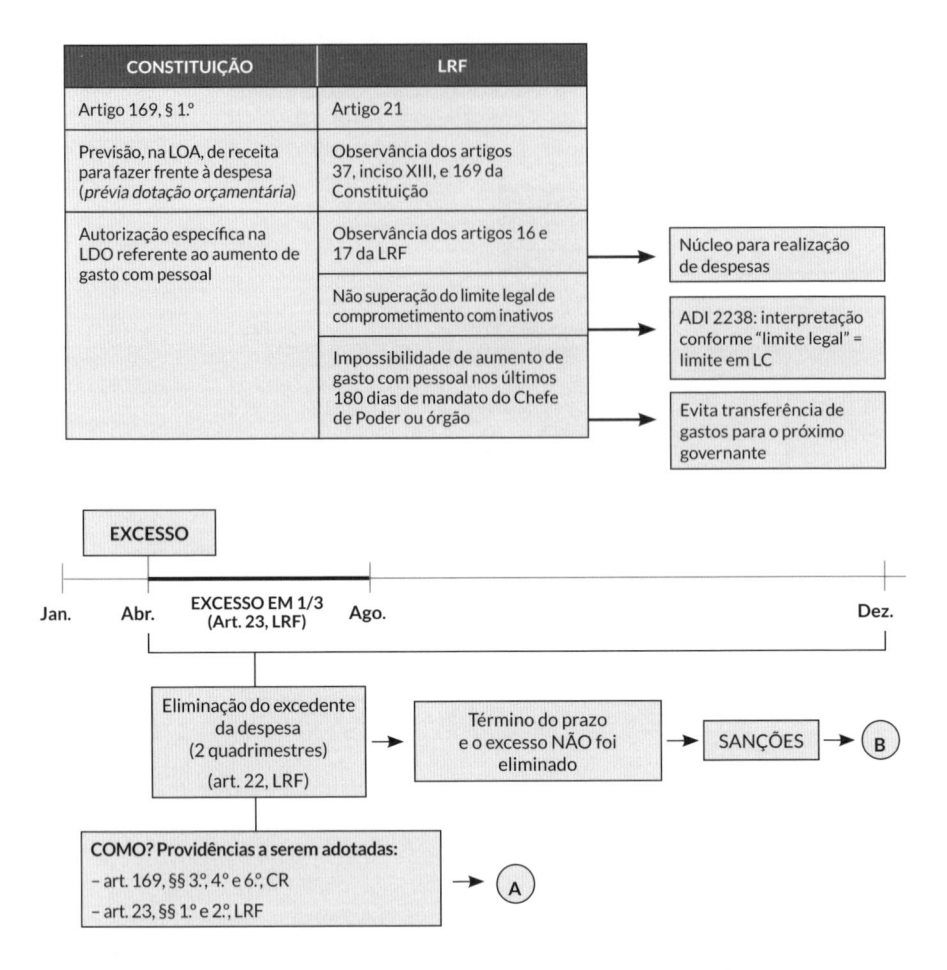

EXCESSO

Jan. — Abr. — EXCESSO EM 1/3 (Art. 23, LRF) — Ago. — Dez.

Eliminação do excedente da despesa (2 quadrimestres) (art. 22, LRF) → Término do prazo e o excesso NÃO foi eliminado → SANÇÕES → (B)

COMO? Providências a serem adotadas:
– art. 169, §§ 3.º, 4.º e 6.º, CR
– art. 23, §§ 1.º e 2.º, LRF → (A)

3.8.4.3 Esquema – O controle na prática: periodicidade, providências e sanções

O controle na prática: periodicidade, providências e sanções

os limites estão sendo cumpridos? → NÃO = EXCESSO

Jan. — (1.º quadrimestre) — Abr.

↓ RECONDUÇÃO

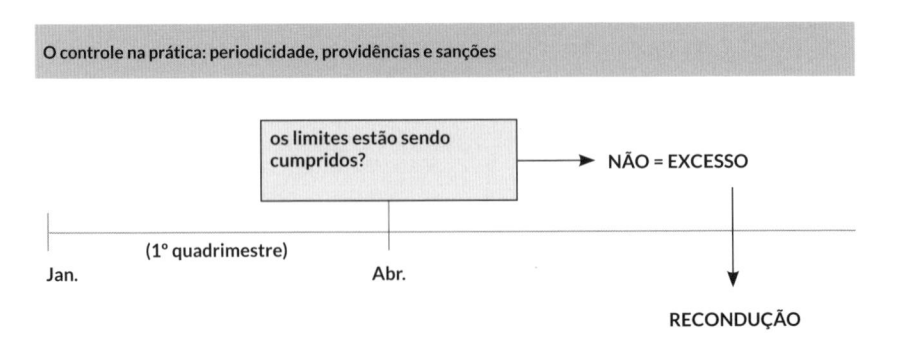

Cap. 3 • A COMPREENSÃO DA DISCIPLINA DAS RECEITAS E DESPESAS PÚBLICAS | 157

(A)

CONSTITUIÇÃO: ARTIGO 169	LRF: ARTIGO 23
§ 3.º – Duas providências possíveis: • Redução, em 20% das despesas com cargos em comissão e funções de confiança • Exoneração de servidores não estáveis	§ 1.º – Detalhamento do § 3.º do artigo 169 da CR: • A redução das despesas pode ser obtida tanto pela **extinção dos cargos e funções** quanto pela **redução dos valores a eles atribuídos**
§ 4.º – Caso as medidas do § 3.º sejam insuficientes: • Exoneração de servidores estáveis (com especificação da atividade funcional, órgão ou unidade administrativa objeto de redução de pessoal)	§ 2.º – Outra possibilidade: • Redução temporária da jornada de trabalho com adequação de vencimentos à nova carga horária

• § 6.º cargos considerados extintos. Vedada a criação de semelhantes pelos próximos 4 anos

• § 5.º o servidor tem direito à indenização – 1 mês de remuneração/ano de serviço

Inconstitucional ADI 2238 (para § 1.º)

Inconstitucional ADI 2238 (para § 2.º)

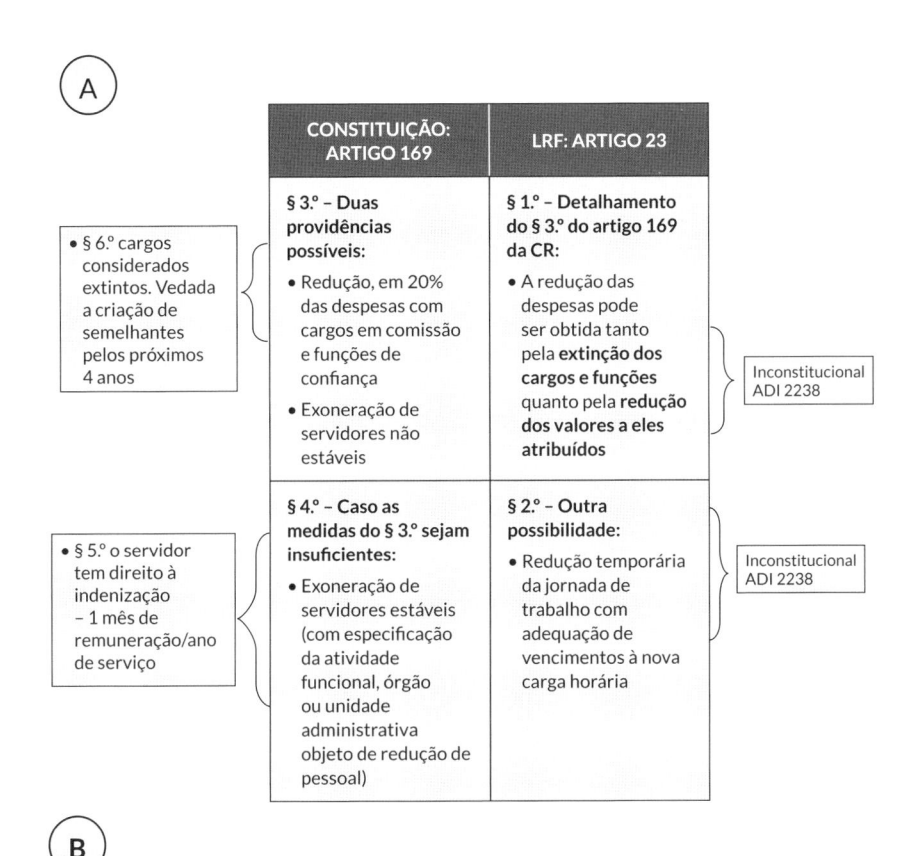

(B)

Providências adotadas → não recondução em 8 meses → Sanções Quais?

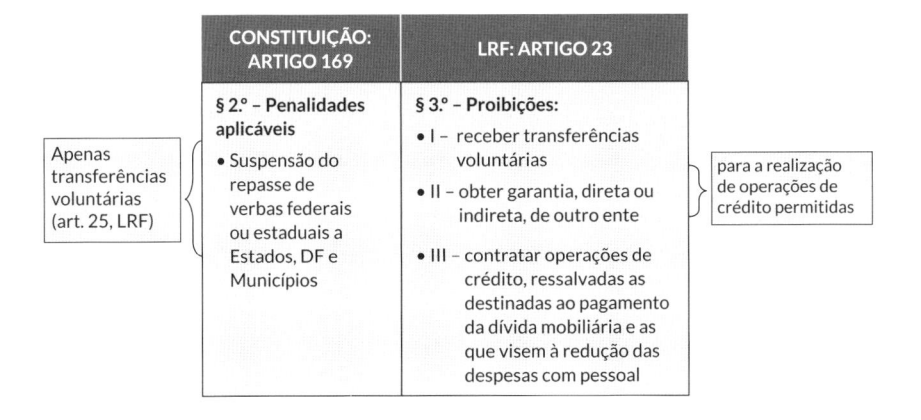

CONSTITUIÇÃO: ARTIGO 169	LRF: ARTIGO 23
§ 2.º – Penalidades aplicáveis • Suspensão do repasse de verbas federais ou estaduais a Estados, DF e Municípios	§ 3.º – Proibições: • I – receber transferências voluntárias • II – obter garantia, direta ou indireta, de outro ente • III – contratar operações de crédito, ressalvadas as destinadas ao pagamento da dívida mobiliária e as que visem à redução das despesas com pessoal

Apenas transferências voluntárias (art. 25, LRF)

para a realização de operações de crédito permitidas

Duas situações excepcionais:

- Excesso no primeiro quadrimestre do último ano de mandato dos titulares de Poder referidos no artigo 20 da LRF
  Solução: artigo 23, § 4.º, LRF: as sanções do § 3.º serão imediatamente aplicáveis

- Limite com pessoal ultrapassado em 95%
  Solução: artigo 22, parágrafo único: limitação de gastos com pessoal desde logo

3.9 DESPESAS COM A SEGURIDADE SOCIAL

Para terminar o tratamento das despesas na LRF, devemos ainda estudar o artigo 24 da lei, que estabelece normas relativas às despesas com a Seguridade Social.

Em primeiro lugar, deve-se destacar que a Seguridade Social está definida no artigo 194 da Constituição, cuja redação é a seguinte: "A seguridade social compreende um conjunto integrado de ações de iniciativa dos Poderes Públicos e da sociedade, as quais se destinam a assegurar os direitos relativos à saúde, à previdência e à assistência social".

Ainda a Constituição, no artigo 195, § 5º, estabelece que "nenhum benefício ou serviço da seguridade social poderá ser criado, majorado ou estendido sem a correspondente fonte de custeio total". Ou seja, **qualquer gasto com a saúde, assistência social ou previdência deve possuir a contrapartida em receita para que possa ser realizado**.

A LRF repete essa exigência no *caput* do artigo 24 e ainda determina a observância das **condições previstas no artigo 17**, que são aquelas tratadas linhas acima, sobre as despesas obrigatórias de caráter continuado. O cumprimento dessas condições atinge todos os benefícios relacionados à Seguridade Social, mesmo aqueles que sejam destinados aos servidores inativos e pensionistas (art. 24, § 2º).

A vinculação das despesas com a Seguridade Social ao cumprimento do disposto no artigo 17 da LRF também foi objeto de questionamento na ADI 2238. O argumento, nesse caso, estava no fato de as exigências desse dispositivo serem inconstitucionais – como alegado anteriormente – e, assim, não poderem ser aplicadas como condição para a realização de nenhuma outra despesa pública.

Como o Supremo Tribunal Federal afastou a inconstitucionalidade do artigo 17, igualmente não reconheceu o argumento então exposto. Assim, declarou a **constitucionalidade do artigo 24**: "XVI – Art. 24: as exigências do art. 17 da LRF são constitucionais, daí não sofrer de nenhuma mácula o dispositivo que determina sejam atendidas essas exigências para a criação, majoração ou extensão de benefício ou serviço relativo à seguridade social".[59]

---

[59] ADI 2238 MC/DF, Relator(a): Min. Ilmar Galvão, Tribunal Pleno, julgamento em 09/08/2007, *DJ* 12/09/2008.

Por fim, vale dizer que o § 1º do artigo 24 estabelece casos em que **não serão criadas as medidas de compensação** exigidas pelo artigo 17, a despeito do aumento ou criação de gasto com a Seguridade Social. São aqueles em que haja:

(i) concessão de benefício para pessoas que satisfaçam as condições previstas na legislação correspondente;
(ii) expansão quantitativa do atendimento dos serviços prestados; e
(iii) reajustamento do valor do benefício ou serviço, a fim de preservar seu valor real.

Nos dois últimos casos (expansão e reajustamento), não se trata da criação de novos benefícios, mas sim da melhoria daqueles já existentes. Por esse motivo, fica afastada a necessidade de criação de medidas de compensação pelo aumento de receita ou redução permanente de despesa.

Contudo, em relação à primeira exceção, deve-se destacar, juntamente com Maria Sylvia Zanella Di Pietro, que o caso é de outorga (concessão) de benefícios, e não propriamente criação ou expansão. Por esse motivo, é possível defender que **a exceção alcança não apenas as medidas de compensação, mas a integralidade do artigo 24 da LRF e a exigência do artigo 195, § 5º, da Constituição, relativa à fonte de financiamento total da despesa**.

Para Maria Sylvia:

> o objetivo da norma é impedir que o legislador preveja outros benefícios, majore o valor dos já existentes ou os estenda a outras categorias anteriormente não alcançadas sem que haja previsão da respectiva fonte de custeio; se a pessoa já é contribuinte ou beneficiária e preenche os requisitos para o recebimento do benefício, é evidente que não se aplica a exigência do art. 195, § 5º, da Constituição nem as do art. 17 da Lei de Responsabilidade Fiscal.[60]

3.10 ESQUEMA – DESPESAS COM A SEGURIDADE SOCIAL

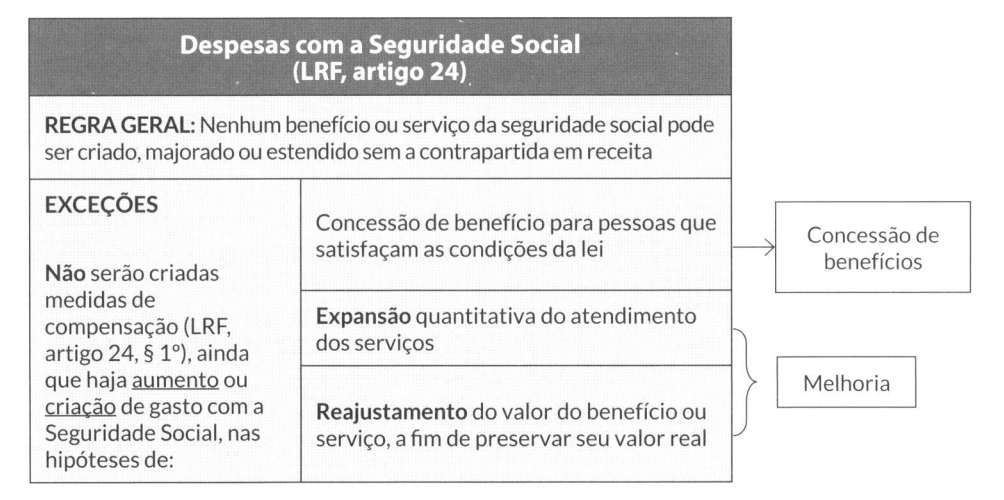

Despesas com a Seguridade Social (LRF, artigo 24)		
REGRA GERAL: Nenhum benefício ou serviço da seguridade social pode ser criado, majorado ou estendido sem a contrapartida em receita		
EXCEÇÕES **Não** serão criadas medidas de compensação (LRF, artigo 24, § 1º), ainda que haja <u>aumento</u> ou <u>criação</u> de gasto com a Seguridade Social, nas hipóteses de:	Concessão de benefício para pessoas que satisfaçam as condições da lei	Concessão de benefícios
	Expansão quantitativa do atendimento dos serviços	Melhoria
	Reajustamento do valor do benefício ou serviço, a fim de preservar seu valor real	

---

[60] In: MARTINS, Ives Gandra da Silva; NASCIMENTO, Carlos Valder do. *Comentários à Lei de Responsabilidade Fiscal*. São Paulo: Saraiva, 2007. p. 177.

3.11 ESQUEMA – RECEITAS E DESPESAS

	RECEITAS PÚBLICAS	
	Trata-se da entrada de dinheiro nos cofres públicos em definitivo	
Origem	Originárias	Resultantes de atividades do Estado como **agente particular**
	Derivadas	Resultante do poder de **imposição** do Estado
	Transferidas	Resultante da **transferência** de recursos entre os entes da Federação
Motivo de entrada (Lei nº 4.320/1964, artigo 11)	Correntes	Resultantes de **atividades próprias** do Estado (§ 1º)
	Capital	Resultante de **captação externa de recursos** (§ 2º)
LRF	Previsão e arrecadação (artigos 11 a 13)	
	Renúncia de receita (artigo 14)	

	DESPESAS PÚBLICAS	
	Conjunto de gastos do Estado, com o objetivo de promover a realização das necessidades públicas	
Motivo do dispêndio (Lei nº 4.320, artigo 12)	Correntes	Custeio
		Transferências correntes
	Capital	Investimentos
		Inversões financeiras
		Transferências de capital
Vinculadas (CR, artigos 198 e 212)	Saúde	
	Educação	
LRF (artigos 15 a 24)	Regras gerais (artigos 15 a 17) • Despesa obrigatória de caráter continuado (artigo 17)	
	Pessoal (artigos 18 a 23)	
	Seguridade Social (artigo 24)	

TEMAS RELEVANTES PARA DEBATE

1) Extinção de contribuição equivale a renúncia de receita? O caso da LC 110/2001

A Lei Complementar (LC) nº 110/2001 instituiu, em seu artigo 1º, contribuição social cuja receita seria destinada à correção monetária das contas do FGTS, defasadas pela inflação, em razão dos sucessivos planos econômicos adotados no Brasil. Confira-se:

> Art. 1º Fica instituída contribuição social devida pelos empregadores em caso de despedida de empregado sem justa causa, à alíquota de dez por cento sobre o montante de todos os depósitos devidos, referentes ao Fundo de Garantia do Tempo de Serviço – FGTS, durante a vigência do contrato de trabalho, acrescido das remunerações aplicáveis às contas vinculadas.

Mais de uma década depois da publicação da LC 110/2001, o Congresso Nacional aprovou o Projeto de Lei Complementar nº 200/2012, que alterava o artigo 1º, para prever a cobrança da contribuição até, apenas, 01/06/2013. A justificativa para tanto estava no fato de que as contas do FGTS já haviam sido recompostas, não mais se fazendo presente a necessidade da contribuição.

A despeito disso, o projeto foi vetado integralmente pela Presidente Dilma Rousseff. As razões do veto estão dispostas na Mensagem nº 301/2013:

> A extinção da cobrança da contribuição social geraria um impacto superior a R$ 3.000.000.000,00 (três bilhões de reais) por ano nas contas do Fundo de Garantia do Tempo de Serviço – FGTS, contudo a proposta não está acompanhada das estimativas de impacto orçamentário-financeiro e da indicação das devidas medidas compensatórias, em contrariedade à Lei de Responsabilidade Fiscal. A sanção do texto levaria à redução de investimentos em importantes programas sociais e em ações estratégicas de infraestrutura, notadamente naquelas realizadas por meio do Fundo de Investimento do Fundo de Garantia do Tempo de Serviço – FI-FGTS. Particularmente, a medida impactaria fortemente o desenvolvimento do Programa Minha Casa, Minha Vida, cujos beneficiários são majoritariamente os próprios correntistas do FGTS.

As razões expostas no veto têm fundamento jurídico sólido? Note-se que o veto realiza clara conexão da extinção da contribuição com a hipótese de renúncia de receita. Seria esse o caso? Há como justificar a manutenção de uma contribuição cuja finalidade já se exauriu? O fato de, em 2019, a Lei 13.932 ter extinto tal contribuição reforça o argumento jurídico quanto a eventual devolução de valores recolhidos?

MATERIAL DE APOIO PARA O DEBATE

- <https://www.camara.leg.br/proposicoesWeb/fichadetramitacao?idProposicao=553112>
- <http://www.planalto.gov.br/CCIVIL_03/_Ato2011-2014/2013/Msg/Vet/VET-301.htm>
- <https://brasil.estadao.com.br/blogs/direito-e-sociedade/a-contribuicao-da--lc-110-esta-morta-resta-ao-judiciario-reconhecer/>
- <https://www1.folha.uol.com.br/mercado/2013/09/1342961-multa-extra-do--fgts-e-usada-para-cobrir-perdas-do-governo.shtml>
- <https://exame.abril.com.br/brasil/governo-quita-pedaladas-com-fgts-e-parte--da-divida-com-bndes/>

2) Despesas com pessoal e as providências no caso de excesso

Nos termos do artigo 169 da Constituição, os limites de gasto com pessoal serão definidos em lei complementar e, como visto ao longo deste capítulo, é a Lei de Responsabilidade Fiscal (LC 101/2000) que cumpre com esse papel. A despeito disso, porém, a Constituição igualmente estabelece alguns parâmetros no controle de tais despesas. Nesse sentido, é a redação do artigo 169, que estabelece as providências que deverão ser tomadas pelos entes, em caso de excesso:

> § 3º Para o cumprimento dos limites estabelecidos com base neste artigo, durante o prazo fixado na lei complementar referida no *caput*, a União, os Estados, o Distrito Federal e os Municípios adotarão as seguintes providências:

I – redução em pelo menos vinte por cento das despesas com cargos em comissão e funções de confiança;

II – exoneração dos servidores não estáveis.

§ 4º Se as medidas adotadas com base no parágrafo anterior não forem suficientes para assegurar o cumprimento da determinação da lei complementar referida neste artigo, o servidor estável poderá perder o cargo, desde que ato normativo motivado de cada um dos Poderes especifique a atividade funcional, o órgão ou unidade administrativa objeto da redução de pessoal.

A LRF, ao estabelecer os limites para cada ente da Federação, também previu providências adicionais a serem adotadas no caso de excesso, em alusão ao dispositivo constitucional. Confira-se a redação do artigo 23 e respectivos parágrafos:

Art. 23. Se a despesa total com pessoal, do Poder ou órgão referido no art. 20, ultrapassar os limites definidos no mesmo artigo, sem prejuízo das medidas previstas no art. 22, o percentual excedente terá de ser eliminado nos dois quadrimestres seguintes, sendo pelo menos um terço no primeiro, adotando-se, entre outras, as providências previstas nos §§ 3º e 4º do art. 169 da Constituição.

§ 1º No caso do inciso I do § 3º do art. 169 da Constituição, o objetivo poderá ser alcançado tanto pela extinção de cargos e funções quanto pela redução dos valores a eles atribuídos.

§ 2º É facultada a redução temporária da jornada de trabalho com adequação dos vencimentos à nova carga horária.

A simples leitura do dispositivo constante da LRF é capaz de indicar um desajuste entre a LRF e a Constituição: aparentemente, as medidas previstas na lei extrapolam as providências indicadas no texto constitucional. Esse ponto é objeto de debate na ADI 2238, que discute a validade de diversos dispositivos da LRF.

Diante do confronto dos dispositivos e da situação financeira atual dos estados e municípios, é possível dizer que o artigo 23 é inconstitucional? Há como justificar sua manutenção?

MATERIAL DE APOIO PARA O DEBATE

- ADI 2238 – questiona a validade da Lei de Responsabilidade Fiscal
- <http://www.stf.jus.br/portal/cms/verNoticiaDetalhe.asp?idConteudo=404617>
- <https://www.jota.info/paywall?redirect_to=//www.jota.info/stf/do-supremo/ministros-rejeitam-jurisprudencia-da-crise-sobre-reducao-de-salario-e-jornada-26022019>
- <https://www.istoedinheiro.com.br/stf-pode-manter-veto-a-reducao-de-salarios-nos-estados/>
- <http://www.mpf.mp.br/pgr/noticias-pgr/pgr-defende-no-stf-a-inconstitucionalidade-de-pontos-da-lei-de-responsabilidade-fiscal>

Capítulo 4
ENTRE RECEITAS E DESPESAS: A QUESTÃO DO ENDIVIDAMENTO PÚBLICO

Acesse o *QR Code* e assista à aula explicativa sobre este assunto.
> https://uqr.to/892h

A análise das receitas e despesas no contexto da atividade financeira do Estado apenas ficará completa se destacarmos desse tópico outro tema, de igual relevância: a questão do **endividamento público**.

Em poucas palavras, trata-se de investigar como e diante de quais condições o Estado pode captar recursos **externamente** para suprir as necessidades públicas, nos casos em que as receitas auferidas ordinariamente não dão conta de fazer frente a todas as despesas que devem ser realizadas.

O tema da dívida pública está disciplinado tanto na Constituição quanto na LRF e, recentemente, tem ocupado a pauta dos governos, em todos os níveis.

Conforme vimos no capítulo 3, o Brasil tem registrado déficits primários sucessivos desde 2014. Disso resulta que os valores decorrentes da arrecadação de tributos não têm sido suficientes para fazer frente às despesas públicas, mesmo que se descontem as quantias pagas de juros em razão da dívida pública. Diante disso, a captação externa de recursos via endividamento faz-se ainda mais necessária.

Dados da Instituição Fiscal Independente, do Senado Federal, apontam para o crescimento acentuado da dívida desde o início de 2014, chegando, em fevereiro de 2018, a 75,1% do PIB (R$ 5 trilhões) e 52% do PIB (R$ 3,4 trilhões), para a dívida bruta do governo geral e dívida líquida do setor público, respectivamente.[1] Em 2020, o cenário de endividamento foi agravado, à luz da pandemia e da possibilidade de não observância da regra de ouro, constante do artigo 167, inciso III, da Constituição e estima-se que em 2024 a dívida chegue a 87,4% do PIB.[2]

---

[1] INSTITUIÇÃO FISCAL INDEPENDENTE. *Relatório de Acompanhamento Fiscal, abril/2018*. Disponível em: <http://www2.senado.leg.br/bdsf/bitstream/handle/id/540164/RAF15_ABR2018_Divida.pdf>. Acesso em: 13 jun. 2019.

[2] BRASIL, Senado Federal. Instituição Fiscal Independente. *Relatório de Acompanhamento Fiscal, janeiro/2022, nº 60*. Disponível em: <https://www2.senado.leg.br/bdsf/bitstream/handle/id/595062/RAF60_JAN2022.pdf>. Acesso em: 9 fev. 2022.

Esse cenário, que será detalhado nas linhas a seguir, decorre da intensa crise fiscal que o país tem enfrentado e suscita debates sobre as formas e limites de endividamento, além do necessário cumprimento da "regra de ouro", enunciada tanto na Constituição quanto na LRF.

Para tanto, este capítulo será dividido em quatro grandes partes. A primeira irá apresentar as definições e conceitos ligados à dívida pública, de modo a possibilitar, na sequência, a apresentação dos dados atuais relativos ao endividamento. Depois, trataremos das normas específicas na Constituição e na LRF, forjadas para assegurar o crescimento responsável da dívida pública. Por fim, haverá uma seção para apresentar o plano de recuperação fiscal para os estados e municípios, introduzido pela Lei Complementar nº 159/2017.

4.1 DÍVIDA PÚBLICA: DEFINIÇÕES

A definição do que seja "dívida pública" na LRF está prevista no artigo 29, no qual encontramos duas qualificações distintas para o endividamento: a "dívida pública consolidada ou fundada" e a "dívida pública mobiliária".

Nos termos do artigo 29, inciso I, **dívida pública consolidada ou fundada** é o "montante total, apurado sem duplicidade, das obrigações financeiras do ente da Federação, assumidas em virtude de leis, contratos, convênios ou tratados e da realização de operações de crédito, para amortização em prazo superior a doze meses". Trata-se, em princípio, das obrigações do ente que tenham sido assumidas a médio e longo prazo.

Os §§ 2º e 3º do mesmo artigo 29 acabam por ampliar esse conceito para, em primeiro lugar, incluir na dívida pública consolidada da União os valores relativos à emissão de títulos de responsabilidade do Banco Central do Brasil e, ainda, para estabelecer, no § 3º, que referida dívida, em relação a todos os entes, também compreende as obrigações com prazo de amortização inferior a doze meses, mas cujas receitas tenham constado do orçamento. Confira-se:

> § 2º – Será incluída na dívida pública consolidada da União a relativa à emissão de títulos de responsabilidade do Banco Central do Brasil.
> § 3º – Também integram a dívida pública consolidada as operações de crédito de prazo inferior a doze meses cujas receitas tenham constado do orçamento.

De outro lado, o artigo 30, § 7º, da LRF ainda estabelece a inclusão, no conceito de dívida pública consolidada, dos precatórios não pagos durante a execução do orçamento, especificamente com a finalidade de aplicação dos limites para o endividamento.

Portanto, nos termos da LRF, a dívida pública consolidada ou fundada abrange as **(i) obrigações do ente de médio e longo prazo**, em princípio, mas igualmente contemplará as **(ii) operações de curto prazo, se as receitas delas provenientes estiverem previstas no orçamento**. Além disso, também irá compreender os **(iii) precatórios incluídos no orçamento, mas não pagos em um determinado exercício**. Finalmente, quando se tratar de destacar especificamente a dívida pública consolidada da União, acresça-se a essa definição os **títulos de responsabilidade do Banco Central do Brasil**.

Ainda do ponto de vista das definições, deve-se destacar o uso de mais duas terminologias, relativas à dívida, no contexto da administração pública: Dívida Bruta do Governo Geral (DBGG) e Dívida Líquida do Setor Público (DLSP).

A DBGG, como o próprio nome indica, engloba todas as esferas da Federação, com exceção das estatais e Banco Central. Já a DLSP também considera os três níveis de governo, além do Banco Central e estatais, afora instituições financeiras públicas e grandes empresas não dependentes de transferências de recursos do governo controlador. Além disso, a dívida bruta não considera os ativos dos governos na sua apuração, ao passo que a dívida líquida realiza esse desconto.[3]

De acordo com o artigo 29, inciso II, da LRF, **dívida pública mobiliária** seria aquela "representada por títulos emitidos pela União, inclusive os do Banco Central do Brasil, Estados e Municípios".

Trata-se, aqui, de destacar os casos em que o endividamento é realizado por um instrumento específico: **a emissão de títulos da dívida pública por parte dos entes da Federação e também do Banco Central (BACEN)**. Sobre o BACEN, inclusive, deve-se dizer que, atualmente, não é mais permitida a emissão de títulos, que, nos termos do artigo 34 da LRF, ficou restrita à data limite de 04 de maio de 2002 (dois anos de publicação da LRF).

Referida dívida pública pode ser objeto de **refinanciamento**, o que, nos termos do artigo 29, inciso V, consiste na "emissão de títulos para pagamento do principal, acrescido de atualização monetária". Trata-se, então, de aumentar o montante da dívida e remanejá-la, com vistas ao pagamento de parte dela.

Para Régis Fernandes de Oliveira, a distinção entre dívida pública consolidada e dívida pública mobiliária também está centrada no **instrumento de realização**: enquanto a primeira decorre de "obrigações para a realização de obras e prestação de serviços, seja em decorrência de empréstimos com instituições financeiras, seja em razão de contratos precedidos de licitação ou pagamento de pessoal (decorrente de lei)"; a dívida mobiliária resulta, especificamente, da emissão de títulos da dívida pública pelos entes da Federação.[4]

O ponto central está, então, no **instrumento pelo qual a dívida se forma**; caso se trate de **títulos emitidos pelo governo**, estaremos diante de **dívida mobiliária**; caso

---

[3] "A DBGG engloba os governos federal, estadual e municipal, sem estatais e sem Banco Central. Já a DLSP abarca esses três níveis de governo, o Banco Central e as estatais, exclusive as instituições financeiras públicas e as grandes empresas não dependentes de transferências de recursos do governo controlador, a exemplo de Petrobras e de Eletrobras. Outra diferença marcante entre os dois conceitos é que a DBGG não desconta os ativos dos governos, enquanto na DLSP há essa dedução, com destaque para os dois grandes ativos que são as reservas internacionais geridas pelo Banco Central e os créditos do Tesouro Nacional junto ao BNDES". BRASIL, Senado Federal. Instituição Fiscal Independente. *Relatório de Acompanhamento Fiscal, abril/2018*. Disponível em: <http://www2.senado.leg.br/bdsf/bitstream/handle/id/540164/RAF15_ABR2018_Divida.pdf>. Acesso em: 13 jun. 2019.

[4] OLIVEIRA, Régis Fernandes de. *Curso de Direito Financeiro*. São Paulo: Revista dos Tribunais, 2006. p. 444.

contrário, de dívida consolidada, ainda que o prazo para amortização seja inferior a doze meses. Nesse sentido, também, é a manifestação do Tesouro Nacional:[5]

> A Dívida Pública Federal (DPF) refere-se a todas as dívidas contraídas pelo governo federal para financiamento do seu déficit orçamentário, nele incluído o refinanciamento da própria dívida, e para outras operações com finalidades específicas, definidas em lei. É possível classificar a DPF de acordo com os instrumentos usados para captação de recursos e pela moeda na qual ocorre o pagamento de seus fluxos. Em relação à captação de recursos, esta pode ocorrer por emissão de títulos públicos (sendo por essa razão classificada como mobiliária), ou por contratos, firmados principalmente com organismos multilaterais (sendo esta dívida classificada como contratual).

Some-se a essas definições uma outra, relacionada não com o instrumento do qual resulta a dívida, mas com a moeda de pagamento. Na hipótese de pagamento em real, estaremos diante de dívida interna; caso o pagamento seja em moeda estrangeira, tratar-se-á de dívida externa. Segundo o Tesouro Nacional, "toda a Dívida Pública Federal em circulação no mercado nacional é paga em real e captada por meio da emissão de títulos públicos, sendo por essa razão definida como Dívida Pública Mobiliária Federal interna (DPMFi)". De outro lado, a dívida pública federal no mercado internacional "é paga em dólar norte-americano e tem sido captada tanto por meio da emissão de títulos quanto por contratos, sendo por isso definida como Dívida Pública Federal externa (DPFe)".[6]

O artigo 29 da LRF ainda estabelece duas outras definições importantes para o estudo do endividamento. São os conceitos de **operação de crédito** e **concessão de garantia**.

Em relação à **operação de crédito**, é importante se ter em mente que se trata do instrumento pelo qual a dívida pública é gerada. Em poucas palavras, é uma **operação de empréstimo que, de um lado, gera receita e, de outro, despesa**. Dado importante a reter é que **a operação de crédito invariavelmente gera a dívida pública**.

De acordo com a redação literal do artigo 29, inciso III, da LRF, operação de crédito é o "compromisso financeiro assumido em razão de mútuo, abertura de crédito, emissão e aceite de título, aquisição financiada de bens, recebimento antecipado de valores provenientes da venda a termo de bens e serviços, arrendamento mercantil e outras operações assemelhadas, inclusive com o uso de derivativos financeiros".

Finalmente, quanto à definição de **garantia**. Trata-se, aqui, de uma **caução prestada por ente da Federação em face de uma operação de crédito**. Conforme veremos mais adiante, as garantias estão disciplinadas na LRF e podem, inclusive, ser concedidas entre os entes da Federação, com a finalidade de conferir maior segurança ao credor e à operação de crédito como um todo. De acordo com o artigo 29, inciso IV, a concessão de garantia é um "compromisso de adimplência de obrigação financeira ou contratual assumida por ente da Federação ou entidade a ele vinculada".

Vistas essas definições introdutórias, o próximo item se ocupará de apresentar dados recentes da composição e tamanho da dívida pública nacional para, depois, analisarmos a existência de limites e controle respectivo.

---

[5] Cf. <http://www.tesouro.fazenda.gov.br/conceitos-basicos-faq>. Acesso em: 13 jun. 2019.
[6] Cf. <http://www.tesouro.fazenda.gov.br/conceitos-basicos-faq>. Acesso em: 13 jun. 2019.

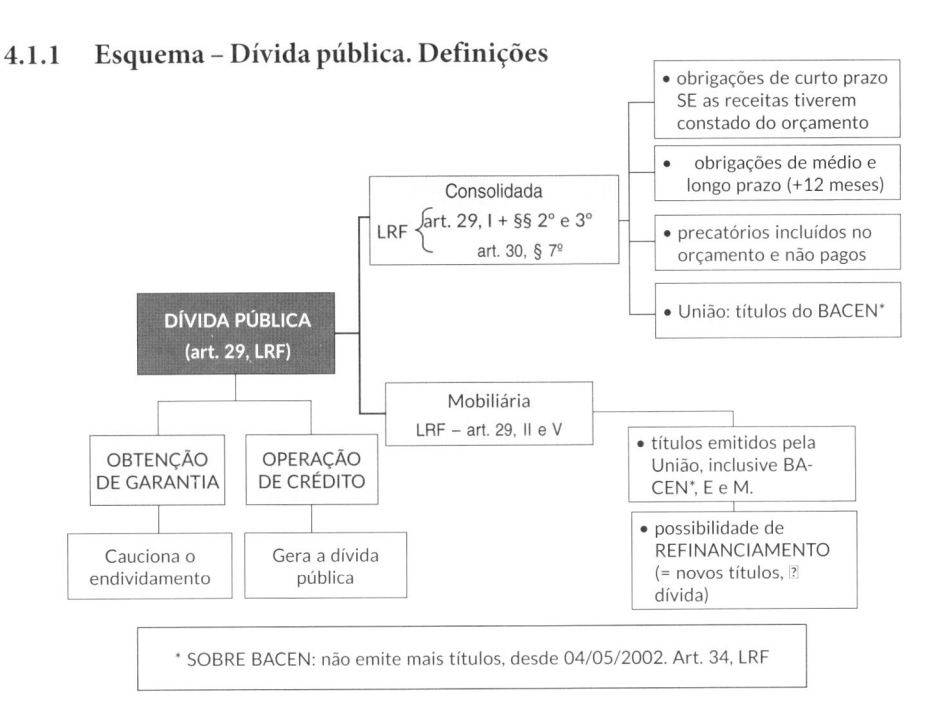

4.1.1 Esquema – Dívida pública. Definições

DÍVIDA PÚBLICA (art. 29, LRF)

- **Consolidada** — LRF art. 29, I + §§ 2º e 3º; art. 30, § 7º
  - obrigações de curto prazo SE as receitas tiverem constado do orçamento
  - obrigações de médio e longo prazo (+12 meses)
  - precatórios incluídos no orçamento e não pagos
  - União: títulos do BACEN*

- **Mobiliária** — LRF – art. 29, II e V
  - títulos emitidos pela União, inclusive BACEN*, E e M.
  - possibilidade de REFINANCIAMENTO (= novos títulos, ⇒ dívida)

- **OBTENÇÃO DE GARANTIA** → Cauciona o endividamento
- **OPERAÇÃO DE CRÉDITO** → Gera a dívida pública

* SOBRE BACEN: não emite mais títulos, desde 04/05/2002. Art. 34, LRF

4.2 DÍVIDA PÚBLICA NACIONAL: COMPOSIÇÃO E QUADRO ATUAL

O endividamento público tem sido, ao longo dos anos, instrumento relevante de atendimento das necessidades públicas. Segundo Guilherme Binato Villela Pedras,[7] há quatro objetivos pelos quais é economicamente justificável a existência de dívida pública:

> (i) financiar o déficit público; (ii) propiciar instrumentos adequados à realização da política monetária (no caso específico da dívida interna); (iii) criar referencial de longo prazo para financiamento do setor privado, uma vez que as emissões públicas, dados seu alto volume e menor risco de crédito, servem como referência para a precificação de dívida privada; e (iv) propiciar a alocação de recursos entre gerações, na medida em que (a depender do prazo dos instrumentos de financiamento) à geração futura caberá o pagamento das despesas realizadas no presente com recursos oriundos do endividamento.

Para o autor,[8] a história da dívida pública federal interna brasileira é representativa de uma evolução desses objetivos: se nos anos 1960 visava-se a criar "instrumentos que permitissem o financiamento dos investimentos públicos sem que fossem geradas pressões inflacionárias", foi apenas em 2000 que o último objetivo foi atingido, "com a emissão de títulos de vinte e trinta anos".

---

[7] PEDRAS, Guilherme Binato Villela. *História da dívida pública no Brasil*: de 1964 até os dias atuais. In: SILVA, Anderson Caputo; CARVALHO, Lena Oliveira de; MEDEIROS, Otavio Ladeira de (org.). *Dívida Pública*: a experiência brasileira. Brasília: Secretaria do Tesouro Nacional/Banco Mundial, 2009. p. 58.

[8] PEDRAS, Guilherme Binato Villela. História da dívida pública no Brasil..., cit., p. 58.

Em razão das crises econômica e fiscal iniciadas em 2014, os índices de endividamento vêm crescendo consistentemente, como será visto a seguir. Ainda assim, a maior concentração do passivo situa-se na dívida interna. A partir de 2006, consolidam-se no cenário nacional a redução do financiamento externo e a redução da dívida baseada em moeda estrangeira:[9]

> A partir daquele ano [2006], inclusive, foram realizadas diversas operações de pré-pagamento de dívida mobiliária federal externa, que remontaram a US$ 35,7 bilhões. Já em relação à dívida contratual, o país antecipou o pagamento da dívida remanescente com o Clube de Paris no valor de US$ 1,7 bilhão, bem como, ainda em 2005, realizou o pré-pagamento de sua dívida com o FMI, no valor de US$ 20,4 bilhões.

O resultado dessas medidas, reforçadas nos anos seguintes, foi a redução da dívida externa e o consequente aumento da emissão de títulos de longo prazo como forma de financiamento interno. Atualmente, a dívida pública externa consiste em R$ 243,5 bilhões, enquanto a dívida pública mobiliária federal interna representa R$ 4,76 trilhões. A soma total da dívida pública federal é, portanto, de R$ 5 trilhões, dos quais apenas 5,1% são atrelados ao câmbio,[10] o que revela menor chance de flutuação no valor total da dívida.

Importante destacar, porém, que os números de déficit primário, crescentes no Brasil desde 2014, a despeito de se relacionarem com o crescimento da dívida pública, com ela não se confundem. Como destacado no capítulo 3, o resultado primário representa a subtração entre a receita corrente líquida e as despesas primárias do governo; ou seja, são descontados os gastos com o pagamento da dívida pública. O superávit primário, portanto, difere do superávit nominal, que consideraria todas as receitas e todas as despesas do governo.

Com a queda na arrecadação tributária e, assim, redução da receita corrente líquida, sem que houvesse redução proporcional nas despesas primárias, somado ao contexto pandêmico temos, hoje, um déficit primário estimado para 2021 de R$ 247 bilhões. Ou seja, há mais despesas primárias do que as receitas correntes podem suportar. A saída para tanto é captar recursos externamente, via endividamento público.

Comparando-se os índices da dívida pública antes de 2014 com os de agora, o crescimento se justifica em razão da existência de déficit primário que, por sua vez, aumenta o déficit nominal, já que demanda mais recursos do governo via operações de empréstimo. A superação desse cenário depende ou do aumento das receitas correntes líquidas ou da redução das despesas primárias.

---

[9] PEDRAS, Guilherme Binato Villela. *História da dívida pública no Brasil...*, cit., p. 76.

[10] Dados de fevereiro/2020, disponíveis em: <http://www.tesouro.fazenda.gov.br/-/a-divida-em-grandes-numeros?redirect=http%3A%2F%2Fwww.tesouro.fazenda.gov.br%2Fdivida-publica-federal%3Bjsessionid%3DZ6Kx0U0QNw3zQFNNlj-z6bVD.1%-3Fp_p_id%3D101_INSTANCE_Rhu8uJONidEZ%26p_p_lifecycle%3D0%26p_p_state%3Dnormal%26p_p_mode%3Dview%26p_p_col_id%3D_118_INSTANCE_2v7v3e9eBzAa__column--1%26p_p_col_pos%3D1%26p_p_col_count%3D3>. Acesso em: 13 jun. 2019.

Dessa forma, o endividamento poderá voltar aos patamares anteriores a 2014 com a melhora do quadro fiscal primário. Como o aumento da carga tributária não se mostra uma solução viável, pelas razões já tratadas no capítulo 3, a saída vislumbrada pelo governo foi criar um limite para as despesas primárias, pela aprovação da EC 95/2016 – o já mencionado "teto de gastos".

Contudo, a vigência do teto de gastos por quase quatro anos mostra que essa medida, apenas, não tem se mostrado suficiente para o reequilíbrio das contas públicas. Para tanto, seria necessário que o governo tivesse uma capacidade ainda maior de conter as despesas primárias. Nesse contexto, surgiu o debate sobre a Reforma da Previdência e as tentativas de aprovação de um regime que reduzisse as pressões sobre os caixas públicos – tal qual a PEC 186/2019, recentemente promulgada como EC 109/2021.

De outro lado, ainda nesse contexto, devemos lembrar que o endividamento encontra limites. Além das restrições formalmente impostas pela LRF, não se deve olvidar do cumprimento da "regra de ouro", contida no artigo 167, inciso III da Constituição. Nos termos em que estudado no capítulo 3, as receitas decorrentes das operações de crédito não devem superar o montante das despesas de capital. Ou seja, o endividamento deve se voltar, como regra, ao custeio de investimentos e não ao pagamento de despesas correntes.

Há apenas uma exceção a esse mandamento: a autorização, pelo Poder Legislativo, por maioria absoluta, para a abertura de créditos adicionais que façam frente às operações de dívida. Como se sabe, em 2019 o governo federal teve que se valer do recurso a essa exceção, para fins de custeio de despesas assistenciais e previdenciárias. Em 2020, por conta da pandemia da Covid-19 e do regime extraordinário fiscal, a regra ficou excepcionada durante a vigência do estado de calamidade pública reconhecido pelo Decreto Legislativo 6/2020. Ademais, em função da promulgação EC 109/2021, restou estabelecido que a regra não será aplicada nos casos de calamidade pública (art. 167-E, Constituição), nem na hipótese de abertura de crédito extraordinário para a extensão do auxílio emergencial em 2021 (artigo 3º, § 3º da EC 109/2021).

Esse cenário somente reforça a densidade da crise fiscal enfrentada pelo Brasil no momento e o endividamento público está no centro desse debate.

4.3 LIMITES DE ENDIVIDAMENTO, CONTROLE E PROVIDÊNCIAS EM CASO DE EXCESSO

4.3.1 Limites de endividamento: disciplina normativa

Ainda que o endividamento seja um recurso frequente e legal, o uso desmedido não é desejado pelo ordenamento. Já na Constituição Federal de 1967, com as alterações da Emenda Constitucional nº 1/1969, encontramos previsões quanto à necessidade de imposição de limites para a dívida pública. Nesse sentido, confira-se a redação do artigo 42, inciso VI:

> Art. 42. Compete privativamente ao Senado Federal:
>
> [...]
>
> VI – fixar, por proposta do Presidente da República e mediante resolução, limites globais para o montante da dívida consolidada dos Estados e dos Municípios; estabelecer e alterar

limites de prazo, mínimo e máximo, taxas de juros e demais condições das obrigações por eles emitidas; e proibir ou limitar temporariamente a emissão e o lançamento de quaisquer obrigações dessas entidades; [...]

Com fundamento nesse dispositivo, foi publicada a Resolução SF nº 62/1975, que fixou limites, vinculados à receita realizada no ano anterior, para a dívida consolidada interna dos estados e municípios. Nos termos do artigo 2º, inciso I, o montante global não poderia exceder a 70% dessa receita.

O texto constitucional de 1988 seguiu na mesma direção, ao prever que limites para a dívida pública global, para a mobiliária e para a concessão de garantia seriam estabelecidos pelo Senado Federal:

> Art. 52. Compete privativamente ao Senado Federal:
> [...]
> VI – fixar, por proposta do Presidente da República, limites globais para o montante da dívida consolidada da União, dos Estados, do Distrito Federal e dos Municípios;
> [...]
> VIII – dispor sobre limites e condições para a concessão de garantia da União em operações de crédito externo e interno;
> IX – estabelecer limites globais e condições para o montante da dívida mobiliária dos Estados, do Distrito Federal e dos Municípios;

Especificamente em relação à **dívida mobiliária da União**, representada pela emissão de títulos federais, caberá ao Presidente da República encaminhar projeto de lei ao Congresso Nacional acerca dos limites aplicáveis, nos termos do artigo 48, inciso XIV, da Constituição.

Poucos anos antes da publicação da LRF, foi aprovada a Lei nº 9.496/1997, que criou o Programa de Apoio à Reestruturação e ao Ajuste Fiscal dos Estados e estabeleceu condições para a "consolidação, a assunção e o refinanciamento, pela União, da dívida pública mobiliária e outras que especifica, de responsabilidade dos Estados e do Distrito Federal". Nesse contexto, estabeleceu que a adesão ao programa resultaria, entre outras imposições, na impossibilidade de o ente emitir novos títulos da dívida pública se o montante da dívida fosse superior a 100% à sua "receita líquida real".[11]

Em 1998, o Senado Federal aprovou a Resolução nº 78, também para dispor sobre as operações de crédito dos estados, Distrito Federal e municípios. Nesse sentido, estabeleceu um limite ainda maior para novas contratações: 200% da receita líquida real, percentual que deveria cair, a cada ano, dez pontos, para atingir, em 2008, 100%. Por fim, novos critérios para o refinanciamento, pela União, das dívidas dos entes subnacionais foram

---

[11] Nos termos da redação original do artigo 2º, parágrafo único da Lei nº 9.496/1997, deve-se entender por "receita líquida real" a receita "realizada nos doze meses anteriores ao mês imediatamente anterior àquele em que se estiver apurando, excluídas as receitas provenientes de operações de crédito, de alienação de bens, de transferências voluntárias ou de doações recebidas com o fim específico de atender despesas de capital e, no caso dos estados, as transferências aos municípios por participações constitucionais e legais".

firmados com a publicação da Medida Provisória nº 1.811/1999.[12] Até aquele momento, não havia propostas ou normas relativas aos limites da dívida da União.

As regras constitucionais quanto ao estabelecimento, pelo Senado Federal, de limites da dívida pública foram reverberadas na LRF. Nos termos do artigo 30 da Lei, após noventa dias de sua publicação, o Presidente da República deveria submeter ao Senado Federal "proposta de limites globais para o montante da dívida consolidada da União, Estados e Municípios", nos termos dos incisos acima mencionados, e, ao Congresso Nacional "projeto de lei que estabeleça limites para o montante da dívida mobiliária federal a que se refere o inciso XIV do art. 48 da Constituição".

Ao lado da delimitação das competências para estabelecer os limites de endividamento, o artigo 30 da LRF, em seu § 1º, ainda prescreve regras de como a referida resolução e o projeto de lei deverão ser elaborados: deverá haver não apenas coerência com a LRF, mas, também, estimativas do impacto da aplicação dos limites nas três esferas de governo, indicação da metodologia de apuração de resultados e estabelecimento de razões para eventual criação de limites diferenciados por esfera de governo.

Por fim, ainda no artigo 30, prevê a possibilidade de **revisão dos limites**, em proposta encaminhada ao Legislativo pelo Presidente da República, nos casos de alteração dos fundamentos dos limites inicialmente propostos, tendo-se em vista razões de instabilidade econômica ou alterações nas políticas monetária ou cambial (art. 30, § 6º).

Apesar da ampla disciplina normativa, a competência prevista no artigo 52 da Constituição e complementada pelo artigo 30 da LRF para o estabelecimento de limites à dívida pública foi apenas em parte exercida – ao menos até o presente momento.

Em 2000, em cumprimento ao disposto no artigo 30 da LRF, o então Presidente Fernando Henrique Cardoso encaminhou ao Senado Federal a Mensagem nº 154,[13] com uma proposta de limites globais para o montante da dívida pública consolidada da União, estados, Distrito Federal e municípios. Nos termos do texto submetido, os limites seriam fixados em relação à receita corrente líquida dos entes: 3,5 para a União, 2 para os estados e 1,2 para os municípios.

Contudo, as normas que resultaram da mensagem então encaminhada contemplaram, apenas, os estados, Distrito Federal e municípios. Trata-se das Resoluções SF nº 40 e nº 43, ambas de 2001, que revogaram, entre outras, as já mencionadas Resoluções SF nº 62/1975 e nº 78/1998.

O artigo 3º da Resolução SF nº 40/2001 estabelece o limite máximo da dívida consolidada líquida dos estados, Distrito Federal e municípios, com base na receita corrente

---

[12] Para o histórico desse percurso normativo, confira-se: ROCHA, C. Alexandre A. Rocha. Dívidas e dúvidas: análise dos limites globais de endividamento de estados e municípios. In: CONSULTORIA LEGISLATIVA DO SENADO FEDERAL – COORDENAÇÃO DE ESTUDOS. *Texto para discussão*, nº 34. Brasília, junho/2007. Disponível em: <https://www12.senado.leg.br/publicacoes/estudos-legislativos/tipos-de-estudos/textos-para-discussao/td-34-dividas-e-duvidas-analise-dos--limites-globais-de-endividamento-de-estados-e-municipios>. Acesso em: 14 jun. 2019.

[13] Disponível em: <https://legis.senado.leg.br/sdleg-getter/documento?dm=3156523&ts=1553277135541&disposition=inline>. Acesso em: 13 jun. 2019.

líquida. Além disso, prevê um prazo de transição de quinze anos para o atingimento de tal limite:

> Art. 3º A dívida consolidada líquida dos Estados, do Distrito Federal e dos Municípios, ao final do décimo quinto exercício financeiro contado a partir do encerramento do ano de publicação desta Resolução, não poderá exceder, respectivamente, a: *(Vide Resolução nº 20, de 2003)*
>
> I – no caso dos Estados e do Distrito Federal: 2 (duas) vezes a receita corrente líquida, definida na forma do art. 2º; e
>
> II – no caso dos Municípios: a 1,2 (um inteiro e dois décimos) vezes a receita corrente líquida, definida na forma do art. 2º.

Considerando o ano de publicação da Resolução, tais limites já estão em pleno vigor.[14]

Na mesma data da publicação da Resolução SF nº 40/2001, foi publicada a Resolução nº 43/2001 também para dispor sobre as operações de crédito, concessão de garantias e limites respectivos para estados, Distrito Federal e municípios.

Nos termos do artigo 7º do texto aprovado, são fixados limites tanto para a realização de operações de crédito internas quanto para o comprometimento anual da receita com o serviço da dívida (*i.e.*, amortizações, juros e demais encargos). Em relação ao limite global em um exercício financeiro, este será de 16% da receita corrente líquida (inciso I); quanto aos valores vinculados com amortizações, juros e outros encargos, 11,5%, também da receita corrente líquida (inciso II).

A despeito da previsão inicial e do encaminhamento pelo Presidente da República, não houve, até os dias de hoje, a aprovação de limites para a dívida pública federal. Sobre o tema cumpre mencionar que tramita no Senado Federal o Projeto de Resolução nº 46/2019, que prevê que a dívida consolidada da União não poderá exceder o limite de 50,9% do PIB. Tal patamar deveria ser atingido ao final de um período de transição, que duraria quinze exercícios. Além disso, prevê que, durante a transição, o excedente em relação ao limite então proposto deverá ser reduzido, no mínimo, na proporção de 1/5 a cada exercício financeiro.[15]

Não há, todavia, perspectiva de aprovação célere da medida, além de não se tratar de iniciativa recente do Poder Legislativo. Em 2007, a mesa do Senado Federal encaminhou para votação o Projeto de Resolução nº 84, para dispor, também, dos limites da dívida pública da União.[16] A despeito do amplo debate, que se arrastou por mais de dez anos,

---

[14] O artigo 4º da Resolução SF nº 40/2001 previu as condições que deveriam ser observadas ao longo desse período de 15 anos, para que fosse possível a limitação da dívida no patamar fixado. Confira-se o texto integral da Resolução em: <https://legis.senado.leg.br/norma/562458/publicacao/16433576>. Acesso em: 14 jun. 2019.

[15] Disponível em: <https://legis.senado.leg.br/sdleg-getter/documento?dm=7952010&ts=1559166676012&disposition=inline>. Acesso em: 13 jun. 2019.

[16] Tramitação e texto da proposição disponíveis em: <https://www25.senado.leg.br/web/atividade/materias/-/materia/83503>. Acesso em: 13 jun. 2019.

ao final de 2018, a proposição foi arquivada definitivamente, porque em tramitação por mais de duas legislaturas.[17]

Ademais, a situação fiscal atual do país, que atrai maior necessidade de endividamento, igualmente não colabora para o debate sobre a fixação de limites para a dívida da União. A consequência prática dessa situação é que, para a União, os dispositivos da LRF relativos ao controle da dívida pública e sanções na hipótese de descumprimento, não são aplicáveis. Tais pontos serão detalhados no item a seguir.

4.3.2 Controle e sanções: superação dos limites por Estados, Distrito Federal e Municípios

A LRF, ao disciplinar a dívida pública, além de exigir providências concretas dos entes quanto ao estabelecimento de limites de endividamento – como se vê da redação do artigo 30, acima referido – impõe, também, medidas claras de controle, ao lado de sanções para a hipótese de não cumprimento dos limites então fixados. Nesse sentido, os mecanismos utilizados são relativamente parecidos com o controle de despesas com pessoal. Por fim, destaque-se que, como na prática, tais limites só existem para estados, Distrito Federal e municípios, as disposições a seguir detalhadas também ficam limitadas a tais entes.

Feitos esses esclarecimentos iniciais, o primeiro dispositivo que deve ser levado em conta no tratamento do controle da dívida pública é o artigo 31 da LRF. Nos termos de sua redação, **o controle da dívida será realizado a cada quadrimestre**. Na hipótese de verificação de **excesso** ao final desse período, deverá haver a **recondução da dívida ao limite em até doze meses e, assim, nos três quadrimestres seguintes**. Além disso, o ente deve reduzir o excedente em pelo menos 25% nos primeiros quatro meses.

De acordo com o § 4º do artigo 31, a relação dos entes que incorrem em excesso será divulgada mensalmente pelo Ministério da Fazenda, sendo que as providências aqui tratadas se aplicam tanto para a dívida consolidada quanto para a dívida mobiliária do ente.

Evidente que, uma vez verificado o excesso, para que a recondução da dívida ao limite seja possível, é necessário que os entes adotem medidas concretas no sentido da redução do endividamento. A LRF estabelece que providências são essas, ainda que outras, complementares, possam ser adotadas.

Sobre o tema, dispõe o artigo 31, § 1º que, **durante o excesso**, o ente (i) **não poderá realizar qualquer operação de crédito**, seja ela interna ou externa e (ii) **deverá obter resultado primário necessário para a recondução da dívida ao limite**, promovendo, inclusive, limitação do empenho, nos termos do artigo 9º da LRF. Acerca dessas exigências, cumpre tecer algumas considerações.

---

[17] Nos termos do artigo 332, § 1º, do Regimento Interno do Senado Federal: "Art. 332, § 1º Em qualquer das hipóteses dos incisos do *caput*, será automaticamente arquivada a proposição que se encontre em tramitação há duas legislaturas, salvo se requerida a continuidade de sua tramitação por 1/3 (um terço) dos Senadores, até 60 (sessenta) dias após o início da primeira sessão legislativa da legislatura seguinte ao arquivamento, e aprovado o seu desarquivamento pelo Plenário do Senado".

Em primeiro lugar, sobre a **proibição de realização de operações de crédito**. Essa determinação tem absoluta pertinência, na medida em que se está diante de uma situação em que o ente ultrapassou os limites de endividamento. Vedar o aumento da dívida (já exacerbada) pela proibição de operações de crédito, que são, exatamente, os instrumentos pelos quais a dívida se forma, revela-se uma medida bastante coerente.

Contudo, apesar disso, deve-se destacar que essa vedação possui uma **exceção**: os entes poderão realizar operações de crédito, desde que se trate de refinanciar o principal atualizado da dívida mobiliária. O objetivo, nesse caso, é garantir, ao menos, o pagamento da dívida já estabelecida, nem que para isso o resultado seja um maior endividamento.

Sobre essa exceção, Ives Gandra da Silva Martins destaca: "Se não pudesse refinanciar o principal atualizado, sem acesso a operações de crédito substitutivas, a entidade federativa punida poderia tornar-se inadimplente, pois teria que pagar os financiamentos anteriores sem poder obter novas operações de crédito para rolar a sua dívida".[18]

De outro lado, acerca da segunda limitação, relativa à **obtenção de resultado primário positivo e eventuais limitações de empenho**, deve-se, inicialmente, definir o que seja esse "resultado primário positivo", para, após, entender os casos e efeitos quanto à limitação de empenho.

Como já mencionado anteriormente, pode-se dizer que o "resultado" consiste na diferença entre as receitas e despesas de um dado exercício. Caso se considere todas as receitas arrecadadas e todas as despesas empenhadas, inclusive as relativas ao endividamento, estaremos diante do **resultado nominal**, que se define, então, por quanto a dívida aumentou ou reduziu em determinado exercício.

Contudo, caso se queira auferir o **resultado primário**, no cômputo dessas receitas e despesas **não deverão ser incluídas as receitas e despesas relativas à dívida pública**. Trata-se, portanto, do resultado obtido pela subtração entre receitas e despesas do ente da Federação, excluídas aquelas que estejam relacionadas com a dívida pública. Sendo positivo, teremos *superávit* primário; sendo negativo, *déficit* primário.

A recondução da dívida ao limite depende da obtenção de resultado primário positivo, de forma que haja receitas próprias suficientes para fazer frente às despesas do ente. Para tanto, o artigo 31, § 1º, inciso II, da LRF estabelece que o ente poderá realizar a limitação de empenho (ou o contingenciamento de despesas), o que implica a redução de gastos, favorecendo o *superávit*.

As formas e condições para a limitação do empenho estão disciplinadas no artigo 9º da LRF, e apenas não poderão ser cerceadas as despesas relativas a obrigações constitucionais e legais do ente, "inclusive aquelas destinadas ao pagamento do serviço da dívida, as relativas à inovação e ao desenvolvimento científico e tecnológico custeadas por fundo criado para tal finalidade e as ressalvadas pela lei de diretrizes orçamentárias", na redação do § 2º do artigo 9º.

---

[18] In: MARTINS, Ives Gandra da Silva; NASCIMENTO, Carlos Valder do. *Comentários à Lei de Responsabilidade Fiscal*. São Paulo: Saraiva, 2007. p. 222.

Ou seja, **a limitação dos gastos não pode atingir a repartição da arrecadação tributária**, que consiste em uma obrigação constitucional do ente, nem sequer aquelas cujos pagamentos estejam relacionados com a dívida pública. Ao lado dessas vedações, temos, ainda, as despesas que decorrem de obrigações legais, como as obrigatórias de caráter continuado, e as ressalvadas pela LDO.

Disso decorre, então, que, mesmo durante o período de excesso de endividamento, **as despesas relativas à dívida pública (como encargos, juros etc.) continuarão a ser pagas**, não podendo haver qualquer medida que limite o empenho dessas despesas. A obtenção do resultado primário positivo deve ser resultado da restrição de outros gastos, que não aqueles compreendidos no § 2º do artigo 9º da LRF.

Adotadas as providências para a recondução da dívida ao limite, no período mencionado no *caput* do artigo 31 da LRF (três quadrimestres), é possível que, ainda assim, o ente não obtenha sucesso na sua empreitada e permaneça em patamares superiores ao permitido em relação ao endividamento. Essa situação está disciplinada no § 2º desse mesmo artigo 31, que impõe uma **sanção adicional** ao ente: ficará ele **impedido de receber quaisquer transferências voluntárias** da União ou dos Estados. Essa penalidade soma-se às providências previstas no § 1º, que permanecem aplicáveis durante o período de excesso.

Por fim, a exemplo do que ocorre com as despesas com pessoal e os casos de excesso, a LRF estabelece uma situação excepcional, relativa ao endividamento. Trata-se da verificação de excesso no primeiro quadrimestre do último ano de mandato do Chefe do Poder Executivo. Caso tal ocorra, o § 3º do artigo 31 da LRF determina a aplicação imediata das restrições do § 1º, independentemente de observância do prazo para a recondução. O objetivo, claro, é evitar ou, ao menos, minimizar os efeitos da transferência de dívidas para o próximo governante.

Apresentadas as regras aplicáveis, cumpre analisar como os estados e os municípios têm se comportado em relação a esse tema, à luz da crise fiscal enfrentada nos últimos anos.

Nos termos em que detalhado no item 4.2, os sucessivos déficits primários resultaram no aumento da dívida pública, ainda que tal resultado não contemple o valor total da dívida. Essa relação se dá em razão da insuficiência dos recursos próprios (receitas correntes) para o pagamento das despesas primárias. A saída necessária é a obtenção de receitas via operação de crédito, com o aumento do déficit nominal e, assim, com maior uso da capacidade de endividamento.

Esse fenômeno, porém, não está limitado às contas da União. Com a degradação do cenário econômico, os estados, Distrito Federal e municípios igualmente experimentaram aumento no valor de suas dívidas e, assim, déficit primário. Considerando que os limites e sanções da LRF, na prática, apenas se aplicam a esses entes, já que a União não possui limite fixado para a dívida pública, cumpre analisar a situação atual dos estados e municípios nesse quesito.

Como visto linhas acima e nos termos do artigo 3º da Resolução SF nº 40/2001, o limite global da dívida dos estados, Distrito Federal e municípios é de, respectivamente, duas e 1,2 vezes a receita corrente líquida do ente.

Estudo técnico da Instituição Fiscal Independente, do Senado Federal,[19] analisa o percurso da dívida pública dos estados e os classifica em quatro situações possíveis: endividamento baixo (inferior a 50% da receita corrente líquida), endividamento intermediário (entre 50% e 100% da receita corrente líquida), endividamento alto (superior a 100% e abaixo de 200% da receita corrente líquida) e, por fim, acima do limite legal.[20]

Segundo apurado, nos anos 2000, sete estados haviam extrapolado o limite máximo da dívida, enquanto 17 estados possuíam nível de dívida alto ou acima de 200% da receita corrente líquida e dez estavam com a dívida entre 100% e 200% da receita corrente líquida.

No exercício de 2018, segundo dados do Tesouro Nacional, Rio de Janeiro e Rio Grande do Sul estão com dívidas em patamares superiores ao limite (262,92% e 222,90% da receita corrente líquida, respectivamente), Minas Gerais e São Paulo, com níveis altos (189,03% e 174,45% da receita corrente líquida, respectivamente). Dentre os demais estados, nove estão com nível de endividamento intermediário e 13 com nível baixo e, portanto, inferior a 50% da receita corrente líquida.[21]

Do ponto de vista dos municípios, a situação não é diferente. A maior concentração de municípios que extrapolaram o limite de endividamento (120% da receita corrente líquida) situa-se no Nordeste, com grande concentração na Bahia (26). Nas demais regiões, o número é baixo – entre 5 e 1 municípios com dívidas superiores a esse patamar.[22]

O movimento de recuperação das receitas estaduais e municipais, que se verifica desde 2015,[23] tem auxiliado, também, na melhora do resultado do setor público consolidado.[24] Para tanto, o cumprimento estrito dos limites de endividamento e eventuais sanções, nos termos da LRF, são fundamentais.

---

[19] BARROS, Gabriel Leal. Observatório das Finanças Públicas Estaduais. In: INSTITUIÇÃO FISCAL INDEPENDENTE. *Estudo Especial*, nº 8. Brasília, DF: Senado Federal, 2018. Disponível em: <http://www2.senado.leg.br/bdsf/bitstream/handle/id/551069/EE_08_Observatorio_Estados.pdf>. Acesso em: 13 jun. 2019.

[20] BARROS, Gabriel Leal. *Observatório das Finanças Públicas Estaduais*..., cit.

[21] Para dados detalhados, confira-se: <https://www.tesourotransparente.gov.br/historias/visao-integrada-das-dividas-da-uniao-dos-estados-do-distrito-federal-e-dos-municipios>. Acesso em: 13 jun. 2019.

[22] Ibidem.

[23] "Em nível nacional, os dados revelam que, de 2008 a 2011, o resultado primário estadual mostrou-se bastante vigoroso, tendo encerrado este período em R$ 30 bilhões. De 2012 a 2014, houve uma veloz deterioração, com o resultado primário recuando de R$ 22,3 bilhões em 2012 para apenas R$ 6,2 bilhões em 2013, tornando-se deficitário em 2014 em R$ 17 bilhões. Em 2015 e 2016 houve reversão de déficit para superávit de R$ 13,5 bilhões, em média, tendo ocorrido importante recuo em 2017, para R$ 8,5 bilhões". BARROS, Gabriel Leal. *Observatório das Finanças Públicas Estaduais*..., cit., p. 28.

[24] Nesse sentido: SUPERÁVIT de estados e municípios ajuda as contas públicas. *Folha de S. Paulo*, São Paulo, 30 mar. 2019. Disponível em: <https://www1.folha.uol.com.br/mercado/2019/03/superavit-de-estados-e-municipios-ajuda-as-contas-publicas.shtml>. Acesso em: 13 jun. 2019.

Cap. 4 • ENTRE RECEITAS E DESPESAS: A QUESTÃO DO ENDIVIDAMENTO PÚBLICO | 177

4.3.3 Esquemas – Dívida pública. Limites de endividamento, controle e providências em caso de excesso

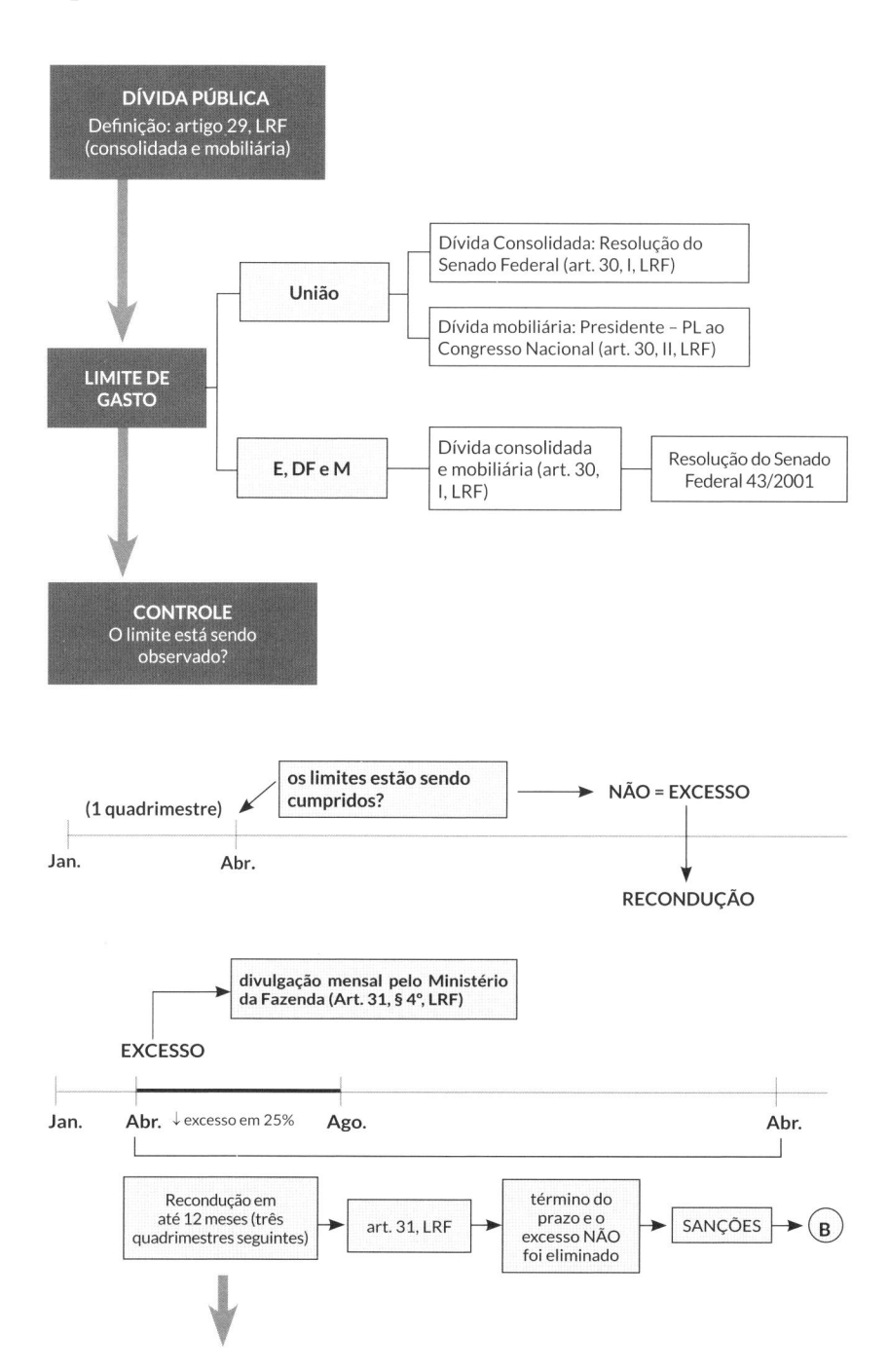

DÍVIDA PÚBLICA
Definição: artigo 29, LRF
(consolidada e mobiliária)

↓

LIMITE DE GASTO

- União
  - Dívida Consolidada: Resolução do Senado Federal (art. 30, I, LRF)
  - Dívida mobiliária: Presidente – PL ao Congresso Nacional (art. 30, II, LRF)
- E, DF e M
  - Dívida consolidada e mobiliária (art. 30, I, LRF) → Resolução do Senado Federal 43/2001

↓

CONTROLE
O limite está sendo observado?

(1 quadrimestre) → os limites estão sendo cumpridos? → NÃO = EXCESSO

Jan. ——— Abr.

↓

RECONDUÇÃO

EXCESSO → divulgação mensal pelo Ministério da Fazenda (Art. 31, § 4º, LRF)

Jan. —— Abr. ↓ excesso em 25% —— Ago. —————————— Abr.

Recondução em até 12 meses (três quadrimestres seguintes) → art. 31, LRF → término do prazo e o excesso NÃO foi eliminado → SANÇÕES → (B)

↓

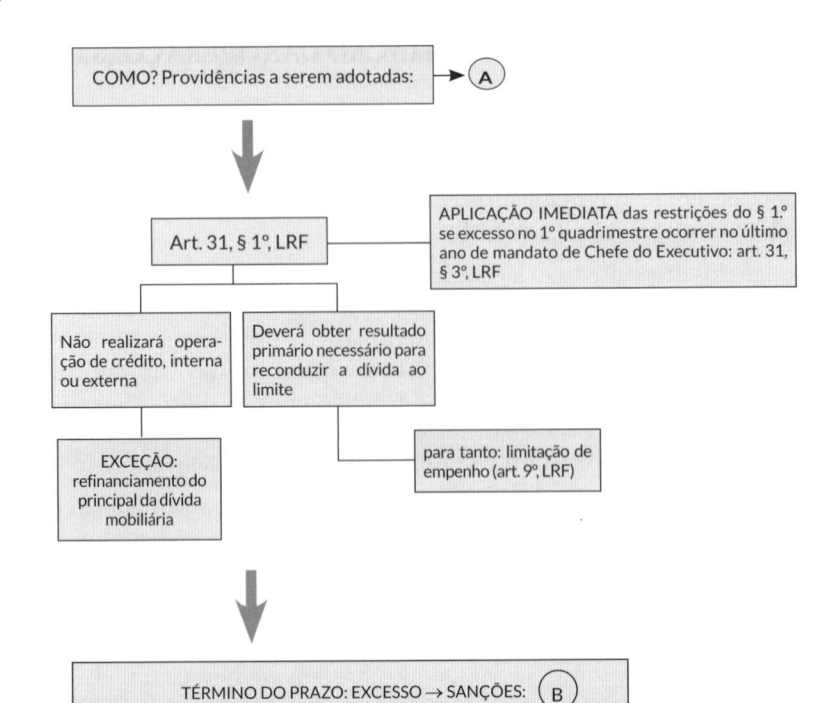

```
                    ┌─────────────────────────────────────┐
                    │ COMO? Providências a serem adotadas:│──▶ (A)
                    └─────────────────────────────────────┘
                                      │
                                      ▼
          ┌──────────────────────┐         ┌──────────────────────────────────────┐
          │  Art. 31, § 1°, LRF  │         │ APLICAÇÃO IMEDIATA das restrições do │
          │                      │         │ § 1.° se excesso no 1° quadrimestre  │
          └──────────────────────┘         │ ocorrer no último ano de mandato de  │
                    │                      │ Chefe do Executivo: art. 31, § 3°,LRF│
         ┌──────────┴──────────┐           └──────────────────────────────────────┘
         ▼                     ▼
┌──────────────────┐  ┌──────────────────┐
│Não realizará ope-│  │Deverá obter re-  │
│ração de crédito, │  │sultado primário  │
│interna ou externa│  │necessário para   │
│                  │  │reconduzir a dívida│
│                  │  │ao limite         │
└──────────────────┘  └──────────────────┘
         │                     │
         ▼                     ▼
┌──────────────────┐  ┌──────────────────┐
│EXCEÇÃO: refinan- │  │para tanto: limi- │
│ciamento do prin- │  │tação de empenho  │
│cipal da dívida   │  │(art. 9°, LRF)    │
│mobiliária        │  │                  │
└──────────────────┘  └──────────────────┘
                                      │
                                      ▼
          ┌───────────────────────────────────────────────────┐
          │ TÉRMINO DO PRAZO: EXCESSO → SANÇÕES:  (B)         │
          │ Não recebimento de transferências voluntárias –   │
          │ art. 31, § 2°, LRF = providências do art. 31, §1°,│
          │ LRF                                               │
          └───────────────────────────────────────────────────┘
```

Informações / Despesa	Despesa com pessoal	Endividamento
Quem controla?	Controle interno	Ministério da Economia
Limite	% da receita corrente líquida Limites globais e específicos na LRF (artigos 19 e 20)	N° de vezes a receita corrente líquida, fixado pelo Senado Federal. Não há limite estabelecido para a União
De quanto em quanto tempo se dá o controle?	A cada quadrimestre	A cada quadrimestre
Excesso? Providências	Recondução nos próximos 2 quadrimestres. Redução de 1/3 do excesso no primeiro **Durante o excesso**: artigo 169, §§ 3° e 4°, da Constituição * cuidado com a redação do artigo 23, §§ 1° e 2°, da LRF **Não reconduziu**: artigo 169, § 2°, da Constituição e artigo 23, § 3°, da LRF	Recondução nos próximos 3 quadrimestres. Redução de 25% do excesso no primeiro **Durante o excesso**: artigo 31, § 1°, da LRF **Não reconduziu**: artigo 31, § 2°, da LRF
Situações excepcionais	• Excesso superior a 95% do limite: artigo 22, parágrafo único, da LRF • Excesso no primeiro quadrimestre do último ano de mandato: artigo 23, § 4°, da LRF	• Excesso no primeiro quadrimestre do último ano de mandato: artigo 31, § 3°, da LRF

4.4 CONDIÇÕES PARA A CONTRATAÇÃO DAS OPERAÇÕES DE CRÉDITO

As operações de crédito são compromissos financeiros firmados pelo Governo, cujo resultado é o endividamento. Para que a assunção de obrigações nesse nível seja possível, a LRF estabelece, em primeiro lugar, as condições que o ente deve observar para tanto, disciplinadas nos artigos 32 e 33 da LRF.

Ao longo dos dispositivos, o legislador estabelece como central a atuação do então denominado Ministério da Fazenda no controle da dívida pública. Contudo, considerando as alterações na organização básica dos órgãos da Presidência da República e dos ministérios realizada pela Lei nº 13.844/2019, com a integração do Ministério da Fazenda no Ministério da Economia, tal papel hoje é exercido por este último. Sendo assim, nas linhas a seguir, faremos referência ao Ministério da Economia, em detrimento da redação literal da LRF, que se fia em estrutura administrativa não mais vigente.

Nos termos da redação do **artigo 32 da LRF**, compete ao **Ministério da Economia** verificar o cumprimento dos limites e condições para a realização das operações de crédito de cada ente da Federação, mesmo que as operações tenham sido realizadas por empresas controladas, direta ou indiretamente.

Ao exercer esse papel, o Ministério da Economia receberá do ente interessado na operação de crédito um pedido, cujo conteúdo abarcará **elementos fáticos**, relativos ao custo/benefício e interesse econômico e social da captação externa de recursos a que se propõe, e **elementos normativos**, previstos nos incisos do § 1º desse mesmo artigo.[25]

Em relação aos elementos fáticos, trata-se, basicamente, de demonstrar que as operações são meios para atingir o interesse público e, mais ainda, a economicidade do endividamento, que se mostra pela consideração da relação entre custo e benefício da assunção de dívidas. Nesse sentido, José Maurício Conti destaca: "a fiscalização quanto à economicidade é aquela que analisa os atos administrativos do ponto de vista econômico, no sentido de verificar se, por ocasião da sua realização, houve adequada observância da relação custo-benefício, de modo que os recursos públicos tenham sido utilizados de forma mais vantajosa e eficiente para o Poder Público".[26]

Quanto aos elementos normativos, no pleito apresentado ao Ministério da Economia, o ente deve demonstrar, em primeiro lugar, a existência de **prévia autorização legislativa** para a contratação da operação de crédito. Essa autorização poderá estar ou na própria LOA, ou em créditos adicionais abertos para essa finalidade, ou em uma lei específica. Essa exigência está prescrita no inciso I do § 1º do artigo 32 da LRF.

O que importa é que a operação de crédito apenas será considerada regular se houver uma lei que a autorize. Essa é uma exigência, inclusive, mais genericamente

---

[25] No *site* do Tesouro Nacional é possível encontrar elementos detalhados para a elaboração do pedido de operação de crédito. Nesse sentido, confira-se o "Manual para a Instrução de Pleitos", disponível em: <https://conteudo.tesouro.gov.br/manuais/index.php?option=com_content&view=categories&id=58&Itemid=274>. Acesso em: 14 jun. 2019.

[26] CONTI, José Maurício. *Direito Financeiro na Constituição de 1988*. São Paulo: Oliveira Mendes, 1998. p. 5.

relacionada com a realização de despesas: **como o endividamento resulta na assunção de mais despesas e toda despesa deve ser autorizada por lei, as operações de crédito não poderiam fugir dessa regra.**

Contudo, não basta a previsão legal da operação e, assim, da despesa futura. É necessário, também, que se demonstre a inclusão da receita que esse endividamento vai gerar no orçamento. Por esse motivo, exceção feita às operações por antecipação de receita, as quais, conforme será visto, já têm seus recursos previstos no orçamento (recursos esses cuja execução somente será "antecipada"), o ente deverá incluir "no orçamento ou em créditos adicionais dos recursos provenientes da operação", nos termos da redação do inciso II do § 1º do artigo 32 da LRF.

Portanto, tem-se que o cumprimento desses dois primeiros requisitos visa a assegurar que o orçamento do ente contemple tanto a despesa quanto a receita proveniente do aumento da dívida pública. **Em ambos os casos, a inclusão deverá ser feita por lei.**

Ainda em relação à receita proveniente da operação de crédito, o inciso V do § 1º do artigo 32 estabelece a necessidade de demonstrar, no pleito apresentado ao Ministério da Economia, a observância do artigo 167, III, da Constituição. Isso significa, reitere-se, que **as receitas geradas pelo endividamento não poderão ser superiores às despesas de capital, previstas na LOA.** Sendo assim, a operação estará autorizada, desde que as receitas dela resultantes não superem o montante previsto de gasto cujo objetivo seja aumentar o patrimônio público, tanto por meio de investimentos quanto pela inversão financeira de bens.

Caso ocorra o excesso quanto às receitas provenientes das operações de crédito, se comparadas às despesas de capital, o ente deverá constituir uma reserva específica na LOA para garantir que a parcela excedente da dívida será paga, com o retorno ao equilíbrio entre endividamento e despesas de capital. Essa exigência decorre do artigo 33, § 4º, da LRF.

Como já mencionado anteriormente, a única exceção a essa paridade entre receitas de operação de crédito e despesas de capital está disposta na parte final do próprio artigo 167, inciso III, da Constituição e se refere aos casos em que a operação tenha sido autorizada por crédito suplementar ou especial, com finalidade precisa, e aprovados pelo Legislativo por maioria absoluta.

É importante ressaltar que o § 3º do artigo 32 prescreve regras sobre a **apuração das despesas de capital** e **receitas decorrentes de operação de crédito** para fins do controle relativo à equivalência entre ambas. Nos termos do dispositivo, serão considerados o total dos recursos ingressados em um dado exercício financeiro por conta do endividamento e o total das despesas de capital nele executadas, ressalvadas, apenas, as despesas de capital que tenham sido realizadas sob a forma de empréstimo ou financiamento a contribuinte, com o objetivo de promover incentivo fiscal.

Para terminar, a LRF ainda exige que o requerimento apresentado ao Ministério da Economia, relativo a uma operação de crédito, demonstre:

(i) o cumprimento dos limites e condições estabelecidos pelo Senado Federal (inciso III);

(ii) a existência de autorização específica, também do Senado Federal, quando se tratar de operação de crédito externa (inciso IV); e

(iii) a observância de todas as demais restrições estabelecidas na LRF, as quais são, basicamente, aquelas relativas às vedações contidas nos artigos 34 a 37 da lei, que serão estudadas mais adiante.

Caso se trate de uma **operação de crédito externa**, a LRF, no § 5º do artigo 32, **proíbe a cláusula compensatória**, que consiste na possibilidade de compensação automática entre créditos e débitos, na hipótese de inadimplência do devedor.

Disso decorre, portanto, a obrigação do credor de seguir os meios usuais de cobrança da dívida, evitando, assim, o deslocamento de verbas para a quitação do débito, sem a previsão legal respectiva. É medida que garante a soberania dos entes da Federação, em relação aos credores internacionais, nas palavras de José Maurício Conti.[27]

Nos últimos anos, houve duas alterações relevantes ao artigo 32.

A primeira delas se deu pela LC 159/2017, que incluiu o § 6º ao artigo 32, que define o **prazo de validade** da verificação dos limites e condições previstas no próprio artigo para a realização de operações de crédito e concessão de garantias pela União. Segundo o dispositivo, tal prazo será de, no mínimo 90 dias e, no máximo de 270, a critério do Ministério da Economia.

A segunda, mais recente, é resultado da LC 178/2021, que acresceu ao dispositivo o § 7º, o qual possibilita alteração da finalidade da operação de crédito realizada por Estados, pelo Distrito Federal e por Municípios, sem que haja a necessidade de nova verificação pelo Ministério da Economia. Para tanto, há uma condição: prévia e expressa autorização em lei, demonstração da relação custo-benefício e interesse econômico e social da operação e, por fim, que não resulte em infração a dispositivos da Lei de Responsabilidade Fiscal.

Em complementação às exigências gerais para a realização de operações de crédito, o **artigo 33 da LRF** ainda estabelece **condições aplicáveis aos casos em que referida operação é contratada com uma instituição financeira**. De acordo com esse dispositivo, há o dever de as próprias instituições fiscalizarem o cumprimento das condições e limites, por parte dos entes contratantes, para a efetivação das operações de crédito.

Na hipótese de descumprimento das normas da LRF, haverá **nulidade dos contratos celebrados**, e essa consequência atinge a instituição financeira e o ente da Federação de formas diversas.

Do ponto de vista da instituição, com o cancelamento do contrato, ela deverá receber, apenas, o valor principal, ficando vedados quaisquer acréscimos decorrentes de juros ou outros encargos financeiros.

Da perspectiva do ente, a devolução dos valores deverá ser realizada no mesmo exercício de ingresso dos recursos e, caso tal não ocorra, deverá ser consignada uma reserva específica na LOA para o exercício seguinte. Enquanto não houver a devolução, o ente ficará sujeito às penalidades previstas no artigo 23, § 3º, da LRF e, assim, não poderá receber transferências voluntárias, contratar operações de crédito ou obter garantia de outro ente.

---

[27] In: MARTINS, Ives Gandra da Silva; NASCIMENTO, Carlos Valder do. *Comentários à Lei de Responsabilidade Fiscal*. São Paulo: Saraiva, 2007. p. 236.

4.4.1 Esquema – Operações com instituições financeiras. Destaques importantes

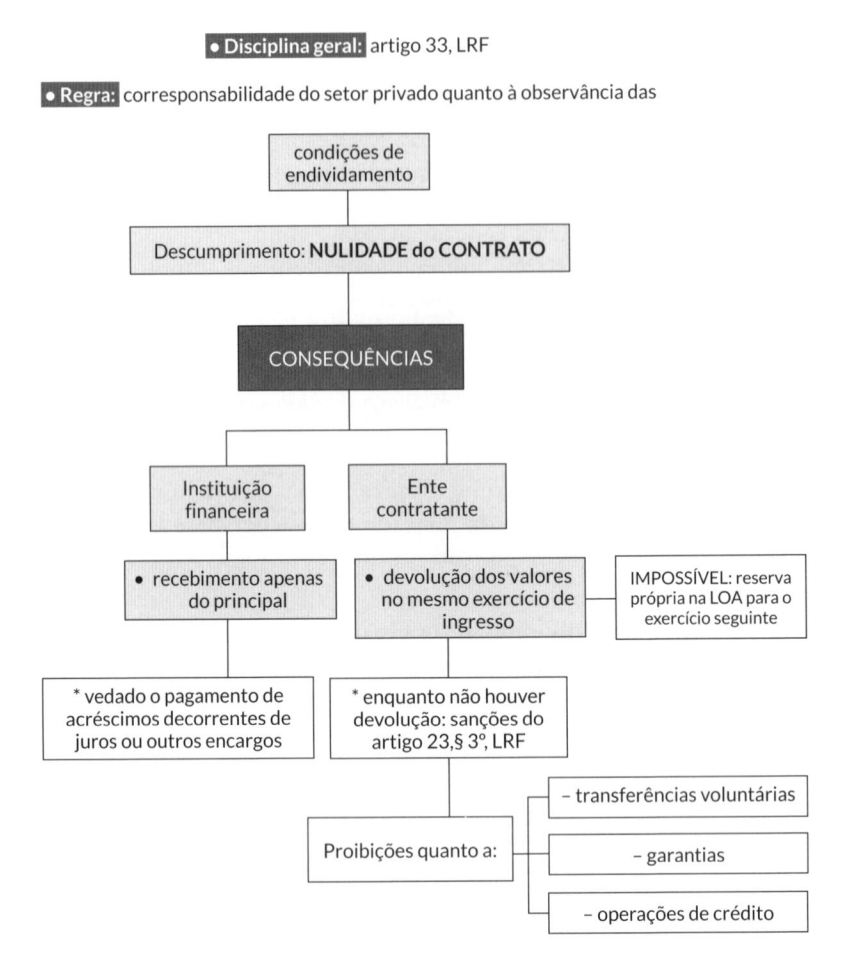

- **Disciplina geral:** artigo 33, LRF
- **Regra:** corresponsabilidade do setor privado quanto à observância das condições de endividamento

Descumprimento: **NULIDADE do CONTRATO**

CONSEQUÊNCIAS

Instituição financeira
- recebimento apenas do principal
  * vedado o pagamento de acréscimos decorrentes de juros ou outros encargos

Ente contratante
- devolução dos valores no mesmo exercício de ingresso
  - IMPOSSÍVEL: reserva própria na LOA para o exercício seguinte
  * enquanto não houver devolução: sanções do artigo 23, § 3º, LRF

Proibições quanto a:
- transferências voluntárias
- garantias
- operações de crédito

4.5 OUTRAS RESTRIÇÕES ÀS OPERAÇÕES DE CRÉDITO: AS VEDAÇÕES DOS ARTIGOS 34 A 37 DA LRF

O artigo 34 da LRF inicia uma subseção dentro do tópico mais geral relativo às operações de crédito, que se soma às condições para a realização de tais operações, disciplinadas nos já vistos artigos 32 e 33 da lei. Trata-se de algumas vedações relativas ao endividamento e, assim, de situações cujos resultados podem levar ao aumento da dívida pública e, eventualmente, a uma tentativa de burlar os limites estabelecidos para tanto.

Em primeiro lugar, o **artigo 34 proíbe a emissão de títulos da dívida pública pelo BACEN a partir de maio de 2002** e, assim, dois anos após a publicação da LRF. O objetivo, de acordo com José Maurício Conti, é controlar mais rigidamente o endividamento público, na medida em que o BACEN deve operar a política monetária apenas com os Títulos do Tesouro Nacional, ficando vedada a emissão de títulos próprios para esse fim.[28]

O **artigo 35**, de seu turno, **proíbe que os entes da Federação realizem operações de crédito entre si**, seja direta ou indiretamente, por intermédio de fundos, autarquias, fundação, empresa estatal dependente ou qualquer entidade da administração indireta. Trata-se, claramente, de uma medida que visa garantir o **equilíbrio federativo**, evitando-se a existência de pendências financeiras entre os entes.

Contudo, o próprio artigo 35, em seus §§ 1º e 2º, estabelece algumas **exceções** a essa regra. A primeira exceção está na realização de operações de crédito entre **instituição financeira estatal e outro ente da Federação**, com a condição de que o empréstimo não se destine a: (i) financiar, direta ou indiretamente, despesas correntes e (ii) refinanciar dívidas não contraídas junto à própria instituição concedente.

O fato de a lei mencionar "outro ente da Federação" indica, claramente, que não é possível o empréstimo entre o ente e a instituição financeira controlada por ele próprio. Essa vedação está, além de implícita na redação do *caput* do artigo 35, expressa no artigo 36, que será visto mais adiante.

Quanto à proibição do financiamento de despesas correntes, o objetivo é impedir que o ente se endivide para pagar despesas de custeio, ou mesmo, mais genericamente, aquelas que devem estar contempladas por receitas correntes, que são as obtidas mediante as atividades ordinárias do Estado. Essa é a chamada **"regra de ouro" da responsabilidade fiscal, cujo conteúdo remonta ao texto constitucional, já repisado em diversas passagens deste livro: o endividamento se justifica para fazer frente às despesas de capital, e não às despesas usuais e corriqueiras do ente da Federação, as quais devem ser financiadas por receitas próprias.**

De outro lado, a vedação relativa ao refinanciamento de dívidas não contraídas junto à instituição que concede o empréstimo quer limitar a rolagem da dívida pública pela assunção de novas obrigações para pagar uma pendência já existente. Isso somente é possível se referida pendência tiver sido contraída perante a própria instituição financeira – nesse caso, ainda que haja o refinanciamento, este se dará em face do mesmo credor, que poderá consolidar a dívida, ao invés de gerar uma nova.

Finalmente, o § 2º do artigo 35 prescreve que a proibição contida no *caput* "não impede Estados e Municípios de comprar títulos da dívida da União como aplicação de suas disponibilidades". Não se trata, propriamente, de uma exceção à regra, mas sim de uma situação em que a proibição simplesmente não se aplica, já que não estamos diante de uma operação de crédito *stricto sensu*, mas sim de uma **opção de investimento** exercida pelo ente da Federação: a aquisição de títulos da dívida pública da União.

Nesse sentido, José Maurício Conti destaca que "a vedação total importaria em impedir Estados e Municípios de aplicar os recursos que eventualmente excedessem as despesas, ainda que temporariamente, obrigando-os à aquisição de ativos reais, como

---

[28] In: MARTINS, Ives Gandra da Silva; NASCIMENTO, Carlos Valder do. *Comentários à Lei de Responsabilidade Fiscal*. São Paulo: Saraiva, 2007. p. 242.

imóveis, ouro etc., os quais no mais das vezes não têm a mesma rentabilidade e liquidez dos títulos da dívida, o que acabaria por prejudicar o próprio Poder Público".[29]

Por isso, **nos casos em que um Estado adquire títulos da dívida pública da União, não se tem o endividamento da União perante o Estado, mas sim uma opção por um dado investimento financeiro, como qualquer outro.**

O artigo 35 da LRF foi questionado perante o Supremo Tribunal Federal na ADI 2250, sob a alegação de ofensa ao princípio federativo. Argumentou-se que a União não poderia dispor acerca da autonomia dos entes para realizar operações de crédito que seriam de seu interesse exclusivo.

O Supremo Tribunal Federal, contudo, rejeitou referida arguição, com fundamento no artigo 165, § 9º, inciso II, da Constituição, que confere competência à União para que, por meio de lei complementar, discipline as normas de gestão financeira, aplicáveis a todos os entes da Federação. Segundo a ementa do julgado:

> O art. 35 da LRF tem a missão de coibir o endividamento gerado a partir de operações internas entre entes da Federação, dados os riscos deste tipo de avença para o equilíbrio das contas públicas. A vedação por ele estabelecida, embora ampla, não é excessiva, uma vez que visa à contenção de quadro de endividamento crônico, cujos impactos sobre a harmonia federativa são sensivelmente relevantes.[30]

O **artigo 36**, já mencionado, complementa o artigo 35, ao determinar a proibição de operações de créditos entre "instituição financeira estatal e o ente da Federação que a controle, na qualidade de beneficiário do empréstimo". Portanto, nos termos do artigo 35, o endividamento apenas é possível se estivermos diante de uma instituição financeira desvinculada do ente da Federação e, portanto, não controlada por ele.

Na mesma linha da ressalva contida no § 2º do artigo 35 quanto à possibilidade de aquisição de títulos da dívida pública com fins de investimento, o artigo 36, em seu parágrafo único, destaca que a instituição financeira estatal não está impedida de adquirir títulos da dívida pública, seja para investimento de clientes ou de recursos próprios.

Por fim, o **artigo 37** enumera **casos em que há operações equiparadas àquelas de crédito** e, ao assim fazer, limita ainda mais as possibilidades de endividamento do Estado.

A primeira operação vedada é aquela relativa à "captação de recursos a título de antecipação de receita de tributo cujo fato gerador ainda não tenha ocorrido, sem prejuízo do disposto no § 7º do artigo 150 da Constituição". A pretensão do legislador foi a de **proibir operações de endividamento que tenham por lastro receitas tributárias ainda não realizadas, tendo-se em vista a não ocorrência dos fatos geradores respectivos**. As receitas tributárias apenas poderão fazer frente a uma operação de crédito caso a estimativa prevista na LOA tenha, efetivamente, se concretizado, e tal pode ser aferido pela realização do fato jurídico que resulta na incidência tributária e, assim, no dever do sujeito passivo de recolher o tributo.

---

[29] In: MARTINS, Ives Gandra da Silva; NASCIMENTO, Carlos Valder do. *Comentários à Lei de Responsabilidade Fiscal.* São Paulo: Saraiva, 2007. p. 245.

[30] ADI 2250, Relator Alexandre de Moraes, Tribunal Pleno, julgado em 21/08/2019.

Contudo, a parte final do inciso I do artigo 37 contém uma ressalva: o legislador, ao mesmo tempo em que proíbe operações de crédito que visem antecipar receitas de tributos cujos fatos geradores sequer ocorreram, **não veda** a prática de **substituição tributária**, prevista no artigo 150, § 7º, da Constituição, confira-se:

> § 7º A lei poderá atribuir a sujeito passivo de obrigação tributária a condição de responsável pelo pagamento de imposto ou contribuição, cujo fato gerador deva ocorrer posteriormente, assegurada a imediata e preferencial restituição da quantia paga, caso não se realize o fato gerador presumido.

O dispositivo acima transcrito foi incluído no texto constitucional pela Emenda Constitucional nº 3/1993 para possibilitar a atribuição de responsabilidade pelo pagamento de imposto ou contribuição a terceiro, de modo que houvesse uma antecipação da quantia devida futuramente. O objetivo geral é concentrar a arrecadação no início da cadeia produtiva, assegurando maiores níveis de cumprimento da norma tributária. Do ponto de vista técnico, a substituição tributária é forma de atribuição de responsabilidade tributária a terceiro.

Por ocasião da promulgação da EC 3/1993, houve o questionamento do instituto perante o Supremo Tribunal Federal, sob o argumento de que a exigência do tributo antes mesmo da prática do fato que geraria a incidência tributária seria inconstitucional. Essa alegação foi afastada pela Corte,[31] que entendeu tratar-se não de incidência antecipada, mas de mero deslocamento do dever de pagar para o responsável, uma vez que ele realize a saída do bem no início da cadeia.

Não se trata, assim, de hipótese que resulta em endividamento do ente, mas método de atribuição de responsabilidade tributária. Ao estabelecer a ressalva quanto à substituição tributária, **a LRF diferenciou as operações por antecipação de receita cuja origem seja tributária da substituição tributária em si, que em nada se relaciona com o direito financeiro ou assunção de dívidas.**

Portanto, mesmo sendo vedada a captação de recursos por antecipação de receita tributária, que tenha por base tributos cujos fatos geradores ainda não tenham ocorrido, isso não se confunde com a técnica de substituição, prevista na Constituição. De um lado, fala-se em endividamento, tendo-se em vista receitas ainda não realizadas, e, de outro, de tributação concentrada no início da cadeia produtiva ou de consumo.

Prosseguindo-se na análise do dispositivo, o **inciso II** proíbe o "recebimento antecipado de valores de empresa em que o Poder Público detenha, direta ou indiretamente, a maioria do capital social com direito a voto, salvo lucros e dividendos, na forma da legislação". O objetivo, nesse caso, é **evitar que o ente realize empréstimos disfarçados e, assim, burle os limites e condições para a realização de operações de crédito.**

O **inciso III**, de seu turno, veda a "assunção direta de compromisso, confissão de dívida ou operação assemelhada, com fornecedor de bens, mercadorias ou serviços,

---

[31] RE 213696 AgR, Relator(a): Min. Carlos Velloso, Tribunal Pleno, julgamento em 26/11/1997, *DJ* 06/02/1998 pp-00073 Ement vol-01897-17 pp-03649.

mediante emissão, aceite ou aval de título de crédito, não se aplicando esta vedação a empresas estatais dependentes".

O motivo da proibição é bastante simples: **como os bens públicos não podem ser penhorados, não faz sentido a utilização de títulos de créditos como garantia de empréstimos ou operações de dívida.**

De outro lado, essa mesma vedação não se aplica às empresas estatais dependentes, que se submetem ao regime de direito privado nas suas negociações e, portanto, não possuem limitações quanto à ocorrência de penhoras sobre seus bens.

Finalmente, o **inciso IV** impede a "assunção de obrigação, sem autorização orçamentária, com fornecedores para pagamento *a posteriori* de bens e serviços".

Essa vedação está em consonância, em primeiro lugar, com o princípio de que toda despesa pública deve estar autorizada em lei e, de forma mais específica, prevista no orçamento.

De outro lado, **visa evitar uma modalidade possível de endividamento, que é aquele em que o ente assume obrigações para pagamento posterior**. Novamente, trata-se de limitar a dívida pública e garantir a observância estrita dos limites para tanto.

A interpretação e extensão dos artigos da LRF ora tratados esteve no centro do debate acerca do *impeachment* da Presidente Dilma Rousseff. Nesse contexto, surge o termo "pedalada fiscal" e alegações de empréstimos entre a União e bancos públicos – conduta vedada pela LRF. O próximo item se ocupará de conectar tais fatos com os dispositivos da lei, de modo a apresentar um retrato das alegações em torno da gestão de recursos públicos na gestão Dilma.

4.6 PEDALADAS FISCAIS NO PROCESSO DE *IMPEACHMENT* DE DILMA ROUSSEFF: ARTIGOS 35 E 36 DA LRF

Conforme mencionado linhas acima, o artigo 35 LRF impede a realização de operações de crédito entre os entes da Federação, de modo a assegurar a manutenção do equilíbrio federativo. O artigo 36, de seu turno, complementa tal vedação ao proibir o empréstimo entre o ente e a instituição controlada por ele próprio. Eventual operação de crédito com instituição financeira estatal somente seria regular na hipótese de ser realizada com ente distinto daquele que a controla, conforme se depreende do *caput* do artigo 36 e do § 1º do artigo 35 da LRF.

Nos capítulos anteriores, tratamos de uma das razões jurídicas que resultaram no afastamento da Presidente Dilma Rousseff: a abertura de créditos suplementares sem previsão legal. O outro motivo que fundamentou o pedido de *impeachment* relaciona-se com o tema objeto deste item: aquilo que ficou conhecido como a prática de "pedaladas fiscais".

A prática envolvia os repasses do Tesouro Nacional a bancos públicos que possuíam contratos com a União, para pagamento de determinados benefícios sociais e previdenciários aos cidadãos. Considerando que o benefício é pago pela União, naturalmente que a origem dos recursos para pagamento deve ser do Tesouro Nacional. No entanto, no período compreendido entre 2013 a 2015, o Tesouro começou a atrasar os repasses para os bancos de forma sistemática. Não obstante isso, os beneficiários seguiram recebendo os valores, porque os bancos assumiram, como recursos próprios, os pagamentos dos valores.

O resultado era um superávit artificial nas contas do governo, que era, ao fim e ao cabo, financiado pelos bancos públicos. A tese do governo era a de que se tratava de mero inadimplemento contratual, sem que houvesse qualquer ofensa à Lei de Responsabilidade Fiscal. Tais alegações eram sustentadas, principalmente, pelo fato de que estados e presidentes anteriores adotavam com frequência a mesma prática, sem que nunca se tenha cogitado de crime de responsabilidade fiscal.

Prevaleceu, no entanto, a compreensão de que o volume e frequência dos atrasos configurariam verdadeiras operações de crédito entre União e bancos por ela controlados, em patente desrespeito aos artigos 35 e 36 da LRF. Confiram-se, nesse sentido, alguns trechos do Parecer do TCU, que embasou o pedido de *impeachment*:[32]

> Em 31/12/2014 a União devia ao Banco do Brasil R$ 8,3 bilhões em débitos vencidos decorrentes do Plano Safra e R$ 20,3 bilhões em dívida igualmente vencida junto ao BNDES, decorrente do Plano de Sustentação do Investimento. Apesar de terem sido pagos alguns valores no decorrer do exercício, apenas em dezembro de 2015 as dívidas foram integralmente quitadas. Desse modo, ao longo de praticamente todo o exercício a União se financiou junto aos bancos públicos. [...]
>
> Tal conduta afronta o art. 36 da LRF, à medida que caracteriza claro abuso do poder de controlador sobre a entidade financeira controlada, atingindo, pois, o núcleo das proibições que a lei se propôs vedar, isto é, atingindo o bem jurídico tutelado pela norma.

Essas condutas, que ficaram conhecidas como "pedaladas fiscais", ao lado da abertura de créditos suplementares sem autorização legal (já tratadas anteriormente), deram causa ao *impeachment* da Presidente Dilma Rousseff. A despeito da precisão técnica, é evidente que o *impeachment* é um julgamento no qual as razões políticas prevalecem sobre as jurídicas – tanto assim que, reitere-se, "pedaladas" praticadas por governantes anteriores jamais deram causa a processos dessa natureza[33].

4.7 AS MODALIDADES DE OPERAÇÕES DE CRÉDITO: EMISSÃO DE TÍTULOS DA DÍVIDA PÚBLICA E ANTECIPAÇÃO DE RECEITA ORÇAMENTÁRIA

Dentre as formas possíveis de endividamento, que envolvem desde a realização de contratos de arrendamento mercantil até compromissos financeiros assumidos em razão de mútuo, cumpre destacar as duas que suscitam maiores debates: a **emissão de títulos da dívida pública** e as **operações de crédito por Antecipação de Receita Orçamentária (ARO)**.

Para que este capítulo fique completo, com a análise de todas as discussões relacionadas à dívida pública e modalidades respectivas, cumpre discorrer sobre cada uma dessas hipóteses.

---

[32] BRASIL. Tribunal de Contas da União. Contas do Governo – Exercício 2015. Irregularidades apresentadas na CG 2015-2. Disponível em: <https://portal.tcu.gov.br/contas/contas-do-governo-da-republica/contas-do-governo-exercicio-2015.htm>. Acesso em: 14 jun. 2019.

[33] Sobre o tema, confira-se: MAFEI, Rafael. *Como remover um presidente. Teoria, história e prática do impeachment no Brasil*. São Paulo: Zahar, 2021. Capítulo 05.

4.7.1 Emissão de títulos da dívida pública

A **emissão de títulos da dívida pública**, como já mencionado, gera a dívida pública mobiliária e consiste na **emissão de títulos financeiros pelos entes da Federação com o objetivo de captar recursos externos**. Ao emiti-los, o ente fica obrigado a honrar com o valor do título – que pode flutuar de acordo com as variações do mercado ou não, a depender da lei que o institua – além do pagamento de juros durante todo o período em que o adquirente detiver o título.

Trata-se de um método de endividamento, na medida em que gera para o Estado, a um só tempo, receita, pela captação externa de recursos, e despesa, relativa ao valor do título, somado aos juros devidos. Também como já visto, **todas as questões relativas aos limites e condições para o endividamento se aplicam na emissão dos títulos da dívida pública**. Atualmente, o Decreto nº 9.292/2018 estabelece as características dos títulos da dívida pública mobiliária federal interna.

Os grandes detentores desses títulos são fundos de investimento e instituições financeiras; essas instituições respondem por 47,7% dos credores da dívida mobiliária federal interna.[34] Apesar disso, nos últimos anos, o governo federal tem envidado esforços na divulgação da possibilidade de os particulares realizarem operações de crédito com a União, via Tesouro Nacional, como modalidade possível de investimento. Dados recentes apontam a existência de 786 mil investidores com saldo em 2018, número 39% maior do que o de 2017.[35]

Uma vez que todas as questões relativas aos limites e condições da dívida pública foram tratadas nos itens precedentes, nesse momento, os pontos importantes que devem ser destacados acerca dessa modalidade de endividamento estão mais diretamente relacionados com o direito tributário do que com o direito financeiro. Há duas questões que devem ser enfrentadas, quais sejam: (i) a possibilidade de pagamento de tributos com títulos da dívida pública e (ii) o oferecimento desses títulos como garantia em processo de execução fiscal.

(i) Pagamentos de tributos com títulos da dívida pública

A indagação sobre a possibilidade de pagamento de tributos com títulos da dívida pública atrai a necessidade de se refletir sobre as hipóteses de extinção da relação jurídica tributária, previstas no artigo 156 do CTN.

Apenas para fins de contextualização do debate, destaque-se que a relação jurídica tributária é o vínculo obrigacional que se forma entre sujeito passivo (cidadão) e sujeito ativo (ente da Federação), em razão da prática de um comportamento, pelo particular, que, segundo a lei, atrai a incidência tributária, e cujo objeto é o tributo.[36]

---

[34] Dados de abril de 2019. Cf. BRASIL. Tesouro Nacional. A dívida em grandes números. Disponível em: <https://www.tesouro.fazenda.gov.br/a-divida-em-grandes-numeros>. Acesso em: 14 jun. 2019.

[35] Cf. BRASIL. Ministério da Economia, Secretaria Especial de Fazenda, Secretaria do Tesouro Nacional. *Dívida Pública Federal*: Relatório Anual 2018. Brasília: Secretaria do Tesouro Nacional, 2019. n. 16. Disponível em: <http://www.tesouro.gov.br/documents/10180/269444/RAD_2019.pdf/85c6fb46-144a-4c26-88f2-6b15e4098744>. Acesso em: 14 jun. 2019.

[36] Sobre o tema, confira-se: CARVALHO, Paulo de Barros. *Curso*..., cit.

O artigo 156 do CTN enumera, em seus incisos, onze hipóteses de extinção da relação jurídica tributária. Interessa ao presente caso a redação do inciso II, que prevê a compensação como modalidade de extinção. Tal instituto está disciplinado nos artigos 170 e 170-A do Código, cujo teor é o seguinte:

> Art. 170. A lei pode, nas condições e sob as garantias que estipular, ou cuja estipulação em cada caso atribuir à autoridade administrativa, autorizar a compensação de créditos tributários com créditos líquidos e certos, vencidos ou vincendos, do sujeito passivo contra a Fazenda pública.
>
> Parágrafo único. Sendo vincendo o crédito do sujeito passivo, a lei determinará, para os efeitos deste artigo, a apuração do seu montante, não podendo, porém, cominar redução maior que a correspondente ao juro de 1% (um por cento) ao mês pelo tempo a decorrer entre a data da compensação e a do vencimento.
>
> Art. 170-A. É vedada a compensação mediante o aproveitamento de tributo, objeto de contestação judicial pelo sujeito passivo, antes do trânsito em julgado da respectiva decisão judicial.

A compensação tributária, em linhas gerais, ocorre em razão do encontro de contas entre a Administração e o sujeito passivo, na hipótese em que ambos são credores e devedores mútuos. A situação mais comum é aquela em que o sujeito passivo obteve a declaração judicial de seu direito de restituir um dado tributo e se utiliza de tal crédito para quitar outra dívida tributária que mantinha com o mesmo ente.

Aplicando-se tal lógica aos títulos da dívida pública, o cidadão que os adquire via Tesouro Direto é, naturalmente, credor da União, tanto em relação aos juros indexados ao título e pagos periodicamente quanto ao seu valor nominal. Trata-se, sem dúvidas, de crédito que possui perante a União, a qual, por sua vez, figura como devedora nessa relação jurídica. Sendo esse o caso, seria possível que tal cidadão, devedor de um determinado tributo federal, utilizasse os valores que seriam recebidos por conta da operação de crédito realizada com a União para quitar os débitos tributários? Ou seja, seria cabível a compensação tributária nesse caso?

A resposta é simples e decorre da redação do artigo 170 do CTN. Segundo o dispositivo, há dois pressupostos para que a compensação tributária seja possível. Inicialmente, o sujeito passivo deve possuir, perante a Administração, um crédito líquido e certo, que deva ser compensado com um débito, vencido ou vincendo. Dessa forma, haveria um encontro de contas entre Administração e contribuinte. Essa condição parece estar cumprida no exemplo acima.

Contudo, a simples existência de créditos e débitos não assegura a possibilidade de compensação. É preciso, também, que haja **previsão legal específica** que a autorize e, ao mesmo tempo, estabeleça sob quais condições e eventuais garantias tal compensação poderá ser realizada. Presentes esses dois pressupostos, a compensação seria plenamente cabível.

Nesse sentido, mencione-se o Decreto nº 578/1992, que permite a utilização de Títulos da Dívida Agrária para o pagamento de até 50% do Imposto sobre a Propriedade Predial Rural, o ITR. Além disso, o artigo 6º da Lei nº 10.179/2001 também permite a utilização de títulos da dívida pública para a quitação de qualquer tributo federal, após a data de seus vencimentos.

Portanto, em teoria, é possível a compensação de tributos com títulos da dívida pública. Porém, tal possibilidade está absolutamente condicionada à existência de lei que a autorize, não decorrendo, de forma automática, do CTN. Assim como, atualmente, há hipóteses previstas em lei e destacadas no parágrafo acima, é possível a revogação desses dispositivos sem que haja qualquer ofensa ao direito dos contribuintes. A compensação é, em certa medida, prerrogativa da Administração, que deverá, sempre, estar disciplinada por lei específica.

(ii) Títulos da dívida pública como garantia ao crédito tributário

Quanto à segunda questão, o tema envolve elementos de processo tributário.

A Lei nº 6.830/1980 disciplina o processo de execução fiscal de dívidas tributárias e não tributárias e, nesse contexto, estabelece, em seu artigo 11, quais garantias podem ser oferecidas pelo executado, com vistas à discussão de mérito do débito objeto da ação. Sendo os títulos da dívida pública representativos de um direito que o particular possui perante o Estado, seria razoável defender a possibilidade de disposição de tais títulos para fins de garantir dívidas em fase de execução.

A redação do artigo 11 estabelece uma ordem preferencial de bens a serem penhorados, e o inciso II contempla os títulos da dívida pública "que tenham cotação em bolsa", confira-se:

> Art. 11. A penhora ou arresto de bens obedecerá à seguinte ordem:
> I – dinheiro;
> II – título da dívida pública, bem como título de crédito, que tenham cotação em bolsa;
> III – pedras e metais preciosos;
> IV – imóveis;
> V – navios e aeronaves;
> VI – veículos;
> VII – móveis ou semoventes; e
> VIII – direitos e ações.

O rol acima previsto, a despeito de exaustivo e limitador dos títulos com cotação em bolsa como os únicos passíveis de serem oferecidos como garantias em execução fiscal (inciso II), ainda dá margem para a expansão para outros títulos. O fundamento, nesse caso, seria o inciso VIII, que prevê "direitos e ações".

Conforme amplamente visto, a aquisição de títulos da dívida pública gera para os adquirentes (credores) um direito quanto ao recebimento de determinados valores. Tanto assim que, havendo previsão legal, podem utilizar tais créditos para o pagamento de tributos. Sendo assim, não vemos impedimentos de os títulos da dívida pública sem cotação em bolsa serem apresentados como garantias, com fundamento no inciso VIII do artigo 11 da Lei nº 6.830/1980. Isso, claro, eliminados os outros bens passíveis de penhora, e que se situam, na ordem de preferência, antes desses.

O artigo 835 do Código de Processo Civil aprovado em 2015 (Lei nº 13.105/2015) também possibilita essa interpretação, ao prever como passíveis de penhora em processo executivo, no inciso II, os títulos da dívida pública da União, estados e Distrito Federal, com cotação em mercado e, no inciso XIII, outros direitos, sem qualquer limitação.

Passemos, agora, para a análise da segunda modalidade de operação de crédito com disciplina normativa relevante: a antecipação de receita orçamentária.

4.7.2 Antecipação de receita orçamentária

Ao lado dessa modalidade de operação de crédito, devem-se destacar as operações por **antecipação de receita orçamentária**, também conhecidas como AROs. Referidas operações estão disciplinadas no artigo 38 da LRF e têm por objetivo, nos termos do *caput*, "atender insuficiência de caixa durante o exercício financeiro".

Deve-se destacar que, diferente da emissão de títulos da dívida pública, as AROs são entendidas como operações extraorçamentárias porque não autorizam novos gastos no orçamento; seu objetivo é gerar recursos imediatos para despesas já previstas. Sobre o tema, a manifestação do TCU é ilustrativa:[37]

> Por sua vez, de natureza não (ou extra) orçamentária – também conhecidas como operações por antecipação de receita orçamentária (ARO) – são as operações de crédito realizadas para cobrir uma insuficiência momentânea de caixa. Em outras palavras, a contratação de referida operação de crédito não é feita para autorizar novos gastos no orçamento, mas para gerar recursos financeiros que possam ser utilizados no pagamento, imediato, de dispêndios de responsabilidade do ente federado.

Trata-se, então, de **realizar uma operação de crédito cujo lastro seja uma receita futura, ainda não concretizada, mas prevista no orçamento**. O endividamento se justifica porque a receita até então obtida não foi suficiente para fazer frente às despesas assumidas pelo Estado. Daí, portanto, a necessidade de "antecipar" uma receita futura e corrigir a ausência de recursos orçamentários para gastos já previstos.

Ainda nos termos do artigo 38, uma operação desse tipo deve observar, em primeiro lugar, as regras gerais para a assunção de dívidas, previstas no artigo 32 da LRF, estudado linhas acima. Além disso, devem-se observar, também, as prescrições contidas nos incisos do artigo 38.

Os incisos I e II determinam que **a ARO somente pode ser realizada a partir do décimo dia do início do exercício e deve ser liquidada, inclusive com juros e encargos, até o dia dez de dezembro de cada ano**. Essa exigência tem por objetivo garantir que as dívidas assumidas em função da antecipação de receitas sejam quitadas no mesmo exercício, evitando-se, assim, a transferência de débitos para o próximo exercício, medida que limita o endividamento.

Ademais, o § 1º do próprio artigo 38 determina que, na hipótese de liquidação da ARO até o dia dez de dezembro do exercício, as operações não serão computadas para fins de verificação do cumprimento do artigo 167, inciso III, da Constituição, que proíbe que as receitas provenientes de endividamento sejam superiores às despesas de capital. Mais um incentivo, então, para o encerramento do exercício sem a pendência financeira veiculada pela ARO.

---

[37] Acórdão 2461/2015, Relator Ministro Augusto Nardes, Plenário, julgamento em 07/10/2015.

De outro lado, nos termos do inciso IV, a operação estará **proibida** enquanto houver ARO anterior não integralmente quitada ou, então, quando se tratar do último ano de mandato do Chefe do Poder Executivo. Em ambos os casos, novamente, o legislador pretendeu controlar ainda mais o endividamento, pelo estabelecimento de regras que limitam temporalmente a possibilidade de captação externa de recursos.

Sobre a impossibilidade de ARO no último ano de mandato do Chefe do Executivo, quer-se, também, evitar a transferência de dívidas para o próximo governante, a exemplo do que ocorre com as despesas de pessoal, cujo aumento está vedado nos 180 dias que antecedem o final de mandato de chefe de órgão ou poder.

Uma última exigência está no inciso III do artigo 38 e se refere à incidência de juros e encargos nessas operações de crédito: segundo o dispositivo, deverão estar obrigatoriamente prefixados ou indexados à taxa básica financeira, sob pena de a operação não ser autorizada.

Pois bem, uma vez satisfeitas todas as condições previstas nos artigos 32 e 38 da LRF, o BACEN irá promover um **"processo competitivo eletrônico"** entre diversas instituições financeiras para eleger a vencedora, conforme determina o § 2º do artigo 38.

De outro lado, nos termos do § 3º desse artigo, o BACEN ainda irá acompanhar o cumprimento das condições relativas às operações de crédito. Na hipótese de descumprimento dos limites e/ou condições, haverá a aplicação de **sanções** à instituição financeira – tais como o cancelamento da operação e a devolução do principal sem quaisquer encargos, segundo o artigo 33 da LRF, já estudado.

4.8 AS GARANTIAS NAS OPERAÇÕES DE CRÉDITO

A LRF prevê a possibilidade de os entes concederem garantias em operações de crédito internas ou externas. **Trata-se de conferir ao credor maior segurança quanto ao pagamento dos valores objeto de empréstimo.**

Como a garantia faz parte do processo de endividamento e, assim, da captação externa de recursos, o artigo 40, que disciplina esse instituto, vincula a concessão não apenas ao cumprimento das condições gerais previstas no artigo 32, mas, também, à observância dos limites e condições fixados pelo Senado Federal, além das normas emitidas pelo Ministério da Economia sobre a classificação da capacidade de pagamento dos mutuários. Segundo determina o § 5º do artigo 40, **a garantia concedida acima dos limites estabelecidos pelo Senado Federal será nula.**

A garantia, genericamente considerada e nos termos da definição do artigo 29, inciso IV, da LRF, é um "compromisso de adimplência de obrigação financeira ou contratual assumida por ente da Federação ou entidade a ele vinculada". É, portanto, nas palavras de Misabel Derzi, "qualquer *caução* destinada a conferir segurança ao pagamento".[38]

Contudo, é possível que a **garantia seja oferecida por outro ente da Federação**, e não propriamente aquele que assumiu o empréstimo na condição de devedor. Nesse caso, o § 1º do artigo 40 da LRF determina que o ente devedor preste àquele garantidor

---

[38] In: MARTINS, Ives Gandra da Silva; NASCIMENTO, Carlos Valder do. *Comentários à Lei de Responsabilidade Fiscal.* São Paulo: Saraiva, 2007. p. 258.

uma **contragarantia**, que, segundo Misabel Derzi, é "qualquer caução contraprestada pelo devedor ao garantidor, terceiro estranho ao vínculo obrigacional que lhe garantiu o pagamento".[39]

Para que haja a contragarantia e, assim, a possibilidade de outro ente assegurar o adimplemento da operação de crédito, algumas outras condições devem ser observadas, nos termos do § 1º do artigo 40.

Em primeiro lugar, frise-se que **não haverá contragarantia exigida de órgãos e entidades do próprio ente**. Aquele que recebe a contragarantia deve ser estranho à relação jurídica que se estabelece por conta do empréstimo.

Além disso, a contragarantia deve ser prestada em valor igual ou superior ao da garantia concedida pelo terceiro, e esta garantia apenas será prestada se o ente devedor estiver em dia com suas obrigações perante o garantidor e as entidades por ele controladas.

De outro lado, caso se trate de operação de crédito junto a organismo financeiro internacional ou a instituição federal de crédito e fomento para o repasse de recursos externos, a garantia a ser prestada pela União está condicionada, além do cumprimento dos requisitos do § 1º do artigo 40, às exigências legais para o recebimento de transferências voluntárias, tais como a observância do limite de gastos com pessoal e com a dívida pública, a criação e disciplina de todos os impostos de competência do ente, dentre outros requisitos previstos na LRF. Essa determinação está disposta no artigo 40, § 2º.

Observadas as condições, a garantia será prestada por outro ente da Federação, que, por sua vez, receberá uma contragarantia. Diante disso, cumpre indagar: **no que consiste, materialmente, essa contragarantia?** O que um ente da Federação pode oferecer a outro como forma de prestar uma caução ao pagamento de uma dívida, assumida perante um terceiro?

A resposta a essas questões está no inciso II do § 1º do artigo 40. De acordo com esse dispositivo, "a contragarantia exigida pela União a Estado ou Município, ou pelos Estados aos Municípios, poderá consistir na vinculação de receitas tributárias diretamente arrecadadas e provenientes de transferências constitucionais, com outorga de poderes ao garantidor para retê-las e empregar o respectivo valor na liquidação da dívida vencida".

Ou seja: o ente poderá oferecer as receitas tributárias advindas do exercício de sua competência tributária, que se qualificam como receitas derivadas, ou mesmo aquelas receitas que, apesar de terem origem tributária, chegam aos seus cofres por meio de transferências constitucionalmente previstas, em razão da repartição da arrecadação tributária. Nesse caso, seriam classificadas como receitas transferidas.

Seria possível questionar a validade dessa limitação, na medida em que as receitas tributárias (próprias ou não) não podem ser objeto de penhora ou expropriação. Contudo, a própria Constituição, em dois de seus dispositivos, estabelece autorização nesse sentido, especialmente vinculada à concessão de garantias e contragarantias.

Em primeiro lugar, o **artigo 160, *caput*, da Constituição**, estabelece como regra a vedação à retenção ou qualquer restrição à entrega ou emprego dos recursos provenientes da repartição da arrecadação tributária entre União, Estados, Distrito Federal e

---

[39] Ibidem, p. 285.

Municípios. Porém, o parágrafo único prevê exceções a essa regra. No que interessa ao presente tema, destaque-se o fato de a União e os Estados poderem condicionar a entrega das receitas transferidas ao pagamento de seus créditos, inclusive de suas autarquias.

De outro lado, o **artigo 167, inciso IV, da Constituição** igualmente veda a vinculação das receitas de impostos a qualquer fundo, órgão ou despesa, ressalva feita, dentre outras, à prestação de garantias em operações por antecipação de receita (AROs), à prestação de garantia ou contragarantia à União, ao pagamento de débitos perante esta. Tais exceções estão previstas, respectivamente, na parte final do artigo 167, inciso IV, e no § 4º desse mesmo artigo.

Portanto, **ainda que a retenção ou expropriação de receitas tributárias possa representar sérios danos ao ente da Federação**, que terá limitada grande parte de sua autonomia financeira, nos termos da redação literal da Constituição, **tal é possível**. A despeito do grande clamor doutrinário, que nega inclusive a equiparação desta retenção àquela do direito civil (afinal, esta não seria exercitável sobre quantias em dinheiro), não há declarações do Supremo Tribunal Federal em sentido diverso até o momento.

Some-se a isso um outro debate relevante: atualmente discute-se no Congresso Nacional proposta de alteração da Constituição, para unificar grande parte dos tributos sobre o consumo. Trata-se da PEC 45/2019, que prevê a criação do IBS, imposto sobre bens e serviços, com a eliminação do ICMS, ISS, IPI, impostos de importação e exportação e também das contribuições ao PIS/COFINS.

Considerando que a proposta atinge tributos de todas as esferas da Federação, em uma tentativa de preservar a autonomia financeira e política dos entes, há a previsão de repartição das receitas arrecadadas, a partir de um órgão supranacional. Nesse ponto, não é exagero dizer que a PEC se fia, quase que integralmente, na efetividade dessa repartição.

Contudo, à luz da redação do artigo 160, parágrafo único da Constituição, essa é uma aposta de resultado incerto. Na hipótese de a União figurar como contragarantidora de empréstimos realizados pelos entes – como em geral ocorre – sempre haverá a possibilidade de retenção dos recursos arrecadados, com fundamento na Constituição. O resultado seria o esvaziamento da autonomia e independência entre os entes da Federação.

Como já mencionei em outra oportunidade,[40] situações recentes corroboram esse argumento.

Em 2019, o Supremo Tribunal Federal, por pelo menos três vezes, suspendeu o bloqueio de transferências para o estado de Minas Gerais. Em um caso, a Ministra Rosa Weber permitiu que houvesse a transferência de R$ 74,5 milhões (ACO 3235), em outro, o Ministro Luiz Fux possibilitou que R$ 612 milhões de receitas chegassem ao estado (ACO 3233) e, em um último, o Ministro Luís Roberto Barroso liberou R$ 71 milhões em favor de Minas Gerais (ACO 3244).

Em todos os casos, a justificativa para a retenção dos recursos era a execução de cláusula de contragarantia em contratos firmados com instituições financeiras. Conforme

---

[40] PISCITELLI, Tathiane. Finanças Públicas, retenção de receitas e reforma tributária. *Valor Econômico*, Fio da Meada, São Paulo, 11 mar. 2019. Disponível em: <https://www.valor.com.br/legislacao/fio-da-meada/6154343/financas-publicas-retencao-de-receitas-e-reforma-tributaria>. Acesso em: 14 jun. 2019.

se vê das explicações acima, sendo a União contragarantidora, o inadimplemento das parcelas devidas por Minas Gerais poderia resultar em bloqueio de receitas de titularidade do estado. O Supremo Tribunal Federal, sensível à situação das contas públicas do estado de Minas Gerais, impediu a retenção dos recursos – fato que deixaria o estado em situação ainda mais calamitosa.

Transpondo-se essa situação para o contexto de inexistência de tributos próprios e concentração da arrecadação em órgão que teria o poder de reter a entrega de recursos aos estados, fica claro que a unificação de tributos, a despeito de, potencialmente, agregar mais simplicidade ao sistema tributário, pode ter consequências nefastas do ponto de vista das finanças públicas.

Voltando-se os olhos para a execução em si da operação, oferecida a contragarantia, é possível que o ente garantidor se veja na posição de ter que honrar a dívida do outro ente, daquele que recebeu a garantia. Nesse caso, o § 9º do artigo 40 determina que o garantidor (União ou Estados) poderá condicionar as transferências constitucionais ao **ressarcimento do pagamento**.

Essa determinação pode ser vista como uma situação em que a contragarantia é acionada: caso seja ela vinculada às transferências decorrentes da repartição da arrecadação tributária, aquele que ofereceu a garantia poderá reter tais receitas até o pagamento do débito. Todavia, deve-se notar que tal retenção igualmente se verifica nos casos em que a contragarantia não estava relacionada com essas receitas, na medida em que a redação do dispositivo não estabelece essa vinculação.

Desse modo, **as receitas transferidas sempre se apresentam como um "trunfo" para o ente garantidor, que pode contar com elas ou como contragarantias ou como uma caução adicional no caso de ter que honrar com a dívida do outro ente**.

De outro lado, nos termos do § 10 do artigo 40, "o ente da Federação cuja dívida tiver sido honrada pela União ou por Estado, em decorrência de garantia prestada em operação de crédito, terá suspenso o acesso a novos créditos ou financiamentos até a total liquidação da mencionada dívida".

Por fim, nos termos do recém-introduzido § 11, há a possibilidade de alteração da metodologia utilizada para fins de classificação da capacidade de pagamento de Estados e Municípios, desde que precedida por consulta pública, assegurada a manifestação dos entes.

Portanto, os entes que tiverem de acionar o garantidor ficarão **limitados tanto no recebimento de receitas quanto na possibilidade de realizar outras operações de crédito**, já que a obtenção de garantias e a própria realização de empréstimos fica bastante restrita enquanto se verificar a pendência financeira com o outro ente da Federação.

Por fim, devem-se destacar as situações em que a prestação de garantias está proibida pela LRF e aquelas em que as condições previstas no artigo 40 não se aplicam: são os casos previstos nos §§ 6º e 8º.

Nos termos do § 6º, as entidades da administração indireta não poderão conceder garantias, mesmo com recursos de fundos. Contudo, nos termos do § 7º, essa vedação não se aplica se (i) a garantia ou contragarantia tiver sido prestada por empresa controlada a subsidiária ou controlada do mesmo ente e (ii) para garantias prestadas por instituição financeira a empresa nacional, nos termos da lei.

Em relação à não aplicação das condições do artigo 40, o § 8º do dispositivo excepciona a garantia prestada por instituições financeiras estatais, que irão se submeter às normas aplicáveis às instituições financeiras privadas, e aquela prestada pela União "a empresas de natureza financeira, por ela controladas, direta e indiretamente, quanto às operações de seguro de crédito à exportação".

A despeito da ampla disciplina na LRF e de limites concretos para o endividamento, aplicáveis a estados e municípios, a crise econômica iniciada em 2014 deu início, também, a um processo de degradação fiscal das contas dos entes subnacionais. Por essa razão, decretos de calamidade financeira foram editados, e, mais recentemente, aprovada a LC 159/2017, que prevê um plano de recuperação fiscal desses entes. O próximo item terá por objeto detalhar esses pontos.

4.9 CRISE ECONÔMICA DE 2014: CALAMIDADE FINANCEIRA NOS ESTADOS, O PROGRAMA DE RECUPERAÇÃO FISCAL DOS ESTADOS DA LC 159/2017 E O PLANO DE PROMOÇÃO DO EQUILÍBRIO FISCAL DA LC 178/2021

O movimento econômico que resultou na situação fiscal atual, de déficit nas contas do governo federal, teve início no segundo trimestre de 2014.[41] Desde então, verificou-se progressiva queda nos níveis de arrecadação tributária e desaceleração gradual da atividade econômica. Do ponto de vista dos estados e municípios, o ponto alto da crise foi atingido em 2016, ainda ao durante o processo de *impeachment* de Dilma Rousseff.

O primeiro estado a exacerbar a situação de crise na qual estava imerso foi o Rio de Janeiro, que, em 17/06/2016, publicou o Decreto nº 45.692/2016, no qual se declara estado de calamidade pública "em razão da grave crise financeira no Estado do Rio de Janeiro, que impede o cumprimento das obrigações assumidas em decorrência da realização dos Jogos Olímpicos e Paralímpicos Rio 2016".

Nos termos da redação dos "considerandos" do decreto, o reconhecimento da calamidade se fazia necessário tanto em face da queda nas receitas de ICMS e de *royalties* e participações especiais de petróleo quanto em razão do aumento das despesas provenientes dos Jogos Olímpicos.

Do ponto de vista do ICMS, a redução de receita impactava negativamente o orçamento em R$ 3 bilhões, ao passo em que os *royalties* e as participações especiais de petróleo experimentavam uma queda de R$ 4 bilhões. Pelo lado da despesa, houve progressivo crescimento dos gastos com pessoal (R$ 5,5 bilhões), além do aumento de R$ 6,2 bilhões com inativos. Some-se a isso o aumento da dívida pública do estado – de R$ 57,6 bilhões em 2010 para R$ 101,4 bilhões em 2015.[42]

Do ponto de vista das consequências práticas, o decreto em si não é claro. O artigo 2º autoriza as autoridades competentes a "adotar medidas excepcionais necessárias à

---

[41] Disponível em: <http://www.valor.com.br/brasil/4163592/brasil-esta-em-recessao-desde-2--trimestre-de-2014-nota-comite-da-fgv>.

[42] Disponível em: <https://jota.info/colunas/coluna-fiscal/coluna-fiscal-estado-de-calamidade--financeira-e-lrf-0707-2016>.

racionalização de todos os serviços públicos essenciais, com vistas à realização dos Jogos Olímpicos e Paralímpicos Rio 2016", e o artigo 3º determina que tais autoridades "editarão os atos normativos necessários à regulamentação do estado de calamidade pública para a realização dos Jogos Olímpicos e Paralímpicos Rio 2016".

Diante disso, a primeira questão que se coloca é saber qual o fundamento jurídico que embasa a decretação do estado de calamidade financeira – algo nunca antes visto. A LRF prevê, em seu artigo 65, o seguinte:

> Art. 65. Na ocorrência de calamidade pública reconhecida pelo Congresso Nacional, no caso da União, ou pelas Assembleias Legislativas, na hipótese dos Estados e Municípios, enquanto perdurar a situação:
>
> I – serão suspensas a contagem dos prazos e as disposições estabelecidas nos arts. 23, 31 e 70;
>
> II – serão dispensados o atingimento dos resultados fiscais e a limitação de empenho prevista no art. 9º.

Conforme se percebe da redação do dispositivo acima, a LRF não fala em "calamidade financeira", mas em calamidade pública, reconhecida pelo Poder Legislativo. Nessa hipótese específica, ficam relativizados os deveres de cumprimento dos limites de gasto com pessoal (art. 23) e endividamento (art. 31), bem como o dever de contingenciar despesas nos casos de verificação de não cumprimento das metas de resultado fiscal.

O dispositivo foi recentemente alterado pela Lei Complementar 173/2020, para estabelecer outras dispensas enquanto perdurar a situação de calamidade pública. Dentre elas, o dever de cumprimento dos requisitos dos artigos 14, 16 e 17 da Lei de Responsabilidade Fiscal, que se relacionam com renúncia de receitas e realização de despesas, e outras relacionadas com o endividamento, como o cumprimento de limites, condições e restrições para as operações de crédito. Não há, todavia, qualquer menção à calamidade financeira.

A tentativa do Governo do Rio de Janeiro foi a de equiparar a calamidade financeira à calamidade pública prevista no artigo 65 da LRF e, mais do que isso, chamar a atenção do Governo Federal para a situação periclitante das contas do estado. A empreitada, de alguma forma, se mostrou eficaz.

Dias após a publicação decreto, o Governo Federal editou a Medida Provisória nº 734/2016, pela qual concedeu um apoio financeiro de R$ 2,9 bilhões ao Rio de Janeiro, "para auxiliar nas despesas com Segurança Pública do Estado do Rio de Janeiro decorrentes da realização dos Jogos Olímpicos e Paralímpicos – Rio 2016". A MP foi convertida na Lei nº 13.351/2016.

Em que pese o Estado do Rio de Janeiro tenha obtido a reação esperada do Governo Federal, do ponto de vista jurídico, a tentativa de equiparação da "calamidade financeira" à "calamidade pública" não se sustenta. A única hipótese em que a LRF prevê relativização do cumprimento de deveres nela estampados está no artigo 65, que é claro em vincular tal possibilidade à calamidade pública, **reconhecida pelo Legislativo**.

Ademais, segundo já decidido pelo Supremo Tribunal Federal, a calamidade pública depende de notória situação fática "de extrema gravidade e de consequências imprevisíveis para a ordem pública e a paz social, e que dessa forma requerem, com a devida urgência, a adoção de medidas singulares e extraordinárias".[43] Neste caso, a imprevisibilidade não parece estar presente: o que se tem é a consolidação de um cenário de degradação progressiva das contas públicas do estado, que resultou na absoluta ausência de recursos para o cumprimento das necessidades públicas básicas. Porém, nada disso é imprevisível.

O cumprimento dos comandos da LRF e a gestão responsável do dinheiro público bastariam para evitar o colapso financeiro do ente. Pretender valer-se de suposta calamidade após uma sequência de irresponsabilidades é promover o manejo de institutos jurídicos caros, que não comportam alargamento desse gênero.

De todo modo, considerando a boa resposta em nível federal, após o Rio de Janeiro, Rio Grande do Sul e Minas Gerais também decretaram estado de calamidade financeira, iniciando um movimento que se estendeu a diversos outros entes – até janeiro de 2017, 62 municípios já haviam editado decretos nesse sentido.

Essas medidas forçaram o governo federal a aprovar um plano de recuperação fiscal para os estados e o Distrito Federal: a Lei Complementar nº 159/2017. Em linhas gerais, o objetivo foi permitir que o ente retome o equilíbrio de suas contas, pela implementação de medidas que reduzam despesas e criem novas receitas. Como exemplo, cite-se a "alienação total ou parcial de participação societária, com ou sem perda do controle, de empresas públicas ou sociedades de economia mista, ou a concessão de serviços e ativos, ou a liquidação ou extinção dessas empresas, para quitação de passivos com os recursos arrecadados, observado o disposto no art. 44 da Lei Complementar nº 101, de 4 de maio de 2000" (art. 2º, § 1º, I), "redução de pelo menos 20% (vinte por cento) dos incentivos e benefícios fiscais ou financeiro-fiscais dos quais decorram renúncias de receitas, observado o § 3º deste artigo" (art. 2º, § 1º, III) e "a realização de leilões de pagamento, nos quais será adotado o critério de julgamento por maior desconto, para fins de prioridade na quitação de obrigações inscritas em restos a pagar ou inadimplidas, e a autorização para o pagamento parcelado destas obrigações" (art. 2º, § 1º, VI), entre outros.

Por fim, vale ainda mencionar a aprovação da Lei nº 13.631/2018, resultado da conversão da Medida Provisória nº 801/2017, que afastou condições regularmente impostas nas operações de crédito entre União e demais entes da Federação, exatamente para viabilizar a adesão ao plano, com mais eficácia na recuperação fiscal dos estados. Nesse sentido, dispõe o artigo 1º da Lei:

> Art. 1º Para fins de contratação, de aditamento, de repactuação e de renegociação de operações de crédito, de concessão de garantia pela União e de contratação com a União realizadas com fundamento nas Leis Complementares nºs 156, de 28 de dezembro de 2016, e 159, de 19 de maio de 2017, ficam dispensados os seguintes requisitos:
>
> I – regularidade perante o Fundo de Garantia do Tempo de Serviço (FGTS);
>
> II – cumprimento do disposto na Lei nº 9.717, de 27 de novembro de 1998;
>
> III – regularidade perante o Cadastro Informativo de Créditos não Quitados do Setor Público Federal (Cadin), de que trata a Lei nº 10.522, de 19 de julho de 2002;
>
> IV – atendimento ao disposto no art. 28 da Lei nº 11.079, de 30 de dezembro de 2004;

---

[43] ADI 4048 MC, Relator(a): Min. Gilmar Mendes, Tribunal Pleno, julgamento em 14/05/2008, *DJe*-157 divulg 21-08-2008 public 22-08-2008 Ement vol-02329-01 pp-00055 *RTJ* vol-00206-01 pp-00232.

V – regularidade fiscal relativa aos tributos federais e à dívida ativa da União, ressalvado o disposto no § 3º do art. 195 da Constituição Federal; e

VI – adimplemento das obrigações contratuais de natureza acessória de que tratam os contratos firmados com fundamento nas Leis nºs 8.727, de 5 de novembro de 1993, e 9.496, de 11 de setembro de 1997, e na Medida Provisória nº 2.185-35, de 24 de agosto de 2001.

Além disso, nos termos do artigo 3º, os estados que aderirem ao plano de recuperação fiscal nos termos da LC 159/2017 não terão de atingir as metas comumente exigidas em programas de reajuste fiscal, relativas a receitas, resultados, despesas, entre outras.

Por fim, mencione-se que a adesão ao plano depende de aprovação de lei pelo estado interessado. Dentre aqueles em situação grave, até o momento, apenas o Rio de Janeiro aprovou o projeto que define seu plano de recuperação fiscal.[44] O estado do Rio Grande do Sul ingressou com pedido, que ainda pende de parecer da Secretaria do Tesouro Nacional.[45]

Recentemente, a LC 159/2017 foi alterada pela LC 178/2021 e pela LC 189/2022. Nesse sentido, dois pontos merecem destaque: a ampliação das exigências para a adesão ao plano, nos termos do art. 3º da LC 159/2017, e o recrudescimento das medidas que o Estado deve adotar no sentido de recuperar o controle de suas finanças, conforme o artigo 2º da LC.

Nos termos da redação atual do artigo 3º, considera-se habilitado para aderir o Estado que atender, cumulativamente, os seguintes requisitos: (i) receita corrente líquida anual menor que a dívida consolidada ao final do exercício financeiro anterior ao do pedido de adesão; e (ii) despesas correntes superiores a 95% da receita corrente líquida aferida no exercício financeiro anteriores ao pedido de adesão **ou** despesas com pessoal que sejam representativas de, no mínimo, 60% da receita corrente líquida aferida no exercício anterior ao pedido de adesão. Ainda, nos termos do § 2º do art. 3º, é possível que o Estado adira ao regime se não comprovar o requisito (i) mas, nesse caso, não terá os benefícios previstos o art. 9º, tais como redução extraordinária de prestações relativas a contratos de dívidas administrados pela Secretaria do Tesouro Nacional e pagamento de operações de crédito sem a execução das contragarantias respectivas.

Quanto às medidas que devem ser adotadas pelo Estado aderente ao regime, merece atenção a necessidade de redução de ao menos 20% dos incentivos fiscais ou financeiros-fiscais dos quais decorram renúncia de receita – na redação original da norma, previa-se a redução de 10% ano – e, também, o dever de o ente criar instrumentos para limitar o crescimento anual de despesas primárias vinculado ao IPCA, Índice Nacional de Preços

---

[44] Disponível em: <http://agenciabrasil.ebc.com.br/economia/noticia/2017-06/alerj-aprova-plano--de-recuperacao-fiscal-do-estado>.

[45] Disponível em: <http://www.tesouro.fazenda.gov.br/gestao-da-divida-publica-federal?p_p_id=101&p_p_lifecycle=0&p_p_state=maximized&p_p_mode=view&_101_struts_action=%2Fasset_publisher%2Fview_content&_101_type=content&_101_urlTitle=regime-de--recuperacao-fiscal#Estados%20que%20solicitaram%20ingresso%20no%20RRF>. Acesso em: 14 jun. 2019.

ao Consumidor Amplo – nesse caso, um mecanismo semelhante à regra de teto de gastos criada pela EC 95/2016. Destaque-se, ainda, a incumbência de adotar "gestão financeira centralizada no âmbito do Poder Executivo do ente, cabendo a este estabelecer para a administração direta, indireta e fundacional e empresas estatais dependentes as condições para o recebimento e a movimentação dos recursos financeiros, inclusive a destinação dos saldos não utilizados quando do encerramento do exercício, observadas as restrições a essa centralização estabelecidas em regras e leis federais e em instrumentos contratuais preexistentes", nos termos do inciso VII do § 1º do art. 2º da LC 159/2017.

Ademais, no contexto da pandemia de Covid-19, a mesma LC 178/2021 que promoveu alterações ao Regime de Recuperação Fiscal dos Estados e do Distrito Federal disciplinou o **Plano de Promoção do Equilíbrio Fiscal** (PEF), que consistiu em um conjunto de metas e compromissos pactuados entre a União e demais entes federativos, "com o objetivo de promover o equilíbrio fiscal e a melhoria das respectivas capacidades de pagamento" (art. 3º).

O instrumento central para tanto está na possibilidade de o ente contratar operações de crédito com garantia da União, ainda que possua capacidade de pagamento reduzida. As condições para a liberação dos recursos financeiros decorrentes de tais operações estarão estabelecidas no Plano e incluem o cumprimento das metas e compromissos assumidos e do limite de despesa com pessoal, nos termos do artigo 6º da LC 178/2021.

Ademais, nos termos do artigo 3º, § 4º da LC, o ente que aderir ao PEF deverá vincular, em contragarantia das operações de crédito garantidas pela União, as receitas contempladas nos artigos 155 a 159 da Constituição – isto é, receitas tributárias próprias e outras provenientes da repartição da arrecadação tributária.

Mencione-se ainda que a LC 178/2021 condiciona a adesão ao PEF ao cumprimento de pelo menos três dos requisitos constantes no artigo 2º da LC 159/2017, dentre os quais se incluem alienação total ou parcial de participação societária de empresas públicas ou sociedades de economia mista, redução de pelo menos 20% de incentivos tributários dos quais decorram renúncia de receitas, instituição de regime de previdência complementar, entre outros. Até o momento, apenas os Estados do Amapá e Rio Grande do Norte aderiram ao PEF e os municípios do Rio de Janeiro e Recife.[46]

4.10 PANDEMIA DE COVID-19, CALAMIDADE PÚBLICA E MEDIDAS FISCAIS CORRELATAS

Como já mencionado em diversas passagens deste livro, em 2020 a pandemia do novo coronavírus assolou o País e impôs a adoção de medidas fiscais extremas. O objetivo deste item é apresentar tais normas, de modo a trazer ao leitor e à leitora as regras adotadas por conta da pandemia e em decorrência dela, até o presente momento.

Inicialmente, deve-se destacar que o marco para a aprovação de normas de direito financeiro específicas para o período pandêmico foi a decretação do estado de calamidade pública pelo Congresso Nacional. Tal se deu em 20/03/2020 pelo Decreto-legislativo nº 6.

---

[46] Informações detalhadas em: <https://www.tesourotransparente.gov.br/temas/estados-e-municipios/plano-de-promocao-do-equilibrio-fiscal-pef>. Acesso em: 9 fev. 2022.

Nos termos do já citado artigo 65 da LC 101/2000, na ocorrência de calamidade pública reconhecida pelo Congresso Nacional, diversas providências relacionadas à contenção de gastos e endividamento previstas na Lei de Responsabilidade Fiscal ficam suspensas ou dispensadas, enquanto perdurar tal situação.

Para além disso, no entanto, especificamente para o cenário que a pandemia nos trouxe, foi promulgada a EC 106/2020, que aprovou o texto da então denominada "PEC do Orçamento de Guerra". De um ponto de vista geral, as novas regras possibilitaram a realização de despesas e concessão de renúncias tributárias sem a observância dos requisitos da LRF, além de excepcionarem a aplicação do artigo 167, inciso III da Constituição – o que, conforme já mencionado, na prática, permite o endividamento acima dos gastos com investimento. Houve, também, o estabelecimento de regras segundo as quais o Banco Central poderá comprar e vender títulos de emissão do Tesouro Nacional e ativos em mercados secundários.

O andamento da PEC no Legislativo foi bastante sumário e o Senado Federal promoveu alterações relevantes à redação inicial, em especial a eliminação do Comitê Gestor da Crise. Além disso, incluiu autorização para não observância do artigo 195, § 3º da Constituição durante o período de vigência da calamidade pública[47].

A vigência da EC 106/2020 estava condicionada à manutenção do estado de calamidade pública então reconhecido pelo Congresso Nacional e que se estenderia até 31/12/2020. Com o término do exercício, não houve a postergação do estado calamidade pública, cessando a possibilidade de realização de despesas com a flexibilidade que a EC 106 impunha. A pandemia, no entanto, seguia a passos largos.

Em 2021 atingimos o pico da crise sanitária no País: vimos o colapso da saúde pública verificado na cidade de Manaus, em janeiro do mesmo ano, estender-se por todo o País menos de dois meses depois. Em meados de março, das 27 unidades federativas, 24 e o Distrito Federal mantinham taxas de ocupação de leitos de UTI para a Covid-19 no Sistema Único de Saúde iguais ou superiores a 80%. No que se refere às capitais, 26 das 27 cidades estavam com taxas iguais ou superiores a 80%, sendo que 19 delas contavam com ocupação superior a 90%[48].

Como consequência, medidas de recrudescimento no combate ao avanço do novo coronavírus tiveram de ser adotadas. Muitos governadores e prefeitos impuseram restrições na circulação de pessoas, com consequências relevantes no emprego e atividade econômica de todas as regiões do País. O cenário impôs, portanto, a necessidade de aprovação de um novo auxílio emergencial,[49] que amparasse a população de baixa renda e mais vulnerável aos efeitos econômicos negativos advindos da pandemia.

---

[47] Para críticas específicas quanto à exceção a tal dispositivo, confira-se: PISCITELLI, Tathiane. **Emenda do Orçamento de Guerra e financiamento da Seguridade Social**. Valor Econômico, Fio da Meada, maio/2020. Disponível em: https://valor.globo.com/legislacao/fio-da-meada/post/2020/05/emenda--do-orcamento-de-guerra-e-financiamento-da-seguridade-social.ghtml, acesso em 19 mar 2021.

[48] Conforme https://portal.fiocruz.br/noticia/observatorio-covid-19-aponta-maior-colapso-sanitario--e-hospitalar-da-historia-do-brasil, acesso em 19 mar 2021.

[49] Em março de 2020, o Congresso Nacional aprovou um auxílio emergencial de R$ 600,00 para a população de baixa renda. Sobre o tema, confira-se Lei nº 13.982/2020.

Contudo, sem a vigência de normas financeiras que possibilitassem a flexibilização das regras de responsabilidade fiscal na realização de gastos públicos, seria bastante improvável que a União encontrasse espaço orçamentário para a previsão de uma nova despesa. Nesse contexto, tornou-se urgente a aprovação da denominada PEC Emergencial – promulgada como EC 109/2021.

Dentre as várias alterações que tal Emenda Constitucional trouxe, muitas delas já tratadas em itens anteriores, para fins específicos do enfrentamento da pandemia, há dois pontos centrais que requerem considerações mais detidas. O primeiro é o **artigo 3º da EC**, que se refere à criação de arcabouço fiscal para a concessão de uma nova edição do **auxílio emergencial**. O segundo se refere à inclusão dos **artigos 167-B a 167-G** no texto constitucional, todos relacionados com regras fiscais aplicáveis na hipótese de **calamidade pública**.

Em relação ao artigo 3º da EC, o dispositivo dispensa da observância das regras relativas à criação, à expansão ou ao aperfeiçoamento de ações governamentais – e, assim, do artigo 16 da LRF – as proposições legislativas apresentadas em 2021 que tenham por objetivo específico exclusivo a concessão de "auxílio emergencial residual para enfrentar as consequências sociais e econômicas da pandemia da Covid-19". O objetivo geral foi assegurar à despesa que seria criada em 2021 as mesmas regras que foram aplicadas no ano de 2020, em razão da vigência da EC 106/2020.

Há, contudo, considerações específicas que merecem ser feitas sobre o tema, esclarecendo-se, desde logo, que, nos termos do § 5º do dispositivo, as medidas nele contidas apenas se aplicam à União, sendo vedada sua adoção por Estados, Distrito Federal ou Municípios.

Sendo assim, em primeiro lugar, nos termos do § 1º do artigo 3º da EC 109/2021, as despesas decorrentes da concessão do novo auxílio emergencial que sejam realizadas no exercício financeiro de 2021 não serão consideradas, até o limite de R$ 44 bilhões, para fins de (i) apuração da meta de resultado primário previsto na LDO para 2021 e (ii) limite para as despesas primárias estabelecido no artigo 107 do ADCT – isto é, não serão incluídas no cômputo da regra do teto de gastos.

Além disso, nos termos do § 2º, as operações de crédito que sejam realizadas para custear as despesas necessárias para a concessão do auxílio até o limite de R$ 44 bilhões não serão computadas para fins da regra de ouro prevista no artigo 167, inciso III da Constituição. Possibilita-se, pois, que as receitas com endividamento superem as despesas de capital para o fim específico do custeio do auxílio emergencial – como se vê, mais uma flexibilização à regra, como diversas outras já apresentadas ao longo desta obra.

Por fim, há duas outras considerações relevantes: nos termos dos §§ 3º e 4º, a despesa ora referida será atendida por meio de crédito extraordinário e, nesse caso, não haverá a necessidade de se observar os requisitos do artigo 167, § 3º da Constituição. Sobre o tema, recorde-se as considerações efetuadas por ocasião da análise dos créditos adicionais: a Lei nº 4.320/1964 prevê três modalidades de créditos adicionais – os suplementares, os especiais e os extraordinários. Este último apenas têm lugar na hipótese de despesas imprevisíveis e urgentes, tais quais as resultantes de "guerra, comoção interna ou calamidade pública", na literalidade do artigo 167, § 3º da Constituição. Nesse caso, o crédito poderá ser aberto por medida provisória, dispensando-se a lei em sentido estrito.

A dispensa da observância do artigo 167, § 3º da Constituição, no caso da criação de despesa pública relacionada a um novo auxílio emergencial, se explica diante da ausência de estado de calamidade pública formalmente reconhecido pelo Congresso Nacional. Como já mencionado, a despeito de a pandemia não ter arrefecido no Brasil, o Decreto-legislativo nº 6/2020, que reconhecia a calamidade pública e fundamentava a vigência da EC 106/2020, não foi prorrogado. Sendo assim, fez-se necessário reconhecimento *ad hoc* de regras de exceção da perspectiva do direito financeiro, para viabilizar a realização de despesa pública fundamental no presente momento.

É evidente que o dispositivo é de todo questionável, pois flexibiliza demasiadamente diversos institutos caros à responsabilidade fiscal: desde a regra de ouro, passando pelos requisitos para a realização de despesas e terminando na flexibilização das condições para a concessão de crédito extraordinário. A situação é o retrato da falta de coordenação e gestão política central da pandemia e da falta de interlocução do Poder Executivo federal com o Poder Legislativo respectivo.

Ao lado do artigo 5º da EC 109/2021, que visa a criar ambiente fiscal possível para a concessão de novo auxílio emergencial, devemos, ainda, analisar o teor dos artigos 167-B a 167-G, recém introduzidos no texto constitucional. A racionalidade que une tais dispositivos está na criação de regras fiscais aplicáveis aos casos de calamidade pública, como se vê da redação do artigo 167-B:

> Art. 167-B. Durante a vigência de estado de calamidade pública de âmbito nacional, decretado pelo Congresso Nacional por iniciativa privativa do Presidente da República, a União deve adotar regime extraordinário fiscal, financeiro e de contratações para atender às necessidades dele decorrentes, somente naquilo em que a urgência for incompatível com o regime regular, nos termos definidos nos arts. 167-C, 167-D, 167-E, 167-F e 167-G desta Constituição.

A despeito de o estado de calamidade pública ser excepcional – desde a promulgação da Constituição de 1988, o ano de 2020 foi o primeiro em que tal estado se impôs – a aprovação de tais regras neste momento é bastante conveniente para o Poder Executivo. Isso porque, a despeito de não haver estado de calamidade pública atualmente reconhecido pelo Congresso Nacional, esse cenário pode mudar muito rapidamente e, nesse caso, seria oportuno já se ter inserido, no texto constitucional, quais as normas de direito financeiro estariam excepcionadas e qual o modelo emergencial quanto às contas públicas será possível adotar.

Em linhas gerais, **trata-se de incorporar ao texto constitucional, em definitivo, muitas das previsões da EC 106/2020**.

Nesse sentido, o artigo 167-C afasta as restrições relacionadas com contratação de pessoal, de obras, serviços e compras, restando dispensada, inclusive, a observância do artigo 169, § 1º da Constituição, relativa à necessidade de prévia dotação orçamentária e autorização em lei específica para a realização de despesa com pessoal.

De outro lado, o artigo 167-D prevê que as proposições legislativas que tenham por propósito exclusivo o enfrentamento da calamidade e suas consequências sociais e econômicas ficarão dispensadas do cumprimento do artigo 16 da LC 101/2000 e, assim, das regras relativas à criação, à expansão e ao aperfeiçoamento de ações governamentais. O mesmo se diga quanto à concessão ou à ampliação de incentivos ou benefícios tributários dos quais decorram renúncia de receita: tratando-se de ato criado no contexto do enfrentamento da calamidade pública, ficarão afastados os requisitos do artigo 14 da LC 101/2000.

Além disso, a exemplo do previsto na EC 106/2020, durante a vigência de calamidade pública, há autorização para se afastar a aplicação do artigo 195, § 3º da Constituição, *in verbis*:

> Art. 195, § 3º – A pessoa jurídica em débito com o sistema da seguridade social, como estabelecido em lei, não poderá contratar com o Poder Público nem dele receber benefícios ou incentivos fiscais ou creditícios.

Como se vê da redação do dispositivo, trata-se de evitar que aqueles que possuam débitos em aberto das contribuições previstas no artigo 195 da Constituição se valham de tais incentivos. A lógica, aqui, é da solidariedade: a Seguridade Social, conforme enunciam os artigos 194 e 195 da Constituição, é o conjunto de ações de iniciativa dos Poderes Públicos e da sociedade que se destina a assegurar os direitos relativos à saúde, à previdência e à assistência social, que devem ser financiados por toda a sociedade. Sendo assim, não faria sentido conceder incentivos fiscais, ou mesmo creditícios, àqueles que se furtam de seu dever de colaborar com o caixa da Seguridade e com os direitos que ela visa proteger e garantir.

Conforme já mencionei em outra oportunidade,[50] excepcionar tal dispositivo traz riscos consideráveis em situações de fragilidade social e econômica. Diante do cenário atual do País, há evidente necessidade de aumento das despesas com saúde e assistência social. A crise sanitária trazida pela Covid-19 expôs as fragilidades do Sistema Único de Saúde e intensificou ainda mais nossas desigualdades. A proteção ao orçamento da Seguridade Social, portanto, é mais do que necessária.

Não obstante, nos termos do artigo 3º, parágrafo único da Emenda Constitucional nº 106/2020, agora incorporado definitivamente no texto constitucional no parágrafo único do artigo 167-D, durante o período de vigência calamidade pública, a regra da solidariedade ficará relativizada. À época do debate travado em torno da EC 106/2020, a justificativa apresentada para tanto, no contexto do processo legislativo, foi econômica: a incidência do dispositivo constitucional resultaria na impossibilidade de muitas empresas se beneficiarem do Programa Emergencial de Suporte a Empregos, criado pela Medida Provisória nº 944/2020, que previa linha de crédito específica para empresas custearem o pagamento de suas folhas de salário.

O problema, porém, é que a ausência de apresentação de certidão negativa de débitos da Seguridade Social para a fruição de incentivos fiscais ou creditícios não se resumia ao programa emergencial mencionado; ela se aplicava a todo o período de vigência da calamidade pública no contexto específico da EC 106. Agora, com a incorporação da regra ao texto constitucional, o cenário é ainda pior. Essa determinação, somada ao fato de que, também durante os períodos de calamidade, os entes poderão conceder incentivos

---

[50] PISCITELLI, Tathiane. **Emenda do Orçamento de Guerra e financiamento da Seguridade Social**. Valor Econômico, Fio da Meada, maio/2020. Disponível em: https://valor.globo.com/legislacao/fio-da-meada/post/2020/05/emenda-do-orcamento-de-guerra-e-financiamento-da-seguridade--social.ghtml, acesso em 19 mar 2021.

fiscais sem a observância da Lei de Responsabilidade Fiscal, pode conduzir a um cenário de má gestão dos recursos públicos muito grave, com impactos significativos no caixa da Seguridade Social e na capacidade de financiamento das necessárias ações relacionadas à saúde e à assistência social.

De todo modo, estando o texto aprovado e vigente, resta-nos confiar que as autoridades públicas terão parcimônia na concessão de benefícios, cientes de que, pela via transversa, isso pode implicar além da renúncia decorrente do não pagamento do tributo cuja incidência tenha sido afastada ou mitigada, a perda de receitas para a Seguridade Social.

Em relação ao artigo 167-E, por sua vez, também com inspiração na EC 106/2020, tem-se o afastamento do dever de cumprir o artigo 167, inciso III da Constituição durante a integralidade do exercício financeiro em que vigore a calamidade pública em âmbito nacional. Trata-se, como se vê, de mais uma flexibilização à regra de ouro da responsabilidade fiscal, ficando permitida, no período, a superação das receitas de operação de crédito em relação às despesas de capital.

Por fim, os artigos 167-F e 167-G tratam das regras de endividamento e controle da dívida na vigência do "regime extraordinário fiscal" advindo em razão da calamidade pública.

O artigo 167-F dispensa a observância dos limites, condições e demais restrições aplicáveis à União para a contratação de operações de crédito, durante o exercício financeiro em que vigore a calamidade, bem como possibilita que o superávit financeiro apurado no ano imediatamente anterior seja utilizado para o pagamento de despesas decorrentes das medidas de combate à calamidade e à quitação da dívida pública.[51]

Já o artigo 167-G impõe que, durante o regime extraordinário fiscal sejam aplicadas à União as restrições do artigo 167-A da Constituição, relativo aos limites de endividamento público e medidas que deverão ser adotadas caso a relação entre despesas correntes e receitas correntes supere 95%. Trata-se, nesse caso, de estender também à União medidas restritivas de aumento de gasto em momento de crise fiscal evidenciada.

Para concluir, duas observações são necessárias. Em primeiro lugar, destaque-se que, ato contínuo à promulgação da EC 109/2021, o chefe do Poder Executivo encaminhou para o Congresso Nacional a Medida Provisória nº 1.039/2021, que institui o Auxílio Emergencial 2021. O limite aprovado de R$ 44 bilhões foi devidamente observado, com impactos significativos no montante do benefício: o valor padrão será de R$ 250,00, parcelados em quatro vezes. A despeito de a vigência da MP ter se encerrado

---

[51] Ainda no artigo 167-F, destaque-se a redação dos parágrafos respectivos: "§ 1º Lei complementar pode definir outras suspensões, dispensas e afastamentos aplicáveis durante a vigência do estado de calamidade pública de âmbito nacional. § 2º O disposto no inciso II do *caput* deste artigo não se aplica às fontes de recursos: I – decorrentes de repartição de receitas a Estados, ao Distrito Federal e a Municípios; II – decorrentes das vinculações estabelecidas pelos arts. 195, 198, 201, 212, 212-A e 239 desta Constituição; III – destinadas ao registro de receitas oriundas da arrecadação de doações ou de empréstimos compulsórios, de transferências recebidas para o atendimento de finalidades determinadas ou das receitas de capital produto de operações de financiamento celebradas com finalidades contratualmente determinadas".

em 15/07/2022, ela cumpriu com seu desiderato, ao possibilitar a extensão de benefício financeiro vinculado à pandemia de Covid-19.

O segundo ponto que compõe o contexto das medidas fiscais adotadas por ocasião da pandemia do novo coronavírus tem relação com a extinção do programa Bolsa Família e com a criação do Auxílio Brasil pela Medida Provisória nº 1.061/2021, convertida na Lei nº 14.284/2021. Até outubro de 2021, eram mais de 14,6 milhões de famílias incluídas no Bolsa Família, sendo 57,04% mulheres e 42,96% homens, com valor médio de benefício de R$ 87,50[52]. Com a aprovação do Auxílio Brasil, houve a expansão da cobertura do Bolsa Família, tanto pelo aumento no valor transferido mensalmente à população de baixa renda quanto pela ampliação do número de beneficiados.

Como se vê da redação do art. 4º da Lei nº 14.284/2021, há quatro benefícios financeiros dentro do programa:

> **Benefício Primeira Infância**: no valor de R$ 130,00 mensais, para famílias em situação de pobreza ou extrema pobreza que possuam em sua composição crianças com idade entre zero e 36 meses incompletos;
> **Benefício Composição Familiar**: no valor de R$ 65,00 mensais, para famílias em situação de pobreza ou extrema pobreza que possuam gestantes, nutrizes ou pessoas com idade entre três e 21 incompletos;
> **Benefício de Superação da Extrema Pobreza**: destinado às famílias em situação de extrema pobreza, cuja renda familiar per capita mensal, mesmo somada aos dois benefícios anteriores eventualmente recebidos, seja igual ou inferior ao valor da linha de extrema pobreza; e
> **Benefício Compensatório de Transição**: concedido às famílias beneficiárias do Bolsa Família que tiverem redução no valor a ser recebido em decorrência do enquadramento na nova estrutura de benefícios financeiros.

Segundo estabelece o art. 4º, § 1º da Lei, serão elegíveis ao recebimento dos auxílios acima descritos as famílias em situação de extrema pobreza, cuja renda familiar per capita mensal é igual ou inferior a R$ 105,00 e aquelas em situação de pobreza, i.e, com renda familiar per capita mensal entre R$ 105,01 e R$ 210,00[53], apenas se possuírem em sua composição gestantes, nutrizes ou pessoas com idade até 21 anos incompletos. Por fim, os três primeiros benefícios poderão ser pagos cumulativamente as famílias beneficiárias (art. 4º, § 4º) e, em qualquer caso, o pagamento será feito preferencialmente à mulher (art. 4º, § 14).

A abrangência do Auxílio Brasil esteve envolta em ampla polêmica pública, uma vez que ele está condicionado à existência de recursos orçamentários que permitam

---

[52] Disponível em: <https://aplicacoes.mds.gov.br/sagirmps/bolsafamilia/painel.html>. Acesso em: 13 mar. 2022.

[53] Cumpre notar que em novembro de 2021, com a publicação do Decreto nº 10.852/2021, o governo federal reajustou as faixas de extrema pobreza e de pobreza, para R$ 100,00 e R$ 200,00 per capita, de modo a contemplar mais famílias em cada categoria, em comparação com o programa Bolsa Família, segundo o qual seriam extremamente pobres as famílias com renda per capita de até R$ 89,00 e pobres aquelas com renda *per capita* de até R$ 178,00. Posteriormente, com a conversão da MP 1.061/2021 em lei, tais limites foram majorados para R$ 105,00 e R$ 210,00, respectivamente.

pagamento dos benefícios financeiros acima descritos, como se vê da redação o artigo 87 do Decreto nº 10.852/2021, que disciplina o programa:

> Art. 87. O pagamento de cada auxílio, benefício financeiro ou bolsa previsto neste Decreto será limitado à disponibilidade orçamentária, de forma que para os auxílios inclusão produtiva rural e urbana e para a Bolsa de Iniciação Científica Júnior será aplicado o mesmo critério de prioridade definido para o Programa Auxílio Brasil, observada a regulamentação editada pelo Ministério da Cidadania.

Some-se a isso, ainda, a criação de benefício extraordinário destinado às famílias beneficiárias do Auxílio Brasil em valor de até R$ 400,00. Segundo o artigo 1º da Medida Provisória nº 1.076/2021, tal montante seria pago na competência de dezembro de 2021, podendo ser prorrogado para os meses de janeiro a dezembro de 2022, diante da existência de disponibilidade orçamentária e financeira dos recursos. Tal prorrogação se deu pelo Decreto nº 10.919/2021.

O espaço orçamentário demandado tanto para o Auxílio Brasil quanto para o benefício extraordinário de até R$ 400,00 foi assegurado pela aprovação da chamada PEC dos Precatórios, a Emenda Constitucional nº 114/2021. Como será visto no capítulo seguinte, o novel artigo 107-A do ADCT incorporou ao pagamento de precatórios regra de teto de gastos - até 2026, para cada exercício financeiro, o limite para a alocação de despesas orçamentárias com o pagamento de precatórios será o equivalente ao valor da despesa paga em 2016, incluídos os restos a pagar, corrigidos pelo IPCA. Ainda nos termos do caput do dispositivo, o espaço fiscal resultante da diferença entre o valor dos precatórios expedidos e o limite então criado será destinado ao Auxílio Brasil e às despesas com a Seguridade Social.

A despeito de o fim da norma ser nobre, pois amplia a transferência direta de renda para famílias em situação de vulnerabilidade econômica e social, os vícios de inconstitucionalidade são evidentes: há mitigação da garantia da coisa julgada e do direito adquirido, ao lado da indevida consideração de que precatórios seriam despesas públicas passíveis de limitação. A lógica da EC 95/2016, que introduziu o teto de gastos para despesas dos três Poderes, não pode se aplicar aos precatórios, cujo dever de cumprimento decorrem de sentenças judiciais transitadas em julgado e contemplam direito adquirido do cidadão ao recebimento dos valores respectivos. O que se vê, em verdade, é o uso eleitoreiro e político das verbas orçamentárias, em prejuízo de garantias caras ao Estado Democrático de Direito.

TEMA RELEVANTE PARA DEBATE

Unificação de tributos e a retenção de receitas

Tramita na Câmara dos Deputados a Proposta de Emenda Constitucional (PEC) nº 45/2019, que unifica grande parte dos tributos sobre o consumo, em todos os níveis (federal, estadual e municipal), pela criação de um imposto único sobre bens e serviços. Em razão da unificação, diversos entes deixariam de arrecadar e cobrar tributos originalmente previstos na Constituição de 1988. Como se sabe, a existência de receitas para fazer frente às despesas públicas é central à preservação da autonomia política e financeira dos entes.

Nos termos da exposição de motivos da PEC, tal autonomia seria garantida via mecanismos de repasse e também à luz da possibilidade de os entes estabelecerem alíquotas individuais para tal tributo. Considerando a redação atual do artigo 160, parágrafo único da Constituição, que prevê hipóteses de retenção das receitas decorrentes da repartição da arrecadação tributária, uma proposta como essa atentaria contra o pacto federativo? Há que se falar em autonomia sem receitas próprias e integralmente disponíveis?

MATERIAL DE APOIO PARA O DEBATE

- <https://www.camara.leg.br/proposicoesWeb/fichadetramitacao?idProposicao=2196833>
- <https://www.valor.com.br/legislacao/fio-da-meada/6199943/proposta-de-reforma-tributaria-ofende-pacto-federativo>
- <https://www.conjur.com.br/2019-abr-16/contas-vista-reforma-tributaria-clausula-petrea-federalismo-stf>

Capítulo 5
PRECATÓRIOS

Acesse o *QR Code* e assista à aula explicativa sobre este assunto.

> https://uqr.to/892i

O presente capítulo tratará dos precatórios e sua disciplina jurídica. Como se sabe, a existência de precatórios pendentes revela **despesas** para o Estado, na medida em que representam obrigações do ente de efetivar o pagamento de determinada quantia, nos termos em que reconhecida judicialmente. Trata-se, portanto, de um subcapítulo dentro das despesas públicas que, todavia, será tratado separadamente, tendo-se em vista as peculiaridades do assunto.

Desde logo mencione-se que a sistemática de pagamento de precatórios sofreu diversas alterações desde a promulgação da Constituição de 1988 – a primeira delas se deu com a Emenda Constitucional nº 33/1993, que previu o pagamento dos precatórios pendentes na data de promulgação da Constituição em até oito anos. Depois disso, diversas outras emendas constitucionais alteraram o prazo e regime de pagamento dos valores – as Emendas mais recentes são as nºs 113/2021 e 114/2021.

Essas mudanças têm reflexo em dois temas centrais: o prazo de pagamento dos precatórios e os critérios e regras para a atualização dos valores e incidência de juros de mora respectiva. Diante disso, para fins de melhor compreensão da disciplina, o próximo item irá apresentar as linhas gerais do regime, que são comuns a todas as sistemáticas, para, depois, focar nas especificidades de cada um deles.

5.1 DEFINIÇÕES E REGIME GERAL

O reconhecimento judicial de um crédito perante uma pessoa jurídica de direito público é o pressuposto inicial para que possamos cogitar da análise dos precatórios. Diante desse reconhecimento, que deve se operar por decisão transitada em julgado, o juiz da execução encaminha ao **Presidente do Tribunal** respectivo uma **solicitação**, para que ele requisite **verba necessária** para o pagamento do credor. Essa solicitação é o **precatório**, cuja disciplina geral encontra-se no artigo 100 da Constituição.

Diante disso, tendo recebido o precatório, o Presidente do Tribunal determinará sua numeração e apresentará um comunicado à Fazenda Pública, que deverá efetivar o pagamento respectivo, **na ordem cronológica de apresentação**. Essa decisão, em que pese proferida pelo Poder Judiciário, não tem caráter jurisdicional. Trata-se de ato de natureza administrativa, que se fundamenta em sentença anteriormente proferida. Nesse sentido, confira-se o entendimento de Leonardo José Carneiro da Cunha:[1]

> Exatamente porque é *administrativa* a atividade do Presidente do tribunal na condução do precatório, as questões incidentais, na execução em face da Fazenda Pública, devem ser resolvidas pelo juízo que julgou a causa em primeiro grau. De fato, questões pendentes ou que surgirem após a expedição de precatório, tais como impugnação de juros ou de acréscimos indevidos, ou ainda, a postulação de correção monetária não inserida no precatório, devem ser resolvidas pelo juízo de primeiro grau, cabendo ao presidente do tribunal apenas processar o precatório requisitório expedido por ordem daquele.

A natureza da decisão que determina o pagamento de precatórios já foi objeto de debate tanto no STJ quanto no STF. Ambas as cortes caminham no mesmo sentido: não há conteúdo jurisdicional envolvido nesse ato.

No STJ, o entendimento está consolidado na Súmula 311: "Os atos do presidente do tribunal que disponham sobre processamento e pagamento de precatório não têm caráter jurisdicional".[2] O STF, no julgamento da ADI 1098 reproduziu a mesma orientação:

> [...] PRECATÓRIO – TRAMITAÇÃO – CUMPRIMENTO – ATO DO PRESIDENTE DO TRIBUNAL – NATUREZA. A ordem judicial de pagamento (§ 2º do artigo 100 da Constituição Federal), bem como os demais atos necessários a tal finalidade, concernem ao campo administrativo e não jurisdicional. A respaldá-la tem-se sempre uma sentença exequenda. [...][3]

Após o julgamento dessa ação e de vários outros recursos, foi publicada a Súmula nº 733, do Supremo Tribunal Federal, cujo teor é o seguinte: "Não cabe recurso extraordinário contra decisão proferida no processamento de precatórios". A mesma racionalidade se aplica às decisões colegiadas de recursos internos interpostos contra tal decisão. Confira-se, sobre o tema, o Agravo interno no Recurso Extraordinário nº 759.979:

> Por fim, o Plenário desta Corte, no julgamento da Reclamação 2.425/ES, Rel. Min. Dias Toffoli, assentou a "natureza administrativa das decisões da presidência dos Tribunais no cumprimento dos precatórios judiciais, caráter que se estende também às decisões colegiadas dos recursos internos contra elas interpostos". [...] O tema também é objeto da jurisprudência sumulada do Supremo Tribunal Federal, como se infere do Verbete

---

[1] CUNHA, Leonardo José Carneiro da. *A Fazenda Pública em Juízo*. São Paulo: Dialética, 2009. p. 301.
[2] Súmula 311, Primeira Seção, julgamento em 11/05/2005, *DJ* 23/05/2005, p. 371.
[3] ADI 1098, Relator(a): Min. Marco Aurélio, Tribunal Pleno, julgamento em 11/09/1996, *DJ* 25/10/1996 pp-41026 Ement vol-01847-01 pp-00019 RTJ vol-00161-03 pp-00796.

733: "Não cabe recurso extraordinário contra decisão proferida no processamento de precatórios" (ARE 759.979 AgR, Rel. Min. Ricardo Lewandowski, 2ª T, j. 09/09/2014, DJe 188 de 26/09/2014).

Pois bem, proferida a decisão, o pagamento depende da liberação, pelo **Poder Executivo**, das verbas orçamentárias consignadas exclusivamente para este fim. Essa liberação é feita em nome do **Presidente do Tribunal**, que recebe os recursos e os encaminha para o **juízo da execução**, para que este realize o pagamento das dívidas pendentes.

As solicitações de pagamento devem ser realizadas até o dia **2 de abril** de cada ano e os precatórios até esta data recebidos deverão ser pagos **até o final do próximo exercício**,[4] conforme dispõe a redação atual do artigo 100, § 5º, da Constituição. Nesse ponto, destaque-se que a redação original da Constituição previa como data limite para a solicitação de pagamento o dia 1º de julho. Esse marco foi alterado recentemente, em 2021, pela EC 114 e a determinação entrou em vigor em janeiro de 2022.

Ainda nos termos do art. 100, § 5º, por ocasião do pagamento do precatório haverá *atualização monetária do valor* e incidência de juros de mora na hipótese de não pagamento no prazo previsto. Independentemente do debate jurisprudencial em torno dessa matéria, que será tratado no próximo item, deve-se notar que a EC 113/2021, em seu artigo 3º, estabeleceu o uso da taxa SELIC para a atualização dos débitos da Fazenda Pública a serem pagos via precatórios. Confira-se:

> Art. 3º Nas discussões e nas condenações que envolvam a Fazenda Pública, independentemente de sua natureza e para fins de atualização monetária, de remuneração do capital e de compensação da mora, inclusive do precatório, haverá a incidência, uma única vez, até o efetivo pagamento, do índice da taxa referencial do Sistema Especial de Liquidação e de Custódia (Selic), acumulado mensalmente.

Sobre o tema, destaque-se que o pagamento de débitos das Fazendas Públicas Federal, Estaduais, Distrital e Municipais **como regra** será feito pela via dos precatórios. A única exceção está nos pagamentos de obrigações definidas em lei como de pequeno valor, introduzidos no texto constitucional pela EC 30/2000 e sobre o qual discorreremos mais adiante. Considerando, porém, que os precatórios possuem disciplina mais complexa no texto constitucional, iremos, em primeiro lugar, esgotar o tema dos precatórios para, depois, ao final do capítulo, detalhar o funcionamento das requisições de pequeno valor.

O Supremo Tribunal Federal já decidiu pela **aplicação do regime dos precatórios à Empresa Brasileira de Correios e Telégrafos – ECT**, por considerá-la sociedade prestadora de serviços públicos e, assim, sujeita às mesmas regras aplicáveis à administração direta. O mesmo se diga, portanto, acerca de todas as **empresas públicas** ou **sociedades de economia mista** que, reconhecidamente, prestem **serviços públicos**.[5]

---

[4] A situação atual dos precatórios e o efetivo pagamento, especialmente pelos estados, serão objeto de consideração a seguir. Por ora, consigne-se, apenas, o procedimento padrão de andamento da requisição.

[5] Por todos, confira-se: "RECURSO EXTRAORDINÁRIO. CONSTITUCIONAL. EMPRESA BRASILEIRA DE CORREIOS E TELÉGRAFOS. IMPENHORABILIDADE DE SEUS BENS, RENDAS E

Mais recentemente, o Supremo Tribunal Federal reiterou tal entendimento no julgamento do Agravo Regimental na Reclamação 40.402. Confira-se:[6]

> 1. A EMATER- RIO é empresa pública prestadora de serviço público essencial de natureza não concorrencial, cuja finalidade é a prestação de serviço de assistência técnica e extensão rural gratuitas, a benefício dos pequenos e médios produtores, aos trabalhadores rurais, suas famílias e suas organizações o que atrai a submissão à sistemática de execução aplicável à Fazenda Pública. 2. Essa linha de raciocínio conduz, inevitavelmente, à conclusão de que, na presente hipótese, houve violação ao decidido nas ADPF 437 (Rel. Min. Rosa Weber) e ADPF 387 (Rel. Min. Gilmar Mendes), porque prevalece o entendimento de que é aplicável o regime de precatórios às empresas públicas e sociedades de economia mista prestadoras de serviço público próprio do Estado e de natureza não concorrencial. 3. Na mesma linha de entendimento, destaque-se os seguintes precedentes de ambas as Turmas desta CORTE: Rcl 41.420 AgR, Rel. Min. Marco Aurélio, Red. p/ Acórdão: Luiz Fux, Primeira Turma, julgado em 15/9/2020; e Rcl 40.402 AgR-ED, Rel. Min. Gilmar Mendes, Segunda Turma, julgado em 11/11/2020. 4. Recurso de agravo a que se dá provimento.

Anteriormente, no final de 2018, o Ministro Dias Toffoli havia concedido duas medidas liminares nas Reclamações nº 32882 e nº 32888 reforçando tal interpretação, ao suspender decisão de segundo grau que afastava a possibilidade de a Empresa Pública de Transporte e Circulação de Porto Alegre se valer do regime dos precatórios.

Diante dessa sequência de decisões, portanto, é possível afirmar que não há dúvidas de que o uso de precatórios para a quitação de débitos atinge, além da administração direta, áreas da administração indireta, em que se verifique a existência de relação jurídica de direito público entre o prestador do serviço e o cidadão.

Por fim, cumpre mencionar que a hipótese de não pagamento de precatórios pelos Estados resulta na possibilidade de **intervenção federal**, nos termos do artigo 34, inciso V, da Constituição, já que se trata do não cumprimento de obrigações qualificadas dentro do montante da **dívida pública fundada ou consolidada** (LRF, artigo 30, § 7º).[7]

Por diversas ocasiões, o Supremo Tribunal Federal avaliou pedidos de intervenção federal em Estados que sistematicamente deixavam de honrar seus precatórios. O Estado de São Paulo, inclusive, é exemplar nesse sentido (IF 2736, IF 164, IF 3601, IF 3046, IF 2909 e IF 2973, por exemplo).

SERVIÇOS. RECEPÇÃO DO ARTIGO 12 DO DECRETO-LEI Nº 509/69. EXECUÇÃO. OBSERVÂNCIA DO REGIME DE PRECATÓRIO. APLICAÇÃO DO ARTIGO 100 DA CONSTITUIÇÃO FEDERAL. 1. À empresa Brasileira de Correios e Telégrafos, pessoa jurídica equiparada à Fazenda Pública, é aplicável o privilégio da impenhorabilidade de seus bens, rendas e serviços. Recepção do artigo 12 do Decreto-lei nº 509/69 e não incidência da restrição contida no artigo 173, § 1º, da Constituição Federal, que submete a empresa pública, a sociedade de economia mista e outras entidades que explorem atividade econômica ao regime próprio das empresas privadas, inclusive quanto às obrigações trabalhistas e tributárias. 2. **Empresa pública que não exerce atividade econômica e presta serviço público da competência da União Federal e por ela mantido. Execução. Observância ao regime de precatório, sob pena de vulneração do disposto no artigo 100 da Constituição Federal.** Recurso extraordinário conhecido e provido".

[6] Rcl 43290 AgR, 1ª Turma, Relator(a) Marco Aurélio, Relator(a) p/ acórdão Alexandre de Moraes, julgado em 15/12/2020, *DJe*-025, Divulg. 09/02/2021, Public. 10/02/2021.

[7] A respeito das definições de dívida pública pela LRF, cf. item 4.1.

Contudo, em que pese a redação do artigo 34, inciso V, da Constituição, que autoriza e prevê a intervenção nesses casos, **o Supremo entende que a intervenção federal não seria possível nos casos concretos apresentados, na medida em que não teria se verificado intuito do ente em não honrar os pagamentos, mas, tão somente, <u>indisponibilidade de recursos</u> para tanto, tendo-se em vista o atendimento de outras necessidades públicas**. A esse respeito, confira-se a ementa da IF 3124 AgR, originária do estado do Espírito Santo:

> Agravo regimental em Intervenção Federal. Precatório. Descumprimento involuntário. O descumprimento voluntário e intencional de decisão transitada em julgado configura pressuposto indispensável ao acolhimento do pedido de intervenção federal. A ausência de voluntariedade em não pagar precatórios, consubstanciada na insuficiência de recursos para satisfazer os créditos contra a fazenda estadual no prazo previsto no § 1º do artigo 100 da Constituição da República, não legitima a medida drástica de subtrair temporariamente a autonomia estatal, mormente quando o ente público, apesar da exaustão do erário, vem sendo zeloso, na medida do possível, com suas obrigações derivadas de provimentos judiciais. Precedentes. Agravo regimental a que se nega provimento.[8]

Acerca da intervenção dos Estados-Membros nos Municípios por ausência de cumprimento dos precatórios, a Constituição assim a autoriza no artigo 35, incisos I e IV. Nesses casos, os pedidos de intervenção estadual serão submetidos ao Tribunal de Justiça, que tem determinado a aplicação da medida tão logo sejam atendidos os requisitos exigidos pela Constituição. Diferentemente da jurisprudência do Supremo, a alegação de dificuldade financeira do Município, segundo alguns julgados, não configura óbice à intervenção estadual.

Confira-se as ementas dos Tribunais de Justiça do Rio Grande do Sul, São Paulo e Paraná, respectivamente.

> REPRESENTAÇÃO. DIREITO PÚBLICO NÃO ESPECIFICADO. PEDIDO DE INTERVENÇÃO ESTADUAL EM MUNICÍPIO. NÃO PAGAMENTO DE PRECATÓRIO. A pretensão da requerente encontra amparo legal no disposto no inciso IV, do artigo 15, da Constituição Estadual. **A mera alegação de inscrição do precatório no orçamento, bem como de dificuldade financeira não afastam o descumprimento da ordem judicial, nem mesmo o caráter de excepcionalidade da situação a tutelar o pedido de intervenção estadual no Município de Vila Flores**. REPRESENTAÇÃO ACOLHIDA. UNÂNIME.[9]

> INTERVENÇÃO ESTADUAL – MUNICÍPIO DE OSASCO – PAGAMENTO NÃO EFETUADO – DIFICULDADES FINANCEIRAS NÃO JUSTIFICAM O DESCUMPRIMENTO DO PRECATÓRIO – ADVENTO DA EC 62/2009 – INAPLICABILIDADE RETROATIVA RECONHECIDA – PEDIDO DE INTERVENÇÃO PROCEDENTE. "O precatório, originado de condenação em reclamação trabalhista, deixou de ser pago como determina o art. 100, § 1º da Constituição Federal e o art. 57, § 1º, da Constituição Estadual. Mas, **dificuldades financeiras não têm a virtude de absterger o inadimplemento ou justificar**

---

[8] IF 3124 AgR, Relator(a): Min. Maurício Corrêa, Tribunal Pleno, julgamento em 22/03/2004, *DJ* 28/05/2004, p. 5.

[9] TJ-RS – Intervenção em Município: 70031561525 RS, Relator(a): Luiz Felipe Silveira Difini, Tribunal Pleno, julgamento em 14/09/2009, *DJ*/RS 13/10/2009; destaques não contidos no original.

o **não cumprimento de ordem judicial**. Além disso, irrelevante o advento da Emenda Constitucional nº 62/2009, porque inaplicável a emenda a casos pretéritos, incidindo o princípio constitucional do *tempus regit actum*. Destarte, necessária a intervenção estadual no Município de Osasco, para que se garanta a obediência a decisão judicial transitada em julgado, conforme dispõe o art. 35, IV, da Constituição Federal, restabelecendo-se o equilíbrio e a harmonia entre os Poderes".[10]

PEDIDO DE INTERVENÇÃO ESTADUAL EM MUNICÍPIO – PRECATÓRIO REQUISITÓRIO DE NATUREZA ALIMENTAR – DESCUMPRIMENTO DE ORDEM JUDICIAL – ALEGAÇÃO DE QUE O PARCELAMENTO DO PRECATÓRIO SOB Nº 01 IMPOSSIBILITA O PAGAMENTO DOS DEMAIS PRECATÓRIOS – INSUBSISTÊNCIA – AFRONTA AO ARTIGO 35, INCISO IV, DA CONSTITUIÇÃO FEDERAL, E AO ARTIGO 20, INCISO IV, DA CONSTITUIÇÃO ESTADUAL – PROCEDÊNCIA DO PEDIDO. O descumprimento de ordem judicial, decorrente do inadimplemento injustificado de requisição de pagamento de precatório de caráter alimentar, autoriza a medida interventiva no Município descumpridor, consoante preceitua o artigo 35, inciso IV, da Constituição Federal, e o artigo 20, inciso IV, da Constituição Estadual.[11]

Portanto, a intervenção federal ou estadual, a despeito de configurar mecanismo previsto constitucionalmente com vistas a assegurar o pagamento dos débitos dos entes, tem sido interpretada à luz das outras necessidades e obrigações do ente. Em contextos de crise como o atual, tende a prevalecer o atendimento a necessidades mais gerais, voltadas à população, do que específicas, relativas a débitos individuais. Mesmo que os temas não se confundam, de algum modo é possível afirmar uma certa incoerência desse tipo de decisão com aquelas relativas ao custeio, pelo Estado, de medicação de alto custo.

Conforme visto no capítulo 2, o Supremo Tribunal Federal estabeleceu critérios mais rígidos para o fornecimento desses medicamentos, mas, ainda assim, trata-se da prevalência de um interesse individual *versus* a situação mais geral das finanças públicas. No caso dos precatórios e os limites da intervenção federal, prevalece a ponderação sobre a necessidade de atendimento de outras necessidades públicas, em detrimento do pagamento de valores individuais.

A despeito disso, note-se que a situação de alguns entes da Federação quanto à quitação efetiva de seus precatórios é, para dizer o mínimo, preocupante. Um olhar geral para a dívida pública composta de precatórios em nível estadual mostra um passivo de R$ 69,70 bilhões, dos quais mais de R$ 60 bilhões referem-se a precatórios posteriores a 05/05/2000,[12] já vencidos e não pagos. Se estendermos essa pesquisa para estados e municípios, o montante chega a R$ 110,93 bilhões.[13]

---

[10] TJ-SP – Intervenção em Município: 994092229960 SP, Relator(a): Artur Marques, Órgão Especial, julgamento em 17/11/2010, publicado em 09/12/2010; destaques não contidos no original.

[11] TJ-PR – Pedido de Intervenção Estadual: 5271263 PR 0527126-3, Relator(a): José Marcos de Moura, 5ª Câmara Cível em Composição Integral, julgamento em 08/02/2011, *DJ* 576.

[12] Esse marco temporal se justifica diante do fato de que apenas os precatórios emitidos após essa data integram a dívida pública consolidada, nos termos do artigo 30, § 7º da LRF.

[13] Informações obtidas em: <http://www.tesourotransparente.gov.br/historias/visao-integrada-das-dividas-da-uniao-dos-estados-do-distrito-federal-e-dos-municipios>. Acesso em: 18 jun. 2019.

Esses valores, por si só, mostram a impossibilidade fática de quitação dos débitos, o que, porém, não justifica o descaso dos entes. Daí, portanto, a importância dos regimes especiais, que serão tratados a seguir, na tentativa de solucionar esse impasse.

Superadas essas considerações iniciais, o próximo item se ocupará de apresentar o debate sobre a atualização monetária e incidência de juros sobre os precatórios para, depois, seguirmos para a análise das diversas emendas constitucionais que alteraram o artigo 100 da Constituição.

5.2 ATUALIZAÇÃO MONETÁRIA E INCIDÊNCIA DE JUROS NO PAGAMENTO DE PRECATÓRIOS: DEBATES E EVOLUÇÃO

O debate sobre a incidência de juros de mora e critérios de atualização monetária por ocasião do pagamento de precatórios tem sido motivado pelos constantes atrasos e regimes de prorrogação de pagamento sucessivamente presentes no ordenamento brasileiro.

A redação original do artigo 100 sobre esse tema teve vigência até a Emenda Constitucional nº 62/2009 e determinava a atualização monetária dos valores por ocasião do pagamento.[14] Não havia menção a juros de mora devidos porque, em tese, seria cumprido o prazo de pagamento estipulado no dispositivo: inclusão no orçamento até dia 1º de julho, para pagamento até o final do exercício seguinte. Não seria hipótese, portanto, de mora. Nesse sentido, firmou-se a jurisprudência do Supremo Tribunal Federal:

> Efetivamente, o próprio texto constitucional determinava o prazo para pagamento do precatório, qual seja, até o final do exercício seguinte. Assim, somente no caso de seu descumprimento poder-se-ia falar em mora e, em consequência, nos juros a ela relativos, como penalidade pelo atraso no pagamento. Assim, o entendimento que se firmou no julgamento do RE 305.186/SP, Primeira Turma, sessão de 17-9-2002, rel. min. Ilmar Galvão, foi o de que "não são devidos juros moratórios no período compreendido entre a data de expedição e a data do efetivo pagamento de precatório judicial, no prazo constitucionalmente estabelecido, à vista da não caracterização, na espécie, de inadimplemento por parte do poder público" (RE 298.616, voto do Rel. Min. Gilmar Mendes, Tribunal Pleno, julgamento em 31/10/2002, *DJ* de 03/10/2003).

Na mesma direção, foi firmada a **Súmula Vinculante nº 17**: "Durante o período previsto no § 1º do artigo 100 da Constituição, não incidem juros de mora sobre os

---

[14] Tratava-se do § 1º do artigo 100 da Constituição, cuja redação original era a seguinte "§ 1º É obrigatória a inclusão, no orçamento das entidades de direito público, de verba necessária ao pagamento de seus débitos constantes de precatórios judiciários, apresentados até 1º de julho, data em que terão atualizados seus valores, fazendo-se o pagamento até o final do exercício seguinte". Em 2000, com a publicação da Emenda Constitucional nº 30, o dispositivo foi alterado, mas sem mudanças substantivas em seu teor. Ou seja, a atualização monetária seria feita por ocasião do pagamento, sem qualquer menção aos juros de mora. Confira-se: "§ 1º É obrigatória a inclusão, no orçamento das entidades de direito público, de verba necessária ao pagamento de seus débitos oriundos de sentenças transitadas em julgado, constantes de precatórios judiciários, apresentados até 1º de julho, fazendo-se o pagamento até o final do exercício seguinte, quando terão seus valores atualizados monetariamente".

precatórios que nele sejam pagos". Ou seja: uma vez expedido o precatório, deve o credor aguardar o pagamento dos valores até o fim do ano seguinte, contando apenas com a **expectativa de correção monetária dos valores**, mas não com a inclusão de juros de mora, já que a Administração se encontra dentro do prazo normal para a quitação de sua dívida.

Contudo, em razão dos sucessivos e reiterados atrasos no pagamento dos precatórios, somados a aprovações de regimes especiais, que postergavam ainda mais o recebimento do crédito, a incidência de juros de mora durante o período de "espera" do pagamento dos precatórios foi suscitada perante o Supremo Tribunal Federal, pela apresentação da proposta de revisão da Súmula Vinculante nº 17. Nos termos do PSV 59, de 2011, a nova redação seria a seguinte:

> Durante o período previsto no parágrafo primeiro do artigo 100 da Constituição, não incidem juros de mora, voltando a correr a partir do vencimento do precatório, caso não pago dentro daquele período.

Na mesma linha, em 2014, foi apresentado outro pedido de revisão (PSV 111), para que a súmula contemplasse a incidência de juros de mora, ao menos após a promulgação da Emenda Constitucional nº 62/2009. Confira-se:

> Após o advento da Emenda Constitucional nº 62/2009 incidem juros de mora e correção monetária sobre os débitos da fazenda pública, desde sua expedição até seu efetivo pagamento.

Contudo, nenhuma das propostas chegou a ser analisada no mérito pelo Supremo Tribunal Federal. Isso porque, em 2017, foi julgado o Recurso Extraordinário nº 579.431,[15] em regime de repercussão geral, que decidiu pela incidência de juros de mora no período compreendido entre a **data da realização dos cálculos** e a **requisição** do precatório.

No início de 2019, a Corte Especial do Superior Tribunal de Justiça reviu posicionamento anteriormente firmado em sede de recurso repetitivo, para adequar sua orientação à tese estabelecida pelo Supremo Tribunal Federal. Confira-se:

> 1. Esta Corte Especial, por ocasião do julgamento do REsp 1.143. 677/RS (DJe 4.2.2010), sob a Relatoria do ilustre Ministro LUIZ FUX, fixou a tese (Tema Repetitivo 291/STJ) no sentido de que não incidem juros moratórios entre a elaboração dos cálculos e o efetivo pagamento da Requisição de Pequeno Valor-RPV. Transcorridos aproximadamente sete anos, o Supremo Tribunal Federal, em 19.4.2017, julgou o Recurso Extraordinário 579.431/RS, sob a relatoria do ilustre Ministro MARCO AURÉLIO (DJe 30.6.2017), com Repercussão Geral reconhecida, quando fixou a tese de que incidem os juros da mora no período compreendido entre a data da realização dos cálculos e a da requisição ou do precatório (Tema 96/STF da Repercussão Geral). As duas orientações são claramente opostas, como se vê sem esforço. A partícula não no início do Tema Repetitivo 291/STJ não deixa margem à dúvida.

---

[15] RE 579431, Relator(a): Min. Marco Aurélio, Tribunal Pleno, julgamento em 19/04/2017, acórdão eletrônico, repercussão geral, mérito DJe-145 divulg 29-06-2017 public 30/06/2017.

2. Considerando os princípios da segurança jurídica, da proteção da confiança e da isonomia, nos termos do art. 927, § 4º do Código Fux, é patente e evidente a necessidade de revisão do entendimento consolidado no enunciado de Tema Repetitivo 291/STJ, a fim de adequá-lo à nova orientação fixada pelo egrégio Supremo Tribunal Federal quando do julgamento do RE 579.431/RS (Repercussão Geral – Tema 96/STF).
3. Nova redação que se dá ao enunciado de Tema Repetitivo 291/STJ: incidem os juros da mora no período compreendido entre a data da realização dos cálculos e a da requisição ou do precatório.
4. Questão de ordem acolhida a fim de dar nova redação ao Tema 291/STJ, em conformidade com Parecer favorável do MPF e em estrita observância da redação conferida ao tema pelo STF.
(QO no REsp 1665599/RS, Rel. Min. Napoleão Nunes Maia Filho, Corte Especial, julgamento em 20/03/2019, *DJe* 02/04/2019)

Ao lado do debate relativo ao direito de recebimento dos juros de mora e da atualização monetária, há um outro, igualmente relevante: uma vez que a atualização e juros são devidos, há de se definir quais são as taxas aplicáveis. Em 2009, a Lei nº 11.960 alterou a Lei nº 9.494/1997 para dispor, em seu artigo 1º-F:

Art. 1º-F. Nas condenações impostas à Fazenda Pública, independentemente de sua natureza e para fins de atualização monetária, remuneração do capital e compensação da mora, haverá a incidência uma única vez, até o efetivo pagamento, dos índices oficiais de remuneração básica e juros aplicados à caderneta de poupança.

O dispositivo em tudo se aplica aos precatórios, com uma mudança relevante no intervalo de incidência dos juros e da atualização monetária: os índices incidirão até o efetivo **pagamento**. Quanto ao índice aplicado, retome-se a observação realizada linhas acima: nos termos do artigo 3º da EC 113/2021, a referência para esses casos passa a ser a taxa SELIC acumulada mensalmente.

Voltando-se à disciplina do marco que deve ser considerado para o cômputo da atualização monetária ou pagamento de juros, deve-se notar que a redação do art. 1º-F da Lei nº 9.494/1997 é coerente com a disciplina da Emenda Constitucional nº 62/2009, que alterou o artigo 100 para dispor, no § 5º que a atualização monetária se daria por ocasião do **pagamento** do precatório, além de ser mais justa perante o cidadão que, por vezes, aguarda anos até o recebimento da quantia. A mesma lógica foi repetida nas alterações promovidas pela EC 114/2021, apenas com a modificação quanto ao prazo-limite para a apresentação do precatório para o pagamento no exercício seguinte: conforme visto, passou-se do dia 1º de julho para o dia 2 de abril de cada ano:

§ 5º É obrigatória a inclusão no orçamento das entidades de direito público de verba necessária ao pagamento de seus débitos oriundos de sentenças transitadas em julgado constantes de precatórios judiciários apresentados até 2 de abril, fazendo-se o pagamento até o final do exercício seguinte, quando terão seus valores atualizados monetariamente.

A despeito disso, contudo, outra discussão assumiu o lugar daquela relativa ao fato de a atualização e juros serem devidos ou não. Conforme mencionado linhas acima, a Lei nº 11.960/2009 determinou que a correção e o pagamento de juros se dessem via índices oficiais da caderneta de poupança. Na mesma linha, seguiu a Emenda Constitucional nº 62/2009:

> Art. 100, § 12 A partir da promulgação desta Emenda Constitucional, a atualização de valores de requisitórios, após sua expedição, até o efetivo pagamento, independentemente de sua natureza, será feita pelo índice oficial de remuneração básica da caderneta de poupança, e, para fins de compensação da mora, incidirão juros simples no mesmo percentual de juros incidentes sobre a caderneta de poupança, ficando excluída a incidência de juros compensatórios.

O uso de tais índices foi questionado no Supremo Tribunal Federal pelas ADIs 4.357 e 4.425, que debateram a constitucionalidade da Emenda Constitucional nº 62/2009. No julgamento das ações, o STF decidiu ser inconstitucional a fixação dos **juros** com base nos índices da caderneta de poupança **apenas para os precatórios de natureza tributária**. E o mesmo se diga do artigo 1º-F da Lei nº 9.494/1997, introduzido pela Lei nº 11.960/2009, que faz referência aos mesmos índices – em razão da manifesta inconstitucionalidade, eles não seriam aplicáveis. Tal compreensão é coerente com o princípio da isonomia: a forma de pagamento dos créditos não importa para a definição dos juros de mora; todos os créditos da Fazenda devem ser remunerados igualmente.

O tema foi retomado por ocasião do RE 870.947, tendo sido a orientação do Supremo reafirmada nesse mesmo sentido por ocasião do julgamento de mérito do recurso, que teve sua repercussão geral reconhecida (tema 810).[16] Confira-se trecho do voto do Ministro Luiz Fux, que conduziu o julgado:

> 1. Quanto aos juros moratórios incidentes sobre condenações oriundas de relação jurídico-tributária, devem ser aplicados os mesmos juros de mora pelos quais a Fazenda Pública remunera seu crédito tributário, em respeito ao princípio constitucional da isonomia (CRFB, art. 5º, *caput*);
>
> 2. Quanto aos juros moratórios incidentes sobre condenações oriundas de relação jurídica não tributária, devem ser observados os critérios fixados pela legislação infraconstitucional, notadamente os índices oficiais de remuneração básica e juros aplicados à caderneta de poupança, conforme dispõe o art. 1º-F da Lei nº 9.494/97, com a redação dada pela Lei nº 11.960/09.

No que se refere aos índices de **atualização monetária** dos demais débitos, no julgamento das ADIs 4.357 e 4.425, entendeu-se pela constitucionalidade do uso da Taxa Referencial (TR), que remunera as cadernetas de poupança apenas até o momento de requisição do precatório. Depois, **no intervalo entre a requisição e o efetivo pagamento, a incidência da TR foi afastada e considerada inconstitucional** porque não refletiria a perda do valor monetário do crédito:

---

16   O julgamento ocorreu em 20/09/2017, mas houve a oposição de embargos de declaração para fins de modulação dos efeitos do julgado, como se verá a seguir.

> 5. O direito fundamental de propriedade (CF, art. 5º, XXII) resta violado nas hipóteses em que a atualização monetária dos débitos fazendários inscritos em precatórios perfaz-se segundo o índice oficial de remuneração da caderneta de poupança, na medida em que este referencial é manifestamente incapaz de preservar o valor real do crédito de que é titular o cidadão. É que a inflação, fenômeno tipicamente econômico-monetário, mostra-se insuscetível de captação apriorística (*ex ante*), de modo que o meio escolhido pelo legislador constituinte (remuneração da caderneta de poupança) é inidôneo a promover o fim a que se destina (traduzir a inflação do período). [...]
>
> 7. O art. 1º-F da Lei nº 9.494/97, com redação dada pela Lei nº 11.960/09, ao reproduzir as regras da EC nº 62/09 quanto à atualização monetária e à fixação de juros moratórios de créditos inscritos em precatórios incorre nos mesmos vícios de juridicidade que inquinam o art. 100, § 12, da CF, razão pela qual se revela inconstitucional por arrastamento, na mesma extensão dos itens 5 e 6 *supra*.

Como resultado desse posicionamento, o Supremo Tribunal Federal decidiu que os créditos inscritos para pagamento via precatório após 25/03/2015, data de julgamento das ADIs, seriam corrigidos via IPCA-E – Índice oficial de Preços ao Consumidor Amplo Especial.

Debate semelhante se desenrolou no julgamento do RE 870.947, que, também nesse ponto, reforçou a compreensão firmada nas ADIs e afastou a incidência da TR no intervalo entre a requisição e o efetivo pagamento, reafirmando a incidência do IPCA-E. Confira-se as teses firmadas por ocasião do julgamento do mérito do recurso:

> 1) O art. 1º-F da Lei nº 9.494/97, com a redação dada pela Lei nº 11.960/09, na parte em que disciplina os juros moratórios aplicáveis a condenações da Fazenda Pública, é inconstitucional ao incidir sobre débitos oriundos de relação jurídico-tributária, aos quais devem ser aplicados os mesmos juros de mora pelos quais a Fazenda Pública remunera seu crédito tributário, em respeito ao princípio constitucional da isonomia (CRFB, art. 5º, *caput*); quanto às condenações oriundas de relação jurídica não tributária, a fixação dos juros moratórios segundo o índice de remuneração da caderneta de poupança é constitucional, permanecendo hígido, nesta extensão, o disposto no art. 1º-F da Lei nº 9.494/97 com a redação dada pela Lei nº 11.960/09; e 2) O art. 1º-F da Lei nº 9.494/97, com a redação dada pela Lei nº 11.960/09, na parte em que disciplina a atualização monetária das condenações impostas à Fazenda Pública segundo a remuneração oficial da caderneta de poupança, revela-se inconstitucional ao impor restrição desproporcional ao direito de propriedade (CRFB, art. 5º, XXII), uma vez que não se qualifica como medida adequada a capturar a variação de preços da economia, sendo inidônea a promover os fins a que se destina.

Note-se que o conteúdo do artigo 1º-F da Lei nº 9.494/1997 é mais amplo que a disciplina da EC 62/2009, analisada pelo Supremo Tribunal Federal no julgamento das ADIs nº 4357 e nº 4425. Isso porque o dispositivo prevê que toda condenação imposta à Fazenda Pública, independentemente da natureza, deve ser corrigida, **uma única vez, até o efetivo pagamento**, pelos índices oficiais da caderneta de poupança. Resta, portanto, a decidir se no período anterior à expedição do precatório e à condenação da Fazenda Pública (que estaria compreendido entre a data de ajuizamento da ação e a condenação) seria possível aplicar a TR. Daí, portanto, a ausência de sobreposição ou contradição entre o RE e as ADIs. Nesse sentido, inclusive, há manifestação expressa do Ministro Luiz Fux, no julgamento das ADIs acima mencionadas:

Mas eu vou esclarecer que nós só declaramos a inconstitucionalidade da Lei nº 9.494/1997 na parte que ela se relaciona aos precatórios. Nós não julgamos a inconstitucionalidade da Lei nº 9.494/1997 com relação à atualização monetária e os juros entre a data do ajuizamento da ação até a condenação do Poder Público. Esse lapso de tempo não foi julgado. A constitucionalidade da lei, nesse lapso de tempo, não foi julgada. Então, tudo será respondido no recurso extraordinário.

Sendo assim, após o julgamento do mérito do RE 870.947, que reconheceu a inconstitucionalidade do artigo 1º-F da Lei nº 9.494/1997, na redação dada pela Lei nº 11.960/2009, para declarar a inaplicabilidade da TR inclusive antes da expedição do precatório, embargos de declaração foram opostos por 18 estados da Federação, mais o Distrito Federal, e também pela Confederação Nacional dos Servidores Públicos, pela Associação Nacional dos Servidores do Poder Judiciário e pelo Instituto Nacional do Seguro Social (INSS). O objetivo era obter a modulação dos efeitos dessa decisão.

O relator do recurso, Ministro Luiz Fux, proferiu voto propondo que "[...] em relação aos provimentos judiciais que não transitaram em julgado, seja estabelecido como marco temporal inicial dos efeitos o dia 25/03/2015, data a partir da qual os créditos passariam a ser corrigidos pela IPCA-E, conforme decidido nas ADIs 4357 e 4425". Além disso, negou qualquer modulação em relação aos débitos fazendários que, "mesmo antes de 25/03/2015, já foram atualizados pelo IPCA-E (não é o caso dos débitos da União Federal) e salientou que o acórdão do RE 870.947 não alcança os provimentos judiciais condenatórios que transitaram em julgado, cujos critérios de pagamento deverão ser mantidos".[17] O entendimento foi acompanhado pelo Ministro Luís Roberto Barroso.

Nas sessões de julgamento subsequentes, seis Ministros posicionaram-se contrariamente à modulação de efeitos, tendo o último desses votos sido proferido em sessão de 20/03/2018 pelo Ministro Alexandre de Moraes, seguido do pedido de vista do Ministro Gilmar Mendes. Recentemente, o julgamento foi encerrado, com julgamento desfavorável à modulação de efeitos. Nos termos da ementa:[18]

> As razões de segurança jurídica e interesse social que se pretende prestigiar pela modulação de efeitos, na espécie, são inteiramente relacionadas ao interesse fiscal das Fazendas Públicas devedoras, o que não é suficiente para atribuir efeitos a uma norma inconstitucional.

Por fim, vale destacar ainda a ADI 5.348, que, posteriormente ao julgamento do mérito do RE 870.947, reconheceu a inconstitucionalidade do artigo 1º-F da Lei 9.494/1997, em razão de "restrição desproporcional ao direito fundamental de propriedade".[19]

---

[17] Cf. SUSPENSA análise de embargos sobre correção monetária nas condenações contra a Fazenda Pública. *Notícias STF*, 20 mar. 2019. Disponível em: <http://www.stf.jus.br/portal/cms/verNoticiaDetalhe.asp?idConteudo=406351>. Acesso em: 17 jun. 2019.

[18] RE 870947 ED, Tribunal Pleno, Relator(a) Luiz Fux, Relator(a) p/ acórdão Alexandre de Moraes, julgado em 03/10/2019, *DJe*-019, Divulg. 31/01/2020, Public. 03/02/2020.

[19] Ação direta de inconstitucionalidade. Art. 1º-F da lei n. 9.494/1997, alterado pela Lei n. 11.960/2009. Índice de remuneração da caderneta de poupança como critério de correção monetária em con-

Portanto, diante dessa sucessão de julgamentos, é possível dizer que **a TR não é índice apto a remunerar os precatórios**, por não refletir, ao longo do tempo, a perda do valor da moeda, corroída pela inflação. **O IPCA-E** é o índice que deve ser utilizado, tanto antes da expedição quanto entre a expedição e o pagamento efetivo. Quanto aos **juros**, seguem aplicáveis os índices da caderneta de **poupança, feita exceção aos débitos tributários**, que se beneficiarão da **taxa SELIC**, nos termos da novel redação do artigo 3º da EC 113/2021.

Os próximos itens se ocuparão de apresentar as diversas emendas constitucionais que alteraram o regime de pagamento dos precatórios ao longo dos anos de vigência da Constituição de 1988.

5.3 DISCIPLINA ATUAL DOS PRECATÓRIOS: EMENDAS CONSTITUCIONAIS 114/2021, 113/2021, 99/2017, 94/2016 E 62/2009

Em dezembro de 2021, foram publicadas as Emendas Constitucionais 113 e 114, que alteraram parte da disciplina dos precatórios. A aprovação de ambas as emendas foi fundamental para o Poder Executivo federal, na medida em que possibilitou abertura de espaço fiscal, com a postergação do pagamento de precatórios devidos pela União: seriam "R$ 43,56 bilhões em dívidas de grande porte", das quais "R$ 39,48 bilhões estão dentro do teto de gastos e vinculados à seguridade social e ao Auxílio Brasil e R$ 4,08 bilhões estão fora do teto, sem nenhuma restrição".[20]

Em linhas gerais, **o regramento geral permaneceu o mesmo**: diante de uma sentença condenatória transitada em julgado, o juiz da execução irá solicitar, ao Presidente do Tribunal respectivo, que requisite ao Poder Executivo a inclusão, no orçamento, de verba necessária ao pagamento do débito. As solicitações recebidas no Tribunal até **2 de abril** devem ser incluídas na proposta orçamentária do exercício seguinte, e o depósito judicial das quantias realizado até o final desse ano. Tendo sido as verbas liberadas, o Presidente do Tribunal determinará o pagamento dos precatórios, obedecida a ordem cronológica de recebimento das solicitações e também as preferências constitucionais. Esse regime de pagamento não se aplica aos créditos de pequeno valor, segundo determina o artigo 100, § 3º, da Constituição, na redação dada pela EC 62/2009, sem alterações pelas novas emendas.

---

denações da fazenda pública. Inconstitucionalidade. 1. Este Supremo Tribunal declarou inconstitucional o índice de remuneração da caderneta de poupança como critério de correção monetária em condenações judiciais da Fazenda Pública ao decidir o Recurso Extraordinário n. 870.947, com repercussão geral (Tema 810). 2. Assentou-se que a norma do art. 1º-F da Lei n. 9.494/1997, pela qual se estabelece a aplicação dos índices oficiais de remuneração da caderneta de poupança para atualização monetária nas condenações da Fazenda Pública, configura restrição desproporcional ao direito fundamental de propriedade. 3. Ação direta de inconstitucionalidade julgada procedente. (ADI 5348, Relator Cármen Lúcia, Tribunal Pleno, julgado em 11/11/2019).

[20] Agência Brasil. *Entenda as novas regras para pagamento de precatórios – Texto libera quase R$ 110 bilhões em gastos no próximo ano*. 26/12/2021. Disponível em: <https://agenciabrasil.ebc.com.br/politica/noticia/2021-12/o-que-muda-com-pec-dos-precatorios>. Acesso em: 9 fev. 2022.

As regras de atualização monetária dos precatórios foram mantidas nos termos da EC 62/2009 (art. 100, § 12): a **atualização valores** após a expedição e até o pagamento efetivo se dará pelo **índice oficial de remuneração básica da caderneta de poupança**. Na hipótese de **mora**, incidiriam os juros devidos sobre a **caderneta de poupança**, excluídos os juros remuneratórios. Conforme visto linhas acima, de acordo com o entendimento do Supremo Tribunal Federal, no julgamento das ADIs nº 4.357 e nº 4.425, a atualização monetária via TR não é suficiente para compor a perda do valor da moeda, devendo, portanto, ser aplicado o IPCA-E. Quanto aos juros de mora, permanecem aplicáveis as taxas da caderneta de poupança, salvo se se tratar de dívida tributária – nesse caso, nos termos do artigo 3º da EC 113/2021, "haverá a incidência, uma única vez, até o efetivo pagamento, do índice da taxa referencial do Sistema Especial de Liquidação e de Custódia (Selic), acumulado mensalmente".

De todo modo, ainda que o regramento geral permaneça o mesmo, as últimas emendas constitucionais que trataram do tema (EC 114/2021, 113/2021 e 62/2009) trouxeram inovações relevantes especialmente no que se refere à forma de pagamento dos precatórios: a EC 62/2009 criou regime especial com métodos alternativos de pagamento, novas regras de preferência e alterações na forma de atualização dos valores, ao passo em que as ECs 113/2021 e 114/2021 criaram regras para limitar o comprometimento do orçamento com precatórios, previram novas regras de preferência e alteraram a data-limite para o recebimento de precatórios e subsequente inclusão no orçamento.

Diversos dos pontos da EC 62/2009 foram objetos de questionamento no Supremo Tribunal Federal, no contexto das ADIs 4.425, 4.400, 4.372 e 4.357. O julgamento do mérito foi finalizado em 14/03/2013 e a questão de ordem relativa ao pedido de modulação dos efeitos da decisão foi julgada em 25/03/2015. O detalhamento de ambas as decisões será realizado a seguir, ocasião em que os detalhes da EC serão, igualmente, explorados. As novidades trazidas pelas emendas constitucionais mais recentes, 113 e 114, serão abordadas no item subsequente, relativo ao regime vigente de pagamento de precatórios.

5.3.1 Arguições de inconstitucionalidade da EC 62/2009

A EC 62/2009 foi objeto de questionamento no Supremo Tribunal Federal pelas ADIs 4.425, 4.400, 4.372 e 4.357, que posteriormente foram reunidas para julgamento em conjunto, em 16 de junho de 2011. Nessa ocasião, após o voto do Ministro Ayres Britto, relator da matéria, rejeitando as preliminares e conhecendo, em parte, da ADI 4.372, o julgamento dos feitos foi suspenso. A retomada se deu apenas em 7 de outubro de 2011, quando o Relator então decidiu pela inconstitucionalidade da EC 62/2009, tendo sido o julgamento novamente suspenso pelo pedido de vista do Ministro Luiz Fux.

Após a apresentação de seu voto, em 6 de março de 2013, o julgamento prosseguiu, momento no qual a Corte rejeitou, por maioria, a alegação de vício formal, vencidos os Ministros Ayres Britto, Marco Aurélio, Celso de Mello e Joaquim Barbosa. No dia 14 de março de 2013, o STF finalmente decidiu pela parcial procedência das ADIs, por maioria, nos termos do voto do Ministro Relator Ayres Britto. Em resumo, a EC 62/2009 foi declarada **inconstitucional** em diversos pontos.

Inicialmente, o Tribunal reconheceu como ofensiva ao princípio da isonomia a redação do artigo 100, § 2º da Constituição, que estabelecia limitação financeira ao direito de preferência do pagamento de precatórios alimentares aos titulares com **60 anos** ou mais **na data de expedição do precatório**. De acordo com o dispositivo, indivíduos nessa situação, ou portadores de doenças graves, somente teriam preferência até o valor equivalente ao triplo daqueles créditos considerados como de pequeno valor. O montante que superasse tal teto seria pago na ordem cronológica de apresentação do precatório.

Segundo o Supremo Tribunal Federal, o balizamento temporal para preferência no pagamento não pode se dar na data de expedição do precatório, sob pena de se estabelecer distinção indevida entre "cidadãos credores da Fazenda Pública, ao discriminar, sem qualquer fundamento, aqueles que venham a alcançar a idade de sessenta anos não no momento da expedição do precatório, mas sim posteriormente, enquanto pendente este e ainda não ocorrido o pagamento".

Posteriormente, com a publicação da Emenda Constitucional nº 94/2016, tal limitação foi revogada e, assim, suprimida a expressão "na data da expedição do precatório". Como se verá nas linhas abaixo, a redação atual do artigo 100, § 2º, é a seguinte:

> § 2º Os débitos de natureza alimentícia cujos titulares, originários ou por sucessão hereditária, tenham 60 (sessenta) anos de idade, ou sejam portadores de doença grave, ou pessoas com deficiência, assim definidos na forma da lei, serão pagos com preferência sobre todos os demais débitos, até o valor equivalente ao triplo fixado em lei para os fins do disposto no § 3º deste artigo, admitido o fracionamento para essa finalidade, sendo que o restante será pago na ordem cronológica de apresentação do precatório.

Ainda no julgamento das ADIs, houve o reconhecimento da inconstitucionalidade dos §§ 9º e 10 do artigo 100 da Constituição, que estabeleciam a **compensação, de ofício e independentemente de regulamentação, entre precatórios e débitos tributários do credor.** Ou seja, caso o credor tivesse um débito pendente perante o ente devedor, tais valores seriam automaticamente abatidos do montante final a ser pago via precatórios.

Segundo o Supremo Tribunal Federal, tal prática mostra-se eivada de inconstitucionalidade, por duas razões centrais. De um lado, o dispositivo reconhece a concessão indevida de benefícios processuais à Fazenda Pública, em nítida ofensa à igualdade, e, de outro, desrespeita a coisa julgada e a separação de poderes, na medida em que a Administração dispõe de outros meios eficazes para cobrança de seus créditos, sendo vedado o uso de meios coercitivos indiretos para cobrança de tributos.

Além disso, ainda no bojo das ADIs, como já mencionado linhas acima, reconheceu-se a inconstitucionalidade da **utilização do índice oficial da caderneta de poupança** como fator de atualização dos precatórios, contemplado nos artigos 100, § 12, da Constituição, e 97, § 1º, inciso II, e § 16 do ADCT, pelo fato de tal índice não refletir propriamente a perda do valor aquisitivo da moeda e, assim, estabelecer uma relação de desigualdade entre Fazenda e cidadão. O índice a ser utilizado é o IPCA-E, que melhor reflete a desvalorização da moeda ao longo dos anos.

Finalmente, declarou-se a inconstitucionalidade do **regime especial criado pelo artigo 97 do ADCT e referido no artigo 100, § 15, da Constituição. Nos termos de tais dispositivos, os estados, o Distrito Federal e os municípios teriam o** prazo de quinze anos para cumprimento das decisões judiciais, podendo, por ocasião do pagamento dos precatórios, valer-se de acordos diretos e leilões. Para o Supremo, as alterações ofendem os princípios da moralidade administrativa, da separação de poderes, do livre acesso ao Judiciário e da razoável duração do processo. A manifestação do Ministro Luiz Fux, por ocasião do julgamento,[21] é exemplar:

> O que salta aos olhos na análise da constitucionalidade da EC nº 62/09 é a extrema facilidade e criatividade com que se formulam soluções que preservam – quando não verdadeiramente premiam – a Fazenda Pública devedora, onerando, em contrapartida, exclusivamente os seus credores. Por mais contraditório que isto possa parecer: em matéria de precatórios no Brasil, quem sempre paga a conta é o credor. E o pior: não é esta a primeira vez (relembrem-se as moratórias do art. 33 e do art. 78 do ADCT). Não há por que acreditar que agora esta seja a solução [...].

Tendo-se em vista os parcelamentos em curso e os já realizados sob os comandos da EC 62/2009, os procuradores estaduais e municipais requereram a **modulação dos efeitos da decisão**, cujo julgamento ocorreu em 25/03/2015. Com a votação do pedido de modulação, o STF definiu os efeitos a serem conferidos à decisão que reconheceu inconstitucionalidades na EC 62/2009.

Considerando a existência de pagamentos já realizados e ainda em curso sob as regras da EC 62/2009, o Supremo decidiu pela **manutenção** da vigência do regime especial por cinco exercícios financeiros a contar de 1º de janeiro de 2016 – ou seja, **até 01/01/2021**. Durante este período, também ficam **mantidas** a **vinculação de percentuais mínimos de receita corrente líquida** ao pagamento de precatórios, nos termos do artigo 97, § 10, do ADCT, cujo teor será detalhado a seguir, bem como as **sanções** para o caso de não liberação tempestiva dos recursos destinados ao pagamento de precatórios, conforme o mesmo dispositivo.

Ademais, o STF conferiu **eficácia prospectiva** à declaração de inconstitucionalidade de alguns pontos da EC, fixando como marco inicial a data da conclusão do julgamento da questão de ordem, dia 25/03/2015. Sendo assim, manteve a **validade dos precatórios expedidos ou pagos até esta data**, que observaram as seguintes regras:

I) Aplicação do índice oficial de remuneração básica da caderneta de poupança (TR);
II) Aplicação do IPCA-E aos precatórios expedidos no âmbito da administração pública federal, que tiveram respaldo nos artigos 27 das Leis nos 12.919/2013 e 13.080/2015; e
III) Formas alternativas de pagamento, com destaque para a validade das compensações, leilões e pagamentos à vista por ordem crescente de crédito previstos na EC 62/2009.

---

[21] ADI 4.357, voto do Ministro Luiz Fux, p. 123.

A partir da data da decisão, portanto:

I) Os créditos em precatórios deverão ser corrigidos pelo IPCA-E e os precatórios tributários deverão observar os mesmos critérios de correção dos créditos tributários da Fazenda Pública;
II) Não é mais possível realizar a quitação de precatórios por formas alternativas de pagamento; e
III) Fica mantida a possibilidade de realização de acordos diretos, desde que observada a ordem de preferência dos credores e nos termos da lei da entidade devedora, com redução máxima de 40% do valor do crédito atualizado.

Por fim, definiu o Supremo pela validade da delegação do Conselho Nacional de Justiça para que apresente proposta legislativa com objetivo de disciplinar a utilização compulsória de 50% dos valores depositados judicialmente para o pagamento de precatórios e a possibilidade de compensação de precatórios vencidos, próprios ou de terceiros, com o estoque de créditos inscritos em dívida ativa até 25/03/2015, por opção do credor do precatório. Além disso, deve o CNJ monitorar e supervisionar o pagamento dos precatórios na forma da decisão do STF.

Com a finalização do julgamento da questão de ordem que requeria a modulação dos efeitos da decisão proferida nas ADIs acima mencionadas, é possível ter um panorama mais claro dos pontos atualmente válidos do regime instituído pela EC 62/2009. Contudo, mais recentemente, foi promulgada a EC 94/2016, que teve por objetivo adequar o regime da EC 62/2009 à decisão do Supremo, tomada em 25/03/2015, ao lado da publicação da EC 99/2017.

Sendo assim, as linhas seguintes irão se ocupar de descrever a sistemática **atualmente vigente** de pagamento de precatórios, que congrega tanto as determinações trazidas pela EC 62/2009 que não foram afastadas pelo STF, quanto as novas regras criadas pela EC 94/2016 e pela EC 99/2017 e, ainda, a disciplina mais recente das ECs 113/2021 e 114/2021.

5.3.2 Regime vigente de pagamento dos precatórios

Conforme mencionado, a despeito das alterações, a lógica por detrás do uso de precatórios para pagamentos dos débitos da Fazenda Pública permanece a mesma: (i) requisição, via Presidente do Tribunal, de inclusão da verba na qual a administração foi condenada, no orçamento do ente e (ii) pagamento dos valores segundo a ordem cronológica de recebimento das solicitações, consideradas, também, as preferências constitucionais. Tendo-se esse modelo geral em mente, cumpre analisar as alterações das ECs em destaque, para fins de apresentar o regime atualmente em vigor.

Em primeiro lugar, cabe tratar da **preferência** dos créditos de **natureza alimentícia**, disciplinada nos §§ 1º e 2º do artigo 100. Esses créditos obedecerão a uma cronologia própria e serão pagos com precedência sobre créditos gerais. Porém, **dentro dos créditos de natureza alimentícia se estabeleceu uma prioridade na ordem de pagamento** (uma "superpreferência", na linguagem usada pelo STF no julgamento das ADIs): serão pagos com preferência sobre todos os demais créditos aqueles de natureza alimentícia cujos titulares tenham **60 anos ou mais, além de portadores de doença grave ou pessoas com deficiência, conforme definição legal**. O conjunto de débitos que serão considerados de natureza alimentícia está definido no § 1º do artigo 100 (redação da EC 62/2009):

> § 1º Os débitos de natureza alimentícia compreendem aqueles decorrentes de salários, vencimentos, proventos, pensões e suas complementações, benefícios previdenciários e indenizações por morte ou por invalidez, fundadas em responsabilidade civil, em virtude de sentença judicial transitada em julgado, e serão pagos com preferência sobre todos os demais débitos, exceto sobre aqueles referidos no § 2º deste artigo.

Essa preferência está limitada ao <u>triplo do montante do crédito de pequeno valor</u>, admitido o fracionamento para esses fins, devendo o restante ser pago na ordem cronológica regular. Recorde-se que o Supremo Tribunal Federal, ao analisar o artigo 100, § 2º, nos termos em que instituído pela EC 62/2009, decidiu que haveria preferência para aqueles que tivessem mais de sessenta anos antes ou depois da expedição do precatório. Em razão disso, o dispositivo foi alterado pela EC 94/2016 para contemplar a interpretação do Supremo. Confira-se:

> § 2º Os débitos de natureza alimentícia cujos titulares, originários ou por sucessão hereditária, tenham 60 (sessenta) anos de idade, ou sejam portadores de doença grave, ou pessoas com deficiência, assim definidos na forma da lei, serão pagos com preferência sobre todos os demais débitos, até o valor equivalente ao triplo fixado em lei para os fins do disposto no § 3º deste artigo, admitido o fracionamento para essa finalidade, sendo que o restante será pago na ordem cronológica de apresentação do precatório.

A EC 114/2021, de seu turno, detalhou a ordem de pagamento, subdividindo ainda mais a preferência dos créditos de natureza alimentícia. Nos termos do § 8º do artigo 107-A do ADCT, em primeiro lugar serão pagas as obrigações definidas como de pequeno valor, nos termos do artigo 100, § 3º da Constituição. Os créditos alimentares, que serão quitados na sequência, observarão a seguinte ordem: (i) em primeiro lugar, os precatórios cujos titulares tenham 60 anos ou mais, sejam portadores de doença grave ou pessoas com deficiência, até o valor equivalente ao triplo do montante fixado em lei como obrigação de pequeno valor; (ii) em segundo lugar, os demais precatórios de natureza alimentícia que estejam dentro desse mesmo limite de valor e, por fim, (iii) os precatórios de natureza alimentícia que superem o triplo do montante de uma obrigação de pequeno valor. Os precatórios de créditos gerais serão pagos após todas essas preferências.

Ao lado da questão dos créditos alimentares, destaque-se que a EC 62/2009 criou algumas peculiaridades ao pagamento por precatórios, antes inexistentes na Constituição. O § 11 do artigo 100 prescrevia a possibilidade de o credor **comprar imóveis públicos** do ente devedor pela entrega de precatórios. A EC 113/2021 ampliou significativamente a redação do dispositivo para prever novos usos possíveis dos créditos constantes dos precatórios. Para além da possibilidade de compra de imóveis públicos (inciso II), ainda previu a faculdade do credor de quitar, com precatórios, **débitos parcelados ou inscritos em dívida ativa do ente federativo** (inciso I); de pagar, com esses mesmos créditos, **outorga de delegações de serviços públicos e demais espécies de concessão negocial** (inciso III); de adquirir **participação societária** do ente federativo devedor (inciso IV); e **comprar direitos** relacionados com valores a serem recebidos a título do **excedente em óleo em contratos de partilha de petróleo** (inciso V).

Para o exercício de quaisquer dessas faculdades, faz-se necessária a publicação de **leis regulamentadoras** do ente federativo devedor, ressalvada apenas a União: para ela, o dispositivo carece de regulamentação e é autoaplicável.[22]

Outro ponto que merece destaque e se relaciona com o uso dos créditos provenientes dos precatórios tem relação com a compensação de valores devidos pela Fazenda Pública com débitos tributários do particular, titular do precatório. Como visto linhas acima, a EC 62/2009 previu, no § 9º do artigo 100, a possibilidade de compensação de ofício de valores de precatórios com tributos inscritos ou não na dívida ativa do ente credor e o Supremo Tribunal Federal considerou o expediente inconstitucional.

A EC 113/2021 alterou o dispositivo para prever que, na hipótese de o credor possuir débitos inscritos em dívida ativa, tal valor "deverá ser depositado à conta do juízo responsável pela ação de cobrança, que decidirá pelo seu destino definitivo". Como já destacamos em outra oportunidade, tal determinação é uma repaginação da compensação de ofício prevista na EC 62/2009 que, em verdade, resulta em ofensas ainda maiores, pois **direciona o valor de precatórios a execuções fiscais, em ofensa ao princípio da menor onerosidade ao credor, com riscos de indisponibilidade de quantias líquidas e certas, e desrespeito claro à isonomia**, já que desconsidera os meios próprios de cobrança que possui a Fazenda Pública, em evidente desequilíbrio processual. Nem se argumente, de outro lado, que a medida seria possível à luz da possibilidade de penhora de precatórios nos autos de processos de execução fiscal. Tal possibilidade, note-se, é faculdade do devedor e consiste no último bem passível de penhora, segundo o artigo 11, inciso VIII da Lei nº 6.830/1980[23], cujo teor será explorado mais adiante.

Os §§ 13 e 14 do artigo 100 disciplinam a possibilidade de **cessão, total ou parcial, de precatórios a terceiros**, independentemente da concordância do ente devedor. Os efeitos da cessão ficam condicionados à comunicação do Tribunal e à entidade devedora e, nesse caso, o cessionário perde direito às preferências previstas nos §§ 2º e 3º, relativas aos créditos alimentares.

Por fim, os §§ 15 e 16 tentam resolver a questão dos precatórios pendentes de pagamento, de titularidade dos Estados, Distrito Federal e Municípios. Em primeiro lugar, o § 15 prevê a criação de um **regime especial** para o pagamento de tais precatórios, a ser estabelecido por lei complementar, que deverá dispor sobre vinculações dos pagamentos à receita corrente líquida e, ainda, forma e prazo de liquidação. O § 16 autoriza que a União, a seu critério e na forma da lei, assuma débitos de precatórios dos Estados, Distrito Federal e Municípios, refinanciando-os diretamente.

---

[22] Art. 100, § 11. É facultada ao credor, conforme estabelecido em lei do ente federativo devedor, com auto aplicabilidade para a União, a oferta de créditos líquidos e certos que originalmente lhe são próprios ou adquiridos de terceiros reconhecidos pelo ente federativo ou por decisão judicial transitada em julgado para: [...].

[23] PISCITELLI, Tathiane. PEC dos Precatórios: crônica de uma inconstitucionalidade anunciada. *Fio da Meada*, Valor Econômico. 09/09/2021. Disponível em: <https://valor.globo.com/legislacao/fio-da-meada/post/2021/09/pec-dos-precatorios-cronica-de-uma-inconstitucionalidade-anunciada.ghtml>. Acesso em: 10 fev. 2022.

Em relação a esse último tópico, relativo às dívidas dos Estados, Distrito Federal e Municípios, a EC 62/2009 ainda incluiu **no ADCT o artigo 97,** que institui regime especial de pagamento de precatórios a ser aplicado **enquanto não advier a lei complementar prevista no artigo 100, § 15.** Conforme mencionado, o STF declarou a **inconstitucionalidade desse regime especial.** Contudo, modulou os efeitos da decisão para conferir uma "sobrevida" de cinco anos a esse regime: suas regras permaneceriam válidas até 01/01/2021.

Contudo, já em dezembro de 2016, foi aprovada a EC 94, que introduziu os artigos 101 a 105 no ADCT, para criar novo regime especial de pagamentos de precatórios, aplicável aos estados, Distrito Federal e municípios que, em 25/03/2015, estivessem em mora com o pagamento de seus precatórios. Com isso, a validade do regime da EC 62/2009 fica limitada aos entes que estavam em dia com os precatórios e, ainda assim, apenas até 01/01/2021, data limite estabelecida pelo Supremo. Em 2017, foi promulgada a EC 99, que estendeu o prazo previsto na EC 94 para 2024. Tendo-se em vista as particularidades dos regimes, ambos serão estudados separadamente a seguir.

Antes, porém, cumpre destacar que a EC 94/2016 introduziu os §§ 17 a 20 ao artigo 100, além da alteração já mencionada ao § 2º do mesmo dispositivo. Referidos parágrafos tiveram por objetivo criar instrumentos que assegurassem a constância do pagamento dos precatórios, além do controle sobre as despesas com tais títulos.

Nesse sentido, o § 17 prescreve o dever de os entes da Federação aferirem "mensalmente, em base anual, o comprometimento de suas receitas correntes líquidas [conforme § 18] com o pagamento de precatórios e obrigações de pequeno valor". A disposição em si tem conteúdo óbvio e, por isso, seria dispensável: os entes devem ter ciência do montante de receita comprometida com o pagamento desse tipo de débito. Contudo, trata-se de uma reação do legislador a uma situação de fato há muito instalada no Brasil: o desprezo dos entes em honrar as obrigações decorrentes de precatórios.

O § 19, por sua vez, prevê a possibilidade de o ente obter financiamento para o pagamento de precatórios e dívidas de pequeno valor na hipótese de o total dos débitos ultrapassar, em um período de 12 meses, a "média do comprometimento percentual da receita corrente líquida nos cinco anos imediatamente anteriores". O objeto de financiamento se limitará ao percentual que exceder a média dos últimos cinco anos, sem que o ente tenha o dever de submeter tais operações aos limites de endividamento público e à vedação de vinculação de receita prevista no artigo 167, inciso IV, da Constituição.

O § 20, de seu turno, cria hipótese de **parcelamento ordinário** de precatório que, isoladamente, supere 15% do montante dos precatórios a serem pagos no próximo exercício. Nessa hipótese, segundo a EC 94/2016, 15% do valor deste débito será pago até o final do exercício seguinte e "o restante em parcelas iguais nos cinco exercícios subsequentes, acrescidas de juros de mora e correção monetária, ou mediante acordos diretos, perante Juízos Auxiliares de Conciliação de Precatórios, com redução máxima de 40% do valor do crédito atualizado", desde que em relação a este não penda recurso ou defesa judicial e que sejam observados os requisitos definidos pelo ente da Federação.

Para completar o quadro do regime atual dos precatórios, cumpre mencionar alteração relevante promovida pela EC 114/2021: nos termos do artigo 107-A do ADCT, **até o final de 2026 estabeleceu-se um teto para a inclusão de despesas com precatórios no orçamento**: considerar-se-á o valor pago em 2016, incluídos os restos a pagar pagos, corrigidos pelo IPCA. Tal limitação resultará em espaço fiscal que deverá, obrigatoriamente, ser utilizado em programa social de distribuição de renda e ações vinculadas à Seguridade Social, como já mencionado no capítulo anterior. Confira-se a redação dos incisos do dispositivo:

> I – no exercício de 2022, o espaço fiscal decorrente da diferença entre o valor dos precatórios expedidos e o limite estabelecido no caput deste artigo deverá ser destinado ao programa previsto no parágrafo único do art. 6º e à seguridade social, nos termos do art. 194, ambos da Constituição Federal
>
> II – no exercício de 2023, pela diferença entre o total de precatórios expedidos entre 2 de julho de 2021 e 2 de abril de 2022 e o limite de que trata o caput deste artigo válido para o exercício de 2023; e
>
> III – nos exercícios de 2024 a 2026, pela diferença entre o total de precatórios expedidos entre 3 de abril de dois anos anteriores e 2 de abril do ano anterior ao exercício e o limite de que trata o caput deste artigo válido para o mesmo exercício.

Há duas ADIs ajuizadas no STF que questionam diversos dispositivos das ECs 113/2021 e 114/2021, inclusive a inclusão dos precatórios no teto de gastos: ADIs 7047 e 7064. Em ambos os casos, argumenta-se pela inconstitucionalidade do art. 107-A, pois o dispositivo qualifica, de modo equivocado, as despesas com o pagamento de precatórios com despesas públicas primárias. Os precatórios, como se sabe, são valores decorrentes de sentença judicial e não se submetem a qualquer crivo de discricionariedade por parte do Poder Executivo. Não há, até o momento, qualquer decisão sobre o mérito de quaisquer das ações.

Ainda no que se refere ao limite de despesas com precatórios, nos termos do § 2º do artigo 107-A, os precatórios que não forem pagos em razão do teto imposto "terão prioridade para pagamento em exercícios seguintes, observada a ordem cronológica" de pagamento. Para tais casos, o § 3º faculta ao credor a aplicação das formas alternativas de recebimento constantes do § 11 do artigo 100, ao lado da possibilidade de optar pelo recebimento dos valores, mediante acordo direto, em parcela única até o final do exercício seguinte, com renúncia de 40% do valor do crédito.

Por fim, o artigo 4º da EC 114/2021 estabelece regra específica para o pagamento de precatórios decorrentes de demandas relativas à complementação da União aos Estados e Municípios por conta do Fundo de Manutenção e Desenvolvimento do Ensino Fundamental e de Valorização do Magistério, Fundef. Nos termos do dispositivo, os valores serão pagos em três parcelas anuais e sucessivas, sendo (i) 40% no primeiro ano; (ii) 30% no segundo ano; e (iii) 30% no terceiro ano.

Para concluir, vale mencionar que o debate sobre a PEC 23/2021, cuja aprovação resultou nas alterações ora analisadas, centrou-se na necessidade de se aprovar alterações na Constituição que viabilizasse o pagamento de precatórios sem colocar em risco a responsabilidade fiscal do governo com outras áreas. Tal retórica, no entanto, coloca em xeque o dever do Estado de cumprir com decisões judiciais e confere aos precatórios o *status* de dívida de menor importância, em ofensa a valores essenciais ao Estado Democrático de Direito. A inconstitucionalidade de submeter tais despesas ao teto de gastos é evidente.

5.3.3 Esquema – Art. 100, CR. Regra geral dos precatórios

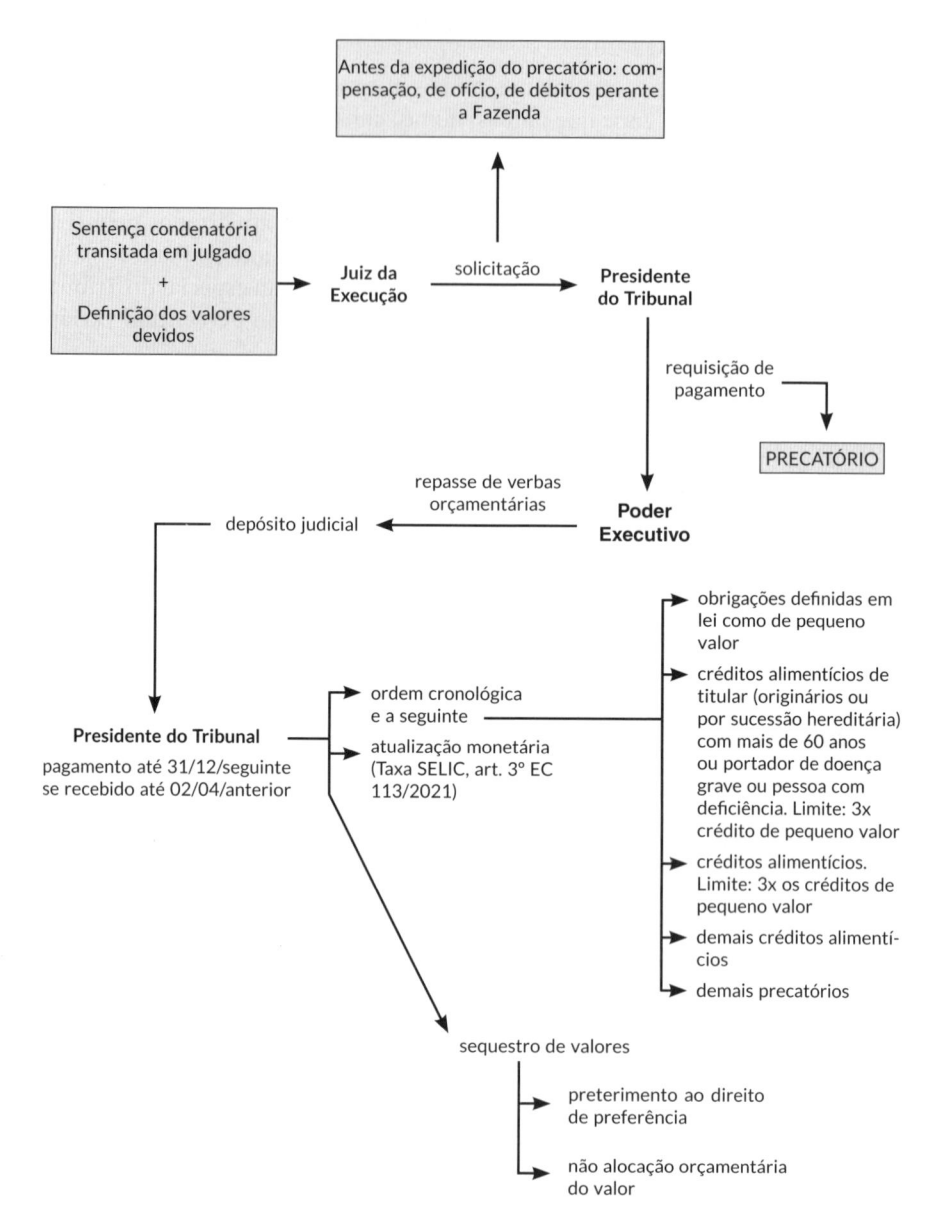

```
                    Antes da expedição do precatório: com-
                    pensação, de ofício, de débitos perante
                                  a Fazenda
                                      ▲
                                      │
Sentença condenatória
transitada em julgado         Juiz da      solicitação    Presidente
         +               →    Execução    ──────────→    do Tribunal
Definição dos valores
      devidos
                                                              │
                                                       requisição de
                                                         pagamento
                                                              │
                                                              ↓
                                                         PRECATÓRIO

                          repasse de verbas
                            orçamentárias        Poder
        depósito judicial  ←──────────────    Executivo
             │
             ↓
   Presidente do Tribunal         ordem cronológica
   pagamento até 31/12/seguinte   e a seguinte
   se recebido até 02/04/anterior atualização monetária
                                  (Taxa SELIC, art. 3º EC
                                  113/2021)
```

- obrigações definidas em lei como de pequeno valor
- créditos alimentícios de titular (originários ou por sucessão hereditária) com mais de 60 anos ou portador de doença grave ou pessoa com deficiência. Limite: 3x crédito de pequeno valor
- créditos alimentícios. Limite: 3x os créditos de pequeno valor
- demais créditos alimentícios
- demais precatórios

sequestro de valores
- preterimento ao direito de preferência
- não alocação orçamentária do valor

5.4 O REGIME ESPECIAL CRIADO PELOS ARTIGOS 101 E SEGUINTES DO ADCT: A EC 94/2016 E AS MODIFICAÇÕES DA EC 99/2017 E DA EC 109/2021

A EC 94/2016 introduziu os artigos 101 a 105 no ADCT com o objetivo de adequar as disposições relativas aos precatórios à decisão do Supremo Tribunal Federal acerca da validade do regime criado pela EC 62/2009, cujas regras serão tratadas mais adiante. A EC 99/2017, por sua vez, alterou o artigo 101 para, dentre outras providências, prorrogar o prazo de quitação dos precatórios para 2024. Mais recentemente, tal prazo foi postergado pela EC 109/2021 para **31/12/2029**.

Tendo-se em vista que, atualmente, ambas as emendas constitucionais estão em vigor, cumpre analisar o regime que ambas, juntas, constituíram.

Nos termos do **artigo 101**, estados, Distrito Federal e municípios que, em 25/03/2015, estiverem em mora com o pagamento de seus precatórios deverão quitar, até 31/12/2029, os débitos vencidos e os que vencerão dentro deste período, atualizados pelo IPCA-E, ou, nos termos da redação constitucional, "por outro índice que venha a substituí-lo". Tal pagamento será viabilizado pelo depósito mensal, em conta especial do Tribunal de Justiça local, sob única e exclusiva administração deste, de um **percentual variável** de suas **receitas correntes líquidas**.

Contudo, ainda que variável, tal percentual será fixado diante de alguns limites. Em primeiro lugar, não ultrapassará **1/12 da receita corrente líquida** apurada no segundo mês anterior ao mês de pagamento. Além disso, não será inferior, em cada exercício, ao percentual praticado na data da entrada em vigor do regime especial ora criado, nos termos do plano de pagamento a ser anualmente apresentado ao Tribunal de Justiça local. O conceito de receita corrente líquida adotado para esses fins observa a definição trazida pelo artigo 2º, inciso IV, da LRF, já estudado em capítulos anteriores.

O § 2º do artigo 101 trata das fontes de receita para o pagamento dos precatórios, para além dos recursos orçamentários próprios, decorrentes da receita corrente líquida. Nesse sentido, o ente poderá se valer de empréstimos (inciso III), utilização de percentuais de depósitos judiciais e administrativos (incisos I e II) e, ainda, da totalidade dos depósitos em precatórios e requisições diretas de pagamentos de obrigações de pequeno valor efetuados até 31/12/2009 e ainda não levantados (inciso IV).

Quanto à possibilidade de realização de **empréstimos** para o pagamento de precatórios, ficam excetuados, para esse fim, os **limites de endividamento** previstos na Constituição e na LRF, e também não se aplicará a tais valores a vedação de vinculação de receita prevista no artigo 167, inciso VI, da Constituição.

No que concerne à utilização de **depósitos**, a EC 94/2016 previu, em primeiro lugar, a possibilidade de utilização de até **75% do montante dos depósitos judiciais e administrativos** referentes a processos judiciais ou administrativos cujos objetos sejam ou não tributários, nos quais o ente, ou suas autarquias, fundações e empresas estatais dependentes sejam parte (art. 101, § 2º, I).

Com as alterações da EC 99/2017, essa regra permanece a mesma, com a única diferença de que haverá a instituição de um "fundo garantidor em montante equivalente a 1/3 dos recursos levantados, constituído pela parcela restante dos depósitos judiciais". A remuneração de tal fundo se dará pela taxa SELIC e nunca será inferior aos índices e critérios aplicados aos depósitos levantados. O objetivo dessa determinação é que o ente não consuma todos os depósitos judiciais, de modo a restar em situação que não teria capacidade de quitá-los – como aconteceu, em razão de outras medidas, com Minas Gerais (vide capítulo 3).

Além disso, ainda na redação da EC 99/2017, até **30% dos demais depósitos judiciais** sob jurisdição do respectivo Tribunal de Justiça, **relativo a disputas entre particulares**, poderão ser utilizados para a quitação dos débitos, também mediante a instituição de fundo garantidor em montante equivalente aos recursos levantados, constituído pela parcela restante dos depósitos judiciais e remunerado pela taxa SELIC. Na redação dada pela EC 94/2016, os depósitos destinados à quitação de créditos de natureza alimentícia ficavam excetuados dessa possibilidade. Contudo, com as alterações da EC 99/2017 essa ressalva foi suprimida.[24]

Desse percentual passível de apropriação para a quitação de precatórios (30%), os estados destinarão 50% ao próprio estado e 50% aos respectivos municípios, de acordo com a circunscrição judiciária onde estão depositados os recursos. Havendo mais de um município nessa circunscrição, os valores serão rateados entre os municípios concorrentes, de forma proporcional às populações de cada qual (inciso II, alínea *b*). Tratando-se do Distrito Federal, 100% dos recursos serão destinados a ele.

Ainda em relação ao artigo 101 do ADCT, cumpre mencionar que a EC 99/2017 incluiu o § 4º ao dispositivo, determinando que a União, no prazo de seis meses contados da entrada em vigor do regime especial referido no artigo, deverá, diretamente ou por intermédio de instituições financeiras oficiais sob seu controle, disponibilizar aos estados, Distrito Federal e municípios, inclusive administração indireta, linha de crédito especial para pagamento dos precatórios que serão pagos sob tal regime. As condições a serem observadas estão detalhadas nos incisos desse parágrafo:

> I – no financiamento dos saldos remanescentes de precatórios a pagar a que se refere este parágrafo serão adotados os índices e critérios de atualização que incidem sobre o pagamento de precatórios, nos termos do § 12 do art. 100 da Constituição Federal;
>
> II – o financiamento dos saldos remanescentes de precatórios a pagar a que se refere este parágrafo será feito em parcelas mensais suficientes à satisfação da dívida assim constituída;
>
> III – o valor de cada parcela a que se refere o inciso II deste parágrafo será calculado percentualmente sobre a receita corrente líquida, respectivamente, do Estado, do Distrito Federal e do Município, no segundo mês anterior ao pagamento, em percentual equivalente à média do comprometimento percentual mensal de 2012 até o final do período referido no *caput* deste artigo, considerados para esse fim somente os recursos próprios de cada ente da Federação aplicados no pagamento de precatórios;
>
> IV – nos empréstimos a que se refere este parágrafo não se aplicam os limites de endividamento de que tratam os incisos VI e VII do *caput* do art. 52 da Constituição Federal e quaisquer outros limites de endividamento previstos em lei.

Contudo, tal linha especial de financiamento jamais foi criada, inviabilizando, em parte, a possibilidade de os entes subnacionais serem exitosos no pagamento dos precatórios pendentes. Em razão disso, o Partido Solidariedade ajuizou, em 25/05/2019, a Ação de Inconstitucionalidade por Omissão nº 52, requerendo que o Supremo Tribunal Federal suspenda o pagamento de precatórios em todo o país, até que a União crie tal linha de crédito. A relatoria da ação é do Ministro Dias Toffoli e, até o momento, não há decisão sobre o tema.

Em discussão conexa a esta, mencione-se a Ação Cível Originária nº 3.240, ajuizada pelo estado da Bahia com o objetivo de obrigar a União a conceder-lhe empréstimo no

---

[24] Essa supressão é temerária, pois coloca em risco tais valores que sequer têm a expectativa de ser titularidade do Estado, já que se trata de depósito judicial em ações nas quais a Fazenda Pública não é parte.

valor de R$ 1 bilhão, para quitação de precatórios. O fundamento do pedido situava-se no dever de a União criar a tal linha de crédito favorecida em favor dos estados e municípios.

A liminar, contudo, foi rejeitada pelo Ministro Luís Roberto Barroso, que entendeu ser o financiamento a última opção para o pagamento de precatórios, os quais devem ser quitados, preferencialmente, com recursos orçamentários próprios. A decisão foi proferida dias antes do ajuizamento da Ação de Inconstitucionalidade por Omissão acima mencionada e é representativa dos debates que poderão ser travados no Supremo em torno do tema.

Com a promulgação da EC 109/2021, a discussão perdeu o objeto, já que tal Emenda revogou o § 4º do artigo 101 do ADCT[25]. Não há mais, pois, a obrigatoriedade quanto à criação de tais linhas de crédito. A medida, a despeito de prejudicar e, eventualmente, inviabilizar o pagamento dos precatórios pendentes de titularidade dos Estados e Municípios, é coerente com o espírito geral da EC 109/2021, que visa a reduzir o endividamento dos entes e melhorar a situação fiscal da União.

A EC 94/2016 ainda trouxe algumas flexibilizações ao regime geral de precatórios, com vistas a assegurar métodos alternativos para o ente quitar seus haveres. Em primeiro lugar, dispõe o **artigo 102** que, na vigência do regime especial então instituído, pelo menos 50% dos recursos que forem destinados ao pagamento de precatórios em mora serão utilizados para o pagamento em ordem cronológica de apresentação, respeitadas as preferências já estabelecidas (natureza do crédito, idade, estado de saúde e deficiência) sobre todos os demais créditos.

Já em relação ao restante dos recursos, segundo o § 1º do artigo 102, os valores poderão ser destinados ao **pagamento via acordos diretos**, com redução máxima de 40% do valor do crédito atualizado, desde que em relação a ele não haja pendência de recurso ou defesa judicial e observados os procedimentos e requisitos estabelecidos em lei própria de tal ente. Esta possibilidade se afigura como uma opção ao ente e foi validada pelo Supremo Tribunal Federal, na decisão acima comentada.

Além disso, segundo dispôs a EC 99/2017, na vigência do regime especial "as preferências relativas à idade, ao estado de saúde e à deficiência serão atendidas até o valor equivalente ao quíntuplo fixado em lei para os fins do disposto no § 3º do art. 100 da Constituição". Para esse fim, será admitido o fracionamento dos valores, sendo o restante pago em ordem cronológica de apresentação do precatório.

Os **artigos 103 e 104** dispuseram acerca da possibilidade de **sequestro de bens** da administração, em face da ausência de pagamento de precatórios. Enquanto os valores estiverem sendo pagos nos termos do artigo 101 do ADCT, não há justificativa jurídica para o sequestro de bens. No entanto, caso não haja liberação tempestiva dos recursos para pagamento dos débitos, no todo ou em parte, o artigo 104 prevê algumas sanções, quais sejam:

---

[25] "[...] 8. De fato, não há mais necessidade de pronunciamento deste Juízo acerca da questão debatida nos autos. As partes reconhecem a perda do objeto em decorrência da promulgação da Emenda Constitucional nº 109/2021, que revogou o art. 101, § 4º, do ADCT. Assim, o feito deve ser extinto sem exame de mérito. 9. Diante do exposto, com fundamento no art. 21, IX, do RISTF e no art. 485, VI, do CPC/2015, julgo extinto o processo, sem exame de mérito. Sem custas (art. 4º, I, da Lei nº 9.289/1996). Fixo os honorários em R$ 5.000 (cinco mil reais), nos termos do art. 85, § 8º, do CPC, em favor da ré. Fica prejudicado o agravo contra o indeferimento da liminar". Disponível em: <http://portal.stf.jus.br/processos/detalhe.asp?incidente=5655745>. Acesso em: 10 fev. 2022.

i) determinação de sequestro, até o limite do valor não liberados, das contas do ente inadimplente, a ser realizada pelo presidente do Tribunal de Justiça local;
ii) responsabilidade do chefe do Poder Executivo do ente inadimplente, nos termos da legislação de responsabilidade fiscal e de improbidade administrativa;
iii) possibilidade de a União reter os recursos referentes aos repasses ao Fundo de Participação dos Estados e do Distrito Federal e ao Fundo de Participação dos Municípios, com o depósito de tais valores na conta especial referida no artigo 101 do ADCT;
iv) na hipótese de um município ser o ente inadimplente, retenção, pelos estados, dos repasses previstos no parágrafo único do artigo 158 da Constituição e depósito respectivo na conta prevista no artigo 101 do ADCT;
v) impossibilidade de o ente contrair empréstimo externo ou interno, exceto para o fim de pagar precatórios; e
vi) não recebimento de transferências voluntárias.

Ademais, nos termos do parágrafo único do artigo 103, introduzido pela EC 99/2017, na vigência do regime especial acima referido, ficam vedadas desapropriações pelos entes cujos estoques de precatórios pendentes de pagamento, incluída a administração indireta, sejam superiores a 70% das respectivas receitas correntes líquidas. As únicas exceções são as desapropriações para fins de necessidade pública "nas áreas de saúde, educação, segurança pública, transporte público, saneamento básico e habitação de interesse social".

Cumpre ainda mencionar que o **artigo 105** prevê que os credores dos precatórios, próprios ou de terceiros, poderão compensar tais créditos com débitos de natureza tributária ou de outra natureza que, até 25/03/2015, tenham sido inscritos na dívida ativa dos estados, do Distrito Federal ou dos municípios, observados os requisitos a serem definidos em lei própria de cada ente.

Segundo as alterações da EC 99/2017, a compensação será autorizada mediante lei própria de cada ente, que deveria ter sido editada em até 120 dias a partir de 01/01/2018 (art. 105, § 2º). Contudo, decorrido tal prazo, nos termos do § 3º do artigo 105, os credores de precatórios estão autorizados a exercer tal faculdade e, assim, compensar seus créditos com débitos tributários. Por fim, nos termos do § 1º, a tais compensações não serão aplicados quaisquer tipos de vinculações, como transferências a outros entes e destinação das verbas às despesas com saúde e educação.

A validade da EC 94/2016 está sendo questionada na ADI 5.679 e o argumento central pela inconstitucionalidade refere-se ao uso de depósitos judiciais para o pagamento de precatórios e o risco de comprometimento do direito dos interessados de possuírem real disponibilidade sobre tais valores.

Em 07/06/2017, o Ministro Luís Roberto Barroso, relator da ação, deferiu parcialmente a liminar requerida em parte para conferir interpretação conforme à Constituição, explicitando, com efeitos vinculantes e gerais que "a utilização dos recursos pelos Estados deve observar as seguintes condições: (i) prévia constituição do fundo garantidor, (ii) destinação exclusiva para quitação de precatórios em atraso até 25/03/2015, e (iii) exigência de que os pertinentes valores sejam transpostos das contas de depósito diretamente para contas vinculadas ao pagamento de precatórios, sob a administração do Tribunal competente, afastando-se o trânsito de tais recursos pelas contas dos Tesouros estaduais e municipais".

5.4.1 Esquema – Arts. 101 a 105, ADCT. Regime especial de pagamento para Estados, Distrito Federal e Municípios (EC 94/2016 e EC 99/2017)

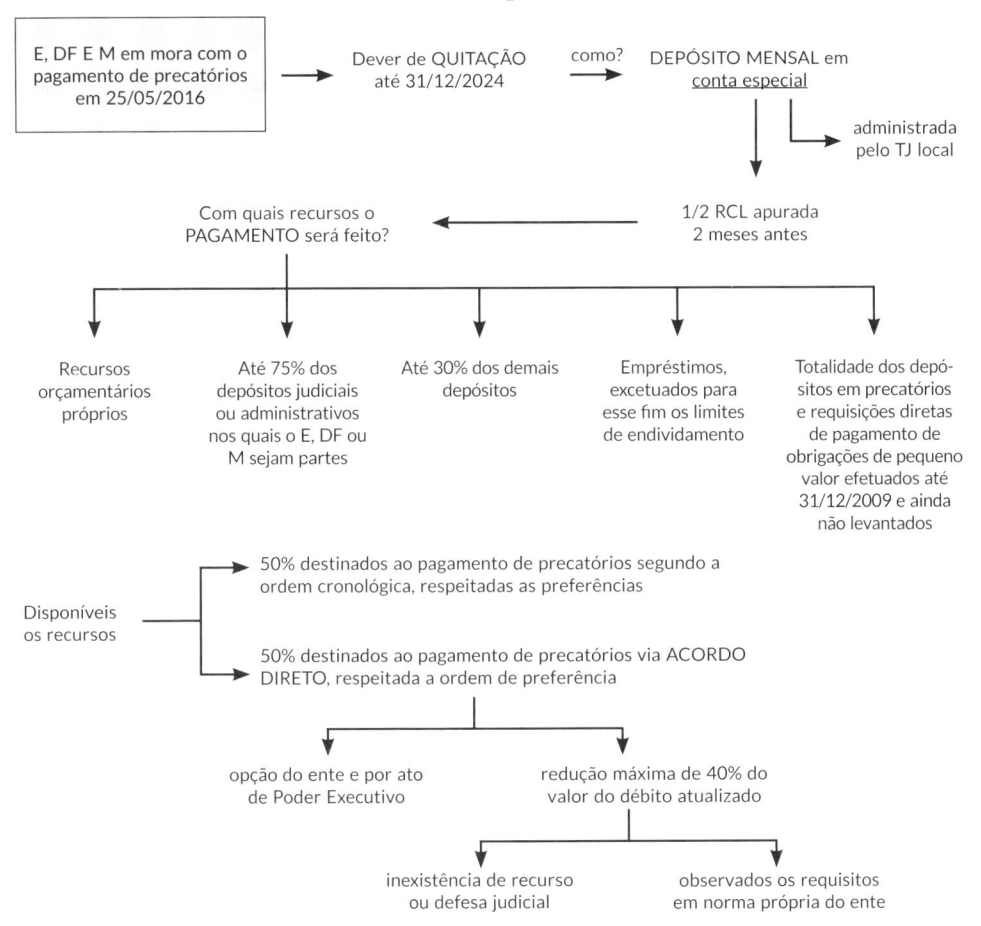

```
E, DF E M em mora com o            Dever de QUITAÇÃO      como?    DEPÓSITO MENSAL em
pagamento de precatórios    →       até 31/12/2024          →        conta especial
em 25/05/2016                                                              │
                                                                           ├──→ administrada
                                                                           │     pelo TJ local
                                                                           ↓
                    Com quais recursos o        ←────────        1/2 RCL apurada
                    PAGAMENTO será feito?                         2 meses antes

Recursos      Até 75% dos            Até 30% dos demais    Empréstimos,        Totalidade dos depó-
orçamentários depósitos judiciais    depósitos             excetuados para     sitos em precatórios
próprios      ou administrativos                           esse fim os limites e requisições diretas
              nos quais o E, DF ou                         de endividamento    de pagamento de
              M sejam partes                                                   obrigações de pequeno
                                                                               valor efetuados até
                                                                               31/12/2009 e ainda
                                                                               não levantados

                  → 50% destinados ao pagamento de precatórios segundo a
                    ordem cronológica, respeitadas as preferências
Disponíveis
os recursos
                  → 50% destinados ao pagamento de precatórios via ACORDO
                    DIRETO, respeitada a ordem de preferência

              opção do ente e por ato        redução máxima de 40% do
              de Poder Executivo              valor do débito atualizado

              inexistência de recurso        observados os requisitos
              ou defesa judicial              em norma própria do ente
```

5.5 O REGIME ESPECIAL CRIADO PELO ARTIGO 97 DO ADCT: EC 62/2009

Nos termos supramencionados, segundo decidido pelo Supremo Tribunal Federal, o regime especial criado pela EC 62/2009 permaneceria válido até 01/01/2021. Contudo, **com o advento da EC 94/2016 e, posteriormente, da EC 99/2017, suas disposições foram superadas. O regime atualmente aplicável e vigente é aquele previsto nos artigos 101 e seguintes do ADCT e detalhado no item 5.3.**

Não obstante isso, considerando que a EC 62/2009 teve um período relevante de vigência, bem como o fato de que alguns precatórios foram emitidos sob suas regras, optamos, aqui, por apresentar as linhas gerais do regime, mesmo tendo-se ciência de que ele não se aplica mais e suas normas regulamentadoras já foram revogadas. A ideia, aqui, é apresentar ao leitor e à leitora como funcionou o regime da EC 62/2009, assim como se fará com outros regimes, também não mais vigentes.

O artigo 97 do ADCT criou um regime especial de pagamento de precatórios pendentes dos **Estados, Distrito Federal e Municípios**, a ser aplicado até o advento da lei complementar referida no artigo 100, § 15, da Constituição. A despeito da ausência da edição da lei complementar, o fato de o dispositivo ser autoaplicável já justifica sua análise.

Além disso, ficaram igualmente sujeitos a essa nova sistemática os precatórios parcelados nos moldes dos artigos 33 e 78 do ADCT, que serão vistos a seguir, e ainda pendentes de pagamento por ocasião da criação deste regime especial.

O que se teve, inicialmente, foi a **não aplicação da regra geral do artigo 100 da Constituição**, que determina o pagamento do precatório em uma única vez e de acordo com a ordem cronológica de recebimento. Não obstante, algumas particularidades de tal dispositivo permaneceram aplicáveis. São elas:

(i) preferências dos créditos alimentícios;
(ii) possibilidade de compensação de ofício do precatório com débitos perante a Fazenda executada;
(iii) atualização monetária pelo índice da poupança; e
(iv) autorização para a cessão de créditos.

Nos termos do *caput* do artigo 97, o regime especial seria aplicável aos precatórios **vencidos** e também àqueles emitidos **durante o período de vigência do regime especial** então criado (e, portanto, nesse caso, precatórios que ainda não estivessem pendentes na data de promulgação da EC), sem prejuízo de eventuais acordos de juízos conciliatórios que já tivessem sido formalizados na data de promulgação da EC.

Tendo essas considerações introdutórias em mente, deve-se analisar **como foi esse regime especial** que, mais uma vez, postergou o recebimento de créditos reconhecidos judicialmente.

A EC 62/2009 estabeleceu a obrigação de os Estados, Distrito Federal e Municípios destinarem **parte de sua receita corrente líquida ao pagamento de precatórios**. Os valores seriam depositados em uma conta especial criada para este fim, cuja administração ficaria a cargo do Tribunal de Justiça local, para fins de pagamento dos precatórios. De outro lado, as quantias depositadas não poderiam retornar aos entes devedores, havendo, portanto, **vinculação absoluta** dos montantes objetos de depósito.

De acordo com a redação do artigo 97 do ADCT, para pagamento dos precatórios, os entes poderiam optar por dois regimes: um mensal e outro anual.

No **regime mensal**, o ente depositaria mensalmente um determinado percentual da receita corrente líquida, calculado sobre 1/12 (um doze avos) dessa mesma receita apurada no segundo mês anterior ao mês do depósito. Nesse sentido era a redação dos artigos 97, § 2º, do ADCT e 19, *caput*, da Resolução 115/2010, editada pelo Conselho Nacional de Justiça (atualmente revogada).

Os percentuais de receita corrente líquida que ficariam vinculados ao pagamento de precatórios foram definidos tendo-se em conta a região em que o Estado ou Município se localiza e o valor dos precatórios pendentes. Confira-se:

Ente/Região	Valor dos precatórios pendentes	% Depósito
Estados N, Ne, CO e DF	Independe	1,5 % de 1/12 da RCL
Estados S e Se	até 35% RCL anual	1,5% de 1/12 da RCL
Estados S e Se	mais de 35% RCL anual	2% de 1/12 da RCL
Municípios N, Ne e CO	Independe	1% de 1/12 da RCL
Municípios S e Se	até 35% RCL anual	1% de 1/12 da RCL
Municípios S e Se	mais de 35% RCL anual	1,5% de 1/12 da RCL

Já no **regime anual**, o percentual que seria depositado na conta especial deveria corresponder, anualmente, ao **saldo total dos precatórios devidos**, o qual seria (i) acrescido do índice oficial da caderneta de poupança e de juros simples para fins de pagamento da mora, (ii) diminuído das amortizações e (iii) dividido pelo número de anos restantes no regime especial de pagamento. Essas determinações encontram-se no artigo 97, § 1º, inciso II, do ADCT.

A opção por um ou outro regime de pagamento deveria ser realizada pelo ente no prazo de **noventa dias**, contados da promulgação da EC, conforme dispõe o artigo 3º da Emenda. **Os entes que não realizaram essa opção no prazo determinado ficaram sujeitos ao regime anual**, nos termos acima descritos, segundo estabeleceu o artigo 18 da Resolução CNJ 115/2010, já com a redação alterada pela Resolução CNJ 123/2010[26].

Nos termos da redação literal do ADCT, apenas em relação ao regime anual é que os entes deveriam observar o prazo máximo de **quinze anos** para a quitação de todos os precatórios pendentes. Em relação ao regime mensal, a EC 62/2009 nada dispôs em relação ao prazo.

Para evitar esse tratamento diferenciado, que incentivava os entes a optarem pelo regime mensal, o qual dava, em tese, a possibilidade de pagamento dos precatórios em prazo indeterminado, o artigo 20 da Resolução CNJ 115/2010, alterado pela Resolução CNJ 123/2010, estabeleceu que **todos os precatórios pendentes deverão ser quitados no prazo máximo de quinze anos, independentemente do regime escolhido pelo ente da Federação.**

Sendo assim, em ambos os casos haveria depósito pelos entes com a finalidade de constituir uma reserva para o pagamento de precatórios. Diante disso, então, cumpre indagar: uma vez realizados os depósitos, em quaisquer das modalidades, **o que fazer com os valores?** Ou seja: **como será feito o pagamento dos precatórios?**

Nos termos do § 6º do artigo 97, pelo menos **50%** (cinquenta por cento) dos recursos seriam "utilizados para pagamento de precatórios na ordem cronológica de apresentação,

---

[26] Note-se que a Resolução CNJ 115/2010 foi revogada pela Resolução CNJ 303/2019, justamente em razão das inconstitucionalidades da EC 62/2009. Contudo, considerando que o objetivo deste item é apresentar ao leitor e à leitora como se desenhou o regime previsto em tal EC, as referências à norma estão justificadas, para fins de contextualização do modelo então vigente.

respeitadas as preferências". Nesse sentido, especificamente para o caso do regime mensal, haveria fracionamento das contas bancárias, de forma que 50% (cinquenta por cento) dos valores depositados mensalmente o seriam em conta bancária exclusivamente destinada ao pagamento de valores nos termos da ordem cronológica dos precatórios, observadas as preferências. Essa determinação está no artigo 23, § 2º, da Resolução CNJ 115/2010.

O **restante dos recursos**, segundo estabeleceu o § 8º do artigo 97, seria utilizado de acordo com opção exercida pelo ente devedor, por ato do Poder Executivo, que poderia se utilizar das seguintes hipóteses:

(i) pagamento via leilão;

(ii) pagamento à vista ou de precatórios não quitados na forma do § 6º, ou não pagos via leilão, nesse caso, o pagamento sendo realizado em ordem crescente de valor;

(iii) pagamento via acordo direto com os credores, conforme disciplina a ser estabelecida em lei do próprio ente, que poderá prever a criação e funcionamento de Câmara de Conciliação.

Conforme mencionado, o Supremo Tribunal Federal declarou essas formas alternativas de pagamento inconstitucionais: foram consideradas válidas apenas aquelas realizadas até 25/03/2015. A partir dessa data, portanto, deixou de ser possível a quitação de precatórios por essas modalidades. De outro lado, segundo o Supremo, restou mantida a possibilidade de realização de **acordos diretos**, desde que tal possibilidade esteja prevista em lei do ente devedor e observada a ordem de preferência dos credores, com redução máxima de 40% do valor do crédito atualizado.

Antes de analisar cada hipótese separadamente, cumpre destacar o questionamento da Resolução CNJ 115/2010 perante o Supremo Tribunal Federal.

Há três ADIs que questionaram a Resolução CNJ 115/2010, todas propostas por governadores estaduais. Uma delas, protocolizada em 2 de janeiro de 2013, foi ajuizada pelo Governador do Estado da Bahia (ADI 4.894), na qual se alegou que o CNJ não possuiria competência legislativa para criar normas gerais e abstratas, e que os artigos 22 e 28 da Resolução estariam eivados de inconstitucionalidade.

O artigo 22, inclusive, foi **suspenso** por decisão do Ministro Relator Marco Aurélio, *ad referendum* do Plenário, desde 1º de janeiro de 2011. O dispositivo determina o depósito para cumprimento do regime especial anual, acrescido da mora atualizada, até dezembro de 2010, o que, segundo o requerente, exigiria depósitos de valores que não haviam sido previstos pela lei orçamentária. A suspensão do artigo se deu em sede de liminar na ADI 4.465, ajuizada pela Governadora do Estado do Pará em 16 de setembro de 2010, pouco mais de um mês da publicação da Resolução do CNJ. O fundamento adotado pelo Ministro foi o de que o referido órgão não possui poder normativo, e que, ao regular a EC 62/2009, "[...] adentrou campo próprio à execução de débito da Fazenda retratado em título judicial, olvidando a área que lhe está reservada constitucionalmente".

Além dessas duas ações, a ADI 4.558, proposta pelo Governador do Estado do Paraná em 17 de fevereiro de 2011, questionou o artigo 20, que fixou teto máximo de quinze anos para cumprimento integral dos precatórios. Embora tenha havido pedido de liminar, ainda não há decisão sobre o tema.

Contudo, considerando o advento da EC 94/2016 e da EC 99/2017, todas acabaram extintas e sem julgamento de mérito, dada a perda de objeto. Destaque-se, por fim, que em 2019 tal resolução foi revogada pela Resolução CNJ 303/2019[27].

5.5.1 Pagamento via leilão

Os leilões destinados ao pagamento de precatórios seriam realizados eletronicamente, por meio de sistema administrado por entidade autorizada pela Comissão de Valores Mobiliários ou pelo Banco Central (art. 97, § 9º, inciso I, ADCT) e com a qual haveria convênio firmado pelo Tribunal (art. 27, Resolução CNJ 115/2010).

O primeiro passo, nesse caso, era publicação, pelo Tribunal competente, de um **edital** relativo à realização do leilão, no qual constariam informações acerca das datas, procedimentos, critérios e prazo para a habilitação (art. 28, inciso I, Resolução CNJ 115/2010).

Publicado o edital, como segundo passo teríamos a **habilitação dos credores** interessados no pagamento por esta via. Poderiam se habilitar credores de precatórios em relação aos quais não havia recurso ou impugnação pendente, sendo permitida, por iniciativa do Poder Executivo, a compensação com débitos do credor originário, inscritos ou não em dívida ativa, ressalvada a hipótese de suspensão da exigibilidade ou de compensação já realizada nos termos do artigo 100, § 9º, do ADCT (art. 97, § 9º, ADCT).

Seriam considerados **automaticamente habilitados** os credores que satisfizessem tais condições, ainda que não houvesse manifestação de vontade expressa nesse sentido. Por fim, quanto a essa etapa, de acordo com o que dispõe o inciso III do artigo 28 da Resolução CNJ 115/2010, a relação dos credores habilitados deveria ser publicada no Diário Oficial e encaminhada à entidade que realizaria o leilão com antecedência mínima de quinze dias.

Habilitados os credores, o leilão propriamente dito já poderia ocorrer. Nos termos da redação do artigo 97, § 9º, incisos III e VII, o leilão seria realizado por meio de **oferta pública a todos os credores habilitados** e na **modalidade de deságio**, utilizando-se "a cumulação do maior percentual de deságio com o maior valor de precatório", sendo que o máximo de deságio é 50% (cinquenta por cento) do valor do precatório (art. 28, inciso IV, da Resolução CNJ 115/2010).

Ainda em relação ao leilão e à eleição dos credores que iriam receber os precatórios, o inciso IV do artigo 28 da Resolução CNJ 115/2010 adota como critério o percentual de deságio: o credor que oferecesse maior deságio, limitado a 50%, venceria o leilão. Contudo, na hipótese de um "empate" e o percentual de deságio ser o mesmo entre dois ou mais credores, o critério para definir o credor que receberia seus créditos seria o valor do precatório: teriam preferência para serem pagos os de maior valor.

Por fim, terminado o leilão e definidos os ganhadores, a entidade que o realizou deveria encaminhar ao Tribunal competente o resultado, a fim de que houvesse o pagamento e quitação dos créditos (art. 28, inciso V, da Resolução CNJ 115/2010).

5.5.2 Pagamento em ordem crescente de valor

Conforme visto acima, os entes deveriam realizar depósitos mensais ou anuais, que irão possibilitar o pagamento dos precatórios pendentes. Dos valores depositados, 50%

---

[27] Disponível em: <https://atos.cnj.jus.br/atos/detalhar/3130>. Acesso em: 13 mar. 2022.

(cinquenta por cento) necessariamente serão destinados ao pagamento dos credores, de acordo com a ordem cronológica. Em relação aos demais valores, era facultado ao ente optar entre **três modalidades de pagamento**, aplicadas de forma isolada ou cumulativa. A primeira modalidade era o leilão, tratado no tópico acima, e a segunda o pagamento em ordem crescente de valor, objeto deste item.

Essa modalidade de pagamento pressupunha o **pagamento à vista** de precatórios que não tivessem sido pagos de acordo com a ordem cronológica ou sido submetidos ao pagamento via leilão. Esses precatórios ainda pendentes poderiam ser pagos em **ordem única e crescente** de valor por precatório, sendo o exercício dessa opção mera liberalidade do ente.

5.5.3 Pagamento via acordo direto

A presente modalidade de pagamento, mantida na decisão do Supremo que avaliou a constitucionalidade da EC 62/2009, pressupõe a realização de uma **transação** entre Administração e particular, cujo objetivo é quitar um precatório pendente. Segundo determinado pelo STF, a realização de acordo direto deve observar a ordem de preferência dos credores e reduzir o crédito atualizado em até, no máximo, 40%.

Nos termos do artigo 97, § 8º, inciso III, da CR, o ente poderá, para essa finalidade, criar uma **Câmara de Conciliação**.

Segundo dispõe o artigo 30 da Resolução CNJ 115/2010, o acordo firmado entre Administração e particular perante Câmara de Conciliação somente será homologado diante da existência de **lei específica** nesse sentido e do respeito aos princípios da moralidade e impessoalidade.

Por fim, o artigo 31 dessa mesma Resolução faculta aos Tribunais a instituição de **Juízo Auxiliar de Conciliação de Precatórios**, a fim de realizar a conciliação relativa aos precatórios sujeitos ao regime especial instituído pelo artigo 97 do ADCT e, assim, efetivar pagamentos por meio de acordos diretos com os credores. Também a exemplo das demais, o ente poderá optar ou não por esta via.

5.5.4 A não liberação de recursos depositados: sequestro, compensação e sanções

Estudadas as modalidades e formas de pagamento dos precatórios segundo o regime especial, cumpre, ainda, uma última consideração: devemos analisar quais serão as providências adotadas no caso de **não liberação tempestiva dos recursos**. Qual seria, nesse caso, a consequência para o ente devedor?

A EC 62/2009 previu consequências de duas ordens para o ente da Federação que não liberasse tempestivamente os recursos destinados ao pagamento dos precatórios de acordo com a ordem cronológica: uma, relacionada com a garantia de quitação dos valores não liberados; outra, relativa a sanções aplicáveis ao ente.

Quanto à **quitação dos valores**, o artigo 97, § 10, inciso I, do ADCT previu a possibilidade de **sequestro das quantias** nas contas do ente devedor. Tal se dará por ordem do Presidente do Tribunal, até o limite do valor não liberado.

De forma alternativa ao sequestro, também por ordem do Presidente do Tribunal, constituir-se-á, em favor dos credores dos precatórios, "direito líquido e certo, autoaplicável e independentemente de regulamentação, à **compensação automática** com débitos líquidos", lançados pelo ente em face do credor. Na hipótese de ainda assim haver saldo em favor do credor, este assumiria **poder liberatório para pagamento de tributos**, até onde se compensarem (art. 97, § 10, inciso II, ADCT).

No que se refere às <u>sanções</u>, a EC 62/2009 determinou que o Chefe do Poder Executivo respondesse pela não liberação dos recursos na forma da legislação de responsabilidade fiscal e de improbidade administrativa (art. 97, § 10, inciso III, ADCT). De outro lado, enquanto perdurasse a omissão relativa aos valores, o ente devedor (i) não poderia contrair empréstimo externo ou interno e (ii) não receberia transferências voluntárias.

Por fim, o inciso V do § 10 do artigo 97 do ADCT ainda estabeleceu que, nesses casos, a União "reterá os repasses relativos ao Fundo de Participação dos Estados e do Distrito Federal e ao Fundo de Participação dos Municípios" e os depositaria nas contas especiais destinadas ao pagamento de precatórios, e tais valores não retornariam aos caixas dos entes devedores.

Vale ainda dizer que **durante a vigência do regime especial e, assim, enquanto os entes estivessem efetivando pagamentos de precatórios nesses termos, não havia que se falar em sequestro de valores por qualquer outro motivo diverso da não liberação tempestiva dos recursos.**

5.5.5 Esquema – Art. 97, ADCT. Regime especial de pagamento para Estados, Municípios e Distrito Federal

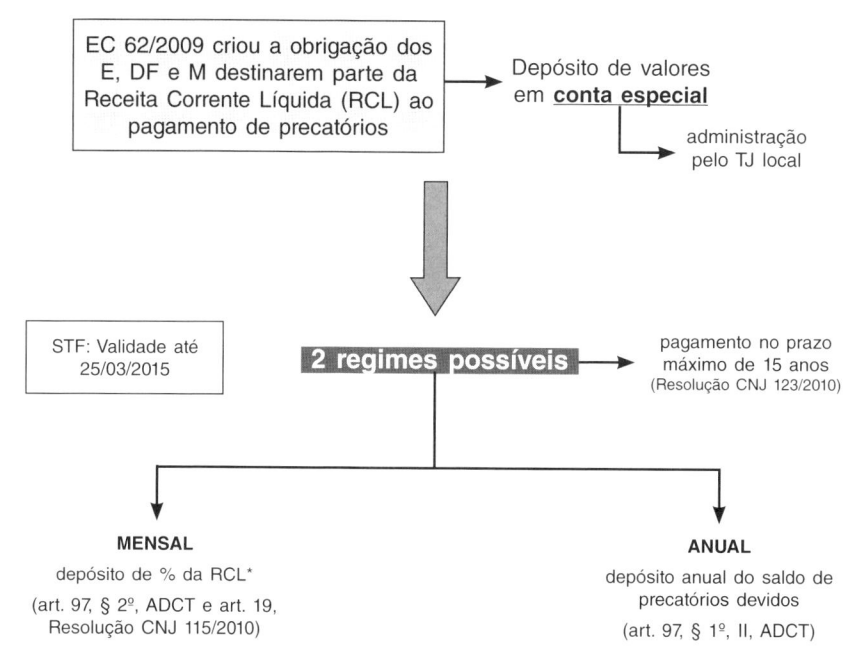

```
┌─────────────────────────────────┐
│ EC 62/2009 criou a obrigação dos│
│ E, DF e M destinarem parte da   │──→  Depósito de valores
│ Receita Corrente Líquida (RCL) ao│     em conta especial
│ pagamento de precatórios        │
└─────────────────────────────────┘          │
                                              └──→ administração
                                                   pelo TJ local

                    ▼
┌──────────────────┐   ┌─────────────────────┐        pagamento no prazo
│ STF: Validade até│   │ 2 regimes possíveis │──→    máximo de 15 anos
│    25/03/2015    │   └─────────────────────┘      (Resolução CNJ 123/2010)
└──────────────────┘
                              │
               ┌──────────────┴──────────────┐
               ▼                             ▼
            MENSAL                         ANUAL
      depósito de % da RCL*         depósito anual do saldo de
   (art. 97, § 2º, ADCT e art. 19,      precatórios devidos
      Resolução CNJ 115/2010)         (art. 97, § 1º, II, ADCT)
```

* Vide item 5.5.

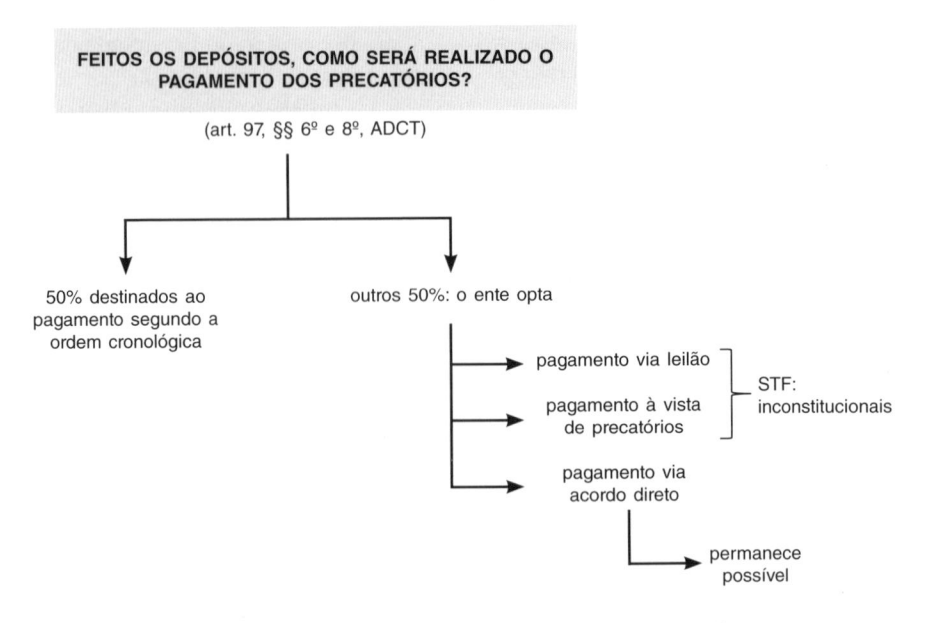

FEITOS OS DEPÓSITOS, COMO SERÁ REALIZADO O PAGAMENTO DOS PRECATÓRIOS?

(art. 97, §§ 6º e 8º, ADCT)

- 50% destinados ao pagamento segundo a ordem cronológica
- outros 50%: o ente opta
  - pagamento via leilão ⎫
  - pagamento à vista de precatórios ⎬ STF: inconstitucionais
  - pagamento via acordo direto ⎭ → permanece possível

5.6 REGIMES ESPECIAIS DE PAGAMENTO ANTERIORES À EC 62/2009

Conforme visto, os precatórios estão genericamente previstos no artigo 100 da Constituição, e referida disciplina sofreu alterações ao longo dos anos, que também se refletiram na inclusão de artigos ao Ato das Disposições Constitucionais Transitórias (ADCT). Tais alterações, na maioria das vezes, visaram à postergação do pagamento dos precatórios por meio de **parcelamentos**. É evidente que, para bem compreender o tratamento normativo dos precatórios, deve-se ter em mente não apenas a redação atual do artigo 100, mas também referidas alterações. Reitere-se, contudo, que **todos os precatórios dos Estados, Distrito Federal e Municípios resultantes desses regimes e que, hoje, encontrem-se pendentes de pagamento, devem se submeter ao regime especial criado pelo artigo 101 do ADCT**.

5.6.1 Artigo 33 do ADCT: parcelamento em oito anos

O artigo 33 do ADCT estabeleceu a possibilidade de o Poder Público parcelar em até **oito vezes** os precatórios pendentes de pagamento na data de promulgação da Constituição. Nos termos da redação desse dispositivo, o pagamento seria feito considerando o valor principal acrescido dos juros e correção monetária, em "prestações anuais, iguais e sucessivas, no prazo máximo de oito anos, a partir de 1º de julho de 1989".

Para fins de pagamento desses valores, o parágrafo único estabelece que as entidades devedoras poderão emitir **títulos da dívida pública** no exato montante a ser pago e referidas emissões não serão computadas para fins de controle do limite global de endividamento, estudado anteriormente.

Por fim, vale dizer que esse regime **não alcança os créditos de natureza alimentícia**; quanto a eles, permanece aplicável a regra geral, relativa ao pagamento em uma única parcela.

O artigo 33 do ADCT foi questionado em algumas ocasiões perante o Supremo Tribunal Federal, sendo relevante destacar dois debates distintos: em primeiro lugar, sobre o alcance do dispositivo e a possibilidade de sua aplicação aos pagamentos decorrentes de **desapropriação de imóveis**. De outro lado, discutiu-se também a **incidência de juros de mora e atualização monetária** por ocasião do pagamento das parcelas.

Em relação ao **primeiro debate**, há diversas decisões do Supremo no sentido da aplicação desse regime às hipóteses de pagamento de indenização por conta de desapropriação de imóveis. De acordo com o Tribunal, bastaria que os precatórios estivessem pendentes de pagamento em 05 de outubro de 1988 (data de promulgação da Constituição), para que incidisse o pagamento parcelado. Portanto, **apenas e exclusivamente os créditos de natureza alimentícia estariam dispensados do regime**, aplicando-se a eles a regra geral já mencionada (pagamento em uma única vez).

Confira-se, a título ilustrativo, a ementa do Recurso Extraordinário 159.151, julgado em 26 de junho de 1997:

> Desapropriação. Indenização. Precatórios judiciais. Pagamento parcelado. Art. 33 do ADCT. Para a aplicação da regra excepcional do art. 33 do ADCT, aos precatórios expedidos em processo de desapropriação, basta que estes se encontrem pendentes de pagamento quando da promulgação da nova Carta, data erigida, como marco temporal, pelo legislador constituinte. Recurso extraordinário conhecido e provido.[28]

Exatamente na mesma linha, são os REs 154.201, 160.965, 149.996, 158.440, 158.435, 154.123, entre outros.

Quanto ao **segundo debate**, a questão era saber se seriam devidos juros de mora por conta do pagamento parcelado nos termos do artigo 33 do ADCT ou se apenas a atualização monetária das parcelas seria devida. A esse respeito, o Supremo Tribunal Federal decidiu que "observadas as épocas próprias das prestações – vencimentos – impossível é cogitar da mora, descabendo, assim, a incidência dos juros no que pressupõem inadimplemento e, portanto, a '*mora solvendi*'".[29]

Dessa feita, consolidado o débito para fins de parcelamento e incluídos os juros de mora devidos por conta da pendência dos precatórios, **após a promulgação da Constituição somente seria possível falar-se em juros de mora na hipótese de atraso no pagamento das parcelas**. Caso contrário, apenas os índices de atualização monetária seriam devidos. Nesse sentido, é ilustrativo trecho do voto do Ministro Néri da Silveira, relator de outro Recurso Extraordinário que tratou do mesmo tema:

> [...] juros moratórios relativamente a cada parcela são devidos, na hipótese de suceder inadimplência, fluindo, a partir da data aprazada para o respectivo pagamento e até que venha esse, em concreto, a suceder. Não há, todavia, falar em fluência de juros referentemente a cada parcela, desde a Constituição e até o efetivo pagamento, ao lado da atualização do valor da parcela devido, à vista do que estipula o art. 33 do ADCT.[30]

Por fim, destaque-se que o pagamento da atualização monetária dos valores seria efetivado, nos termos da jurisprudência do Supremo, pela expedição de novos precatórios,

---

[28] RE 159.151, Relator(a): Min. Octavio Gallotti, Primeira Turma, julgamento em 27/06/1997, *DJ* 16/10/1998, p. 15, Ement. Vol. 1927-02, p. 334.

[29] Trecho da ementa do RE 155.981, Relator(a): Min. Marco Aurélio, Tribunal Pleno, julgamento em 11/11/1994, *DJ* 23/02/2001, p. 126, Ement. Vol. 2020-01, p. 182.

[30] RE 193.210, julgado pela Segunda Turma em 27/05/1997, *DJ* 29/05/1997.

em relação aos quais será observada a **ordem cronológica** de pagamento.[31] A consequência dessa postura, especialmente em épocas de alta inflação, é a criação de uma situação em que o cidadão não tem perspectiva de ver seu crédito pago, já que, na ocasião do pagamento das parcelas, o valor já estará defasado e demandará novo precatório que, quando pago, possivelmente estará desatualizado, exigindo novo precatório e assim sucessivamente.

5.6.1.1 Esquema – Art. 33, ADCT

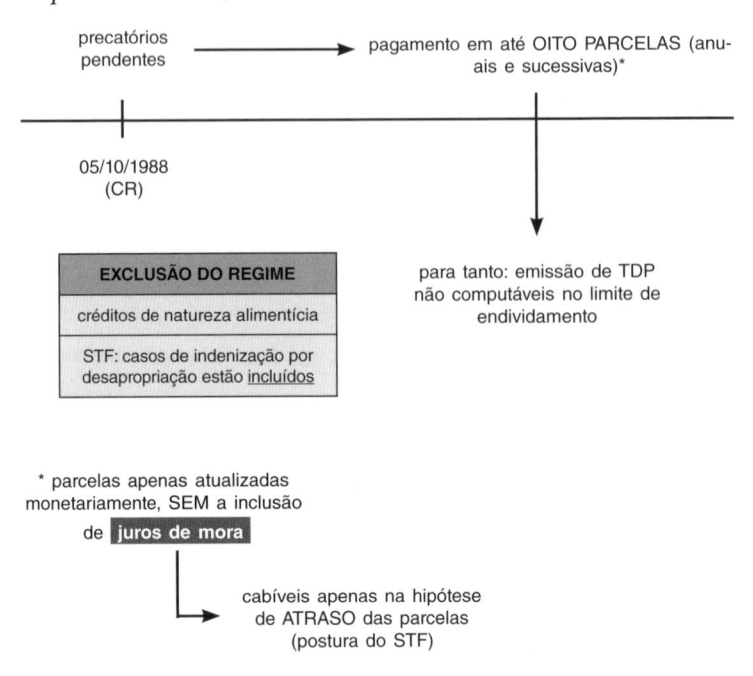

```
precatórios                    pagamento em até OITO PARCELAS (anu-
pendentes          ─────▶      ais e sucessivas)*
─────────────────┼──────────────────────────────
        05/10/1988
          (CR)
                                          │
                                          ▼
    ┌─────────────────────────┐   para tanto: emissão de TDP
    │   EXCLUSÃO DO REGIME    │   não computáveis no limite de
    ├─────────────────────────┤   endividamento
    │ créditos de natureza alimentícia │
    ├─────────────────────────┤
    │ STF: casos de indenização por   │
    │ desapropriação estão incluídos  │
    └─────────────────────────┘

    * parcelas apenas atualizadas
      monetariamente, SEM a inclusão
      de  juros de mora
              │
              └──▶ cabíveis apenas na hipótese
                   de ATRASO das parcelas
                   (postura do STF)
```

5.6.2 Artigo 78 do ADCT: parcelamento em dez anos

A Emenda Constitucional 30, de 2000, incluiu no ADCT o artigo 78, que criou mais uma moratória em relação ao pagamento de precatórios. Dessa vez, os precatórios pendentes na data de promulgação da EC, dia 13 de setembro de 2000, e aqueles que decorressem de ações judiciais ajuizadas até 31 de dezembro de 1999, seriam pagos no **prazo máximo de dez anos**, em prestações anuais, iguais e sucessivas, permitida a cessão de créditos.

Ainda nos termos do *caput* do artigo 78 do ADCT, **ficaram excluídos desse regime os créditos de pequeno valor, os de natureza alimentícia, os disciplinados no artigo 33 do ADCT e respectivas complementações relativas à atualização monetária e, por fim, aqueles cujos recursos já tenham sido liberados ou depositados em juízo**. De resto, todos os precatórios pendentes em 13 de setembro de 2000, e também aqueles que serão emitidos por conta de ações ajuizadas até 31 de dezembro de 1999, devem se submeter ao pagamento em dez anos.

É importante dizer que esse regime especial, a despeito de ter criado mais uma moratória no pagamento de precatórios, estabeleceu alguns **benefícios** para o credor.

---

[31] Cf. RE 112.661, julgado pela Segunda Turma em 21/06/1988, *DJ* 12/08/1988.

Em primeiro lugar, possibilitou a **decomposição das parcelas**. Essa autorização consta no § 1º do artigo 78 e visa ao recebimento dos valores parceladamente dentro do próprio exercício em que o pagamento integral deve se realizar. Assim, por exemplo, se um determinado cidadão tinha um crédito de R$ 100 mil, este valor seria parcelado em dez vezes e as parcelas seriam pagas anualmente. Diante disso, em vez de receber cada parcela de uma única vez, referente a um dado exercício, o particular poderia optar pelo recebimento decomposto (parcelado) da quantia, dentro do mesmo exercício, findo o qual, naturalmente, todo o valor da parcela deveria ser pago.

Na hipótese de término do exercício e não pagamento integral da parcela, o § 2º do artigo 78 possibilitava a **compensação** daqueles créditos com débitos tributários perante a entidade devedora. Tratava-se de uma situação específica, em que se tinha o pagamento de tributos por meio de precatórios.

Ainda acerca do não pagamento, vencido o prazo estabelecido na EC, o § 4º autorizava que o credor requisitasse ao Presidente do Tribunal competente que determinasse o **sequestro** de recursos financeiros da entidade devedora, suficientes à satisfação do crédito. Essa possibilidade igualmente se aplicava aos casos de omissão das verbas no orçamento ou preterição à ordem cronológica de pagamento dos precatórios.

Além disso, e independentemente da quitação das parcelas no prazo, caso entendesse conveniente, o credor poderia ainda **ceder os créditos** a terceiro, que assumiria o papel de credor e, assim, titular do direito de recebimento do valor do precatório, segundo a parte final do *caput* do artigo 78.

Por fim, nos termos do § 3º, o prazo de dez anos ficaria reduzido para **dois** nas hipóteses de pagamento de precatórios em virtude de desapropriação de imóvel residencial do credor, desde que único à época da imissão na posse.

Em relação ao artigo 78 do ADCT, cumpre destacar a existência de dois debates na jurisprudência.

O primeiro, mais geral, relativo à **inconstitucionalidade do regime especial** introduzido pela EC 30/2000. O artigo 78 do ADCT foi objeto de questionamento no Supremo Tribunal Federal em duas Ações Diretas de Inconstitucionalidade (2362 e 2356). A alegação central estava na ofensa à segurança jurídica, especialmente no que se refere ao parcelamento de precatórios que sequer foram objeto de expedição, como é o caso daqueles decorrentes de ações ajuizadas até 31 de dezembro de 1999.

Em 10 de fevereiro de 2010, o julgamento das medidas cautelares das ações, que começou em fevereiro de 2002, foi retomado com o voto do Ministro Cezar Peluso. Nessa ocasião, formou-se uma maioria de seis votos pela inconstitucionalidade da inclusão no regime especial dos precatórios decorrentes de ações ajuizadas até 31 de dezembro de 1999. Os Ministros que se posicionaram desse modo foram: Néri da Silveira, Ellen Gracie, Carlos Ayres Britto, Cezar Peluso, Cármen Lúcia e Marco Aurélio.

Em relação ao restante do artigo, que instituiu parcelamento para precatórios pendentes à época da edição da EC, houve empate: cinco Ministros votaram pela suspensão, enquanto outros cinco pela manutenção de tal regime. Dentre aqueles que consideraram inconstitucional o parcelamento de precatórios decorrentes de ações judiciais ajuizadas até 31 de dezembro de 1999, apenas a Ministra Ellen Gracie não considerou a inconstitucionalidade do restante do artigo.

O desempate foi obtido pelo voto do Ministro Celso de Mello, proferido em 25 de novembro de 2010, no sentido da **inconstitucionalidade do regime**. Dessa forma, o **Supremo decidiu pela suspensão do artigo 78 do ADCT e, assim, do regime de pagamento parcelado que ele institui**. Contudo, as ações ainda pendem de julgamento definitivo – a despeito das mudanças consideráveis no regime de pagamento de precatórios, como se viu das EC 62/2009, 94/2016 e 99/2017.

O segundo debate refere-se a um tema mais específico e já discutido no contexto do artigo 33 do ADCT: trata-se do questionamento quanto à **inclusão de juros moratórios e compensatórios** por ocasião do pagamento das parcelas. A exemplo da jurisprudência firmada quanto ao artigo 33 do ADCT, **o Supremo Tribunal Federal se manifestou contrariamente à referida incidência**. A decisão foi tomada no Recurso Extraordinário nº 590.751, que teve seu mérito apreciado pelo Pleno em 9 de dezembro de 2010. Confira-se:

CONSTITUCIONAL. PRECATÓRIO. ART. 78 DO ADCT, INTRODUZIDO PELA EC 30/2000. INCIDÊNCIA DE JUROS COMPENSATÓRIOS E MORATÓRIOS NAS PARCELAS SUCESSIVAS. INADMISSIBILIDADE. ART 5º, XXIV E XXXVI, DA CONSTITUIÇÃO. OFENSA AO PRINCÍPIO DA JUSTA INDENIZAÇÃO. NECESSIDADE DE REEXAME DE PROVA. OFENSA REFLEXA. INCIDÊNCIA DA SÚMULA 279 DO STF. REPARCIALMENTE PROVIDO. I – O art. 78 do ADC possui a mesma *mens legis* que o art. 33 deste Ato, razão pela qual, uma vez calculado o precatório pelo valor real do débito, acrescido de juros legais, não há mais falar em incidência destes nas parcelas anuais, iguais e sucessivas em que é fracionado, desde que adimplidas a tempo e corrigidas monetariamente. II – Não se mostra possível, em sede de recurso extraordinário, examinar a alegação de ofensa ao princípio da justa indenização, abrigado no art. 5º, XXIV, da Constituição Federal, diante do que dispõe a Súmula 279 do STF. III – A discussão acerca dos limites objetivos da coisa julgada, ademais, constitui matéria de legislação ordinária, que não dá ensejo à abertura da via extraordinária. IV – Recurso extraordinário parcialmente provido.

5.6.2.1 Esquema – Art. 78, ADCT (EC 30/2000)

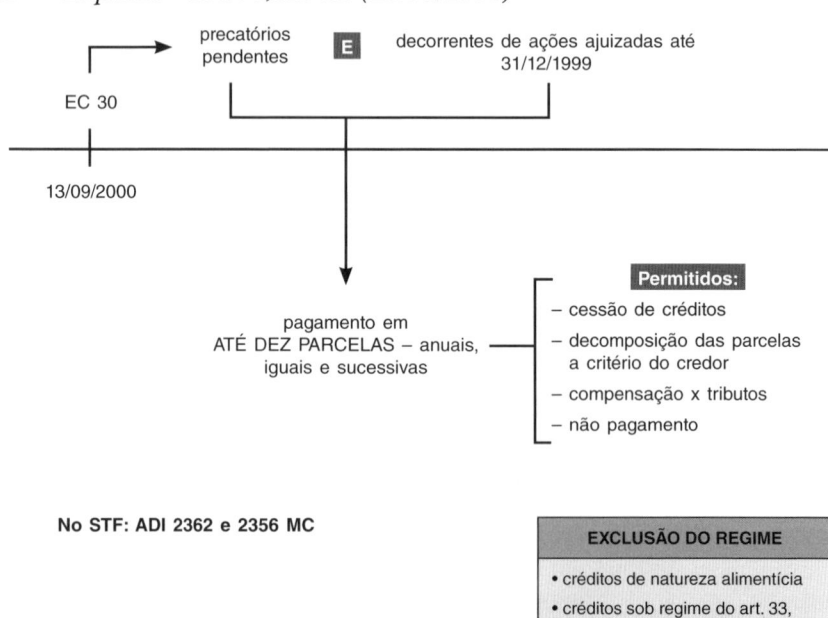

```
                    precatórios      ┌─ decorrentes de ações ajuizadas até
           ┌──────► pendentes    E   │  31/12/1999
           │                         │
    EC 30  │
───────────┼─────────────────────────────────────
    │
 13/09/2000
    │
    ▼
                                         ┌─ Permitidos:
         pagamento em                     │  – cessão de créditos
   ATÉ DEZ PARCELAS – anuais, ────────────┤  – decomposição das parcelas
     iguais e sucessivas                  │    a critério do credor
                                          │  – compensação x tributos
                                          └─ – não pagamento


   No STF: ADI 2362 e 2356 MC          ┌─ EXCLUSÃO DO REGIME ──────────┐
                                       │ • créditos de natureza alimentícia │
                                       │ • créditos sob regime do art. 33,  │
                                       │   ADCT                             │
                                       │ • créditos de pequeno valor        │
                                       └────────────────────────────────────┘
```

5.6.3 Artigos 86 e 87 do ADCT: exceção ao parcelamento em dez anos

Os artigos 86 e 87 do ADCT foram incluídos pela Emenda Constitucional 37, de 2002, e tiveram por objetivo excluir determinados créditos do pagamento parcelado na forma do artigo 78 do ADCT. Trata-se dos créditos definidos como de "pequeno valor", os quais deixaram de se sujeitar ao regime dos precatórios desde a EC 30/2000.

Contudo, para a hipótese de precatórios já emitidos em momento anterior à EC 30/2000, pendentes de pagamento na data da promulgação da EC 37/2002 (dia 12 de junho de 2002) e cujo conteúdo revelasse um crédito de pequeno valor, o artigo 86 do ADCT determinou que o pagamento fosse feito na forma do artigo 100 da Constituição e, portanto, em uma **única parcela.** Porém, nos termos do § 2º do artigo 86, caso o precatório ainda não tenha sido objeto de qualquer pagamento, seria possível o pagamento em duas vezes, nos termos em que dispuser a lei.

No momento do pagamento, seria observada a ordem cronológica de apresentação, com precedência desses créditos de pequeno valor sobre aqueles de maior valor, conforme determina o § 1º do dispositivo. **Essa precedência apenas cede aos créditos de natureza alimentícia, que terão preferência sobre todos os demais** (§ 3º).

O artigo 87 do ADCT, de seu turno, definiu o que seriam considerados créditos de **pequeno valor**, até que se desse o advento das leis definidoras pelos entes da Federação: para Estados e Distrito Federal, o valor deveria ser igual ou inferior a quarenta salários-mínimos, e, para os Municípios, trinta salários mínimos. Caso o valor do crédito ultrapasse essas quantias, o pagamento necessariamente será feito pelas vias dos precatórios, sendo facultada ao credor a renúncia do montante excedente e, nessa hipótese, o pagamento seria feito sem a observância de tal regime (art. 87, parágrafo único, ADCT).

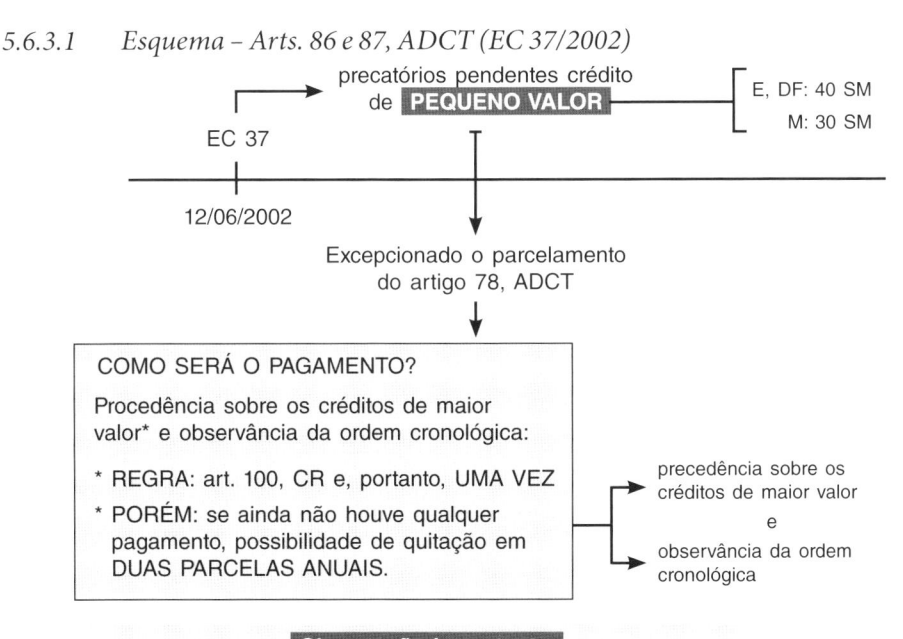

5.6.3.1 Esquema – Arts. 86 e 87, ADCT (EC 37/2002)

5.7 OS PRECATÓRIOS NO DIREITO TRIBUTÁRIO: COMPENSAÇÃO E GARANTIA EM EXECUÇÃO FISCAL

Para encerrar o tema dos precatórios, cumpre tratar de dois debates atualmente existentes no âmbito do direito tributário, que envolvem a utilização dos precatórios para fazer face a débitos tributários. Tais debates envolvem os temas da compensação no direito tributário e das garantias no processo de Execução Fiscal.

5.7.1 Compensação de tributos com precatórios

Conforme visto no capítulo anterior, o instituto da compensação no direito tributário está previsto no artigo 156, inciso II, do Código Tributário Nacional (CTN) como causa de extinção do crédito tributário. Recorde-se que se trata de encontro de contas entre sujeito passivo e Administração, que pressupõe a existência de créditos, líquidos e certos, vencidos ou vincendos, do sujeito passivo em face da Fazenda Pública. O sujeito passivo, então, utiliza-se desses créditos para fazer frente a débitos perante o mesmo ente.

Como se sabe, a compensação ainda está disciplinada nos artigos 170 e 170-A do Código e a condição básica para seu exercício é a existência de **lei** que estabeleça os critérios e condições segundo os quais a compensação se realizará.

Diante disso, coloca-se a questão relativa à possibilidade de compensação de precatórios com tributos. A indagação seria: **os precatórios podem ser vistos como créditos líquidos e certos perante a Fazenda Pública, prestando-se à utilização via compensação tributária?**

A resposta a essa questão seria, em princípio, positiva. Os precatórios são créditos líquidos e certos perante a Administração, especialmente porque reconhecidos judicialmente, por meio de decisão condenatória transitada em julgado. Contudo, **a simples existência dos créditos não basta para que haja a possibilidade de compensação**. O CTN é bem claro ao prescrever a necessidade de **lei** que estabeleça as condições para a realização da compensação.

Sendo assim, a compensação apenas seria possível diante de uma previsão normativa específica a respeito. Voltando os olhos para a disciplina dos precatórios, temos que o artigo 78 do ADCT previu essa possibilidade, que seria aplicável diante da não quitação da parcela anual, e também o artigo 97 do ADCT, na disciplina do regime especial dos Estados, Distrito Federal e Municípios, a estabelecia nos casos de não liberação tempestiva de recursos destinados ao pagamento de precatórios segundo a ordem cronológica.

Mais recentemente, conforme mencionado, o regime especial de pagamento dos precatórios em atraso, de titularidade dos estados, Distrito Federal e municípios, permite a compensação tributária, desde que os valores tenham sido inscritos em Dívida Ativa até 25/03/2015 e nos termos da lei de cada ente da Federação. Essa possibilidade consta do artigo 105 do ADCT, incluído pela EC 94/2016.

No âmbito federal, essa possibilidade existe desde 2011, com a publicação da Lei nº 12.431. No entanto, não se trata de uma prerrogativa do contribuinte: a compensação será realizada de ofício, antes mesmo da emissão do precatório, como forma de reduzir o valor a ser pago pela Fazenda Nacional.

Por falta de previsão legal o caminho inverso não é possível – o pedido de compensação não pode ser originário do contribuinte, portanto. Tal entendimento, além de expresso na lei, está refletido na orientação da Receita Federal do Brasil, conforme se vê do texto da Solução de Consulta Cosit nº 101/2014, cuja ementa é a seguinte:

> CRÉDITO DE PRECATÓRIO. UTILIZAÇÃO NA COMPENSAÇÃO ADMINISTRATIVA DE DÉBITOS RELATIVOS A TRIBUTOS ADMINISTRADOS PELA SECRETARIA DA RECEITA FEDERAL DO BRASIL. IMPOSSIBILIDADE. Não é cabível, administrativamente, a compensação de débitos perante a Fazenda Pública Federal com créditos provenientes de precatórios. Os arts. 30 a 42 da Lei nº 12.431, de 2011, com fundamento nos §§ 9º e 10 do art. 100 da CF/88, possibilitam essa compensação exclusivamente na esfera judicial, a ser exercida nos autos do processo de execução do precatório, operando-se no momento em que a decisão judicial que a determinou transitar em julgado. Sendo assim, não há previsão legal para a compensação por iniciativa do contribuinte de débitos relativos a tributos administrados pela Secretaria da Receita Federal do Brasil com créditos de precatórios. A compensação envolvendo precatórios deve ser cumprida de ofício, na via judicial, nos restritos termos da Lei nº 12.431, de 2011. Dispositivos Legais: Constituição Federal, art. 100, §§ 9º e 10; Lei nº 12.431, de 2011, arts. 30 a 42.

Portanto, **apenas e exclusivamente nas hipóteses supramencionadas é que a compensação se faz aceitável**. Em outros casos, tal não seria aplicável, por falta de previsão normativa e, assim, confronto direto com a exigência do CTN.

O Superior Tribunal de Justiça já se manifestou, por diversas ocasiões, quanto à impossibilidade de compensação de tributos com precatórios nos casos em que não há previsão legal específica. Note-se que isso não implica a proibição absoluta de compensação, mas, tão somente, o reconhecimento de que essa modalidade de extinção do crédito tributário, para se operar, necessita de uma lei autorizativa que estabeleça os critérios e requisitos da compensação.

A esse respeito, veja-se trechos da ementa de dois julgados, ambos no mesmo sentido:

> Tributário. Processual civil. Prequestionamento implícito. Possibilidade. Compensação tributária. Tributo estadual. Precatório judicial. Inexistência de lei autorizativa. Impossibilidade.
> [...] 2. A compensação, modalidade extintiva do crédito tributário, surge quando o sujeito passivo da obrigação tributária é, ao mesmo tempo, credor e devedor, sendo necessária **para sua concretização lei autorizadora específica, nos termos do art. 170 do Código Tributário Nacional**.
> 3. No caso dos autos, não há no Estado do Rio Grande do Sul lei autorizativa da compensação tributária entre tributos estaduais e precatórios judiciais. No mais, a compensação tributária só é permitida entre créditos e débitos de titularidade da mesma pessoa jurídica, o que não ocorre no caso. Agravo regimental improvido.[32]

> Processual civil. Recurso especial. Tributário. Débito relativo a IPVA. Compensação com precatório vencido. Inviabilidade. Necessidade de lei autorizativa. 1. Tratando-se

---

[32] AgRg no REsp 1196680/RS, Relator(a): Min. Humberto Martins, Segunda Turma, julgamento em 21/09/2010, *DJe* 06/10/2010; destaques não contidos no original.

de crédito incluído na sistemática prevista no art. 78 do ADCT – precatórios pendentes na data de promulgação da EC 30/2000 e os que decorram de ações iniciais ajuizadas até 31 de dezembro de 1999 –, e estabelecido o parcelamento, o inadimplemento de alguma das parcelas atribui ao respectivo crédito poder liberatório do pagamento de tributos da entidade devedora (§ 2º). **Ressalvada a hipótese prevista no artigo mencionado, a compensação de débitos tributários com créditos do sujeito passivo contra a Fazenda Pública (consignados em precatório), é condicionada à existência de lei autorizativa específica, conforme estabelecido no art. 170 do CTN.** 2. No caso concreto, não se enquadrando o crédito na sistemática prevista no art. 78, § 2º, do ADCT, e considerando que inexiste lei autorizativa no âmbito do Estado do Rio Grande do Sul, a compensação pretendida – crédito de precatório vencido com débito relativo a IPVA – contraria a regra prevista no art. 170 do CTN. 3. Recurso especial provido.[33]

5.7.2 Precatórios como garantia em processo de execução fiscal

O artigo 11 da Lei nº 6.830/1980, a Lei de Execuções Fiscais, estabelece a ordem segundo a qual a penhora ou arresto de bens para fins de garantir a Execução Fiscal será efetivado. A possibilidade de penhora de precatórios estaria contemplada no inciso VIII, "direitos e ações". **Sendo o precatório representativo de um crédito do cidadão perante a Fazenda Pública, poderá o contribuinte apresentá-lo como bem passível de penhora, já que se trata, sem sombra de dúvidas, de "direito" ao recebimento de tal crédito.**

O Superior Tribunal de Justiça tem posição firme em reconhecer a **possibilidade de penhora de precatórios em Execução Fiscal, independentemente de se tratar da mesma entidade devedora**. Ou seja, não haveria qualquer óbice no oferecimento de um precatório pendente de pagamento pelo Estado em processo de Execução Fiscal movido pela União. Nessa linha, confira-se trecho da ementa dos Embargos de Divergência 881.014:

> 1. O crédito representado por precatório é bem penhorável, mesmo que a entidade dele devedora não seja a própria exequente, enquadrando-se na hipótese do inciso XI do art. 655 do CPC, por se constituir em direito de crédito. [...].[34]

Diante disso, se o precatório é bem passível de penhora, abre-se outra discussão acerca da viabilidade jurídica de se substituir bem penhorado por precatório. Nesse sentido, devemos analisar a **Súmula 406 do Superior Tribunal de Justiça**, que estabelece: **"A Fazenda Pública pode recusar a substituição do bem penhorado por precatório"**.[35]

A postura dos contribuintes, nesse debate, foi de alegar que os precatórios seriam equivalentes a dinheiro, prestando-se a substituir bens anteriormente penhorados. O Superior Tribunal de Justiça, contudo, não acatou tal alegação. Para o Tribunal, a penhora de precatório equivale à penhora de crédito (ou direito) e, de acordo com o artigo 15, inciso

---

[33] REsp 1192662/RS, Relator(a): Min. Mauro Campbell Marques, Segunda Turma, julgamento em 24/08/2010, *DJe* 30/09/2010; destaques não contidos no original.

[34] EREsp 881014/RS, Relator(a): Min. Castro Meira, Primeira Seção, julgamento em 27/02/2008, *DJe* 17/03/2008.

[35] Súmula 406, Primeira Seção, julgamento em 28/10/2009, *DJe* 24/11/2009, REPDJe 25/11/2009.

I, da Lei de Execuções Fiscais, a substituição de bens penhorados sem a concordância da Fazenda somente alcança dinheiro, fiança bancária ou seguro garantia. Veja-se, a esse respeito, trecho da ementa do Recurso Especial 1.090.898:

> [...] 2. A penhora de precatório equivale à penhora de crédito, e não de dinheiro.
> 3. Nos termos do art. 15, I, da Lei 6.830/80, é autorizada ao executado, em qualquer fase do processo e independentemente da aquiescência da Fazenda Pública, tão somente a substituição dos bens penhorados por depósito em dinheiro ou fiança bancária. 4. Não se equiparando o precatório a dinheiro ou fiança bancária, mas a direito de crédito, pode o Fazenda Pública recusar a substituição por quaisquer das causas previstas no art. 656 do CPC ou nos arts. 11 e 15 da LEF. 5. Recurso especial representativo de controvérsia não provido. Acórdão sujeito à sistemática do art. 543-C do CPC e da Resolução STJ 08/2008.[36]

Daí, portanto, a redação da Súmula 406, que autoriza a recusa da substituição, sem que tal represente uma negativa de reconhecer a possibilidade de oferecer os precatórios como garantia em processo de execução fiscal.

Analisadas essas duas questões pontuais, para concluir o tema de que se ocupa este capítulo, o próximo tratará de detalhar as requisições de pequeno valor, que representam uma outra forma de quitação dos débitos da Fazenda Pública.

5.8 REQUISIÇÕES DE PEQUENO VALOR

Até a promulgação da EC 30/2000, os precatórios eram o único meio de pagamento de débitos de titularidade da Fazenda Pública, independentemente do valor do crédito.

A EC 30/2000, além de prever um novo regime de parcelamento no ADCT, também alterou o § 3º do artigo 100 da Constituição para excepcionar da sistemática dos precatórios os "pagamentos de obrigações definidas em lei como de pequeno valor que a Fazenda Federal, Estadual, Distrital ou Municipal deva fazer em virtude de sentença judicial transitada em julgado". A definição do que seria "pequeno valor" seria fixada pelos próprios entes, considerando as diferentes capacidades das entidades de direito público.

Com o advento da EC 37/2002, porém, o legislador estabeleceu o que seria considerado "pequeno valor", até que se dê a publicação oficial das respectivas leis pelos entes subnacionais: 40 salários mínimos para os estados e o Distrito Federal e trinta salários mínimos para os municípios. Do ponto de vista da União, o tema já havia sido disciplinado na Lei nº 10.259/2001, a Lei dos Juizados Especiais Federais, que fixa tal limite em 60 salários mínimos.

As alterações constitucionais posteriores mantiveram a lógica da EC 30/2000 com alterações bem pouco significativas. Atualmente, a redação dos §§ 3º e 4º do artigo 100 praticamente repete a fórmula da EC 30; a única modificação relevante está na fixação do que deve ser qualificado como "pequeno valor". Nos termos do § 4º, na redação dada

---

[36] REsp 1090898/SP, Relator(a): Min. Castro Meira, Primeira Seção, julgamento em 12/08/2009, *DJe* 31/08/2009. A redação atual do art. 15, I, da Lei nº 6.830/1980, determinada pela Lei nº 13.043/2014, é: "Art. 15. Em qualquer fase do processo, será deferida pelo Juiz: I – ao executado, a substituição da penhora por depósito em dinheiro, fiança bancária ou *seguro garantia*" (grifo nosso).

pela EC 62/2009, a definição será dada por leis próprias, comportando valores distintos segundo as diferentes capacidades econômicas, observado, porém, um piso: no mínimo igual ao valor do maior benefício do regime geral de previdência social.

De todo modo, enquadrados os valores a receber nesse limite, o pagamento será feito por "requisição de pequeno valor" e não pela expedição de precatórios. Em nível federal, o artigo 17 da Lei nº 10.259/2001 estabelece o procedimento a ser observado: entregue a requisição, por ordem do juiz, à autoridade devedora, o pagamento deverá ser realizado em 60 dias, na agência mais próxima da Caixa Econômica Federal ou do Banco do Brasil, independentemente de precatório. Desatendida a requisição judicial, o Juiz determinará o sequestro de valor suficiente ao cumprimento da decisão.

O mesmo dispositivo ainda estabelece, em seus §§ 3º e 4º, a impossibilidade de fracionamento do valor, para que o pagamento seja em parte feito via RPV, em parte via precatório. Caso o valor extrapole o limite de 60 salários mínimos, a única possibilidade que o credor teria de receber os valores devidos por RPV seria a renúncia do valor excedente.

Conforme pode-se perceber, o procedimento previsto em lei é bastante simples e coerente com a criação de mecanismos alternativos ao precatório para fins de quitação de valores menos significativos para o ente público pagador – não faz sentido, do ponto de vista dos princípios da economicidade e da eficiência que devem reger a despesa pública, a adoção de mecanismos complexos e custosos para o pagamento de débitos de baixo valor.

Atualmente, o procedimento para o pagamento e recebimento de tais débitos no âmbito da Justiça Federal está disciplinado na Resolução 458/2017, do Conselho da Justiça Federal e alterações posteriores. Nesse contexto, determina, em seu artigo 6º que, na hipótese de crédito de pequeno valor de responsabilidade da União e suas autarquias ou fundações, "o tribunal organizará mensalmente a relação das requisições em ordem cronológica, com os valores por beneficiário, encaminhando-a à Secretaria de Planejamento, Orçamento e Finanças do Conselho da Justiça Federal e ao representante legal da entidade devedora".

De outro lado, caso se trate de débito de responsabilidade dos estados e municípios, inclusive autarquias e fundações, bem como de conselhos profissionais e da Empresa Brasileira de Correios e Telégrafos, mas que, por competência delegada a execução esteja a cargo da Justiça Federal, o procedimento é exatamente aquele estabelecido na Lei nº 10.259/2001: encaminhando da requisição pelo próprio juiz ao devedor, fixando-se o prazo de 60 dias para pagamento, como se vê da redação do artigo 17. Desatendido o prazo, haverá o sequestro da verba necessária à quitação do valor, tal qual determinado pelo juízo da execução, nos termos do § 2º do mesmo dispositivo.

Em todos os casos – débitos federais, estaduais ou municipais – a Resolução 458/2017 repete a fórmula adotada em resolução anterior do CJF (405/2016), com a imposição de um procedimento mais burocratizado para o pagamento de RPVs de responsabilidade da União. Até o momento, não há nenhuma arguição de inconstitucionalidade sobre o tema. Não obstante, há argumentos que suportariam um pleito nesse sentido, na medida em que o texto da resolução extrapola a previsão legal e insere procedimentos que podem tornar o pagamento das RPVS menos céleres, em total dissonância com o objetivo central que permeou a criação do instituto.

5.8.1 Esquema – Lei 2.431/2011. Compensação de precatórios com tributos federais

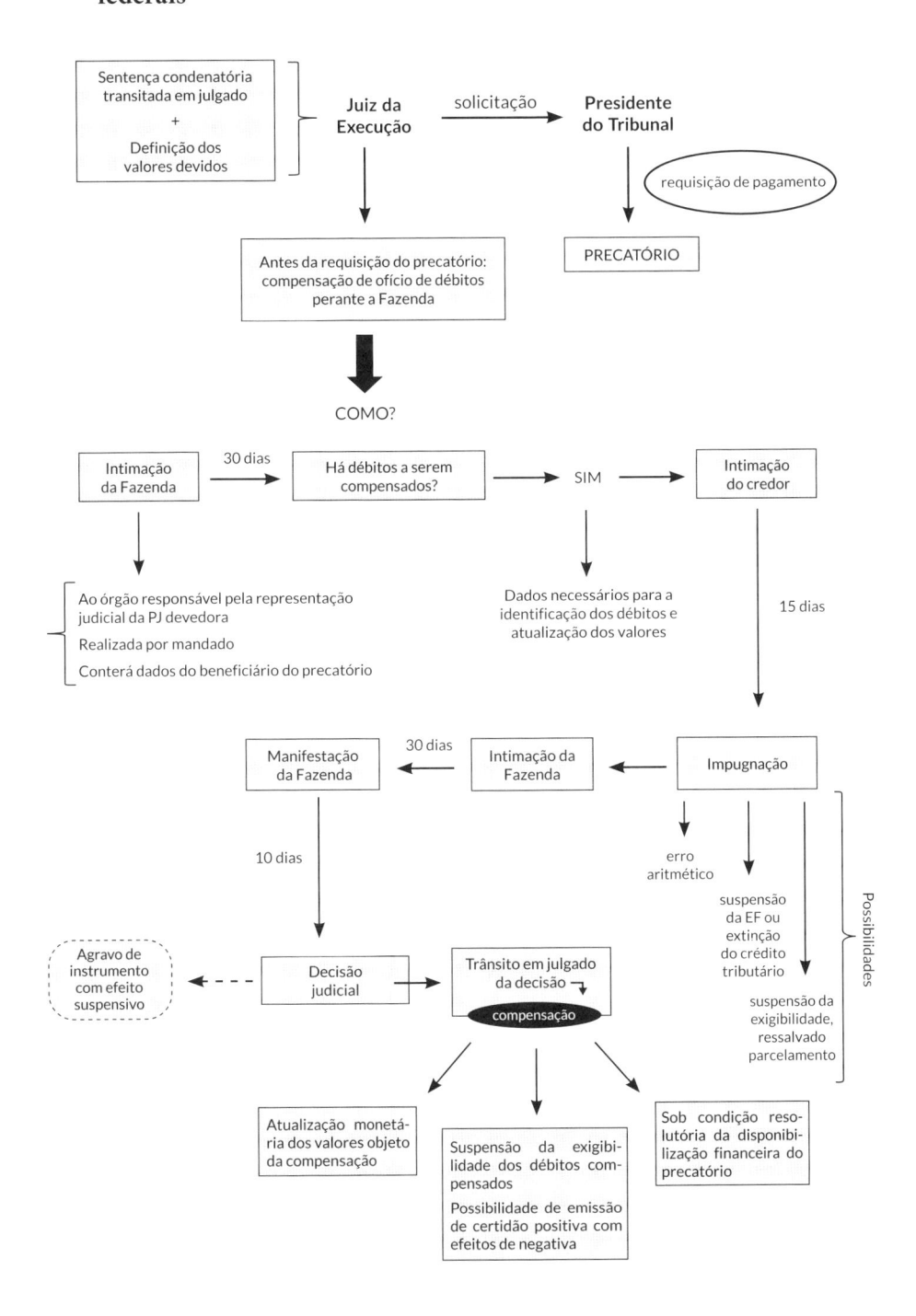

```
[Sentença condenatória transitada em julgado + Definição dos valores devidos] → Juiz da Execução → solicitação → Presidente do Tribunal
                                                                                        ↓                        ↓
                                                                                                          requisição de pagamento
                                                                                        ↓                        ↓
                                                        Antes da requisição do precatório:            PRECATÓRIO
                                                        compensação de ofício de débitos
                                                              perante a Fazenda
                                                                      ↓
                                                                   COMO?
```

```
Intimação      30 dias     Há débitos a serem    →  SIM  →    Intimação
da Fazenda    ────────→    compensados?                       do credor
    ↓                              ↓                              ↓
• Ao órgão responsável       Dados necessários para a         15 dias
  pela representação         identificação dos débitos e         ↓
  judicial da PJ devedora    atualização dos valores
• Realizada por mandado
• Conterá dados do
  beneficiário do precatório
```

```
Manifestação  ← 30 dias ← Intimação da ← Impugnação ─┐
da Fazenda                  Fazenda           ↓       │
    ↓                                     erro        │  Possibilidades
  10 dias                               aritmético    │
    ↓                                      ↓          │
                                      suspensão      │
Agravo de   ←---  Decisão  →  Trânsito em julgado    da EF ou
instrumento       judicial    da decisão             extinção
com efeito                    ↘ compensação ↙        do crédito
suspensivo                                           tributário
                                                         ↓
                                                   suspensão da
                                                   exigibilidade,
                                                   ressalvado
                                                   parcelamento
```

```
→ Atualização monetária dos valores objeto da compensação
→ Suspensão da exigibilidade dos débitos compensados
  Possibilidade de emissão de certidão positiva com efeitos de negativa
→ Sob condição resolutória da disponibilização financeira do precatório
```

TEMAS RELEVANTES PARA DEBATE

1. Intervenção federal e o pagamento de precatórios

Conforme tratado linhas acima, a possibilidade de intervenção federal nos estados e municípios em razão do não pagamento de seus débitos está disciplinada no artigo 34, inciso V da Constituição. Essa hipótese seria aplicável a diversos estados inadimplentes em suas obrigações de quitar precatórios.

É sabido, contudo, que a jurisprudência do Supremo Tribunal Federal tem, sistematicamente, afastado a aplicação de tal dispositivo, por considerar que a ausência de pagamento dos precatórios se justifica diante da necessidade de direcionar recursos a despesas públicas mais fundamentais, como saúde, educação e custeio da estrutura administrativa.

Ao lado disso, ao longo da vigência da Constituição de 1988, temos presenciado a aprovação periódica de regimes especiais para a quitação de tais débitos – a última alteração se deu recentemente, com a promulgação da Emenda Constitucional nº 109/2021, que prorrogou o prazo para os estados, Distrito Federal e municípios quitarem seus precatórios pendentes para 2029.

À luz desse cenário, é relevante ponderar se a persistência do Supremo Tribunal Federal em não permitir a intervenção federal nos estados e municípios não estimula a aprovação e a necessidade constante dos regimes especiais. Ademais, considerando a existência de débitos alimentares a serem quitados, a postergação indefinida do pagamento de precatórios não ofenderia direitos fundamentais básicos? Como enfrentar tal situação, sem perder de vista, também, o cenário atual das contas públicas estaduais e municipais?

MATERIAL DE APOIO PARA O DEBATE

▶ <http://www.planalto.gov.br/ccivil_03/constituicao/emendas/emc/emc99.htm>

2. Teto de gastos e o pagamento de precatórios

A EC 114/2021 incluiu o artigo 107-A ao ADCT para prever regra temporária de limitação ao pagamento de precatórios: até o final de 2026, haverá limite para a alocação de tais despesas na proposta orçamentária; limite este informado pelo valor dos precatórios pagos no exercício de 2016, incluídos os restos a pagar pagos, corrigidos pelo IPCA. O objetivo de tal determinação foi assegurar a existência de espaço fiscal para a União ampliar programas de transferência de renda.

Há duas ADIs ajuizadas contra a EC e argumentos em torno da inconstitucionalidade do art. 107-A (ADIs 7047 e 7064). Em linhas gerais, alega-se a ofensa à coisa julgada, ao direito adquirido e à separação de Poderes. Some-se a isso, ainda, o fato de que a limitação dos pagamentos pode impactar o recebimento de verbas de natureza alimentar, em evidente confronto entre as necessidades alegadamente eleitorais do governo federal e direitos constitucionalmente assegurados.

Diante da crise econômica intensificada pela pandemia de Covid-19 e da necessidade real de redução da pobreza, qual seria a saída jurídica viável para esse embate?

MATERIAL DE APOIO PARA O DEBATE

- <http://planalto.gov.br/ccivil_03/constituicao/Emendas/Emc/emc114.htm#art2>
- <https://www.conjur.com.br/2021-nov-06/pec-precatorios-insiste-inconstitucionalidades-oab>
- <https://www.jota.info/stf/do-supremo/pdt-contesta-no-stf-emenda-constitucional-que-mudou-regime-de-pagamento-de-precatorios-10122021>

Capítulo 6
CONTROLE DA ATIVIDADE FINANCEIRA

Acesse o *QR Code* e assista à aula explicativa sobre este assunto.

> https://uqr.to/892j

Após a análise dos elementos que compõem a atividade financeira, como as leis orçamentárias, receitas e despesas, além da questão do endividamento, cumpre estudar como se verifica o controle dessa atividade. Isso implica abordar as modalidades de controle possíveis e, especialmente, o papel do Tribunal de Contas como fiscalizador dos gastos públicos.

Desde logo mencione-se que a fiscalização e o controle das contas públicas estão disciplinados nos artigos 70 a 75 da Constituição. Tais dispositivos têm por objetivo central detalhar a atuação dos tribunais de contas e são complementados pelo artigo 59 da LRF, que acresce às finalidades previstas na Constituição algumas outras.

O objeto do presente capítulo será detalhar esses dispositivos, sem olvidar da devida contextualização histórica do papel do Tribunal de Contas da União e da jurisprudência atual relativa à sua atuação. Para tanto, iremos, em primeiro lugar, tratar das normas constitucionais para, depois, analisarmos os dispositivos da LRF.

6.1 CONTROLE DAS CONTAS PÚBLICAS NA CONSTITUIÇÃO: ARTIGOS 70 A 75

O dispositivo constitucional que trata genericamente da fiscalização das contas públicas é o artigo 70, cuja redação atual dispõe:

> A fiscalização contábil, financeira, orçamentária, operacional e patrimonial da União e das entidades da administração direta e indireta, quanto à legalidade, legitimidade, economicidade, aplicação das subvenções e renúncia de receitas, será exercida pelo Congresso Nacional, mediante controle externo, e pelo sistema de controle interno de cada Poder.
>
> Parágrafo único. Prestará contas qualquer pessoa física ou jurídica, pública ou privada, que utilize, arrecade, guarde, gerencie ou administre dinheiros, bens e valores públicos ou pelos quais a União responda, ou que, em nome desta, assuma obrigações de natureza pecuniária.

Como já destaquei em outra oportunidade,[1] a origem da redação do artigo 70 da Constituição de 1988 remonta ao artigo 71 da Constituição Federal de 1967 – a posterior alteração da Carta pela Emenda Constitucional nº 1/1969 apenas deslocou a determinação para o artigo 70, mas sem que o conteúdo fosse alterado.

Na redação da Constituição anterior, o *caput* tratava da fiscalização financeira e orçamentária da União, mediante duas modalidades de controle: o externo, exercido pelo Congresso Nacional, e o interno, derivado do Poder Executivo, nos termos da lei. Diferentemente do que ocorre com o texto constitucional atual, os parágrafos do dispositivo tratavam das atribuições dos Tribunais de Contas – conforme será visto mais adiante, o texto de 1988 dedicou um artigo inteiro ao detalhamento dessa competência. Quanto às Constituições pretéritas, a despeito de tratarem do Tribunal de Contas em si – cuja criação se deu no início da República, em 1890 – não possuíam um dispositivo para disciplinar, em linhas mais gerais, a fiscalização das contas públicas.

A novidade da Constituição de 1988 em relação aos textos de 1967 e 1969 está no detalhamento da fiscalização: mantém-se o modelo anterior de controles interno e externo, mas seu alcance é significativamente alargado – enquanto as disposições constitucionais anteriores falavam apenas em fiscalização financeira e orçamentária da União, a redação de 1988 expande o objeto, os sujeitos e, ainda, enuncia os princípios segundo os quais os controles serão realizados.

Nos termos da redação do *caput* do artigo 70, a fiscalização será "contábil, financeira, orçamentária, operacional e patrimonial", à luz dos princípios ali enunciados (legalidade, legitimidade, economicidade, aplicação das subvenções e renúncia de receitas), e alcançará, além da União, as entidades da administração direta e indireta. O parágrafo único do dispositivo foi alterado pela Emenda Constitucional nº 19/1998 para ampliar ainda mais o espectro fiscalizatório, ao incluir a possibilidade de prestação de contas por pessoa física ou jurídica, pública ou privada, desde que utilize, arrecade, guarde, gerencie ou administre dinheiros, bens e valores públicos. O objetivo geral do artigo, portanto, é ser o mais compreensivo possível, de modo a viabilizar a fiscalização efetiva de todos aqueles que, direta ou indiretamente, relacionem-se com o dinheiro público.

Ademais, ao inaugurar a seção dedicada à fiscalização contábil, financeira e orçamentária, traça as premissas segundo as quais tal fiscalização deve se desenvolver. A simples leitura do texto mostra que o objetivo do constituinte foi o de ser o mais abrangente possível: além de detalhar as modalidades de fiscalização, especifica os princípios segundo os quais os controles serão realizados.

Antes do detalhamento dos objetos específicos de fiscalização, cumpre destacar que, a despeito de o *caput* fazer referência literal à fiscalização, em suas mais diversas modalidades, da União e dos órgãos da administração direta e indireta respectivos, é evidente que as regras a seguir estabelecidas se aplicam aos estados, ao Distrito Federal e aos municípios. Isso se dá tanto por força do artigo 31 da Constituição, que, a exemplo da redação do artigo 70, prescreve as mesmas modalidades de controle (interno e externo) das contas municipais, quanto em razão do artigo 75, que estende as normas dessa

---

[1] PISCITELLI, Tathiane. *Constituição Federal comentada...*, cit., comentários ao art. 70.

seção aos estados e Distrito Federal. Esclarecidos esses pontos, passemos à análise mais detalhada do *caput*, seguida do parágrafo único do dispositivo.

O *caput* do artigo 70 prescreve, a um só tempo, (i) as modalidades de fiscalização a serem realizadas por ocasião do dispêndio e manipulação de dinheiro público e, nesse sentido, correlaciona-as com os princípios que devem ser observados nesse exercício específico; e (ii) as formas de controle possível: externo e interno.

Conforme se vê, o texto constitucional, em nítida expansão ao conteúdo previsto nas Cartas anteriores, trata de fiscalização contábil, financeira, orçamentária, operacional e patrimonial, realizada sob os princípios da legalidade, legitimidade, economicidade, aplicação das subvenções e renúncia de receitas. De um ponto de vista geral, portanto, é possível dizer que todos os âmbitos de atuação se dirigem ao orçamento, já que a atividade financeira do Estado, que envolve a realização de despesas e obtenção de receitas, se desenvolve em torno dele. Ainda assim, cumpre realizar um exame pormenorizado.

A **fiscalização contábil** se dirige à análise dos lançamentos de despesa e receita no contexto da execução orçamentária; trata-se de avaliar se a receita ou a despesa foram lançadas corretamente quanto à sua classificação contábil. A importância dessa modalidade de fiscalização é significativa.

Conforme visto no capítulo 3, a Lei nº 4.320/1964, em seus artigos 11 e 12, classifica as receitas e despesas entre "correntes e de capital". As despesas de capital são aquelas que resultam no aumento do patrimônio público e, assim, da capacidade produtiva do Estado; trata-se, no geral, de despesa para investimento. De outro lado, como destacamos em diversas ocasiões ao longo deste livro, a Constituição de 1988, em seu artigo 167, inciso III, veda a realização de operações de crédito (i.e., operações que resultem em endividamento) que excedam o montante das despesas de capital, salvo a exceção constante no próprio texto constitucional – a já mencionada "regra de ouro" da responsabilidade fiscal, pois evita que o Estado assuma dívidas para fazer frente a despesas de custeio; o limite do endividamento público deve ser, como regra, o montante gasto em investimento.

A fiscalização contábil é fundamental para avaliar, por exemplo, se o lançamento das operações de crédito, que resultam em receitas de capital, nos termos do artigo 11 da Lei nº 4.320/1964, foi feito corretamente, em confronto com o montante das despesas de capital. A reclassificação das receitas e despesas pode ser o resultado dessa fiscalização que, de outro lado, viabiliza o cumprimento efetivo de outros dispositivos constitucionais – como o próprio artigo 167, inciso III. Outro exemplo que revela a importância dessa fiscalização se situa nas despesas com pessoal. Como se sabe, em atenção ao artigo 169 da Constituição, a LRF prevê limites de gastos com pessoal, por ente da Federação (art. 19) e por órgão e poder de cada esfera (art. 20). O lançamento equivocado de uma despesa pode distorcer o cumprimento dos limites legais.

A **fiscalização financeira**, de seu turno, dirige-se ao controle da destinação dos recursos arrecadados pelos entes e a verificação da correta aplicação dos valores nas áreas ou fundos determinados em lei ou pela Constituição. Sobre o tema, destaque-se a redação do artigo 8º, parágrafo único da LRF, que versa sobre o dever do ente da Federação de aplicar os recursos legalmente vinculados a finalidade específica no atendimento do objeto de sua vinculação, mesmo que isso ocorra em exercício diverso do ingresso da receita. O exemplo que se amolda perfeitamente a esse dispositivo é o da arrecadação de contribuições. Nos termos do artigo 149 da Constituição, tais tributos serão utilizados como forma de intervenção da União em determinada área, mediante a destinação dos recursos arrecadados. O controle sobre a efetiva aplicação dos valores se insere no contexto da fiscalização financeira.

Já a **fiscalização operacional** se volta ao controle dos atos gerenciais da administração, e se concretiza à luz de auditorias realizadas pelos Tribunais de Contas, com fundamento no artigo 71, inciso IV da Constituição. Como exemplo de tal modalidade de fiscalização, cite-se recente auditoria realizada, pelo Tribunal de Contas da União, na Secretaria da Receita Federal do Brasil, com a finalidade de verificar a "metodologia de dimensionamento e alocação e força de trabalho" no órgão, para mensurar possíveis ineficiências.[2] A **fiscalização patrimonial**, como a própria denominação indica, está voltada ao controle do patrimônio da administração e, assim, de seus bens móveis e imóveis e da destinação que lhes é dada.

Por fim, a **fiscalização orçamentária** tem por objeto tanto a execução orçamentária em específico, detalhada nos artigos 47 e seguintes da Lei nº 4.320/1964, quanto o controle do cumprimento mais geral das leis orçamentárias – a LOA, a LDO e o PPA. Pela sua abrangência, trata-se de controle das contas públicas como um todo, pois, conforme mencionado linhas acima, se a atividade financeira do Estado tem como pano de fundo o orçamento, a fiscalização orçamentária revela a incidência mais abrangente do controle pretendido pelo artigo 70 da Constituição.

No que se refere aos princípios que serão aplicáveis por ocasião das fiscalizações empreendidas, pretendeu o legislador constitucional assegurar uma avaliação qualitativa da ação objeto de controle. Ou seja, na mesma medida em que o ato será avaliado pela sua **legalidade** – o que implica observância não apenas das normas orçamentárias, mas, também e essencialmente, da LRF –, ele também o será do ponto de vista de sua legitimidade e economicidade.

Nesse sentido, destaque a menção expressa do dispositivo às aplicações de subvenções, previstas no artigo 12, § 3º da Lei nº 4.320/1964, e às renúncias de receita, disciplinadas no artigo 14 da LRF. Na hipótese de **renúncia**, conforme já estudado, o ente deve observar as normas e condições estabelecidas pela LRF no artigo 14 – esse é o foco da fiscalização. Já no caso de **subvenção**, o que se tem é a transferência de recursos a entidades públicas ou privadas sem fins lucrativos, visando a auxiliar tais entidades a executar atividades que são de interesse público. A lógica da subvenção é a de que vale mais a pena para o Estado conceder o auxílio do que executar a tarefa (assim, observa-se a economicidade).

Esses repasses serão, igualmente, objeto de fiscalização. Trata-se, pois, de estender a fiscalização nesses moldes não apenas aos atos que gerem gastos diretos (como as despesas públicas), mas àqueles que resultem em gastos indiretos e, assim, alocação de verbas via concessão de incentivos fiscais ou transferências diretas a entes públicos e privados.

A avaliação da **legitimidade** de um ato administrativo que se relacione com a realização de despesa pública ou realização de gasto indireto volta-se ao mérito do ato, para fins de verificar se ele atendeu ao bem jurídico valorado pela norma ao autorizá-lo.[3]

---

[2] AC-2133-39/17-P, sessão de 27/09/2017.

[3] Nesse sentido, confira-se OLIVEIRA, Régis Fernandes. *Curso de Direito Financeiro*. São Paulo: Revista dos Tribunais, 2006.

De outro lado, a **economicidade** volta-se à verificação do objetivo da despesa com o menor custo possível; é uma medida de eficiência do dinheiro público, com foco no controle de desperdícios. Trata-se, nas palavras de Paulo Soares Bugarin, da "ideia fundamental de desempenho qualitativo" e da "obtenção do melhor resultado estratégico possível de uma determinada alocação de recursos financeiros, econômicos e/ou patrimoniais em um dado cenário socioeconômico".[4]

Há farta jurisprudência do TCU nesse sentido: na realização de despesas públicas, a Administração tem o dever de buscar o melhor custo-benefício. O Acórdão nº 1.496/2015 é ilustrativo dessa questão, em que se discutiu a escolha da Secretaria de Políticas para Mulheres da Presidência da República quanto à aquisição e não locação de uma dada plataforma de telecomunicação:

> 9.5.1. Se para a SPM, como alegou em sua resposta à oitiva, não faria diferença a locação ou a aquisição da plataforma de telecomunicação [...] por parte da prestadora de serviço, então por que não se utilizar da especificação mais econômica na sua planilha de custo, que seria a locação?
> [...]
> 9.5.3. Por que a Administração optou por utilizar-se como parâmetro as cotações para aquisição, com uma diferença de custo tão grande em relação à locação? A análise a seguir demonstra que essa opção fez com que fosse aceito e contratado, um valor mais de 50% acima do único preço pesquisado para esse item.
> 9.5.3.1. O valor do aluguel da plataforma de telecomunicações previsto na proposta comercial da empresa vencedora representa um custo anual de mais de R$ 3 milhões [...].
> 9.5.3.2. Se for considerado o valor anual desse mesmo item na cotação da pesquisa de preços da própria SPM [...], ter-se-ia uma diferença de mais de R$ 1 milhão por ano, o que, ao longo de todo o período de possível contratação (sessenta meses), representaria mais de R$ 5,5 milhões de economia que a Administração deixaria de fazer.

O acórdão conclui que "a adoção injustificada de alternativa pela aquisição de equipamentos, bem como a exigência de equipamentos com especificações desnecessárias à execução dos serviços e onerosas para o valor estimado da contratação" contrariam o princípio da economicidade. Por essa razão, a opção deve estar claramente justificada, o que não ocorreu no caso concreto.

Por fim, como também se percebe da leitura do artigo 70 da Constituição, o controle com vistas à realização dos objetivos acima descritos será realizado **externamente** pelo Poder Legislativo com o auxílio do Tribunal de Contas, ou **internamente**, pelo próprio órgão, por meio do controle hierárquico. Outra possibilidade, ainda, é o controle privado, exercido pelos cidadãos, a partir de denúncias enviadas ao Tribunal de Contas, previsto no artigo 74, § 2º, da Constituição.

O controle externo, como será visto mais adiante, será realizado com o auxílio dos Tribunais de Contas, em cada âmbito respectivo da Federação. Cumpre reiterar que, nos termos do artigo 31, § 4º da Constituição, a despeito das normas da presente Seção se aplicarem aos municípios, não poderão ser criados novos tribunais, conselhos ou órgãos

---

[4] BUGARIN, Paulo Soares. Reflexões sobre o princípio constitucional da economicidade e o papel do TCU. *Revista do TCU,* 78, p. 41-46, 1998.

de contas municipais – remanescem, no entanto, os já existentes quando da promulgação da Constituição de 1988. Sendo assim, o controle externo fica inteiramente a cargo do Poder Legislativo municipal.

Ademais, sem prejuízo do auxílio do Tribunal de Contas, ainda no que se refere ao controle externo, o artigo 166, § 1º, da Constituição prevê a criação de uma Comissão mista permanente de Senadores e Deputados que terá por função a fiscalização orçamentária e emissão de pareceres sobre as contas do Presidente da República e sobre planos e programas de governo.

Já o controle interno de cada Poder realizará controle hierárquico de legalidade. Some-se a isso o sistema de controle interno integrado dos Poderes Legislativo, Executivo e Judiciário, previsto no artigo 74 da Constituição, detalhado mais adiante nesta obra.

6.1.1 Esquema – Controle das contas públicas

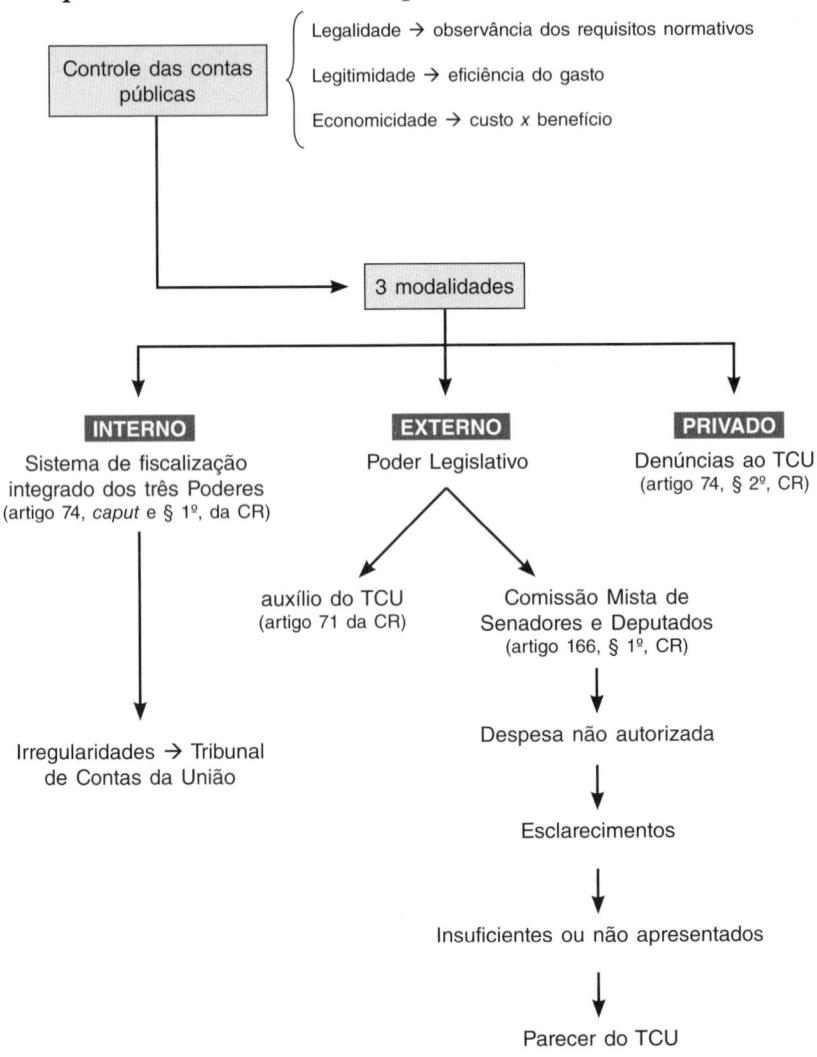

```
                    ┌ Legalidade → observância dos requisitos normativos
Controle das contas ┤ Legitimidade → eficiência do gasto
     públicas       │
                    └ Economicidade → custo x benefício
                    │
                    ▼
              3 modalidades
    ┌──────────────┼──────────────┐
    ▼              ▼              ▼
 INTERNO        EXTERNO         PRIVADO
Sistema de    Poder Legislativo  Denúncias ao TCU
fiscalização                     (artigo 74, § 2º, CR)
integrado dos três Poderes
(artigo 74, caput e § 1º, da CR)
                  ┌──────┴──────┐
                  ▼             ▼
            auxílio do TCU   Comissão Mista de
         (artigo 71 da CR)   Senadores e Deputados
                             (artigo 166, § 1º, CR)
    ▼                             ▼
Irregularidades → Tribunal    Despesa não autorizada
 de Contas da União               ▼
                             Esclarecimentos
                                  ▼
                       Insuficientes ou não apresentados
                                  ▼
                             Parecer do TCU
```

6.2 CONTROLE INTERNO

O controle interno está previsto no artigo 74, *caput* e § 1º, da Constituição e consiste no **sistema integrado de fiscalização dos três Poderes**, que, com o objetivo de apoiar o controle externo nas suas missões institucionais, verificam:

(i) o cumprimento das metas previstas no PPA, a execução dos programas de governo e dos orçamentos da União;
(ii) a legalidade e resultados, quanto à eficácia e à eficiência, relativos aos gastos públicos realizados por órgãos e entidades federais e também referentes à aplicação de recursos provenientes de subvenções; e
(iii) o cumprimento dos limites e condições de operações de crédito, avais e garantias, além de direitos e deveres da União.

Como já tive oportunidade de tratar em outros textos,[5] as Constituições anteriores à Constituição da República de 1988 não previam um sistema de controle interno integrado dos Poderes Executivo, Legislativo e Judiciário tal qual prevê o artigo 74. A única previsão que se aproxima dessa seria o artigo 71 da Constituição de 1967, com as alterações da Emenda Constitucional nº 1/1969. Contudo, a aproximação é remota, na medida em que o sistema previsto era mantido exclusivamente pelo Poder Executivo, a despeito de as finalidades serem próximas: assegurar a eficácia do controle externo, acompanhar a execução de programas de trabalho e do orçamento e, por fim, avaliar os resultados das políticas públicas e verificar a execução de contratos.

A redação do artigo 74 e respectivos incisos é mais extensa, mas, ainda assim, revela parte do espírito do dispositivo da Constituição anterior. Em nossa percepção, o objetivo geral do dispositivo é conferir ainda mais eficácia aos atos de fiscalização realizados pelo Tribunal de Contas da União. Isso porque, a despeito de prever sistema de controle interno integrado dos três Poderes (Executivo, Legislativo e Judiciário), a redação do dispositivo parece clara ao utilizar os resultados desse controle como medida de fortalecimento do Tribunal de Contas – tanto assim que há o dever de informar ao Tribunal os achados de ilegalidade ou irregularidade, sob pena de responsabilidade solidária.

Ademais, ainda em termos gerais, é relevante destacar que a existência de um sistema de controle interno dos três Poderes não afasta o controle interno individual dos órgãos e poderes da administração, com o objetivo de autotutelar a legalidade e a eficácia da gestão financeira de cada qual.[6]

Tendo-se essas premissas em mente, devemos passar à análise do conteúdo específico do dispositivo.

Segundo dispõe o *caput*, é dever, e não faculdade, dos Poderes Executivo, Legislativo e Judiciário manterem, de forma integrada, sistema de controle interno, cuja função será dividida em duas atuações centrais: a primeira, voltada às leis orçamentárias (inciso I); e a segunda, concentrada em atos concretos relativos à aplicação de recursos públicos

---

[5] PISCITELLI, Tathiane. *Constituição Federal comentada...*, cit., comentários ao art. 74.
[6] Nesse sentido: TORRES, Ricardo Lobo. *Curso de Direito Financeiro e Tributário*. Rio de Janeiro: Renovar, 2005.

(incisos II e III). Em ambos os casos, a fiscalização será realizada com a função mais ampla de apoio do controle externo no exercício de sua função institucional (inciso IV e § 1º).

Quanto à fiscalização concentrada nas leis orçamentárias, o objetivo é avaliar o cumprimento das metas previstas no plano plurianual (art. 165, inciso I), a execução dos programas de governo e dos orçamentos da União (art. 165, inciso III). Ou seja, trata-se de verificar se as previsões das leis orçamentárias estão sendo cumpridas a contento. Recorde-se que toda e qualquer ilegalidade ou irregularidade deve ser reportada ao Tribunal de Contas da União, nos termos do § 1º desse mesmo dispositivo. A comunicação ao Tribunal de Contas deve ser imediata, sob pena de responsabilidade solidária do chefe do Poder que se omitiu a esse respeito.

A origem dessa modalidade de controle está na Lei nº 4.320/1964, mais especificamente nos artigos 76 a 80, que atribuíram ao Poder Executivo o exercício do controle interno da execução orçamentária. A disciplina atual, porém, delega tal competência para todos os Poderes, que realizarão controle hierárquico quanto à legalidade, economicidade e legitimidade da despesa pública.

Especificamente no que se refere ao Poder Executivo Federal, é a Lei nº 10.180/2001 que realiza a disciplina de tal modalidade de controle. Os objetivos constantes do artigo 20 repetem o texto constitucional: avaliação de programas e metas, comprovação de legalidade e avaliação de resultados e controle das operações de crédito.

A despeito de se afigurar como modalidade de apoio ao controle externo, exercido pelos Tribunais de Contas, o controle interno mostra-se relevante especialmente por atuar de forma preventiva a eventuais ilegalidades e ilicitudes.

No que se refere ao controle de atos concretos, o sistema integrado dos três Poderes irá se concentrar na fiscalização da legalidade e na avaliação de resultados quanto à eficácia e eficiência da gestão orçamentária, financeira e patrimonial de todos os órgãos de entidades da administração federal, além de proceder a essa mesma avaliação quanto à aplicação de recursos públicos por entidades de direito privado. O que se pretende é assegurar, *in concreto*, os princípios enunciados no artigo 70 na aplicação de recursos públicos – na mesma medida em que o Tribunal de Contas exerce essa função, a Constituição também assegura esse controle pelos três Poderes da República, de modo a conferir maior segurança e legitimidade aos gastos públicos.

Por fim, quanto ao apoio ao controle externo, essa função está enunciada no inciso IV, mas, a bem da verdade, está por detrás da previsão constitucional. Tanto assim que, como já mencionado, o § 1º exige a notificação ao Tribunal de Contas de toda e qualquer irregularidade. O intento, pois, é fortalecer o controle das contas públicas em todas as suas vertentes.

6.3 CONTROLE EXTERNO: O PODER LEGISLATIVO

Segundo a redação do artigo 70 da Constituição, **é o Poder Legislativo o responsável pela realização do controle externo**. Essa atribuição se dará com o auxílio do **Tribunal de Contas**, cujas funções estão delineadas no artigo 71 da Constituição e serão estudadas em tópico separado. Antes disso, cumpre mencionar que o Poder Legislativo, independentemente do Tribunal de Contas, irá exercer, por si, a fiscalização das contas públicas.

Essa fiscalização se dará por uma **Comissão mista permanente de Senadores e Deputados**, constituída para, nos termos do artigo 166, § 1º, da Constituição, examinar e emitir pareceres (i) sobre os projetos das leis orçamentárias e as contas apresentadas pelo Presidente da República e, também (ii) acerca dos planos e programas previstos na Constituição, com acompanhamento e fiscalização das gestões orçamentárias respectivas.

A atribuição de poderes fiscalizatórios nesses termos é uma novidade da Constituição de 1988. Antes dela, o texto de 1969 (*i.e.*, a Constituição de 1967 com as alterações da Emenda Constitucional nº 1/1969) previa a existência de tal Comissão, mas com atribuições relacionadas ao exame do projeto de lei orçamentária, com o objetivo de proferir parecer sobre ele e apresentar emendas (art. 66, §§ 1º e 2º). Já naquele momento, a fiscalização das contas públicas era função do Poder Legislativo, com o auxílio dos Tribunais de Contas. As Constituições anteriores, por sua vez, sequer previam essa figura da Comissão mista ou interna do Poder Executivo, e fiavam o controle das contas públicas inteiramente na figura do Tribunal de Contas da União, existente desde 1890.

Como já mencionado, a função primordial da Comissão prevista no artigo 166, § 1º, da Constituição, e referida pelo artigo 72, é o exercício do controle externo pelo Poder Legislativo por si, sem o auxílio do Tribunal de Contas. Nesse caso, a atuação do Tribunal é subsidiária e se limita à apresentação de parecer, nos termos dos §§ 1º e 2º do artigo 72, mediante provocação do Poder Legislativo. De outro lado, na medida em que as funções de tal Comissão estão melhor delimitadas no artigo 166, § 1º, não se faz possível realizar a análise da extensão do artigo 72 sem alguma menção ao texto do artigo 166.

Nos termos de tal dispositivo, no que concerne às atividades de fiscalização, compete à Comissão mista permanente de Senadores e Deputados examinar e emitir parecer sobre (i) as contas apresentadas anualmente pelo Presidente da República; e (ii) os planos e programas nacionais, regionais e setoriais previstos na Constituição, além de acompanhar e fiscalizar a execução orçamentária.

Pois bem, na hipótese de, no exercício dessas funções, haver a apuração de indícios de despesas não autorizadas, o *caput* do artigo 72 da Constituição possibilita que tal Comissão requeira à autoridade governamental responsável a prestação de esclarecimentos, no prazo de cinco dias. Sobre esse ponto, merece destaque o fato de que a Constituição se vale do verbo "poder" para atribuir a competência à Comissão no pedido de esclarecimentos. Essa escolha é alvo de severas críticas, na medida em que se trata de um poder-dever; não há propriamente faculdade, mas dever funcional quanto à solicitação de esclarecimentos.

Ausentes os esclarecimentos ou considerados insuficientes, a Comissão acionará o Tribunal de Contas da União, que irá se pronunciar conclusivamente sobre a matéria no prazo de trinta dias, nos termos do § 1º. Esse dispositivo, como tantos outros, ressalta a função auxiliar do Tribunal de Contas, que age como órgão técnico que irá verificar a pertinência da irregularidade apontada. Se o Tribunal, no exercício dessa função, entender que a despesa é, de fato, irregular, e, ainda, se julgar que o gasto pode causar dano irreparável ou grave lesão à economia pública, deverá propor ao Congresso Nacional sua sustação.

Como se vê das linhas acima, o artigo 72 operacionaliza as disposições do artigo 166, § 1º da Constituição: um dispositivo (art. 166) trata da competência geral da Comissão mista permanente de Senadores e Deputados, enquanto o outro (art. 72) apresenta as medidas concretas que devem ser tomadas na hipótese de apuração de irregularidades por ocasião do exercício dos atos próprios da Comissão.

Trata-se, portanto, de uma forma de controle externo em que se verifica uma **atuação subsidiária do Tribunal de Contas**, cuja função, nesse caso, é a de apresentar um parecer sobre uma dada despesa, mediante a provocação do Legislativo. Essa possibilidade demonstra, de forma clara, que limitar o estudo do controle externo apenas na figura do Tribunal de Contas se mostra equivocada e apresenta uma versão parcial da disciplina constitucional.

Tendo-se feito essa ressalva, passemos à análise das atribuições, características e disciplina do Tribunal de Contas, sem, contudo, esquecer a possibilidade de fiscalização da gestão de dinheiro público pelas vias até então estudadas.

6.4 O CONTROLE EXTERNO PELAS MÃOS DO TRIBUNAL DE CONTAS: CARACTERÍSTICAS GERAIS

O Tribunal de Contas é órgão auxiliar do Poder Legislativo que tem por competência fiscalizar as despesas da administração, com vistas ao reconhecimento e apuração de ilegalidades e irregularidades. Nesse sentido, apresenta-se como **órgão técnico, que julga contas, produz pareceres e realiza inspeções**.

As origens desse Tribunal remontam à fundação da República no Brasil: em 1890, o Governo Provisório publicou o Decreto nº 966-A, redigido por Rui Barbosa, criando o Tribunal de Contas para o "exame, revisão e julgamento dos atos concernente a receita e despesas da República".[7] No ano seguinte, foi aprovada a Constituição de 1891, cujo artigo 89 previu a figura do Tribunal de Contas da União, com uma modificação relevante em suas atribuições: o Tribunal tinha por competência "liquidar as contas da receita e despesa e verificar sua legalidade antes de serem prestadas ao Congresso". Tratava-se da criação do controle prévio de legalidade.

Todas as Constituições posteriores, em maior ou menor medida, modificaram o dispositivo relativo ao Tribunal de Contas. As Constituições de 1934 (art. 99) e de 1937 (art. 114) previram a competência do Tribunal para julgar as contas de responsáveis por dinheiros e bens públicos – função que remanesce até hoje, como se vê da redação do artigo 71, inciso II. Para Buzaid, trata-se de função judiciária.[8]

A Constituição de 1946 disciplinou as atribuições do Tribunal no artigo 22, consagrando-o como órgão auxiliar do Poder Legislativo. Seguia vigente, naquele momento, o controle prévio dos atos de despesa pública. No texto de 1967, com as alterações da Emenda Constitucional nº 1/1969, o artigo 70 tratou das funções do Tribunal, como órgão auxiliar do Poder Legislativo que era, ao mesmo tempo em que ampliou as bases do controle financeiro. Isso se deveu ao fato de o artigo 71 prever, além do controle externo, exercido pelo Poder Legislativo, controle interno, de titularidade do Poder Executivo. Além disso, colocou fim à possibilidade de controle prévio.

---

[7] BUZAID, Alfredo. O Tribunal de Contas no Brasil. *Revista da Faculdade de Direito da Universidade de São Paulo*, n. 62, fascículo II, p. 37-62, 1967.

[8] BUZAID, Alfredo. *O Tribunal de Contas no Brasil*, cit.

Com a aprovação da Constituição da República de 1988, as atribuições e competências do Tribunal de Contas da União (e, consequentemente, dos Tribunais de Contas estaduais e municipais, por força do artigo 75 da Constituição) foram substancialmente ampliadas, como se vê da redação dos incisos do artigo 71. Atualmente, portanto, no exercício de suas funções, os Tribunais de Contas exercem controle concomitante e posterior quanto à legalidade, legitimidade, economicidade de atos relativos a dinheiro e bens públicos, além do controle das subvenções e renúncias de receitas.

Não obstante a delimitação estrita da competência do Tribunal de Contas no artigo 71 da Constituição, discute-se, atualmente, a **possibilidade de o Tribunal apreciar a constitucionalidade e/ou legalidade de lei ou ato normativo**. Esse debate decorre da redação da Súmula 347 do Supremo Tribunal, de 13/12/1963, cuja redação é a seguinte: "o Tribunal de Contas, no exercício de suas atribuições, pode apreciar a constitucionalidade das leis e dos atos do Poder Público".

Em decisões recentes, proferidas pelo Supremo Tribunal Federal, tem-se reconhecido a **impossibilidade do controle de constitucionalidade pelo Tribunal de Contas, a despeito da redação da súmula**. Isso porque referida súmula foi editada sob a égide da Constituição de 1946, quando não havia claramente na Constituição as modalidades de controle de constitucionalidade e a privatividade do Poder Judiciário nesse sentido.

Acerca do tema, o Ministro Gilmar Mendes, em decisão monocrática proferida quando da apreciação da Medida Cautelar no Mandado de Segurança 27.796:

> Não me impressiona o teor da Súmula 347 desta Corte, segundo o qual "o Tribunal de Contas, no exercício de suas atribuições, pode apreciar a constitucionalidade das leis e dos atos do Poder Público". A referida regra sumular foi aprovada na Sessão Plenária de 13 de dezembro de 1963, num contexto constitucional totalmente diferente do atual. Até o advento da Emenda Constitucional 16, de 1965, que introduziu em nosso sistema o controle abstrato de normas, admitia-se como legítima a recusa, por parte de órgãos não jurisdicionais, à aplicação da lei considerada inconstitucional. [...] Assim, a própria evolução do sistema de controle de constitucionalidade no Brasil, verificada desde então, está a demonstrar a necessidade de se reavaliar a subsistência da Súmula 347 em face da ordem constitucional instaurada com a Constituição de 1988.[9]

Portanto, a despeito da redação da Súmula 347 do Supremo Tribunal Federal, deve-se considerar que a tendência atual do Tribunal, manifestada na decisão acima transcrita e em diversas outras anteriores a essa (como, por exemplo, os MS 25.888 MC/DF, MS 26.410 MC/DF e MS 25.986 ED-MC/DF), é a de **revisar o teor do enunciado, para limitar as atribuições do Tribunal de Contas àquelas enumeradas no artigo 71 da Constituição**.

A decisão parece acertada: a Constituição de 1988 instituiu sistema de controle de constitucionalidade que não comporta a avaliação da validade de normas por Cortes que não possuam função jurisdicional – os tribunais administrativos tributários são o exemplo mais claro disso. Portanto, a despeito da súmula, não se afigura razoável que os Tribunais de Contas decidam sobre legalidade ou inconstitucionalidade de norma, sendo esse papel privativo do Poder Judiciário.

---

[9] MS 27796 MC, Relator(a): Min. Carlos Britto, Presidente Ministro Gilmar Mendes, julgamento em 27/01/2009, publicado em 09/02/2009.

Ainda sobre as características gerais do Tribunal de Contas, deve-se reiterar que todas as regras relativas à organização, composição e fiscalização do Tribunal de Contas da União se aplicam aos Tribunais de Contas dos Estados e aos Conselhos e Tribunais de Contas dos Municípios, conforme determina o artigo 75 da Constituição.

Especificamente quanto ao Tribunal de Contas da União, a Constituição estabelece, em seu artigo 73, que terá ele sede no Distrito Federal, com quadro próprio de pessoal e jurisdição em todo território nacional. Além disso, será integrado por nove Ministros, todos com *status* de Ministro do Superior Tribunal de Justiça, sendo um terço escolhido pelo Presidente da República, com aprovação do Senado Federal e dois terços pelo Congresso Nacional. Na indicação feita pelo Presidente da República, deve-se observar a necessidade de alternância das indicações entre auditores e membros do Ministério Público junto ao Tribunal, indicados em lista tríplice pelo Tribunal, segundo critérios de antiguidade e merecimento.

6.5 AINDA O CONTROLE EXTERNO: AS ATRIBUIÇÕES CONSTITUCIONAIS DO TRIBUNAL DE CONTAS DA UNIÃO

Voltando os olhos para a redação estrita do artigo 71 da Constituição, temos que as atribuições do Tribunal de Contas podem ser analisadas em três blocos distintos:

(i) atividades de fiscalização em sentido estrito;
(ii) controle de legalidade de atos; e
(iii) providências práticas diante de ilegalidades ou irregularidades.

As atividades de **fiscalização em sentido estrito** são aquelas contempladas nos **incisos I, II, IV, V, VI e VII** e podem ser divididas entre fiscalização de **contas** e realização de **inspeções e auditorias**.

Quanto ao controle exercido sobre as **contas**, o inciso II determina que o Tribunal de Contas irá "julgar as contas dos administradores e demais responsáveis por dinheiros, bens e valores públicos da administração direta e indireta", além das contas "daqueles que derem causa a perda, extravio ou outra irregularidade de que resulte prejuízo ao erário público".

Sobre o tema, há ampla jurisprudência do TCU no sentido da competência do Tribunal para fiscalizar e julgar as contas dos serviços sociais que administram as receitas do sistema S:

> [...] os Serviços Sociais Autônomos administram recursos públicos de natureza tributária advindos de contribuições parafiscais, destinados à persecução de fins de interesse público. Em decorrência da natureza pública desses recursos, estão as entidades integrantes do denominado "Sistema S" submetidas ao controle externo exercido pelo Tribunal de Contas da União, nos termos do art. 5º, inciso V, da Lei 8.443/1992, e a elas se aplicam os princípios que regem a Administração Pública, nominados na cabeça do art. 37 da Constituição Federal.[10]

---

[10] Acórdão 2079/2015, Plenário, Relator Ministro Marcos Bemquerer.

Note-se que essa função abarca a possibilidade de **julgamento das contas**, e não simples apreciação. Disso decorre que o Tribunal de Contas poderá considerar irregulares as despesas realizadas e, em virtude disso, aplicar **sanções** aos responsáveis. Não se trata, apenas, de uma opinião técnica acerca dos gastos públicos, mas sim de uma avaliação de mérito acerca da regularidade das despesas realizadas.

Para exemplificar a atuação do Tribunal com fundamento no inciso II do artigo 71, cite-se trecho da ementa do Acórdão 801-09/08-2, proferido na Sessão de 1º de abril de 2008, de relatoria do Ministro Augusto Sherman Cavalcanti, em que se analisou uma tomada de contas especial em desfavor do ex-Prefeito do Município de Bacabal, no Estado do Maranhão, para analisar a aplicação de recursos transferidos para a implementação do Programa de Erradicação do Trabalho Infantil:

> [...] 5. Quanto à documentação apresentada pelo ex-gestor a título de prestação de contas, concordo com as conclusões a que chegaram a SFC [Secretaria Federal de Controle Interno], a unidade técnica e o *parquet* especializado, pois esta não se presta a comprovar a regularidade da aplicação dos recursos em tela, em virtude da existência de diversas impropriedades, sobretudo em vista do descompasso existente entre o extrato bancário, as notas fiscais/recibos e a relação de pagamentos. 6. Tais impropriedades, ressalto, fazem com que não se evidencie se as ações do Programa de fato ocorreram, tampouco estabelece qualquer vínculo com os recursos do termo de repasse em tela, sendo inconsistentes e insuficientes para comprovar a regular aplicação da importância repassada ao município, o que configura a existência de débito e enseja o julgamento pela irregularidade das contas. 7. Em vista dessas considerações, não tendo sido comprovada a regular aplicação dos valores disponibilizados pela União, entendo que os elementos constantes dos autos ensejam o **julgamento pela irregularidade das contas, condenando-se o responsável em débito pelo total dos recursos repassados**, atualizado a partir da data em que os valores foram efetivamente disponibilizados ao gestor, aplicando-se-lhe, ainda, a multa prevista no art. 57 da Lei 8.443/1992.

Em sentido diverso, cumpre destacar recente decisão do Supremo Tribunal Federal, que afastou a competência do Tribunal de Contas da União de fiscalizar as contas da Ordem dos Advogados do Brasil. Da perspectiva do Ministério Público Federal, a impossibilidade de haver tomada de contas públicas da OAB ofende o artigo 70 da Constituição, cujo parágrafo único prescreve a submissão de todos os administradores de recursos públicos à avaliação do Tribunal. Tal atribuição é reforçada pela redação do artigo 71, inciso II, da Constituição.

A despeito disso, em junho de 2019, a Ministra Rosa Weber suspendeu decisão administrativa do TCU, para afastar a competência do Tribunal de fiscalizar a OAB. Confira-se:

> Defiro a liminar pleiteada para suspender a eficácia do Acórdão 2573/2018, proferido no âmbito do Processo Administrativo 015.720/2018-7, de modo a desobrigar a OAB a prestar contas e a se submeter à fiscalização do TCU até julgamento final do presente *writ*, ou deliberação posterior em sentido contrário. Comunique-se, com urgência, transmitindo-se cópia da presente decisão ao Tribunal de Contas da União e à Procuradoria-Geral da República.[11]

---

[11] Mandado de Segurança nº 36.376.

O tema será julgado no Supremo Tribunal Federal, sob o regime de repercussão geral no Recurso Extraordinário nº 1.182.189.

Ao lado da possibilidade de julgar as contas de administradores de dinheiros públicos, o inciso I do artigo 71 da Constituição estabelece que o Tribunal de Contas irá produzir um **parecer prévio sobre as contas do Presidente da República**. O objetivo desse parecer é avaliar os gastos do governo pelo período de um ano, sem, no entanto, julgá-los. Essa atribuição é conferida, apenas, ao Congresso Nacional, que a exercerá nos termos do artigo 166, § 1º, da Constituição, conforme visto acima.

Apesar de o parecer proferido nesses termos não vincular o Congresso Nacional nem possuir força impositiva, esse instrumento possui um poder simbólico relevante. Para ilustrar esse ponto, cite-se a reprovação das contas de 2015, da Presidente Dilma Rousseff, com a indicação de atos qualificados como ofensivos à LRF, tais como as operações de crédito com instituições financeiras oficiais e a abertura de créditos adicionais sem autorização legal. Em que pese a ausência de vinculação do Congresso, tal parecer foi utilizado como argumento central no processo de *impeachment*.

No mesmo sentido, mencione-se a recente aprovação, com ressalvas, das contas do Governo Federal de 2016. Ainda que de caráter meramente opinativo, a repercussão pública das conclusões do TCU influencia o ambiente político e alimenta o debate acerca da boa gestão do dinheiro público por parte da presidência da República.

Ainda sobre a competência do Tribunal para, respectivamente, apreciar e julgar contas do Presidente da República e de outros administradores de dinheiro público, os incisos V e VI ainda preveem outras duas funções: a de fiscalizar as contas nacionais das empresas supranacionais em que a União participe do capital social, de forma direta ou indireta, e, ainda, a aplicação de recursos repassados pela União para Estados, Distrito Federal ou Municípios.

Em relação às **empresas supranacionais**, o exemplo típico é o da Usina de Itaipu: trata-se de empresa binacional, constituída nos termos de tratado internacional firmado entre Brasil e Paraguai, da qual a União tem participação no capital social. Sendo assim, poderia haver a fiscalização, pelo Tribunal de Contas da União, das contas nacionais de tal empresa. O procedimento segundo o qual tal fiscalização seria realizada está disciplinado na Instrução Normativa 63/2010, publicada pelo próprio Tribunal, e que, em linhas gerais, estabelece normas de organização e apresentação dos relatórios de gestão e dos processos de contas da administração pública federal.

Sobre o tema, o TCU já decidiu que o fato de o tratado constitutivo de Itaipu não contemplar os critérios para o exercício dessa fiscalização não é argumento suficiente para afastar a competência fiscalizatória. Confira-se:

> Ocorre que, diante da eficácia negativa (paralisante) inerente à referida norma constitucional, o tratado constitutivo não poderia proibir peremptoriamente que as contas nacionais dessa empresa fossem fiscalizadas pelo TCU, de tal sorte que, pela mesma razão, a eventual ausência de critérios para a fiscalização, no âmbito desse tratado, também não pode resultar no afastamento da aludida competência constitucional fiscalizadora.
>
> De mais a mais, há notícias de que, de fato, a vertente paraguaia das contas de Itaipu tem se submetido à correspondente fiscalização financeira, reforçando, então, a premente

necessidade de o TCU dar esse passo adiante, com vistas a atribuir maior eficácia às ações de controle sobre a vertente nacional da aludida empresa.[12]

Portanto, a despeito da ausência de previsão procedimental expressa no tratado, o TCU manifestou-se no sentido de sua competência plena para fiscalizar as contas nacionais de empresa supranacional.

No que se refere ao **repasse de recursos**, a competência do TCU de fiscalizar contas estaduais e municipais decorre do fato de a transferência ser oriunda da União e, portanto, o que se pretende é avaliar a correta aplicação de recursos que, originariamente, pertenciam à União, mas foram repassados a outras unidades da Federação. Como exemplo, cite-se o acórdão acima mencionado, sobre valores gastos pelo Município de Bacabal, no Estado do Maranhão, com o implemento do Programa de Erradicação do Trabalho Infantil. Como se está diante de recursos provenientes da União, cabe ao Tribunal de Contas da União avaliar a correta aplicação.

Ainda sobre a extensão do inciso VI, vale mencionar decisão do Supremo Tribunal Federal, proferida na Ação Direta de Inconstitucionalidade nº 1.934,[13] que considerou inconstitucional o artigo 1º da Lei nº 9.604/1998, que atribuiu competência para os Tribunais de Contas Estaduais e para as Câmaras Municipais analisarem a prestação de contas da aplicação de recursos financeiros resultantes do Fundo Nacional de Assistência Social, repassado aos estados e municípios. Segundo o Supremo Tribunal Federal, a competência para tal prestação de contas é do Tribunal de Contas da União, nos exatos termos do inciso II do artigo 71, na medida em que envolve aplicação de recursos federais. Finalmente, quanto a outras atividades de fiscalização realizadas pelo Tribunal, como as **inspeções e as auditorias**, deve-se destacar, inicialmente, o inciso IV. Esse dispositivo determina que o Tribunal poderá realizar inspeções e auditorias "nas unidades administrativas dos Poderes Legislativo, Executivo e Judiciário, e demais entidades referidas no inciso II". Referidos atos poderão ser realizados por iniciativa própria ou a pedido do Poder Legislativo, genericamente falando, ou de alguma Comissão Técnica ou de Inquérito, os quais serão informados acerca do resultado dessas auditorias e inspeções, nos termos do inciso VII.

Nesse sentido, destaque-se a jurisprudência remansosa do Supremo Tribunal Federal quanto ao exercício do contraditório no contexto das auditorias promovidas pelo Tribunal de Contas da União nos órgãos públicos limitado entre tais órgãos e o TCU, não sendo admitida a presença de terceiros. Confira-se, por todos, o Agravo Regimental no Mandado de Segurança nº 31.707:

> A jurisprudência desta Corte é pacífica no sentido de que, na auditoria promovida pelo Tribunal de Contas sobre órgãos públicos, o contraditório se forma entre os referidos órgãos e o TCU, não se admitindo a integração do feito por eventuais terceiros. (MS 31.707 AgR, Rel. Min. Roberto Barroso, julgamento em 24/11/2017, 1ª Turma, *DJe* 07/12/2017).

---

[12] Ac. 1014-2015, Plenário, 29/04/2015.
[13] ADI 1.934, Relator(a): Min. Roberto Barroso, Tribunal Pleno, julgamento em 07/02/2019, *DJe* 26/02/2019.

O **inciso III** do artigo 71 da Constituição inicia outra gama de funções do Tribunal de Contas: aquela relativa à **fiscalização da legalidade de atos**. Sobre isso, determina que o Tribunal irá apreciar a legalidade da admissão de pessoal, tanto da administração direta quanto indireta e, ainda, da concessão de aposentadorias, reformas e pensões.

Contudo, esse mesmo dispositivo contempla duas exceções. Em relação à legalidade de admissão de pessoal, ficarão salvas do controle do Tribunal as nomeações para cargos em comissão. Quanto à concessão de aposentadorias, reformas e pensões, não haverá a análise pelo Tribunal de Contas, em se tratando de melhorias posteriores que não alterem o fundamento legal do ato concessório inicial.

Acerca da competência do Tribunal de Contas para apreciar atos de concessão inicial de aposentadorias, reformas e pensões, cumpre destacar a **Súmula Vinculante 3**, publicada em 6 de junho de 2007, que afastou a observância do contraditório e ampla defesa nos processos em andamento no Tribunal que tenham por objeto exatamente a avaliação desses benefícios.

O teor da Súmula é: "**Nos processos perante o Tribunal de Contas da União asseguram-se o contraditório e a ampla defesa quando da decisão puder resultar anulação ou revogação de ato administrativo que beneficie o interessado, excetuada a apreciação da legalidade do ato de concessão inicial de aposentadoria, reforma e pensão**".

Ou seja, o Supremo Tribunal Federal reconhece as garantias do contraditório e da ampla defesa em todos os processos que corram perante o Tribunal de Contas, desde que haja o risco de perda de benefício pelo interessado. Porém, essas mesmas garantias **não se aplicam** diante da apreciação inicial de aposentadoria, reforma ou pensão.

O porquê dessa posição está no entendimento do Supremo quanto à natureza desses atos iniciais de concessão de aposentadoria, reforma ou pensão: trata-se de atos administrativos complexos, que apenas se materializam após a análise de legalidade feita pelo Tribunal de Contas. **Antes dessa apreciação pelo Tribunal, não há que se falar em direito adquirido à aposentadoria, pois o ato concessório do benefício ainda não se consolidou** e somente se consolidará uma vez terminada a apreciação da legalidade realizada pelo Tribunal de Contas. Daí se dizer que, antes disso, não há contraditório ou ampla defesa a serem garantidos, já que não há direito a se defender ou mesmo a se perder. A existência do direito depende do término da apreciação pelo TCU.

Em que pese a edição da súmula vinculante, em alguns casos o STF tem determinado a garantia do contraditório e da ampla defesa, quando a decisão denegatória do registro de aposentadorias, reformas e pensões pelo TCU for proferida **cinco anos** após o gozo do benefício. Nesses casos, a aplicação da súmula foi afastada. O fundamento utilizado foi o de que a inércia do órgão fiscalizador cria expectativa ao particular para o recebimento de verbas de caráter alimentar, e que a denegação do benefício, por consequência, violaria os princípios da segurança jurídica, moralidade administrativa e razoabilidade.

Assim, confira-se ementa do MS 25.116/DF:

MANDADO DE SEGURANÇA. ATO DO TRIBUNAL DE CONTAS DA UNIÃO. COMPETÊNCIA DO SUPREMO TRIBUNAL FEDERAL. NEGATIVA DE REGISTRO A APOSENTADORIA. PRINCÍPIO DA SEGURANÇA JURÍDICA. GARANTIAS CONSTITUCIONAIS DO CONTRADITÓRIO E DA AMPLA DEFESA. 1. O impetrante se volta contra o acórdão do TCU, publicado no Diário Oficial da União. Não exatamente contra o IBGE, para que este comprove o recolhimento das questionadas contribuições previdenciárias. Preliminar de ilegitimidade passiva rejeitada. 2. Infundada alegação de carência de ação, por ausência de direito líquido e certo. Preliminar que se confunde com o mérito da impetração. 3. **A inércia da Corte de Contas, por mais de cinco anos, a contar da aposentadoria, consolidou afirmativamente a expectativa do ex-servidor quanto ao recebimento de verba de caráter alimentar**. Esse aspecto temporal diz intimamente com: a) o princípio da segurança jurídica, projeção objetiva do princípio da dignidade da pessoa humana e elemento conceitual do Estado de Direito; b) a lealdade, um dos conteúdos do princípio constitucional da moralidade administrativa (*caput* do art. 37). São de se reconhecer, portanto, certas situações jurídicas subjetivas ante o Poder Público, mormente quando tais situações se formalizam por ato de qualquer das instâncias administrativas desse Poder, como se dá com o ato formal de aposentadoria. 4. A manifestação do órgão constitucional de controle externo há de se formalizar em tempo que não desborde das pautas elementares da razoabilidade. Todo o Direito Positivo é permeado por essa preocupação com o tempo enquanto figura jurídica, para que sua prolongada passagem em aberto não opere como fator de séria instabilidade intersubjetiva ou mesmo intergrupal. A própria Constituição Federal de 1988 dá conta de institutos que têm no perfazimento de um certo lapso temporal a sua própria razão de ser. Pelo que existe uma espécie de tempo constitucional médio que resume em si, objetivamente, o desejado critério da razoabilidade. Tempo que é de cinco anos (inciso XXIX do art. 7º e artigos 183 e 191 da CF; bem como artigo 19 do ADCT). 5. O prazo de cinco anos é de ser aplicado aos processos de contas que tenham por objeto o exame de legalidade dos atos concessivos de aposentadorias, reformas e pensões. **Transcorrido *in albis* o interregno quinquenal, a contar da aposentadoria, é de se convocar os particulares para participarem do processo de seu interesse, a fim de desfrutar das garantias constitucionais do contraditório e da ampla defesa (inciso LV do artigo 5º)**. 6. Segurança concedida.[14]

Por fim, quanto ao último bloco de atribuições do Tribunal de Contas, destaque-se a realização de **atos concretos** por parte desse órgão em face da verificação de **ilegalidade ou irregularidade** no exercício das competências anteriormente estudadas. As providências práticas que o Tribunal pode adotar estão previstas nos **incisos VIII a XI** do artigo 71.

Em primeiro lugar, nos termos do inciso VIII, poderá o Tribunal aplicar sanções previstas em lei em face de irregularidade ou ilegalidade de despesa pública. Nesse caso, haverá a cobrança de **multa proporcional ao dano causado ao Erário**, e a decisão nesse sentido terá eficácia de título executivo, conforme determina o § 3º do artigo 71.

Nesse ponto, a Lei Orgânica do TCU, Lei nº 8.443/1992, em seus artigos 57 e 58 quantificam as multas aplicáveis pelo Tribunal: nos termos do artigo 57, caso o responsável seja julgado em débito, a penalidade será de 100% do dano ao Erário. Já o artigo 58 estabelece um valor fixo para a multa, aplicável a diversas hipóteses – desde "ato de gestão ilegítimo ou antieconômico de que resulte injustificado dano ao Erário" (inciso III) até "reincidência no descumprimento de determinação do Tribunal" (inciso VII).

---

[14] MS 25116, Relator(a): Min. Ayres Britto, Tribunal Pleno, julgamento em 08/09/2010, publicado em 10/02/2011; destaques não contidos no original. No mesmo sentido, são os acórdãos: MS 26.053 ED/DF, MS 24.781/DF e MS 25.403/DF.

Nos termos da jurisprudência unânime do TCU, é possível a aplicação concomitante de ambas as penalidades, sem que isso represente *bis in idem*. Confira-se, por todos, a ementa do acórdão 2.500/2016, proferido pelo Plenário, de relatoria do Ministro Bruno Dantas:

> A aplicação de nova multa fundamentada no art. 57 da Lei 8.443/1992 não implica *bis in idem* em relação a multa anterior baseada no art. 58 da referida Lei, ainda que a conduta reprovada seja a mesma, pois a causa da nova sanção é a ocorrência de débito, aspecto não contemplado na pena anterior, devendo-se, nesse caso, abater da segunda sanção o montante da multa antecedente.

Ao lado da possibilidade de aplicar sanções e, assim, exigir o pagamento de multas, o Tribunal de Contas poderá estabelecer um prazo para que a irregularidade ou a ilegalidade seja sanada, segundo dispõe o inciso IX do artigo 71. Contudo, na hipótese de esse prazo não ser cumprido, o Tribunal poderá determinar sua sustação (inciso X), comunicando a decisão à Câmara dos Deputados e ao Senado Federal.

De acordo com os §§ 1º e 2º do artigo 71, **caso a irregularidade ou ilegalidade seja referente à execução de um contrato administrativo, o ato de sustação deverá ser produzido pelo Congresso Nacional**, que irá solicitar ao Poder Executivo que adote as medidas cabíveis visando à regularização da situação. Se o Congresso Nacional ou o Poder Executivo não adotarem medidas visando sanar a falha detectada pelo Tribunal de Contas, então o Tribunal decidirá a respeito.

Uma última atribuição do Tribunal de Contas está no inciso XI, que confere ao Tribunal competência para representar abusos ou irregularidades ao Poder competente.

6.5.1 Esquema – Competência do TCU. Art. 71 e incisos, CR

1. **Atividades de FISCALIZAÇÃO em sentido estrito:**
CONTAS:
- JULGAR contas de administradores de dinheiro público. INCISO II
  - Chefe do Executivo: apreciação das contas. Emissão de parecer prévio. INCISO I
- FISCALIZAR contas de:
  - Empresas supranacionais em que a União participe do capital (Ex. Itaipu). INCISO V
  - Aplicação de recursos repassados pela União para E, DF ou M. INCISO VI

Inspeções e auditorias:
- REALIZAR inspeções e auditorias nas unidades administrativas dos Poderes Legislativo, Executivo e Judiciário e administração indireta. Natureza contábil, financeira, orçamentária, operacional e patrimonial. INCISO IV
  - Por iniciativa própria
  - Por iniciativa da Câmara dos Deputados, do Senado Federal, de Comissão Técnica ou de Inquérito
- PRESTAR INFORMAÇÕES sobre as auditorias e inspeções realizadas. INCISO VII. Para quem?
  - Congresso Nacional ou Comissões

2. **Sobre a LEGALIDADE DE ATOS**
- APRECIAR a legalidade de atos de admissão de pessoal (administração direta e indireta) **e** a concessão de aposentadorias, reformas e pensões. INCISO III
  - Exceções:
    - § nomeações para cargos em comissão
    - § concessão de melhorias posteriores a aposentadoria/reforma/pensão, que não alterem o fundamento legal do ato concessório

3. **Sobre os ATOS CONCRETOS em face de ILEGALIDADE ou IRREGULARIDADE**
- APLICAR SANÇÕES (lei) em virtude de ilegalidade ou irregularidade de despesa. INCISO VIII
  - Multa proporcional ao dano ao Erário (lei)
  - Eficácia de título executivo. § 3°
- ASSINALAR PRAZO para que o órgão ou a entidade adote providências para o cumprimento da lei se houver ilegalidade. INCISO IX.
- SUSTAR A EXECUÇÃO DO ATO IMPUGNADO (se não atendido o prazo). INCISO X
  - Comunicar a decisão à Câmara dos Deputados e ao Senado Federal
  - Caso seja CONTRATO, o ato de sustação será adotado pelo Congresso Nacional, que solicitará ao Executivo as providências cabíveis. § 1°
    - § OMISSÃO DO CONGRESSO OU PODER EXECUTIVO (90 dias): o Tribunal decidirá a respeito. § 2°
- REPRESENTAR ABUSOS OU IRREGULARIDADES ao Poder competente. INCISO XI

6.6 OS TRIBUNAIS DE CONTAS NA LRF

A LRF igualmente trata da fiscalização da gestão do dinheiro público em seu artigo 59, e acresce às finalidades previstas na Constituição algumas outras, tais como a verificação do cumprimento das metas estabelecidas na LDO, observância de limites e condições para o endividamento e despesas com pessoal, além do controle do destino de recursos obtidos com a alienação de ativos.

Em todos os casos, trata-se de fiscalização mediante o controle interno em que o papel do Tribunal de Contas mostra-se relevante na averiguação do cumprimento de todas as normas da LRF. **Nesses casos, o Tribunal atua como auxiliar não só do Legislativo, mas, também, como órgão técnico à disposição dos outros Poderes, na busca pelo maior controle e responsabilidade na gestão do dinheiro público.**

Para corroborar com essas afirmações, basta a leitura dos parágrafos do artigo 59 da LRF, que estabelece a competência dos Tribunais de Contas (nesse caso, da União, Estados ou Municípios) **não só de alertarem** os Poderes ou órgãos referidos no artigo 20 da LRF no caso de excesso de gasto com pessoal, endividamento extremo, necessidade de limitação de empenho ou de qualquer indício de irregularidade na gestão orçamentária, mas, igualmente, de **verificarem** os cálculos relativos aos limites da despesa com pessoal e o cumprimento das vedações aplicáveis ao Banco Central do Brasil, nos termos dos artigos 35 e 39 da LRF.

6.7 CONTROLE SOCIAL

O controle social das contas públicas está previsto no artigo 74, § 2º, da Constituição, que estabelece ser possível a "qualquer cidadão, partido político, associação ou sindicato" denunciar irregularidades ou ilegalidades ao Tribunal de Contas da União.

Na mesma linha da previsão constitucional, de outro lado, determina o artigo 73-A da LRF, introduzido pela Lei Complementar 131/2009, que referida denúncia pode ser efetivada a qualquer um dos Tribunais de Contas e também ao órgão competente do Ministério Público, na hipótese de descumprimento das normas da LRF. Segundo a redação do dispositivo:

> Art. 73-A. Qualquer cidadão, partido político, associação ou sindicato é parte legítima para denunciar ao respectivo Tribunal de Contas e ao órgão competente do Ministério Público o descumprimento das prescrições estabelecidas nesta Lei Complementar.

Em ambos os casos, **trata-se de possibilitar ao cidadão comum que participe da prestação de contas públicas,** dando-lhe o ordenamento jurídico poderes para agir na hipótese de mau uso de dinheiro público, o qual, no mais das vezes, é proveniente do pagamento de impostos pela sociedade. É uma maneira, então, de transferir o controle das contas públicas também àqueles que proveem grande parte da receita dos Estados: os sujeitos passivos do direito tributário.

TEMA RELEVANTE PARA DEBATE

Sigilo bancário e os limites da fiscalização do Tribunal de Contas da União

A Lei Complementar (LC) nº 105/2001 estabeleceu normas gerais sobre o sistema financeiro nacional e, nesse contexto, dispôs sobre o sigilo aplicável às operações bancárias.

Conforme visto ao longo deste capítulo, uma das atribuições do Tribunal de Contas da União é realizar auditorias e fiscalizações que revelem o uso dos recursos públicos. Nesse contexto, é possível que o acesso a dados bancários seja necessário para avaliar a legalidade ou não de uma dada operação ou despesa pública.

Sobre o tema, contudo, não há consenso na jurisprudência do Supremo Tribunal Federal. Em decisão proferida em 2015, a Primeira Turma do Tribunal afastou a incidência do princípio da privacidade nesse caso, uma vez que se está diante da aplicação de recursos públicos. Confira-se:

> O sigilo de informações necessárias para a preservação da intimidade é relativizado quando se está diante do interesse da sociedade de se conhecer o destino dos recursos públicos. Operações financeiras que envolvam recursos públicos não estão abrangidas pelo sigilo bancário a que alude a LC 105/2001, visto que as operações dessa espécie estão submetidas aos princípios da administração pública insculpidos no art. 37 da CF. Em tais situações, é prerrogativa constitucional do Tribunal [TCU] o acesso a informações relacionadas a operações financiadas com recursos públicos (MS 33.340, Rel. Min. Luiz Fux, julgamento em 26/05/2015, 1ª Turma, *DJe* 03/08/2015).

Em decisão de anos antes, contudo, a Segunda Turma proferiu decisão em sentido oposto, condicionando o acesso dos dados à autorização judicial:

> A LC 105, de 10-1-2001, não conferiu ao TCU poderes para determinar a quebra do sigilo bancário de dados constantes do Banco Central do Brasil. O legislador conferiu esses poderes ao Poder Judiciário (art. 3º), ao Poder Legislativo Federal (art. 4º), bem como às CPIs, após prévia aprovação do pedido pelo Plenário da Câmara dos Deputados, do Senado Federal ou do Plenário de suas respectivas CPIs (§§ 1º e 2º do art. 4º). Embora as atividades do TCU, por sua natureza, verificação de contas e até mesmo o julgamento das contas das pessoas enumeradas no art. 71, II, da CF, justifiquem a eventual quebra de sigilo, não houve essa determinação na lei específica que tratou do tema, não cabendo a interpretação extensiva, mormente porque há princípio constitucional que protege a intimidade e a vida privada, art. 5º, X, da CF, no qual está inserida a garantia ao sigilo bancário (MS 22.801, Rel. Min. Menezes Direito, Tribunal Pleno, julgamento em 17/12/2007, *DJe* 14/03/2008).

Diante disso, e considerando as razões expressas em ambos os julgamentos, qual compreensão deve prevalecer? Os limites da LC 105/2001 se aplicam aos Tribunais de Contas ou, ao contrário, os princípios da intimidade e privacidade cedem à luz da fiscalização do uso de recursos públicos?

BIBLIOGRAFIA

ATALIBA, Geraldo. *Apontamentos de Ciência das Finanças* – Direito Financeiro e Tributário. São Paulo: Revista dos Tribunais, 1969.

ATALIBA, Geraldo. *Hipótese de incidência tributária*. São Paulo: Malheiros, 2008.

AVI-YONAH, Reuven S., The Three Goals of Taxation, *Tax L. Rev.* 60, n. 1, p. 1-28, 2006.

BALEEIRO, Aliomar. *Alguns Andaimes da Constituição*. Rio de Janeiro: Aloísio Maria de Oliveira Editor, 1950.

BALEEIRO, Aliomar. *Uma Introdução à Ciência das Finanças*, 16. ed. rev. e atual. por Djalma de Campos. Rio de Janeiro: Forense, 2006.

BARROS, Gabriel Leal. Observatório das Finanças Públicas Estaduais. In: INSTITUIÇÃO FISCAL INDEPENDENTE. *Estudo Especial*, nº 8. Brasília, DF: Senado Federal, 2018. Disponível em: <http://www2.senado.leg.br/bdsf/bitstream/handle/id/551069/EE_08_Observatorio_Estados.pdf>. Acesso em: 13 jun. 2019.

BECKER, Alfredo Augusto. *Teoria Geral do Direito Tributário*. São Paulo: Lejus, 2002.

BRASIL. Ministério da Economia, Secretaria Especial de Fazenda, Secretaria do Tesouro Nacional. *Dívida Pública Federal*: Relatório Anual 2018. Brasília: Secretaria do Tesouro Nacional, 2019. Disponível em: <http://www.tesouro.gov.br/documents/10180/269444/RAD_2019.pdf/85c6fb46-144a-4c26-88f2-6b15e4098744>. Acesso em: 14 jun. 2019.

BRASIL. Ministério da Fazenda. *Trabalhos da Comissão Especial do Código Tributário Nacional*. Rio de Janeiro: Ministério da Fazenda, 1954.

BRASIL. Secretaria da Receita Federal. Centro de Estudos Tributários e Aduaneiros. *Demonstrativos de Gastos Tributários – PLOA/2019*, ago. 2018. Disponível em: <http://receita.economia.gov.br/dados/receitadata/renuncia-fiscal/previsoes-ploa/arquivos-e-imagens/dgt-ploa-2019.pdf>. Acesso em: 11 jun. 2019.

BRASIL. Tesouro Nacional. A dívida em grandes números. Disponível em: <https://www.tesouro.fazenda.gov.br/a-divida-em-grandes-numeros>. Acesso em: 14 jun. 2019.

BRASIL. Tribunal de Contas da União. Contas do Governo – Exercício 2015. Irregularidades apresentadas na CG 2015-2. Disponível em: <https://portal.tcu.gov.br/contas/contas-do-governo-da-republica/contas-do-governo-exercicio-2015.htm>. Acesso em: 14 jun. 2019.

BRITO, Edvaldo. Lei de Responsabilidade Fiscal: competência tributária, arrecadação de tributos e renúncia de receita. In: ROCHA, Valdir de Oliveira (coord.). *Aspectos Relevantes da Lei de Responsabilidade Fiscal*. São Paulo: Dialética, 2001.

BUGARIN, Paulo Soares. Reflexões sobre o princípio constitucional da economicidade e o papel do TCU. *Revista do TCU*, 78, p. 41-46, 1998.

BUZAID, Alfredo. O Tribunal de Contas no Brasil. *Revista da Faculdade de Direito da Universidade de São Paulo*, n. 62, fascículo II, p. 37-62, 1967.

CALIXTE, André Bojikan; BIANCARELLI, André Martins; CINTRA, Marcos Antonio Macedo (eds.). *Presente e Futuro do desenvolvimento brasileiro*. Brasília: IPEA, 2014. Disponível em: <http://www.ipea.gov.br/portal/images/stories/PDFs/livros/livros/150605_livro_presente_futuro.pdf>.

CARRAZZA, Roque Antonio. *Curso de Direito Constitucional Tributário*. 2. ed. São Paulo: Malheiros, 1991.

CARRAZZA, Roque Antonio. *Direito Constitucional Tributário*. São Paulo: Malheiros, 2018.

CARVALHO, Paulo de Barros. *Curso de Direito Tributário*. São Paulo: Saraiva, 2018.

CARVALHO PINTO, Carlos Alberto A. de. *Discriminação de Rendas* – Estudo apresentado à conferência nacional de legislação tributária, instalada no Rio de Janeiro, aos 10 de maio de 1941, em defesa da tese proposta pela delegação do Estado de São Paulo. Prefeitura do Município de São Paulo, 1941.

CAVALCANTI, Amaro. *Elementos de Finanças. Estudo Theorico-pratico*. Rio de Janeiro: Imprensa Nacional, 1896.

COÊLHO, Sacha Calmon Navarro, 1940. *Comentários à Constituição de 1998*: Sistema Tributário. Rio de Janeiro: Forense, 1990.

CONTI, José Maurício (coord.). *Orçamentos públicos* – A Lei 4.320/1964 comentada. São Paulo: Revista dos Tribunais, 2008.

CONTI, José Maurício. *Direito Financeiro na Constituição de 1988*. São Paulo: Oliveira Mendes, 1998.

CONTI, José Maurício. *Direito financeiro na Constituição de 1988*. São Paulo: Oliveira Mendes, 1998.

COSTA, Regina Helena. *Curso de Direito Tributário*. São Paulo: Saraiva, 2018.

CUNHA, Leonardo José Carneiro da. *A Fazenda Pública em Juízo*. São Paulo: Dialética, 2009.

DEODATO, Alberto. *Manual de ciência das finanças*. São Paulo: Saraiva, 1984.

DEODATO, Alberto. *Manual de Ciência das Finanças*. São Paulo: Saraiva, 1976.

DECOMAIN. Pedro Roberto. *Tribunais de Contas no Brasil*. São Paulo: Dialética. 2006.

FIGUEIREDO, Carlos Mauricio, NÓBREGA, Marcos. *Responsabilidade fiscal – Aspectos polêmicos*. Belo Horizonte: Fórum, 2006.

GIAMBIAGI, Fabio. *Finanças Públicas*. 3. ed. Rio de Janeiro: Elsevier, 2008.

GIAMBIAGI, Fabio; MOREIRA, Maurício Mesquita. *A Economia brasileira nos anos 90*. Rio de Janeiro: BNDES, 1999. Disponível em: <https://web.bndes.gov.br/bib/jspui/bitstream/1408/2972/1/1999_A%20economia%20brasileira%20nos%20anos%2090_P.pdf>.

GRUPENMACHER, Betina Treiger. Responsabilidade Fiscal, Renúncia de Receitas e Guerra Fiscal. In: SCAFF, Fernando Facury; CONTI, José Maurício (coord.). *Lei de Responsabilidade Fiscal*: 10 anos de vigência – questões atuais. São José, SC: Conceito/IBDF, 2010.

HARADA, Kiyoshi. *Direito financeiro e tributário*. São Paulo: Atlas, 2009.

INSTITUIÇÃO FISCAL INDEPENDENTE. *Relatório de Acompanhamento Fiscal*, abril/2018. Brasília, DF: Senado Federal, 2018. Disponível em: <http://www2.senado.leg.br/bdsf/bitstream/handle/id/540164/RAF15_ABR2018_Divida.pdf.>. Acesso em: 13 jun. 2019.

LAPATZA, José Juan Ferrero. *Curso de derecho financiero español*. Madrid: Marcial Pons, 2006.

MACHADO, Augusto Alexandre. A execução do orçamento e a eficiência da administração. *Revista de Direito Administrativo*, Rio de Janeiro, v. 13, p. 23-39, jul. 1948. Disponível em: <http://bibliotecadigital.fgv.br/ojs/index.php/rda/article/view/10670/9664>. Acesso em: 04 jul. 2017.

MARTINS, Ives Gandra da Silva; NASCIMENTO, Carlos Valder do. *Comentários à Lei de Responsabilidade Fiscal*. São Paulo: Saraiva, 2007.

MARTINS, Ives Gandra da Silva (coord.). *Curso de Direito Tributário*. Belém: Cejup/Centro de Estudos e Extensão Universitária, 1999.

OLIVEIRA, Régis Fernandes de. *Curso de Direito Financeiro*. São Paulo: Revista dos Tribunais, 2006.

PACIULLI, José. *Direito financeiro – Ciência das finanças, finanças públicas, direito tributário*. São Paulo: Saraiva, 1973.

PEDRAS, Guilherme Binato Villela. História da dívida pública no Brasil: de 1964 até os dias atuais. In: SILVA, Anderson Caputo; CARVALHO, Lena Oliveira de; MEDEIROS, Otavio Ladeira de (org.). *Dívida Pública*: a experiência brasileira. Brasília: Secretaria do Tesouro Nacional/Banco Mundial, 2009.

PEREIRA, Marcel. Meta de resultado primário: instrumentos para seu alcance e consequências de seu descumprimento. *Orçamento em Discussão*, nº 38. Brasília, DF: Senado Federal, 2017. Disponível em: <https://www12.senado.leg.br/orcamento/documentos/estudos/tipos-de-estudos/orcamento-em-discussao/edicao-37-2017-meta-de-resultado-primario-instrumentos-para-seu-alcance-e-consequencias-de-seu-descumprimento>. Acesso em: 03 jun. 2019.

PINTO, Fernando Brasil de Oliveira. Carf avança no debate sobre tributação de subvenções para investimento. *Revista Consultor Jurídico*, 2019. Disponível em: <https://www.conjur.com.br/2019-abr-24/direto-carf-carf-debate-tributacao-subvencoes-investimento>. Acesso em: 11 jun. 2019.

PISCITELLI, Tathiane dos Santos. *Argumentando pelas consequências no direito tributário*. São Paulo: Noeses, 2011.

PISCITELLI, Tathiane. *Constituição Federal comentada*. Rio de Janeiro: Forense, 2018.

PISCITELLI, Tathiane. Contingências e impacto orçamentário no caso da inclusão do ICMS na base de cálculo do PIS/COFINS: argumentos consequencialistas e modulação de efeitos em matéria tributária. *Revista dos Tribunais*, ano 106, n. 980, jun. 2017.

PISCITELLI, Tathiane. Educação, orçamento e escolhas políticas. *Valor Econômico*. Disponível em: <https://www.valor.com.br/legislacao/fio-da-meada/6270539/educacao-orcamento-e-escolhas-politicas>. Acesso em: 04 jun. 2019.

PISCITELLI, Tathiane. O caso do PIS/COFINS: Responsabilidade fiscal e o princípio da legalidade por inteiro. *Jota*, Coluna Pauta Fiscal. Disponível em: <https://www.jota.info/opiniao-e-analise/colunas/pauta-fiscal/o-caso-do-piscofins-16032017>. Acesso em: 10 jun. 2019.

PISCITELLI, Tathiane. Finanças Públicas, retenção de receitas e reforma tributária. *Valor Econômico*, Fio da Meada, São Paulo, 11 mar. 2019. Disponível em: <https://www.valor.com.br/legislacao/fio-da-meada/6154343/financas-publicas-retencao-de-receitas-e-reforma-tributaria>. Acesso em: 14 jun. 2019.

PISCITELLI, Tathiane; CRESTANI, William Roberto. A contribuição da LC 110/2001 deve ser extinta? *Revista Tributária das Américas*, v. 10, p. 155-170, 2014.

QUEIROZ, Rafael Mafei Rabelo; MENDES, Conrado Hübner. Insuportável 1%. *Folha de S. Paulo*, Opinião. Disponível em: <https://www1.folha.uol.com.br/opiniao/2018/08/insuportavel-1.shtml>.

ROCHA, C. Alexandre A. Rocha. Dívidas e dúvidas: análise dos limites globais de endividamento de estados e municípios. In: CONSULTORIA LEGISLATIVA DO SENADO FEDERAL – COORDENAÇÃO DE ESTUDOS. *Texto para discussão*, n° 34. Brasília, jun. 2007. Disponível em: <https://www12.senado.leg.br/publicacoes/estudos-legislativos/tipos-de-estudos/textos-para-discussao/td-34-dividas-e-duvidas-analise-dos-limites-globais-de-endividamento-de-estados-e-municipios>. Acesso em: 14 jun. 2019.

SANTA HELENA, Eber Zoehler. Caudas rabilongos e o princípio da pureza ou exclusividade da lei orçamentária. *Revista de Informação Legislativa*, ano 40, n. 159, jul./set. 2003. Disponível em: <http://www2.senado.leg.br/bdsf/bitstream/handle/id/873/R159-04.pdf>.

SCHOUERI, Luís Eduardo. *Direito Tributário*. São Paulo: Saraiva, 2018.

SILVA, José Afonso da. *Curso de Direito Constitucional Positivo*. São Paulo: Malheiros, 2011.

SILVA, José Afonso da. *Orçamento programa no Brasil*. São Paulo: Revista dos Tribunais, 1973.

SOUSA, Rubens Gomes de. *Compêndio de Legislação Tributária*. Edições Financeiras, 1964.

SOUSA, Rubens Gomes de. *Trabalhos da Comissão Especial do Código Tributário Nacional*. Rio de Janeiro: Ministério da Fazenda, 1954.

SURREY, Stanley S.; MCDANIEL, Paul R. *Tax Expenditures*. Cambridge, Mass: Harvard University Press, 1985.

TELLES JR., Goffredo da Silva. *O Sistema Brasileiro de Discriminação de Rendas*. Rio de Janeiro: Imprensa Nacional, 1946.

TORRES, Ricardo Lobo. *Curso de Direito Financeiro e Tributário*. 12. ed. atual. até a publicação da Emenda Constitucional n. 45 de 08.12.2004, e a LC n. 118, de 9.2.2005, que adaptou o Código Tributário Nacional à Lei de Falências. Rio de Janeiro: Renovar, 2005.

TORRES, Ricardo Lobo. *Tratado de direito constitucional, financeiro e tributário*. Rio de Janeiro: Renovar, 2008.

VEIGA FILHO, João Pedro da. *Manual da Sciencia das Finanças*. São Paulo: Espindola & Comp., 1906.

WANG, Daniel Wei Liang. Escassez de recursos, custos dos direitos e reserva do possível na jurisprudência do STF. *Revista direito GV (on-line)*, n. 2, v. 4, 2008.

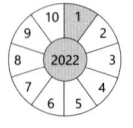